KB141732

청소년을 위한 개념 시사상식

청소년을 위한 개념 **시사상식**

초판 1쇄 펴낸날 | 2019년 12월 10일

지은이 | 시사연구회
펴낸이 | 이종근
펴낸곳 | 도서출판 하늘아래

주소 | 경기도 고양시 일산동구 하늘마을로 57-9 3층 302호
전화 | 031-976-3531
팩스 | 031-976-3530
이메일 | haneulbook@naver.com

등록번호 | 제300-2006-23호

ⓒ 시사연구회, 2019
ISBN 979-11-5997-030-6 (43030)

*잘못 만들어진 책은 바꾸어 드립니다.
*이책의 저작권은 도서출판 하늘아래에 있습니다.
*하늘아래의 서면 승인 없는 무단 전재 및 복제를 금합니다.

청소년을 위한 **개념**

시사상식

|시사연구회 지음|

고시·취업·수능·논술 준비를 위한
수험생 및 중고생 교양 필독서

*일러두기

이 책은 총 6개의 장으로 구성되어 있다. 알고 싶은 어휘가 이 가운데 어디에 있을 것인가 대략 짐작이 되면 그 장으로 가서 ㄱ ㄴ ㄷ 순으로 찾아보면 된다. 같이 알아두면 좋은 어휘는 그 뒤에 함께 실어 이해를 도왔다. 짐작이 가지 않는다면 뒤쪽의 색인을 활용한다.

1. 본문 수록의 순서는 숫자-영문-ㄱ, ㄴ, ㄷ 순의 사전식으로 구성했다.
2. 책 뒤편의 찾아보기를 활용하면 더욱 쉽게 찾을 수 있다.
3. 각 항목의 앞에는 박스로 표시해 구별했고 그와 관련된 항목은 하단에 ➜로 표시했다.
4. 주요 개념과 단어는 볼드로 표시하여 간략한 요약 정보를 얻을 수 있도록 구성했다.

목차

제1장 **경제 · 경영 · 무역 · 금융**···7

제2장 **정치 · 외교 · 국제**···95

제3장 **사회 · 노동 · 법률 · 환경**···159

제4장 **철학 · 역사 · 지리**···245

제5장 **문화 · 예술 · 교육 · 스포츠 · 매체**···305

제6장 **컴퓨터 · 과학 · IT**···363

찾아보기···446

제 1 장

경제 ECONOMY
경영 ADMINISTRATION
무역 INTERNATIONAL TRADE
금융 FINANCE

기업 간 전자상거래. 사이버공간에서 전자매체를 이용해 이뤄지는 기업과 기업 간의 거래. 공사자재나 부품, 재료나 공사입찰 같은 것들을 주로 취급한다.

➔ B2C Business to Consumer

기업과 일반소비자 간의 전자상거래. 주로 인터넷 쇼핑몰에서 상품을 구매하고 대금을 지급하는 거래. 개인은 인터넷 쇼핑몰에 접속하여 필요한 상품을 구매하고, 구매대금을 지불한다. 물리적인 매장이나 중간 유통과정이 없어 비용절감의 효과를 얻을 수 있다.

➔ e-마켓플레이스 e-MarketPlace

인터넷상에서의 시장. 마켓플레이스는 시장(市場)이 있는 장소다. 앞에 인터넷을 의미하는 'e'자를 붙였다. 흔히 B2C(소비자상 대 전자상거래)보다 B2B(기업간 전자상거래)를 e-마켓플레이스라 말한다. B2B는 전 업종을 취급하는 수평적 B2B와 특정 업종에서 원스톱 서비스가 가능하도록 하는 수직적 B2B로 구분된다. e-마켓플레이스는 수평적 또는 수직적 B2B를 모두 포함하는 개념이다.

BIS 자기자본비율 自己資本比率

국제결제은행(Bank for International Settlements)이 규정한 자기자본비율.

'BIS 자기자본비율'또는 간단하게 'BIS 비율'이라고 부르기도 한다. BIS는 '국제결제은행'이다. BIS 비율은 은행의 자산을 거래 상대방의 신용도, 채권의 만기, 담보 및 보증 유무 등을 기준으로 분류한 다음 위험이 높을수록 높은 가중치를 적용해서 구한다. BIS는 국제적 결제업무에 참여하는 은행들의 건전성과 안정성이 중요하다는 판단 아래 1992년부터 국제 업무를 영위하는 은행에 대해 8% 이상의 BIS 비율을 유지할 것을 의무화하고 있다. BIS 자기자본비율은 은행의 자본적정성을 판단하는 대표적인 지표로 사용되고 있다.

➔ 국제결제은행 BIS; Bank for International Settlements

1930년 5월에 설립된 가장 오래된 국제금융기구. 원래는 제1차 세계대전 후 독일의 배상 문제를 처리할 목적으로 발족된 은행으로 배상금의 징수와 분배가 주요 업무였다. 하지만 현재는 각

경제·경영·무역·금융

정치·외교·국제

사회·노동·법률·환경

철학·역사·지리

문화·예술·교육·스포츠·일반

컴퓨터·과학·IT

찾아보기

국 중앙은행 간 또는 일반은행과 중앙은행 사이의 상호 결제업무를 주로 담당하고 있다. 아울러 회원국 중앙은행들의 협력과 금융정책의 조정, 국제통화문제에 관한 논의와 결정등 국제금융시장의 현안 해결에도 적극 나서고 있다.

EPS 주당순이익 : Earning Per Share : 株當純利益

보통주 당기순이익을 유통되는 보통주 주식 수로 나눈 값을 말하며, 주당순이익이라고도 한다.

1주당 이익을 얼마나 창출하였느냐를 나타내는 지표로 그 회사가 1년간 올린 수익에 대한 주주의 몫을 나타내는 지표라 할 수 있다.

따라서 EPS가 높을수록 주식의 투자 가치는 높다고 볼 수 있다. EPS가 높다는 것은 그만큼 경영실적이 양호하다는 뜻이며, 배당 여력도 많으므로 주가에 긍정적인 영향을 미친다. EPS는 당기순이익 규모가 늘면 높아지게 되고, 전환사채의 주식전환이나 증자로 주식수가 많아지면 낮아지게 된다. 최근 주식시장의 패턴이 기업의 수익성을 중시하는 쪽으로 바뀌면서 EPS의 크기가 중요시되고 있다. 또한 주당순이익은 주가수익비율(PER) 계산의 기초가 되기도 한다.

GNP 디플레이터 GNP deflator

명목국민소득을 실질국민소득으로 환산하기 위한 지수를 말한다. 즉 GNP 물가지수를 말한다.

국민소득에 영향을 주는 모든 물가요인, 즉 도매·소비 물가지수뿐만 아니라 환율·임금지수까지도 모두 포함하는 종합적인 물가지수로서 GNP를 상품으로 보았을 경우 그 가격을 나타낸다. GNP 디플레이터와 다른 물가지수는 대개 비슷하게 움직이는 경향이 많다. 그러나 GNP 디플레이터는 일반 물가지수보다 포괄범위가 넓다는 점에서 경제구조를 잘 반영한다는 특징을 갖고 있다.

M&A Merger and Acquisition

기업 간에 이루어지는 인수 합병.

특정 기업이 다른 기업의 경영권을 인수할 목적으로 소유 지분을 확보하는 형태로 이루어진다. M&A는 우호적 인수·합병과 적대적

인수 · 합병으로 나누어진다. 우호적 인수 · 합병은 이해 당사자 사이에 합의로 이루어지는 것이며, 적대적 인수 · 합병은 대개 한 기업이 다른 기업의 동의를 얻지 않고 몰래 주식을 매입해서 인수 · 합병하는 경우를 말한다. 기업의 외적 성장을 위한 발전 선략으로 행해진다.

X이론 · Y이론 X theory & Y theoryBusines

미국의 경영학자 D. 맥그리거가 제창한 종업원에 대한 경영자 · 관리자 층의 인간관에 관한 이론.

X이론은 전통 이론에 따른 인간관으로 인간은 본래 노동을 싫어하고 경제적인 동기에 의해서만 노동을 하기 때문에 명령이나 지시받은 일밖에는 실행하지 않는다는 것이다. 이 가설에 입각하면 엄격한 감독, 상세한 명령 · 지시, 하부에 대한 상부의 지배 중시, 금전적 자극 등을 특색으로 하는 관리나 조직이 출현한다.

이에 대해 Y이론은 인간에게 노동은 놀이와 마찬가지로 본래 바람직한 것이며 인간은 자기의 능력을 발휘하여 노동을 통해 자기실현을 바라고 있다고 본다. 인간은 또한 타인에 의해 강제되는 것이 아니라 스스로 설정한 목표를 위해 노력한다는 것이 Y이론이다. 이 가설에 입각하면 의사결정에 조직구성원을 광범하게 참여시키는 참여적 관리, 목표 관리가 행해지며, 엄격한 관리 대신 부하가 문제해결의 주체가 되고 상사는 그 문제 해결을 도와주는 식의 관리가 나타난다.

4차 산업혁명 Busines

정보통신기술(ICT)의 융합으로 이뤄지는 차세대 산업혁명을 말한다.

4차 산업혁명은 기업들이 제조업과 정보통신기술(ICT)을 융합해 인공지능, 로봇기술, 생명과학이 주도하는 차세대 산업혁명을 말한다. '인더스트리(Industry) 4.0'이라고 표현되기도 하며 한국에서 추진하는 '제조업혁신 3.0전략'과 같은 개념이다.

가산금리 加算金利

기준금리에 국가 또는 고객의 신용도나 대출기간 등 여러 가지 조건에 따라 추가되는 금리를 말한다.

영어로는 스프레드(Spread)라고도 한다. 신용도가 높아 위험이 적어지면 가산금리가 낮아지고, 반대로 신용도가 낮아 위험도가 많아지면 가산금리는 높아진다. 실제로 우리나라는 1997년 외환위기 때 부족했던 달러화를 해외에서 차입하거나 외평채를 발행할 때 높은 가산금리를 지불한 경험이 있다. 이는 우리나라가 외환위기로 대외신인도가 그만큼 낮아진 데 따른 것이다. 해외에서 채권을 팔 때 미국 재무부 증권(TB) 금리나 리보(Libo, 런던은행간 금리)가 기준금리가 되고 여기에 신용도에 따라 가산금리가 붙어 발행금리가 정해진다. 가산금리는 크게 신용가산금리와 기간가산금리로 구분된다. 신용가산금리는 직업이나 거래실적 등 개인의 신용도를 따져 결정한다. 기간가산금리는 대출금을 연장할 때 적용되는 추가금리다. 가령 대출기간을 1년 연장할 때 추가로 0.5%의 금리를 부과하는 경우를 말한다. 가산금리는 개별적으로 적용되기 때문에 대출을 받을 때 지점을 찾아가 상담하거나 협상을 하면 금리를 낮출 수도 있다.

거미집이론 Cobweb Theorem

가격 변동에 대해 수요와 공급이 시간의 경과에 따라 조정된다는 점을 고려해서 만든 수급 균형의 경제이론.

가격과 공급량의 주기적 변동을 설명하는 이론이며. 1934년 미국의 계량학자 W. 온티에프 등에 의해 거의 완전한 형태로 정식화되었으며, 돼지와 옥수수의 가격파동을 분석하면서 유래가 되었다고 한다. 가격의 변동에 대하여 대체로 즉각적인 반응을 나타내는 수요량과 일정한 시간이 필요한 공급량 때문에 실제 균형가격은 다소간의 시행착오를 거친 후에야 가능한데, 이러한 현상을 수요공급곡선으로 나타내면 가격의 눈금이 마치 거미집 같다고 하여 거미집 이론이라고 한다.

경기동향지수 景氣動向指數 DI; Diffusion

경기확산지수라고도 한다. 경기종합지수와 함께 흔히 사용된다.

지수 작성을 위해 채택된 지표 중에서 수개월 전의 숫자와 비교하여 상승 중인 지표의 수의 비율을 지수로 하는 것. 예를 들어 20개의 대표계열 중 10개의 지표가 증가하는 방향으로 움직였다면 경기동향지수는 50으로 나타나게된다. 지수가 50 이상을 유지하면 경기는 상승과정, 50 선을 위에서 아래로 넘어서는 시점을 경기의 정점, 50 이하에서는 경기후퇴의 계속이라고 본다. 50선을 아래에서 위로 넘어서는 시점을 경기의 보텀(bottom : 바닥), 즉 경기가 후퇴에서 상승으로 바뀌는 전환점으로 본다.

경제재 經濟財 Economic Goods

경제적 가치를 가지며 점유나 매매 같은 경제행위의 대상이 되는 재화.

➔ **자유재** 自由財 Free Goods

자유롭게 사용할 수 있는 재화. 사용가치는 있지만 무한으로 존재하여 교환가치가 없는 재화. 대표적인 자유재로 공기, 햇빛, 바닷물 따위가 있다.

➔ **대체재** 代替財 Substitutional Goods

대체할 수 있는 재화. 서로 다른 재화에서 같은 효용을 얻을 수 있는 재화. 쌀과 빵, 고기와 생선처럼 한쪽을 소비하면 다른 쪽은 그만큼 덜 소비되어, 어느 정도까지 서로 대체될 수 있는 재화, 또는 서로 경쟁적인 관계에 있는 재화를 대체재 또는 경쟁재라고 하는데, 이때 효용이 보다 큰 쪽을 상급재(上級財), 작은 쪽을 하급재(下級財)라고 한다.

➔ **보완재** 補完財 Complementary Goods

보완이 되는 재화. 두 가지 이상의 재화가 함께 사용됨으로써 한 효용을 얻을 수 있는 재화. 커피와 설탕, 자동차와 휘발유처럼 한쪽을 소비하면 다른 쪽도 따라서 소비되는, 서로 보완하는 관계에 있는 재화를 보완재라고 한다. 보완재는 한쪽의 수요가 늘면 이에 비례해 다른 쪽의 수요도 느는 식으로 서로 결합된 수요를 보이며, 대체재는 배타적·선택적 수요를 보인다.

거품현상 버블현상

고도성장에 따른 인플레이션의 영향으로 각종 경제지표들이 실제보다 거품처럼 부풀어 나타나는 현상.

급속한 소득 증가로 시중에 풀린 돈이 부동산이나 증권시장에 몰려 투기 심리를 부추김에 따라 경제안정을 해치는 결과를 낳기도 한다.

건전재정 健全財政 Sound Finance

정상적인 국가 수입을 가지고 그 나라의 경비를 충당해 나가는 재정.

세입의 부족을 조세의 증징(增徵)으로 메운 경우에도 실제는 예산의 수지 균형이 맞는 상태라고 할 수 있다. 적자재정(赤字財政)에 대립되는 개념이다.

➔ **균형재정** 均衡財政 Balanced Finance

국가의 세입과 세출이 일치되는 재정. 균형재정의 목적은 경제의 불경기로 조세 수입이 줄어드는 경우 세출도 줄이고 조세 부담으로 국가 경제를 압박하지 않도록 하고, 또 경제의 호경기로 조세 수입이 증가하는 경우 과도한 자극을 주지 않는 범위에서 세출도 증가시키려는 데 있다.

경기변동 景氣變動 Business Cycle = 경기순환 景氣循環

자본주의사회 경제활동의 상승(확장) 과정과 하강(수축) 과정이 되풀이되는 주기적 순환운동.

경기순환이라고도 한다. 불경기(불황 Depression) → 회복기(회복 Recovery) → 호경기(호황 Prosperity) → 후퇴기(후퇴 Recession)의 4국면으로 구분된다.

경상수지 經常收支 Balance on Current

국제간의 거래에서 자본거래를 제외한 경상적 거래에 관한 수지.

국제 수지의 항목은 경상수지와 자본수지로 나누는데, 경상수지는 무역수지와 무역외 수지를 합한 것이다. 무역수지란 상품의 수출입에 관한 수지이고, 무역외 수지란 운임·보험료·이자·해외여행자에 의한 수지다.

경제민주화 經濟民主化

경제민주화란 각자가 자율과 창의를 최대로 발휘하여 경쟁이 이뤄지고 민주적 절차에 따라 자신의 이익을 충족하는 자율, 공정, 균형 경제 실현을 의미한다.

대한민국 헌법에도 '국가는 균형 있는 국민경제의 성장 및 안정과 적정한 소득의 분배를 유지하고, 시장의 지배와 경제력의 남용을

경제·경영·무역·금융

정치·외교·국제

사회·노동·법률·환경

철학·역사·지리

문화·예술·교육·스포츠·매체

컴퓨터·과학·IT

찾아보기

방지하며 경제주체간의 조화를 통해 경제의 민주화를 위하여 경제에 관한 규제와 조정을 할 수 있다'고 규정하고 있다. 18대 대선을 앞두고 각 후보들이 공약으로 내세운 '경제민주화'가 이슈가 되었다. 각 후보들은 무너져가고 있는 작은 기업들을 살리기 위해서라도 '순환출자금지', '출자총액제한' 등 재벌개혁을 목적으로 경제민주화를 실현해야 하며, 중산층이나 서민들의 경제상황이 나빠지지 않도록 경제민주화를 통해 복지를 강화하는 정책을 공약으로 내걸었다. 지금까지 우리나라의 경제를 일으킨 것은 대기업의 지속적인 성장과 더불어 이름만 대면 누구라도 알 수 있는 기업들이 제조업, 수출 등으로 내수경기뿐만 아니라, 수출을 통해 대한민국의 성장을 이루었다. 하지만 산업의 구조가 대기업 중심으로 돌아가다 보니, 중소 및 중견기업의 입지가 좁아지고, 중소기업의 독자적 생존권이 무너지게 되었다. 반면에 일본과 독일이 지금처럼 강대국이 되기까지는 아주 탄탄한 중견, 중소기업들이 제도적인 뒷받침과 함께 '자율, 공정, 균형'의 조화로 건실하게 시장을 지배하고 있었기 때문이다.

경제4단체

재계의 이익을 대변하고 대정부 압력단체 역할을 수행하는 단체들.

전국경제인연합회, 대한상공회의소, 한국무역협회, 중소기업협동조합중앙회를 지칭한다. 그 중 전국경제인연합회만이 순수 민간단체고, 나머지 세 단체는 법정단체 내지 반관반민(半官半民)단체다.

경제주체 經濟主體 Economics Subject

경제생활에 있어서의 경제행위자, 또는 자기의 의지와 판단에 의해서 경제활동을 하는 주체를 말한다. 경제단위(經濟單位)라고도 한다.

이에는 소비활동의 주체인 가계(家計)와 생산활동의 주체인 기업 및 이 두 가지 성격을 갖고 특수한 경제활동을 하는 정부가 포함된다. 자유경제 체제에서 한 국가는 다른 국가와의 무역을 통해 경제활동을 하기 때문에 경제주체에 외국을 포함시키기도 한다.

경제활동의 4주체 : ① 가계 : 소비의 주체 ② 기업 : 생산의 주체 ③ 정부 : 생산 · 소비의 주체 ④ 외국 : 무역의 주체

➜ **경제객체** 經濟客體 Wirtschafts objekt

경제행위의 대상이 되는 것을 말하며, 형태가 있는 재화와 형태가 없는 용역으로 구분된다. ① 재화(財貨) : 인간의 욕망을 충족시켜 줄 수 있는 성능, 즉 효용을 가진 물자.
② 용역(用役) : 물질적 재화 이외에 직접·간접으로 인간의 욕망을 충족시켜 주는 인간 또는 물자의 작용이나 활동. 이것은 직접용역인 인적 활동과 간접용역인 물적 활동으로 나뉜다.

경제협력개발기구 OECD: Organization for Economic Cooperation and Development

제2차 세계대전 후 유럽의 경제 부흥을 추진해온 유럽경제협력기구를 말한다.

OEEC를 개발도상국 원조문제 등 새로 발생된 경제 정세 변화에 적응시키기 위해 개편해서 1960년 발족한 기구.

재정금융의 안정을 도모하고 세계 경제의 건전한 발전에 기여하고, 세계 무역의 다각적이고 차별 없는 확대에 공헌하는 것을 목적으로 하여 출범하였다. 우리나라는 1996년에 가입해서 29번째 정회원국이 되었다.

고시가격 告示價格

정부가 상품 가격의 상한선을 정하여 일정액 이상을 받지 못하게 결정한 최고액의 통제가격.

정부는 국민생활과 국민경제의 안정을 위하여 필요하다고 인정할 때는 특히 긴요한 물품의 가격, 부동산 등의 임대료 또는 용역의 대가의 최고 가격을 지정할 수 있다.

골드만 삭스 Goldman Sachs

모건 스탠리 딘 위터, 메릴린치와 함께 국제 금융 시장을 주도하는 대표적인 투자은행 겸 증권회사.

1869년 독일계 유대인 마르쿠스 골드만이 뉴욕에 차린 약속어음 거래 회사를 모체로 시작되었으며, 130여 년의 전통을 자랑한다. 뉴욕에 본부를 두고있으며, 24개국의 지사를 통해 기업의 인수합병과 채권발행 등의 사업을 하고 있다. 한국에도 1992년 서울사무소를 개설했고 1998년 12월 지점으로 승격시켰다.

경제·경영·무역·금융

정치·외교·국제

사회·노동·법률·환경

철학·역사·지리

문화·예술·교육·스포츠·매체

컴퓨터·과학·IT

찾아보기

공급의 법칙 Law of Supply

생산업자는 자기 제품의 시장가격이 높아지면 가동률을 높이거나 시설규모를 확장함으로써 생산량을 늘리고, 반대로 시장가격이 떨어지면 산출량을 줄인다.

따라서 어떤 상품의 가격이 오르면 공급량은 늘고, 가격이 떨어지면 공급량이 줄어드는 현상이 나타난다. 이 현상을 공급의 법칙이라 한다.

공유경제 共有經濟 Sharing Economy

물품을 소유의 개념이 아닌 서로 대여해 주고 빌려 쓰는 개념으로 인식하여 경제 활동을 하는 것을 말한다.

미국 하버드대 법대 로런스 레식 교수에 의해 처음 사용된 말로 물품은 물론, 생산설비나 서비스 등을 개인이 소유할 필요 없이 필요한 만큼 빌려 쓰고, 자신이 필요 없는 경우 다른 사람에게 빌려 주는 공유소비의 의미를 담고 있으며 최근에는 경기침체와 환경오염에 대한 대안을 모색하는 사회운동으로 확대돼 쓰이고 있으며, 20세기 자본주의의 한계를 극복하기 위한 대안으로 평가된다.

공황 恐慌 Panic

자본주의 경제의 경기변동의 한 단계로 갑자기 경기가 악화되어 발생하는 극도의 경제 혼란 상태.

일반적으로 소비재 부문에서 시작되어 생산재 부문으로 파급된다. 생산의 급격한 감소, 실업자의 급증, 공장 폐쇄, 물가 폭락, 기업 파산 등의 현상이 나타난다. 그 원인에 따라 생산 공황 · 상품 공황 · 자본 공황 · 금융 공황 등이 있는데 금융 공황이 가장 대표적이다.

➔ **대공황** 大恐慌 Great Depression

1929년부터 1933년 사이, 미국을 중심으로 하여 세계적 규모로 일어난 대공황. 이를 극복하고 경제를 재건하기 위해 루즈벨트 대통령에 의해 뉴딜정책이 실시되었다.

관성효과 慣性效果

소득이 높을 때의 소비 행동은 소득이 낮아져도 곧바로 변하기 어려운데, 이처럼

소득이 줄어도 소비가 곧바로 줄지 않는 현상을 말한다.

관성효과가 작용하면 소득이 감소국면에 들어가는 경기 후퇴 시에도 소비성향이 멈추지 않고, 계속 상승한다. 톱니바퀴효과(Ratchet Effect)라고도 한다.

관세장벽 關稅障壁 Tariff Barriers

국내 산업을 보호하고 국가의 재정 수입을 도모할 목적으로 수입 상품에 높은 관세를 부과하여 국내 수입품 가격을 높게 함으로써 수입을 억제하는 제도를 말한다.

관세자유지역 關稅自由地域

관세법(關稅)으로부터 자유로운(自由) 지역(地域). 관세법의 적용을 받지 않아 관세가 면제되고, 지역 내에서 물품 이동과 각종작업을 자유롭게 할 수 있으며, 세관 허가 및 신고에 따른 번거로운 절차도 없는 지역을 말한다. 해당 지역은 환적(換積) · 중계 화물의 유치를 촉진할 수 있어 지역 경제 활성화에 크게 기여할 것으로 기대된다. 우리나라는 부산항과 인천항의 일부가 관세자유지역으로 지정되었다.

국민소득 國民所得 NI; National Income

한 나라에서 일정 기간에 국민이 생산 활동에 참가하여 얻은 순 생산량.

넓은 의미로는 한 나라에서 일정 기간에 생산한 재화와 용역의 총량을 화폐액으로 표시한 것을 말하고, 좁은 의미로는 한 나라에서 일정 기간에 국민이 생산활동에 참가하여 얻은 순 생산량만을 말한다. 흔히 말하는 국민소득은 좁은 의미의 국민소득이다. 국민소득은 아래와 같이 나타낼 수 있다.

국민소득 = 국민 총생산액 − 감가상각비 − 간접세 + 정부 보조금

국제개발은행 IBRD; International Bank for Reconstruction and Development

국제통화기금(IMF)의 자매기관으로 일명 세계은행(World Bank)이라 한다.

회원국의 경제 부흥과 개발을 돕는 것이 주목적이며, 자금원은 가맹국의 납입 자본금, 채권 발행, 대출증서 매각 등이다.

경제·경영·무역·금융

정치·외교·국제

사회·노동·법률·환경

철학·역사·지리

문화·예술·교육·스포츠·매체

컴퓨터·과학·IT

찾아보기

국제통화기금 國際通貨基金 IMF; International Monetary Fund
세계 무역의 안정을 목적으로 설립한 국제금융기구.

1944년 브레튼우즈협정에 따라 협정·조인된 후 1947년부터 업무를 시작한 UN 기구의 하나로, 협정 가맹국의 출자로 이루어진 국제 금융결제기관이다. 국제수지가 불균형인 나라에 대해 외환자금을 공여함으로써 국제수지의 균형을 도모하는 한편, 환시세의 안정과 다각적 결제에 의한 환거래의 자유를 확립함으로써, 국제무역의 균형적 성장과 국제금융의 협력을 도모하는 데 그 목적이 있다. 주로 환(換) 및 단기자금을 융통하며 본부는 워싱턴에 있다. 우리나라는 1955년에 가입하였으며, 1997년 IMF로부터 자금 지원을 받은 바 있다.

그레셤의 법칙 Gresham's Law
'악화(惡貨)가 양화(良貨)를 구축(驅逐)한다'라는 말로 유명한 법칙으로, 영국의 토머스 그레셤이 16세기에 제창한 학설이다.

어느 한 사회에서 악화(소재가 나쁜 화폐)와 양화(금화)가 동일한 가치를 갖고 함께 유통될 경우 악화만이 그 명목가치로 유통되고, 양화에는 그 소재가치가 있기 때문에 오히려 재보(財寶)로 이용되거나, 혹은 사람들이 가지고 내놓지 않아 유통에서 없어지고 만다는 것이다. 오늘날에는 이 법칙이 역사적인 의의밖에 없으나, 근래 이 법칙을 일반적인 사회현상에 적용하는 경향이 있어 중요한 개념이다.

그린 마케팅 Green Marketing
자연보호 및 환경오염 방지를 강조하는 마케팅.

기업의 제품 개발, 유통, 소비 과정에서 자사의 환경에 대한 사회적 책임과 환경보전 노력을 소비자들에게 호소함으로써 환경 친화적인 소비자들과 공감대를 형성하려는 새로운 마케팅 전략이다. 1980년대 초 유럽에서 환경보호를 위해 1회용 기저귀, 세제, 건전지 등을 공해를 줄인 녹색 제품으로 만들어 판매하면서 시작되었다. 그린 마케팅은 생태학적으로 보다 안전한 제품, 재활용이 가능하고 썩어 없어지는 포장재, 보다 양호한 오염 통제장치, 그리고 에너지를 효율적으로 활용하는 방안 개발 등의 활동을 의미한다. 기존의 마케팅 개념

경제 · 경영 · 무역 · 금융

정치 · 외교 · 국제

사회 · 노동 · 법률 · 환경

철학 · 역사 · 지리

문학 · 예술 · 교육 · 스포츠 · 매체

컴퓨터 · 과학 · IT

찾아보기

은 고객에게 만족을 줄 수 있는 제품과 서비스를 제공하는 기업 활동으로 집약할 수 있다. 그러나 그런 마케팅은 보다 넓은 차원에서 고객을 인식하여 고객의 '삶의 질' 향상에 초점을 둔 마케팅 활동이다.

금융자산 Financial Asset

금융자산은 주식이나 채권, 예금, 신탁 등을 가리킨다.

금융자산은 예컨대 빌린 돈으로 투자한 주식 등 돈을 빌려 늘린 자산까지 모두 포함한 것으로, 순자산 개념과는 다르다. 또 금융자산은 또한 수익률의 위험도에 따라 '안전 금융자산(safe financial asset)'과 '위험 금융자산(risky financial asset)'으로 구분되는데, '안전 금융자산'은 현금보유, 은행예금 및 채권을 포함하며 '위험 금융자산'은 가계가 직·간접적으로 보유한 주식 및 투신 상품을 포괄한다.

➡ 실물자산 實物資産 Real Asset

실물자산은 비금융자산으로, 부동산이 대표적이다. 이외에도 골동품, 우표, 금, 기념주화 등처럼 형체가 있는 자산을 말한다. 대체로 경제가 발전할수록 실물자산에 대한 투자보다 금융자산에 대한 투자가 더 큰 비중을 차지하게 되는데, 인플레이션 때는 실물자산에 투자하는 게 상대적으로 유리하다. 금융자산의 경우 실질소득이 감소하기 때문이다. 인플레이션 때 주식이 오르지 않는 것도 바로 주식이 금융자산이기 때문이다.

금융통화위원회 金融通貨委員會 Monetary Policy Committee

한국은행법에 의해 한국은행 안에 설치되어 통화 신용에 관한 정책을 수립하고 한국은행의 업무, 운영, 관리를 지시 감독하는 기관.

금융통화위원회는 한국은행의 정관을 정하고 예산과 결산을 승인하고 한국은행의 직원을 임면(任免)하며 그 보수를 정한다. 기획재정부 장관, 한국은행총재, 금융감독위원회 위원장, 대한상공회의소 회장, 전국은행연합회 회장, 한국증권업협회 회장이 각각 1인씩 추천하는 임명직 위원 6인 및 당연직 위원인 한국은행 총재 본인 등 총 7인으로 구성된다. 금융통화위원회의 가장 중요한 역할은 통화신용의 운영관리에 관한 정책을 수립하는 것이다.

기간산업 基幹産業 Key Industry

국민경제의 발전을 좌우하는 열쇠이며, 대동맥과 같은 역할을 하는 산업.

한 나라의 산업 발달은 그 기초가 되는 기간산업의 발달 여하에 따라 크게 좌우된다. 철강 · 동 · 기타의 금속공업, 석탄 · 식유 · 진력 등의 동력산업(動力産業), 공작기계 · 조선 · 차량 등의 중요 기계산업, 비료 · 소다 등의 중요 화학공업, 광산업, 원료, 중요 생산설비 및 교통기관산업 등 생산부문의 중추부문을 기간산업이라고 한다.

기회비용 機會費用 Opportunity Cost

다양한 용도가 있는 재화가 어떤 한 가지 목적을 위해 사용되었을 때 다른 목적을 위해 사용되었더라면 얻을 수 있었던 가치를 포기한 것이 된다. 이 경우 포기된 가치를 기회비용이라 한다.

예컨대, 기업가가 자본을 사업에 투자할 경우, 그 돈을 금융기관에 예치했더라면 얻을 수 있었던 이자를 희생한 것이므로, 투자 결과의 이윤은 이자보다 많아야 한다. 이때 이자가 기회비용인데, 이 이자는 사업에 투자함으로 인해 희생된 돈이므로 결국 생산비용의 일종으로 간주한다.

김치본드 kimchi bond

한국을 의미하는 김치와 채권의 영어 표현인 본드(bond)의 합성어로, 외국기업이 자금 조달을 위해서 우리나라에서 달러나 유로화 등 원화 이외의 통화로 발행하는 채권을 말한다.

외국기업이 국내에서 외화로 채권을 발행하는 이유는 국내에 외화 유동성이 풍부할 때 해외기업이 그 외화를 빌려 쓰기 위한 것으로, 2006년 미국 투자은행 베어스턴스가 국내 시장에서 처음으로 달러화로 회사채를 발행한 것이 효시다. 달러 유동성이 풍부해 조달금리가 원화보다 낮을 경우 발행수요가 많아진다. 김치본드는 우리나라 기업이 국내에서 편리하게 달러를 조달할 수 있다는 장점이 있어 달러가 필요한 기업들에게는 요긴한 자금조달의 수단이 되기도 한다.

내부자거래 內部者去來 Insider's Trading

상장회사의 임직원 또는 주요 주주가 그 직무나 직위에서 얻은 내부 정보로 자기

회사의 주식을 매매하여, 부당이득을 취하는 거래.

좁은 의미에서 내부자란 기업경영에 직접 영향력을 행사하는 사람을 의미하나, 넓은 의미에서는 해당 기업과 관련된 공무원 및 감독기관과 회계사까지도 포함된다. 흔히 대기업 계열사 상호의 거래나, 제품과 자본거래가 이루어지는데, 이것은 불법행위다. 타사와의 거래 시보다 제품의 가격이나 지불조건 등을 좋게 적용하거나, 비계열사에게 계열사 제품의 구입을 강요하는 행위 등이 이에 해당한다.

네거티브 시스템 Negative System

원칙적으로 수입을 자유화하고 예외적으로 수입을 제한하여 금지하는 품목만을 규정하는 무역제도.

이때 금지하는 품목을 네거티브 리스트(Negative list)라 한다. 이 제도의 목적은 무역자유화의 폭을 넓히고, 국내 산업의 체질을 개선하며, 일반인의 소비생활을 향상시키는 데 있다.

➡ 포지티브 시스템 Positive System
원칙적으로 수입을 제한 또는 금지하고 예외적으로 몇 품목만 허용하는 무역제도. 이때 수입을 허용하는 품목을 포지티브 리스트(Positive list)라 한다.

녹다운 방식 Knock Down System

완성품이 아닌 부품을 수출한 다음 현지에서 직접 조립하여 판매하는 방식.

자동차산업 등에서 흔히 볼 수 있으며, 정밀기계나 자동차조립에 필요한 부품을 완제품으로 수송하는 것보다 부품으로 수송하는 편이 운임과 관세가 절약된다. 또 현지의 싼 노동력을 이용해 자동차조립에 이용할 수 있으므로 생산비용을 절감할 수 있다는 장점도 있다.

뉴딜정책 New Deal Policy

1929년의 대공황을 극복하고 경제 부흥을 도모하기 위해 미국의 루즈벨트(F. D.Roosevelt) 대통령이 1933~1941년에 실시한 경기 회복 정책.

산업 발전과 실업자 구제를 목표로 18종에 이르는 중요 법안을 실시하였다. 중요한 것은 T.V.A(Tennessee Valley Authority 테네시 강 유역개발 공사), A.A.A(Agricultural Adjustment Act 농업조정법), 와그너법(Wagner Act), 사회

보장법, N.I.R.A(National Industrial Recovery Act 국가산업부흥법) 등이 있다. 뉴딜정책은 자본주의 제도 결점을 수정한 수정 자본주의의 전형을 이루어 그 후 각국에 많은 영향을 주었다.

담합행위 談合行爲

사업자가 계약이나 협정 등의 방법으로 다른 사업자와 짜고 가격을 결정하거나 거래대상을 제한해서 그 분야의 실질적인 경쟁을 제한하는 행위.

공정거래법은 이 같은 부당 행위를 8가지 정도로 구분하고 있다. 가격 제한, 판매 제한, 생산 및 출고 제한, 거래 제한, 설비의 신설 및 증설 제한, 상품 종류 및 가격 제한, 회사 설립 제한, 사업 활동 제한 등이다. 공정거래위원회는 이 같은 공동 행위가 적발될 경우 시정명령과 과징금 부과는 물론 형사고발등의 제재조치를 취하고 있다.

더블딥 Double-Dip

경기가 두 번 떨어진다는 뜻으로 경기가 일시적으로 회복 조짐을 보이다가 다시 침체 국면으로 빠져드는 현상을 말하는 것이다.

1980년대 미국에서 처음 등장한 신조어로 부진한 기업투자와 민간소비 악화로 인해 생긴다. 더블딥은 W자형처럼 두 번에 걸쳐 저점을 형성하는 경기사이클이며 경기침체의 골을 두 번 지나야 비로소 완연한 회복을 보이는 것으로 W자 모양이 더블딥으로 불린다.

독과점법 獨寡占法

독점 및 과점 활동을 제한하여 소비자를 보호하고 중소기업을 육성하기 위해 만든 법.

독과점 사업자는 상품이나 용역의 가격, 거래조건, 공급량을 마음대로 결정할 수 있는 시장지배력을 갖게 되어 시장지배적 사업자라 한다. 독과점 상태에서는 부당하게 가격을 인상하거나 덤핑을 통해 경쟁자의 사업 활동을 방해하거나, 자유로운 경쟁을 막을 소지가 있어, 공정거래위원회는 매년 독과점사업자를 지정하여, 이들의 불공정행위에 대해서는 일반 사업자보다 무겁게 제재하고 있다.

경제·경영·무역·금융

정치·외교·국제

사회·노동·법률·환경

철학·역사·지리

문화·예술·교육·스포츠·매체

컴퓨터·과학·IT

찾아보기

독립채산제 獨立採算制 Self-Supporting Accounting System

동일 기업 내의 공장, 지점, 영업소 등 사업소 단위로 수지 결산을 따로해서 실적을 경쟁하게 하는 경영 시스템.

분권화된 단위로 자주적으로 경영하여 적자 분야와 유망 분야를 명확히 하는데 효과적이다. 우리나라 국영기업체 등 모든 공기업은 이 제도를 채용하여 합리적인 운영을 시도하고 있다. 이에 대해 모든 것을 본사와 본부가 집중 실시하는 것을 중앙집권(집중)이라 한다.

독점가격 獨占價格 Monopolistic Price

독점기업이 독점이윤을 얻기 위하여, 생산물을 시장가격 이상으로 인상하여 판매하는 가격.

재화의 수요나 공급에 있어 경쟁이 없거나 제한된 상태를 독점이라 하며, 이때 수요나 공급을 독점한 자가 일방적으로 정하는 가격을 독점가격이라 한다. 즉 총이윤이 가장 최대가 되도록 공급하는 가격이다.

디노미네이션 Denomination

화폐 호칭 단위의 절하. 통화 개혁의 일종인데 유통 화폐의 액면 가치를 법정 비율에 따라 일률적으로 낮추는 것을 말한다.

주로 인플레이션으로 화폐 표시 단위가 커져 불편해졌을 때 시행하는데 이론상 경제효과에는 차이가 없다. 그러나 디노미네이션을 실시하면서 예금의 지급정지, 보유자산에 대한 과세(課稅) 등의 조치를 동시에 시행하는 통화개혁(通貨改革)의 형태를 취할 경우에는 국민 재산권의 변동 등으로 인해 경제의 실질변수 변화가 초래될 수도 있다. 또한 사회적인 불안정을 초래할 수 있고, 새로운 화폐 제조, 관련 컴퓨터시스템 교환 등에 막대한 비용이 든다. 우리나라에서는 1953년에 100원을 1환으로, 1961년에 10환을 1원으로 변경하는 디노미네이션을 실시했다.

➔ **갤로핑 인플레이션 Galloping Inflation**
연간 10% 내외의 물가상승률이 지속되는 현상. 물가상승률이 연간 10% 내외에서부터 심한 경우 수십 %까지 지속되는 현상으로 '주행성 인플레이션', '만성적인플레이션', '악성인플레이션'

이라고도 부른다. 1950년대의 남미 여러 나라에서 이러한 현상이 나타났으며, 우리나라에서도 1960년대 이후 이러한 인플레이션이 지속된 바 있었다.

디마케팅 Demarketing

기업들이 상품에 대한 고객의 구매를 의도적으로 줄임으로써 상품의 이미지와 브랜드 가치를 높여 적절한 수요를 창출하는 마케팅 기법.

일반적으로 마케팅이 소비를 촉진시키는 활동인 데 반해 디마케팅은 이와는 반대로 소비성향을 둔화시키거나 소비를 원천적으로 봉쇄하기 위해 취하는 마케팅 활동이다. 에너지 절약, 금주, 금연, 의약품 오남용 방지, 과소비 억제, 사치성 상품의 소비 억제 · 마약의 사용 중지를 위한 캠페인이나 그와 관련된 활동이 디마케팅에 속한다.

또 다른 의미로는 수익에 도움이 안되는 고객을 줄이는 마케팅으로, '돈 안 되는'고객을 의도적으로 줄여 상품의 판촉 비용 부담을 덜고 특정 고객들의 충성도를 강화시키는 '선택과 집중'의 판매 마케팅 방식이다. 최근 유통 및 식품, 정유업 등 산업계 전반에서 기업의 새로운 영업 트렌드로 자리 잡아가고 있다. 그 예로 은행 등 금융회사들은 거래실적이 없는 휴면계좌를 정리하는 한편 채무 규모가 적정 수준을 넘은 고객의 거래 및 대출한도 등을 제한하는 경영을 하고 있다.

디폴트 Default

공 · 사채나 은행융자 등에 대한 이자 지불이나 원리금 상환이 불가능해진 상태.

공 · 사채나 은행융자 등은 계약상 원리금 변제 시기 · 이율 · 이자 지불시기등이 확정되어 있으나 채무자가 사정에 의해 이자 지불이나 원리금 상환을 정해진 대로 이행할 수 없는 상황에 빠진 것으로 '채무불이행'이라고도 한다. 한 나라의 정부가 외국에서 빌려온 빚을 상환기간 내에 갚지 못한 경우에도 해당된다. 디폴트가 발생했다고 채권자가 판단해서 채무자나 제3자에게 알려주는 것을 '디폴트 선언'이라고 한다. 채권자는 디폴트 선언을 당한 채무자에 대해 상환기간이 되기 전에 빌려준 돈을 모두 회수할 수 있게 된다. 공 · 사채나 은행융자 등에 대해서 디폴트가 발생할 위험을 디폴트 리스크라고 하며, 국가와 관련된 디폴트 리스크를 컨트리 리스크라고 한다. 이에 비

경제 · 경영 · 무역 · 금융

정치 · 외교 · 국제

사회 · 노동 · 법률 · 환경

철학 · 역사 · 지리

문화 · 예술 · 교육 · 스포츠 · 매체

컴퓨터 · 과학 · IT

찾아보기

해 모라토리엄(moratorium)은 빚을 갚을 시기가 되었으나 부채가 너무 많아 일시적으로 상환을 연기하는 것으로 '채무지불유예'라고 한다.

로열티 Royalty

법률상 일정한 유형의 권리소유자에 대해 허가를 받아 그 권리를 행사하는 사람이 지급하는 일정한 대가.

이러한 권리로는 문학 · 음악 · 미술 저작권, 발명과 의장(意匠)특허권,석유나 천연가스 등의 매장광물에 대한 권리 등이있다. '로열티'라는용어는영국에서 수세기 동안 금 · 은광이 국왕의 재산이었고 그러한 '국왕의(royal)'금속은 국왕에게 대가(royalty)를 지급해야만 채굴할 수 있었다는 사실에서 유래한 것이다. 기술개발 촉진에 따라 외국으로부터 선진기술 도입이 확대되고, 상표 도입 등이 늘어나면서 로열티 지급이 점차 확대되는 추세이며, 기술 도입 기간도 5년 이상 장기화되고 지급액도 순매출액의 5% 이상의 고액 지급이 늘어나는 경향이다.

마빈스 MAVINS

신흥 경제국으로 꼽히는 멕시코, 오스트레일리아, 베트남, 인도네시아, 나이지리아, 남아프리카공화국의 머리글자를 따서 만든 용어이다.

2010년 1월 경제 분석을 전문으로 하는 미국의 인터넷 매체 〈비즈니스 인사이더〉가 이들 6개국을 브릭스(BRICs; 브라질, 러시아, 인도, 중국) 다음으로 주목해야 할 신흥경제국으로 지목하였다. 이 국가들이 세계경제의 새로운 성장 동력으로 평가받는 이유는 무엇보다 높은 인구 증가율과 소비시장 성장 가능성, 풍부한 천연자원이 강점으로 꼽히기 때문이다. 브릭스(BRICs)를 뛰어넘는 마빈스 6개국은 높은 인구 증가율과 최대 자원부국이라는 공통점을 가지고 있는데, 특히 니켈(46.3%)과 우라늄(30.7%), 아연(26.3%), 동(20.7%) 등 세계 6대 전략광종 매장량의 20~40%를 보유하고 있으며, 나이지리아와 베트남은 석유가 풍부하여 세계경제에서 마빈스 국가가 차지하는 중요성이 커지고 있다.

마케팅 믹스 Marketing Mix

현대 마케팅의 중심이론으로, 경영자가 통제 가능한 마케팅 요소인 4P를 통제 불가능한 요소에 합리적으로 결합시켜 최적결합이 이루어지도록 의사결정을 해야 하는데 이를 마케팅 믹스라고 한다.

마케팅 믹스는 다음과 같은 서브 믹스(submix)로 성립된다. ① 제품·서비스믹스(브랜드, 가격, 서비스, 제품라인, 스타일, 색상, 디자인 등), ② 유통믹스(수송, 보관, 하역, 재고, 소매상, 도매상 등), ③ 커뮤니케이션 믹스(광고, 인적판매, 판매촉진, 디스플레이, 퍼블리시티, 머천다이징, 카탈로그 등)이다. 마케팅 믹스는 고정된 것이 아니라 기업이나 제품에 따라 달라지며, 환경변화에 대응하여 수정된다. 4P : 제품(Product), 유통경로(Place), 가격(Price), 판매촉진(Promotion)은 경영자가 통제 가능한 마케팅 요소다.

매스티지 Masstige

대중(mass)과 명품(prestige product)의 합성어. 대량으로 판매되는 고급상품.

매스티지라는 개념을 처음 소개한 미국 경제전문지 하버드 비즈니스 리뷰(HBR)는 '소득 수준이 높아진 중산층 소비자들이 품질이나 감성적인 만족을 얻기 위해 비교적 저렴한 고급품을 소비하는 추세'로 정의했다. 20~30만 원대의 청바지 같은 '준(準)명품'들이 이 매스티지에 해당한다. 미국에서 생겨난 이 신조어는, 잘 살게 된 중산층이 '상대적으로 저렴한'고급품을 찾는 현상을 표현한 것이다. 한국에서도 최근 이런 종류의 상품들이 제법 잘 팔린다고 한다.

모라토리엄 Moratorium

전쟁, 천재(天災), 공황 등에 의해 국가경제가 혼란하고 채무이행이 곤란한경우 공권력에 의해서 일정 기간 채무의 이행을 연기 또는 유예하는 일.

국가 간의 모라토리엄은 한 국가가 외국에서 빌려온 차관에 대하여 일시적으로상환을연기하거나유예하는것으로서, '채무지불유예'라고한다. 이러한 지불유예를 받게 되면 국제적으로 신용이 하락하여 대외거래에 여러 가지 장애가 뒤따르게 된다.

목적세 目的稅 Objective Tax

특정의 경비 지출을 목적으로 징수하는 조세.

일반 경비에 충당하기 위하여 징수되는 일반세(一般稅) 또는 보통세 (普通稅)에 대응한다. 목적세는 사용 용도가 명백하므로 납세자의 이해를 얻기는 비교적 쉬우나 특정 목적 이외에는 사용할 수 없어 재정의 운용을 제한하고 경비지출 간에 불균형을 초래하는 경우가 많기 때문에 특히 국세(國稅)에 대해서는 사용하는 나라가 드물다. 그러나 지방세에 대해서는 많은 나라에서 보통세와 목적세를 병용하고 있다. 우리나라에서는 지방세 가운데 도시계획세 · 공동시설세 · 사업소세 · 지역개발세 등의 목적세를 두고 있다.

몰링 족 Malling

대형 복합쇼핑몰에서 쇼핑, 놀이, 공연, 교육 등을 원스톱(one-stop)으로 해결하는 것을 뜻하는 '몰링(Malling)'을 즐기는 새로운 소비계층.

전 세계적으로 쇼핑시설과 함께 영화관, 공연장, 레스토랑 시설을 함께 갖추고 있는 복합쇼핑몰이 증가하고 있고, 소비자들이 쇼핑 자체를 단순히 물건을 사는 행위를 넘어서 하나의 즐거운 경험으로 여기면서 몰링족이 늘어나고 있는 추세다. 미로처럼 얽혀 있는 몰(mall)을 마치 생쥐(rat)처럼 여기저기 돌아다니는 10~20대 남자를 '몰랫 (mall rat)'이라 부르며, 쇼핑과 함께 몰 안에 있는 영화관이나 카페 · 이벤트 등을 이용하는 젊은 여성 부류를 '몰리(mallie)'라 한다. 몰 곳곳을 둘러보는 것을 운동으로 삼는 부류는 '몰워커(mall walker)'라고 부른다.

무디스 사 Moddy's 社

미국 뉴욕에 있고 주로 출판물을 통해 투자자들에게 투자에 관한 정보나 조언을 제공하는 것을 주요 업무로 삼는 세계적인 신용평가기관의 하나.

이 회사는 1909년 200여 개의 철도채권에 대한 등급을 발표하면서 미국에서 굴지의 신용평가회사로 부상했다. 1924년 미국에서 발행되는 모든 채권의 등급을 매기기 시작했으며, 현재 국가나 은행, 증권이나 채권 분야의 등급을 발표하고 있다.

이와 유사한 회사로는 스탠다드 앤드 푸어 사가 있으며 이들 투자자문회사의 등록 및 영업활동은 증권거래위원회(SEC; the Securities and Exchange Commission)의 규제를 받고 있다.

무역수지 貿易收支 Trade Balance

어떤 나라의 무역 즉, 상품거래에 따른 수입과 지급을 일정 기간(보통 1년)에 대하여 종합한 결과.

수출입의 차이로서 수출이 수입보다 큰 경우를 수출 초과, 수입이 수출보다 큰 경우를 수입 초과라 한다. 상품의 수출입이 세관에 의해서 정확히 파악되어 기록되므로, 보이는 무역 또는 유형무역(有形貿易)이라고도 한다.

➡ **무역외 수지** 貿易外收支 Balance of Invisible Trade

상품 이외의 서비스 수출입 및 증여에 따른 수지. 운임 · 용선료, 보험료, 유가증권매매 · 환수수료, 여행 · 관광 수입, 대외투자에 대한 이윤, 해외공채 이자, 해외 주식 배당 수입 등이 무역외 수지에 속한다.

무역자유화 貿易自由化 Trade Liberalization

수출입 거래를 원활하게 하지 못하는 장벽과 규제를 철폐하여 자유로운 수출입 거래를 목적으로 하는 조치 및 방향.

각국이 실시하는 관세, 비관세 및 기타 무역장벽을 제거함으로써 자유로운 무역을 통하여 세계무역을 확대시켜 나아가 세계경제의 발전을 도모하고자 하는 데 목적이 있다.

물가연동제 物價連動制 Indexation

임금, 금리 등을 정할 때 일정한 방식에 따라 물가에 연동시키는 정책.

'물가지수(Index)에 맞춘다'는 뜻으로, 인덱싱(Indexing)이라고도 한다. 인플레이션의 진행으로 생기는 명목가치와 실질가치의 차를 메우고 인플레이션이 실제 경제에 미치는 나쁜 영향을 중화시키는 정책을 일반적으로 인플레이션 중립정책이라고 하는데, 그 구체적인 것이 물가연동제다.

물가지수 物價指數 Price Index

물가의 변동을 파악하기 위해 작성하는 지수.

일정한 시기를 기준으로 하여 그 후의 물가 변동을 백분율로 표시한 것이다. 물가지수는 화폐가치의 변동을 측정하는 기준이 된다. 한 상품만의 변동을 지수로 표시한 것을 가격지수라 한다.

뮤추얼 펀드 Mutual Fund

투자자들의 자금을 모은 자산 운용 전문기관이 주식이나 채권, 선물 옵션등 파생 상품에 투자하여, 수익을 가입자에게 분배하는 간접 투자 상품.

기존 주식형 펀드와 달리 투자자는 펀드의 주주가 되며, 하나의 회사로 설립하기 때문에 다른 펀드에 있는 유가증권을 섞어 수익률을 조정하지는 못한다. 주식형 수익증권과는 달리 일단 펀드에 가입하면 투자 만기까지 중간에 돈을 추가로 입출금이 불가능하다. 원금이 보장되지 않고 운용실적에 따른성과 분배 때문에 원금도 손해 볼 수 있다.

반덤핑 관세 Anti-Dumping Duties

어떤 수출국의 기업이 특정 상품가격을 부당하게 낮은 가격으로 수출하여, 수입 국의 산업이 큰 타격을 입을 경우에 부과하는 탄력 관세의 하나.

덤핑 방지세 또는 부당 염매 관세라고도 한다. 일반적으로 덤핑상품에 대해 이례적으로 고율의 관세율을 적용하여 수입 억제 효과가 있다. 그러나 이러한 명분과 달리 선진국들이 부당염가 가격판정의 자의성을 이용하여 개발도상국가들에 대한 수입규제책으로 남발해 문제가 되고 있다.

방카슈랑스 Bancassurance

은행(Bangue)과 보험(Assurance)의 합성어.

1986년 프랑스의 크레디아그리콜 은행이 생명보험사인 프레디카를 자회사로 설립하여 전국 46개 은행창구에서 보험상품을 판매하면서 시작되었다. 은행과 보험회사가 서로 연결하여 일반 개인에게 광역의 금융 서비스를 제공하는 것이다. 보험회사가 은행지점을 보험 상품의 판매대리점으로 이용해서 은행원이 직접 보험상품을 파는 영업형태를 말하는데, 독일 · 영국 · 프랑스등지에서 새로운 금융 서비스의 하나로 부상하고 있다. 은행은 보험회사의 상품을 팔아주는 대신 수수료를 받는다. 최대 장점은 고객들이 은행에서 은행-보험 상품의 원스톱 서비스를 받을 수 있다는 것이다.

밴드왜건 효과 Bandwagon Effect

남들의 유행에 휩쓸리는 심리를 밴드왜건(대열의 앞에서 행렬을 선도하는 악대차) 뒤를 졸졸 따라다니는 것에 비유하여 붙인 이름.

남이 사니까 나도 산다는 식의 의사결정을 의미한다. 선거관련 여론조사 보도에서 마음을 정하지 못한 유권자들이나 약세 후보를 지지하는 유권자들이 선두 후보를 지지하게 된다는 것을 의미하기도 한다.

버즈 마케팅 Buzz Marketing

인적 네트워크를 통해 소비자에게 상품정보를 전달하는 마케팅의 한 분야.

소비자들이 자발적으로 메시지를 전달하게 하여 상품에 대한 긍정적인 입소문을 내게 하는 마케팅기법이다. 꿀벌이 윙윙거리는(buzz) 것처럼 소비자들이 상품에 대해 말하는 것을 마케팅으로 삼는 것으로, 입소문 마케팅 또는 구전마케팅(word of mouth)이라고도 한다.

특정 제품에 대한 긍정적 반응을 퍼트리도록 한다는 점에서 기존의 입소문과 같다고 할 수 있으나 최근에는 인터넷과 팟캐스트 같은 기술을 이용하여 순식간에 퍼트릴 수 있으며, 매스미디어를 통한 마케팅보다 비용이 저렴하고 기존의 채널로 도달하기 어려운 소비자들에게까지 접근할 수 있다는 장점이 있다.

벌처 펀드 Vulture Fund

부실기업을 인수하여, 경영을 정상화시킨 뒤 매각하여 차익을 얻는 펀드.

주 업무는 고수익 채권을 발행하여 자금을 조성한 뒤, 사업성은 좋으나 일시적인 자금난이나 부실경영으로 유지가 곤란해진 회사를 인수하여, 이를 회생시켜 고가로 다시 매각하는 것이다.

법정관리 法定管理

부도를 내고 파산 위기에 처한 기업이 회생 가능성이 보이는 경우에 법원의 결정에 따라 법원에서 지정한 제3자가 자금을 비롯한 기업 활동 전반을 대신 관리하는 제도.

회사에서 법정관리 신청을 하면 법정관리 체제의 전 단계 조치인

경제 · 경영 · 무역 · 금융

정치 · 외교 · 국제

사회 · 노동 · 법률 · 환경

철학 · 역사 · 지리

문화 · 예술 · 교육 · 스포츠 · 매체

컴퓨터 · 과학 · IT

찾아보기

재산보전처분 결정이 내려진다. 이날부터 이 회사와 관련한 모든 채권과 채무가 동결되고, 법정관리 결정을 내려 법정관리자를 지정하면, 법정관리 체제로 전환된다. 부도 위기에 몰린 기업을 파산시키기보다 살려내는 것이 장기적으로는 기업과 채권자에게는 물론 국민경제 전반에 바람직한 경우가 많다는 점에서 이 제도를 시행하고 있다.

베블렌 효과 Veblen Effect
가격이 비쌀수록 오히려 수요가 늘어나는 비합리적 소비현상.

미국의 사회학자이자 사회평론가인 베블렌(Thorstein Bunde Veblen)이 1899년 출간한 저서 『유한계급론(有閑階級論)』에서 '상층계급의 두드러진 소비는 사회적 지위를 과시하기 위하여 자각 없이 행해진다'고 말한 것에서 유래했다. 고가의 귀금속이나 고급 자동차 등은 경제 상황이 나빠지더라도 그 수요가 줄지 않는 경향이 있는데, 이는 젊은 세대를 중심으로 하이클래스의 이미지를 얻기 위해 무리를 해서라도 고가품을 구입하려 하기 때문이다. 과시욕이나 허영심을 채우기 위해 고가의 물품을 구입하는 사람들의 경우, 값이 오르면 오를수록 수요가 증가하고, 값이 떨어지면 누구나 손쉽게 구입할 수 있다는 이유로 구매를 하지 않는 경향이 있다. 무조건 남의 소비 성향을 좇아 한다는 뜻에서 '소비편승효과'라고도 한다.

벤처 인큐베이팅 Venture Incubating
창업 단계의 초기 벤처 기업을 발굴 · 육성해서 기업 공개 · 인수합병(M&A) 등을 통해 자본 이익을 얻는 비즈니스 모델이다.

유망한 벤처에 지분을 투자해서 자본 이익을 목표로 하는 점에서 벤처 캐피털과 유사하지만, 미래의 기술 수요를 예측해 선정한 초기 사업 아이템에 상대적으로 높은 리스크를 안고, 투자와 함께 종합적인 경영 컨설팅을 한다는점에서 다르다.

벤치마킹 bench marking
특정분야에서 우수한 기업을 선정해서 상품, 기술, 경영 방식 등을 배워자기 기업의 혁신을 꾀하는 경업기법으로, 우수한 기업의 장점을 배운 후 새로운 경영 방식을 재창조한다는 점에서 단순 모방과는 다르다.

벤치마킹 기법을 활용한 경영혁신의 추진은 일반적으로 ① 벤치마킹 적용 분야의 선정 ② 벤치마킹 상대의 결정 ③ 정보 수집 ④ 성과와 차이의 확인 및 분석 ⑤ 벤치마킹 결과의 전파 및 회사내 공감대 형성 ⑥ 혁신계획의 수립 ⑦ 실행 및 평가의 순으로 진행된다. 벤치마킹을 성공적으로 하기 위해서는 벤치마킹의 적용 분야와 상대, 성과 측정 지표, 운영 프로세스라는 4종의 구성요소에 대한 명확한 자료와 그에 대한 이해가 필요하다. 이 방식은 미국의 「포천」지가 '쉽게 아이디어를 얻어 새 상품 개발로 연결시키는 기법'이라고 소개하며 처음으로 이름을 붙였다.

변동 환율제 變動換率制 Floating Exchange Rate System

각 국의 통화가치를 고정시키지 않고 외환시장의 수급상태에 따라 자유로이 변동되도록 하는 제도.

1978년 4월에 출범한 킹스턴체제에서 국제통화기금(IMF)은 각국에 환율제도의 선택재량권을 부여함으로써 변동환율제를 사실상 인정했다. 구체적으로 킹스턴체제는 가맹 회원국이 채택할 환율제도를 IMF에 보고하도록 규정하고, 세계경제가 안정적일 때는 회원 85% 이상의 찬성이 있을 경우 조정 가능한 고정환율제로 복귀할 수 있도록 했다.

보이지 않는 손 Invisible Hand

자본주의 사회의 시장에서 결정되는 가격은 외부의 간섭 없이도 수요와 공급을 일치시키며, 그에 따라 공급량과 수요량을 결정하는 기능을 가진다는 가격의 자동 조절 기능에 대해 영국의 고전파 경제학자 스미스(A. Smith)가 한 말이다. 자본주의 사회에서는 무수한 경제 주체가 가격을 지표로 해서 경제 활동을 하고 그 결과 자동적으로 자원의 배분, 즉 국민경제의 기본 문제가 해결된다는 것이다.

부가가치세 附加價値稅 VAT; Valued Added Tax

생산 및 유통과정의 각 단계에서 창출되는 부가가치에 부과되는 조세.

영업세나 물품세처럼 기업이 판매한 금액 전액에 대해 과세하는 것이 아니라 판매금액에서 매입금액을 공제한 나머지 금액인 '부가 가치'에다 부가가치세율을 곱한 것이 부가가치세액이 된다. 유럽연합(EU) 각국에서는 1960년대부터 실시하고 있으며 우리나라는 1977년부터 부가가치세제를 전국적으로 실시하기 시작했다.

분식회계 粉飾會計 Window Dressing Settlement- 분식결산 粉飾決算

기업이 재정상태나 경영실적을 실제보다 좋게 보이게 할 목적으로 부당한 방법으로 자산이나 이익을 부풀려 계산하는 회계.

금전 융통 등을 쉽게 하기 위해 비실현 매출의 계상, 자산의 과대평가, 비용과 부채의 과소 계상, 가공 매출의 계상 등의 방법을 쓴다. 불황기에 분식결산을 하는 회사가 늘기 쉬운데 이런 행위는 주주나 하도급업체, 채권자들에게 손해를 끼치게 되고 탈세와도 관계되므로 상법은 물론 관련 법규에서 금지하고 있다. 주로 부실을 감추기 위한 회계조작이다.

➜ **역분식** 逆粉飾

분식결산과는 반대로 이익을 실제보다 줄이거나 비용·충당금을 부풀리는 방식. 회사가 큰 이익을 냈을 경우에 생기는 노동조합의 임금인상 요구나 세금의 부담을 덜기 위한 법이다. 이렇게 실제 이익보다 줄여 장부에 기록하여 생긴 장부 외 자금은 주로 오너 일가의 비자금으로 사용된다.

브렉시트 BBrexit

브렉시트(Brexit)는 '영국(Britain)'과 '탈퇴(Exit)'의 합성어로 영국의 유럽연합(EU) 탈퇴를 뜻한다.

영국은 2016년 6월 23일 유럽연합 탈퇴 여부를 결정하기 위한 국민투표를 실시했다. 그 결과 영국 국민들은 'EU 탈퇴'51.9%, 'EU 잔류'48.1%, 126만 여 표차로 탈퇴를 가결했다. 투표율은 72.2%였다. 이로써 세계 5위의 경제 대국인 영국은 1973년 EU의 전신인 유럽경제공동체(EEC)에 가입한 지43년 만에 유럽공동체에서 탈퇴를 결정하게 되었다.

블랙 마켓 Black Market

암시장(暗市場). 상품이 정상가격보다 비싼, 또는 싼 가격으로 거래되는 음성적인

시장.

넓은 의미로는 불법적인 거래가 이루어지는 시장을 가리킨다. 천재지변·전쟁 기타 여러 원인으로 물자가 크게 부족할 때, 특정물자의 생산·판매 가격이 국가의 통제하에 놓이게 되면, 흔히 금지품목이 판매되고 통제물자가 공정가격을 넘어선 가격으로 거래되는데, 그러한 거래가 행하여지는 비합법적인 시장이 좁은 뜻의 암시장이다.

➜ 그레이 마켓 Gray Market

회색 시장(灰色市場). 가격이 공정되어 있는 상품을 공정가격보다 비싼 값으로 매매하는 위법적이면서 합법적인 면도 있는 시장. 정상적인 가격을 넘은 거래로, 보통의 암시세와 공정가격의 중간 정도의 가격으로 거래되는 경우, 생산자가 발표하는 건의(建議)가격 이상으로 거래되는 경우 등을 말한다.

블랙 먼데이 Black Monday-검은 월요일

뉴욕의 다우 존스 평균 주가가 하루에 505달러가 폭락한 1987년 10월19일이 월요일이었기 때문에 붙여진 이름이다.

대폭락의 원인으로 무역 적자, 경제환경의 변화, 세제 개혁안, 과도하게 오른주가에 대한 투자자들의 불안 심리 등이 지적되었으나 컴퓨터를 통한 주식거래가 주범으로 꼽히기도 했다. 미국에서는 대폭락 재발 방지를 위해 주가급락 시 매매 차단 및 가격 제한 폭 설정을 골자로 한 서킷 브레이크 제도가 실제 도입되기도 했다.

블랙 스완 Black Swan

극단적으로 예외적이어서 발생 가능성이 없어 보이지만 일단 발생하면 엄청난 충격과 파급효과를 가져오는 사건을 가리키는 말이다.

17세기 말까지 유럽인들은 모든 백조는 희다고 믿었으나, 네덜란드의 한 탐험가가 호주에서 '흑조(Black Swan)'를 발견한 후 이제까지의 통념이 산산이 부서지는 충격을 받았다는 데서 유래하여 '과거의 경험으로는 아무리 분석하더라도 미래를 예측할 수 없을 때'를 지칭하는 용어로 사용된다. 월가 투자전문가인 나심 니콜라스 탈레브가 그의 저서 『검은 백조(The black swan)』를 통해 서브프라임 모기지 사태를 예언하면서 알려지게 되었다. 그는 저서에서 검은 백조의 속성을

경제 · 경영 · 무역 · 금융

정치 · 외교 · 국제

사회 · 노동 · 법률 · 환경

철학 · 역사 · 지리

문화 · 예술 · 교육 · 스포츠 · 매체

컴퓨터 · 과학 · IT

찾아보기

① 일반적 기대 영역 바깥에 존재하는 관측값(이는 검은 백조의 존재 가능성을 과거의 경험을 통해 알 수 없기 때문), ② 극심한 충격을 동반, ③ 존재가 사실로 드러나면 그에 대한 설명과 예견이 가능 등으로 기술하고 있다. 원래는 검은 색깔을 가진 '흑조'를 떠올리기가 쉽지 않은 것처럼 '실제로는 존재하지 않는 어떤 것' 또는 '고정관념과는 전혀 다른 어떤 상상'이라는 은유적 표현으로 서양고전에서 사용된 용어였으나, 현재는 '불가능하다고 인식된 상황이 실제로 발생하는 것'이란 의미로 전이됐다.

블록 경제 Block Economy

몇 개의 국민경제를 하나의 블록으로 통합해서 다른 지역에 대해 봉쇄적인 무역 정책을 취하는 것을 말한다.

광역 경제와 같은 뜻으로 쓰이며, 그 본질은 자본주의의 판매 시장, 원료 · 식량 시장으로서의 식민지나 반식민지를 필요로 하고 그에 대한 배타적 지배를 강화하는 것이 목적이다.

이 말은 1932년 오타와에서 열린 영국 제국경제회의에서 세계 공황 후의 심각한 경제 위기와 각 국 사이의 격렬한 시장 경쟁에 대처하기 위해 영국 본국과 그 속령 사이에 특혜 관계가 설정되면서 널리 사용되었다. 블록 경제로는 영국 블록, 범미국 블록, 프랑스 블록 등이 있으며, 구체적으로는 OEEC(유럽경제협력기구), EEA(유럽경제지역), EFTA(유럽자유무역연합체), EAFTA(라틴아메리카자유무역협회), EU(유럽연합), NAFTA(북미자유무역조약) 등이 있다.

블록체인 Blockchain Security Technology

누구나 열람할 수 있는 장부에 거래 내역을 투명하게 기록하고, 여러 대의 컴퓨터에 이를 복제해 저장하는 분산형 데이터 저장기술이다.

블록에 데이터를 담아 체인 형태로 연결, 수많은 컴퓨터에 동시에 이를 복제해 저장하는 분산형 데이터 저장 기술이다. 공공 거래 장부라고도 부른다. 중앙 집중형 서버에 거래 기록을 보관하지 않고 거래에 참여하는 모든 사용자에게 거래 내역을 보내 주며, 거래 때마다 모든 거래 참여자들이 정보를 공유하고 이를 대조해 데이터 위조나 변조를 할 수 없도록 돼 있다.

블루오션 전략 Blue Ocean Strategy

차별화와 저비용을 통해 경쟁 없는 새로운 시장을 창출하려는 경영전략.

블루오션(푸른 바다)이란 수많은 경쟁자들로 우글거리는 레드오션 (red ocean : 붉은 바다)과 상반되는 개념으로, 경쟁자들이 없는 무경쟁시장을 의미한다. 프랑스 유럽경영대학원 인시아드의 한국인 김위찬 교수와 르네 마보안(Renee Mauborgne) 교수가 1990년대 중반 가치혁신 (value innovation) 이론과 함께 제창한 기업 경영전략론이다.

이 새로운 시장은 차별화와 저비용을 동시에 추구함으로써 기업과 고객 모두에게 가치의 비약적 증진을 제공하는 시장으로, 다른 기업과 경쟁할 필요가 없는 무경쟁 시장이다. 쉽게 말해 기존의 치열한 경쟁시장 속에서 시장점유율을 확보하기 위해 애쓰는 것이 아니라, 매력적인 제품과 서비스를 통해 자신만의 독특한 시장, 곧 싸우지 않고 이길 수 있는 시장을 만들어 내는 전략을 말한다.

→ **레드오션 Red Ocean**

'블루오션'의 반대 개념. 경쟁에 바탕을 둔 모든 전략을 '레드오션'이라고 한다.

레드오션의 전략은 기존 시장 안에서 경쟁자를 죽이거나 이기는 것이 목표로 기존 수요시장에서 1등을 하는 것이다.

블루 칩 Blue Chip

미국 주식시장에서 건전한 재무내용을 유지하고 있는 우량주를 말한다.

우량주는 경기 변동에 강하고, 장기간에 걸쳐 고수익·고배당을 해와 신용이있으며, 지명도도 높다. 블루 칩이라는 이름은 트럼프의 포커에서 쓰는 세 종류(흰색, 빨강색, 청색)의 칩 가운데 가장 높은 것이 블루칩이라는 데서 유래하는데, 미국만이 아니라 일반적으로 쓰는 말이 되었다.

비관세장벽 非關稅障壁 NTB; Non-Tariff Barrier

관세에 의하지 않고 수입을 억제하는 수단.

수입 수량의 할당, 국내산업 보호정책, 수출에 대한 금융지원, 각국의 특유한 기준·인증제도, 수입절차상 관행 등이 구체적인 예다.

비관세장벽이 특히 주목받게 된 것은 미국이 1974년 통상법에 이 문제를 취급하면서부터다. 그 후 비관세장벽이 국제무역을 저해한다는 세계 각국의 판단에 따라 국제적 개선책을 모색하기 위해 1975년 3월 관세무역일반협정(GATT) 무역교섭위원회아래 비관세장벽 그룹이 설치되어 그 경감·철폐를 위한 교섭이 진행됐다.

그 결과 1979년 3월 국제규약에 대한 대체적인 합의를 보았다. 그 내용은 수입절차의 간소화, 검사기준에 합격한 수입품은 국산품과 같은 품질보증 인증제도의 적용을 받게 할 것, 어떤 나라든 일방적으로 수출보조금을 지급하거나 상계관세를 부과하지 않을 것, 정부조달은 원칙적으로 공개입찰에 부칠 것 등이다. 바터제(Barter System), 쿼터제(Quota System), 링크제(Link System), 외환 관리제 등의 조치에 의한 제한이 비관세장벽이다.

비례세 比例稅 Proportional Tax

과세물(課稅物)의 크기에 관계없이 과세 단위에 대하여 일정한 세율(비례세율)이 적용되는 조세.

이는 과세표준의 증대에 따라 세율이 높아지는 누진세나 차율세(差率稅)라고 불리는 역진세(逆進稅) 등에 대비되는 용어다. 고소득층보다 저소득층의 부담을 크게 하는 균일세(均一稅)나 단일율세(單一率稅) 등에 의한 비례세는 실제로는 역진세다. 자본주의의 초기에는 소득의 분화가 적었기 때문에 비례세가 가장 공평한 과세방식이었으며, 현재도 소비세(消費稅)의 많은 분야에서 비례세가 적용되고 있다.

빈곤의 악순환 貧困—惡循環 Vicious Circle of Poverty

저개발국에서 경제발전을 저해하는 근본적인 경제현상.

저개발국가에서는 자본 형성이 어려워서 빈곤해지고, 빈곤하기 때문에 자본 형성이 또한 어려워 빈곤의 연속성이 이어진다는 주장이다. 미국의 경제학자 넉시(R. Nurkse)가 주장한 이론으로서, 자본의 공급 면에서 보면 자본 부족 → 저생산력 → 저소득 → 저저축 → 자본부족이 악순환되고, 자본의 수요 면에서 보면, 저소득 → 저구매력 → 시장의 협소 → 저투자요인 → 저자본형성 → 저소득이 악순환된다. 넉시는 저개발국가 경제발전의 기본조건을 자본형성에 두었다.

사모펀드 private equity fund

소수의 투자자로부터 모은 자금을 운용하는 펀드로, 금융기관이 관리하는 일반 펀드와는 달리 '사인(私人)간 계약'의 형태를 띠고 있다. 따라서 금융감독기관의 감시를 받지 않으며, 공모펀드와는 달리 운용에 제한이 없는 만큼 자유로운 운용이 가능하다.

보통 공모펀드는 동일종목에 신탁재산의 10%이상 투자할수 없고, 동일회사 발행주식의 20%이상을 매입할 수 없다. 하지만 사모펀드는 신탁재산의 100%까지 한 종목에 투자할 수 있다. 이러한 점 때문에 사모펀드는 재벌들의 계열지원, 내부자금 이동 수단으로 활용될 수 있고 검은자금의 이동에도 활용될 수 있다. 특히 주식형 사모펀드는 특정 기업이나 개인이 사모펀드에 가입하는 방법으로 다른 회사 경영권을 인수하는 적대적 기업인수합병(M&A) 수단으로 활용될 수 있다.

사회적 기업 社會的企業 Social Enterprise

사회적 목적을 우선적으로 추구하며 영업활동을 수행하는 기업 및 조직.

사회적 목적을 추구하면서 취약계층에게 사회 서비스 또는 일자리를 제공함으로써 지역 주민의 삶을 높이고, 재화 및 서비스의 생산, 판매 등 영업활동을 수행하는 기업을 의미한다. 영리기업이 이윤 추구를 목적으로 하는 데 반해, 사회적 기업은 사회 서비스의 제공 및 취약계층의 일자리 창출을 목적으로 하는 점에서 영리기업과 큰 차이가 있다.

상장 주식 Listed Stock

증권거래소에서 매매되고 있는 주식, 즉 증권거래소에 상장되어 있는 주식을 말한다.

증권거래소에서는 투자자 보호를 위해 상장해도 좋은 주식에 대한 기준을(상장기준) 설정해 놓고 이 기준에 충족된 주식에 대해서만 일정한 절차를 거쳐거래소에 상장하여 거래되도록 하고 있다. 주식이 거래소에 상장되면 ① 상장회사로서의 신뢰도를 얻을 수 있으며, ② 발행회사의 사회적인 평가가 높아지고, ③ 시가로 환금이 쉬워지며, ④

증자 및 기채 등 자금조달이 쉽고, ⑤ 주식을 담보로 할 경우 담보가치가 높아지는 등 여러 가지 이점이 있다.

서브프라임 모기지론 Subprime Mortgage Loan

비우량 주택담보대출. 신용도가 일정 기준 이하인 저소득층을 상대로 한 미국의 주택담보대출을 말한다.

미국의 주택담보대출은 프라임(Prime), 알트-A(Alternative A), 서브프라임(Subprime)의 3등급으로 구분되며, 프라임은 신용도가 좋은 개인을 상대로 한 주택담보대출을, 알트-A는 중간 정도의 신용을 가진 개인을 상대로 한 주택담보대출을, 서브프라임은 신용도가 일정 기준 이하인 저소득층을 상대로 한 주택담보대출을 말한다. 이 가운데 서브프라임 등급은 부실 위험이 있기 때문에 프라임 등급보다 대출 금리가 2~4% 정도 높다. 2000년 들어 부동산 가격이 급등하자, 이에 편승한 모기지론 업체들간의 과다 경쟁으로 인해 미국 주택담보대출 시장에서 서브프라임 등급이 차지하는 비율이 13.7%로 급증했다. 그러다 급상승하던 집값이 하락세로 돌아서고 미국연방준비제도이사회(FRB)가 정책목표 금리를 1.0%에서 5.25%로 대폭 올리자 이자부담이 커진 저소득층에서 원리금을 갚지 못하고 이로 인해 연체율이 20% 급상승하여, 2007년 4월 미국 제2의 서브프라임 모기지론 회사인 뉴센트리 파이낸셜(New Century Financial)이 파산 신청을 내는 것을 시작으로 이른바 '서브프라임 모기지론 사태'가 일어났다.

석유수출국기구 石油輸出國機構 OPEC; Organization of Petroleum Exporting Countries

국제석유자본(석유 메이저)에 대한 발언권을 강화하기 위해 결성한 조직.

사우디아라비아, 이란, 베네수엘라, 쿠웨이트, 이라크 등 5개 산유국이 미국, 영국, 프랑스, 네덜란드 등의 국제석유자본(major group)에 대항해서 석유 수입의 안정 확보를 목표로 1960년에 발족한 일종의 석유 카르텔 기구이며, OPEC 본부는 원래 제네바 시에 있다가 1965년 빈으로 옮겨졌다. 현재 회원국은 기존 5개국을 포함해서 카타르, 인도네시아, 아랍에미리트, 리비아, 알제리, 나이지리아, 에콰도르, 가봉 등 13개국으로 세계 원유의 60% 이상을 생산한다. 이들은 유가의 단일화, 원유 가격·공급 조작 등으로 석유를 무기화하기도 했다.

세이의 법칙 Say's law

판로의 법칙(theorie des debouches)이라고도 불리워지며, '재화의 공급은 그 스스로의 수요를 창조한다'라는 것으로 프랑스의 경제학자 세이(J. B. Say)의 이름을 따서 세이의 법칙이라 한다.

생산이 생산물만큼 소득을 발생시키며, 이 소득이 수요로 나타나기 때문에 경제 전반에 걸쳐서 과잉생산은 있을 수 없다는 학설이다. 이 같은 명제는 D.리카도 등 고전학파 경제학자에 의해 받아들여졌지만, 후일 K. 마르크스와 J. M. 케인스로부터는 투자는 반드시 저축과 일치하지는 않는다는 등의 비판을 받았다.

소득주도성장 所得主導成長

문재인 정부의 핵심 경제 정책의 하나로 근로자의 소득을 인위적으로 높이면 소비가 증대되면서 경제성장을 유도한다는 정책이다.

노동자와 가계의 임금과 소득을 늘리면 소비가 증대되면서 기업투자와 생산이 확대돼 소득 증가의 선순환을 만들어내 경제성장이 이루어진다는 주장이다. 포스트케인지언 경제학자들의 임금주도성장론(wage-led growth)에 그 근거를 두고 있다. 문재인 정부의 경제 정책으로 대기업의 성장에 따른 임금 인상 등의 낙수효과보다 근로자의 소득을 인위적으로 높여 경제성장을 유도한다는 것이 핵심이다.

소비자금융 消費者金融 Consumer Credit

소비자(가계 부문)가 소비재(내구소비재)를 구입할 경우 필요로 하는 자금융통.

카드회사나 혹은 할부금융회사들이 소비자를 상대로 하는 신용대출을 말한다. 비싼 제품을 구입하려는 소비자가 현금이 부족할 때 소비자를 대신해 대금을 먼저 지급한다. 이후 금융기관들은 고객으로부터 매달 또는 분기별로 원금과 수수료를 함께 받는다. 통상 경기가 좋지 않을 때 경기부양책의 하나로 수요자금융을 확대하는 경우가 있다. 일반 소비자들이 당장은 현금이 없지만 수요자금융으로 상품을 구입하면 수요가 늘고, 이에 따라 경기가 차츰 회복되는 메커니즘이다.

경제·경영·무역·금융

정치·외교·국제

사회·노동·법률·환경

철학·역사·지리

문화·예술·교육·스포츠·매체

컴퓨터·과학·IT

찾아보기

소비자 파산 消費者破産

채무를 갚을 능력이 없는 채무자의 신청에 의하여 법원이 개인에 대하여 내리는 파산 선고.

파산 선고를 받은 파산자는 법원이 선임하는 파산관재인의 관리 하에 자신의 모든 재산을 돈으로 환산, 채권자에게 나누어주는 파산 절차를 거친다. 파산자는 신원증명서에 파산 사실이 기재되어 공무원, 변호사, 기업체 이사 등이 될 수 없으며, 금융기관에서 대출이나 신용카드를 발급 받지 못하는 등의 제약을 받게 된다. 그러나 파산 선고 후 1개월 이내에 법원에 면책을 신청할 수 있다. 갚을 능력이 없으면서도 마구 빚을 얻어 과소비나 도박에 탕진하는 등 '사기 파산'인 경우 10년 이하의 징역에 처해진다.

소액주주운동 少額株主運動

소액주주들이 모아서 일정 지분을 확보하여 상법과 증권거래법에 보장되어 있는 수주주권을 행사하고, 경영진의 불법행위에 대해 민·형사적 절차에 따라 그 법적 책임을 추궁하는 운동.

제일은행을 시작으로 전개된 소액주주운동은 SKT, 현대중공업, 삼성전자 등 핵심 재벌기업들을 상대로 한 '5대 재벌 개혁을 위한 소액주주운동'으로 발전했다. 특히 재벌 총수 일가의 이익을 위해 회사와 주주들의 이익을 침해하거나, 부당 내부거래와 계열 금융사를 통한 부실 계열사 지원 등으로 경제 개혁의 가장 큰 걸림돌이 되고 있는 재벌기업들의 지배 구조와 경영 관행의 개혁을 목표로 소액주주운동을 전개하고 있다.

수요 공급의 법칙 需要供給─法則 Law of Demand and Supply

어떤 상품에 관한 시장 수요량 및 시장 공급량과 시장 가격 사이의 관계에 관한 법칙.

경쟁적인 시장에 있어서의 시장가격과 시장거래량은 수요자와 공급자의 상호교섭에 의하여 결정된다.

수요의 법칙 Law of Demand

다른 요인이 불변일 때 상품의 가격과 수요는 역의 관계가 성립한다는 법칙.

어떤 상품의 가격이 오르면 수요량은 줄고, 가격이 하락하면 그와 반대로 수요량이 많아지는 관계를 말한다. 즉, 상품가격의 오르고 내림이 수요량의 변동을 일으키는 것을 말한다.

슈바베의 법칙 Schwabe's Law

소득이 증가함에 따라 주거비의 지출은 증가하지만, 이것이 소비지출 중차지하는 비중은 점차 작아진다는 경험법칙.

1868년 독일의 통계학자 H. 슈바베가 베를린에서 가계조사를 통해 발견한 법칙이다. 엥겔의 법칙이 소비지출에서 차지하는 식료품비의 비율을 정식화(定式化)한 것과 비교된다. 그러나 당시의 주거비는 주로 집세였는데, 현재는 가구·집기에 대한 지출액이 증대하였으며, 그 때문에 소득수준의 상승에 따라 주거비의 비중이 실제로는 오히려 증대하고 있다는 등의 이유로 중요시되지 않고 있다.

스크루플레이션 Screwflation

'돌려 조인다'라는 뜻으로 스크루(Screw)와 인플레이션(Inflation)이 합쳐진 말로, 인플레이션으로 실질임금이 감소해, 젖은 옷에 물을 짜내듯 중산층을 쥐어 짜는 경기 침체 현상을 말한다.

2011년 미국의 헤지펀드 운용사 시브리즈 파트너스의 대표 더글러스 카스가 처음 사용한 말이기도 하다. 최근 우리나라에서는 국제유가 및 곡물가격 상승으로 생필품 가격이 연쇄적으로 오름세를 보이고 있는데 이로 인해 국민의 실질적인 임금이 감소하면서 이러한 스크루플레이션이 가속화되고 있다.

스톡옵션 Stock Option

회사가 임직원에게 일정량의 회사 주식을 발행 당시 가격으로 싸게 취득할 수 있는 권리를 부여하는 제도로서 일종의 성과급 보너스다.

벤처기업은 초기에 자금부족으로 급여를 제대로 주지 못해 인력을 확보하느라 애를 먹는 경우가 적지 않은데 이때 스톡옵션은 우수 인력을 유치하는 강력한 무기가 될 수 있다. 미국의 경우 유력 기업

경제·경영·무역·금융

정치·외교·국제

사회·노동·법률·환경

철학·역사·지리

문화·예술·교육·스포츠·매체

컴퓨터·과학·IT

찾아보기

의 75% 이상이 스톡옵션제를 시행하고 있다. 우리 사주와 다른 점은 현재 시점에서 투자자금이 들지 않으며, 스톡옵션기간이 지난 후 회사에서 당시 시가대로 주식을 구입할 것을 보장해 준다는 점이다. 단, 이 기간 중에 퇴직하거나 회사에 결정적인 손해를 입힌 경우 또는 경영 실적이나 근무 성과가 현저하게 나쁠 경우에는 스톡옵션의 혜택을 받을 수 없다. 우리나라는 1997년 4월에 증권거래법이 개정되면서 도입된 후, 벤처기업을 중심으로 급속히 퍼졌고 최근에는 금융권까지 확산되고 있다.

스톡홀릭 StockHolic

스톡(Stock 주식)과 홀릭(Holic 중독)의 합성어.

주가 등락에 일희일비하면서 잠시라도 주가를 확인하지 못하면 초조해지는 등 감정 조절 능력을 상실한 사람, 주식중독자를 가리킨다. 이들은 직장에서 수시로 인터넷에 접속해 주가를 확인하는 등의 증상을 보이기도 한다.

스파게티볼 효과 Spaghetti bowl Effect

여러 나라와 동시에 자유무역협정(FTA)를 체결하면서, 각 나라마다 다른 원산지 규정 적용, 통관절차, 표준 등을 확인하는 데 시간과 인력이 들어가면서 애초에 기대했던 무역이익이 반감되는 현상.

미국 콜럼비아대 자그디시 바그와티 교수가 동시다발적 FTA 체결의 비효율성을 지적한 용어로, 복잡하게 얽혀 접시 안에 담겨있는 스파게티와 닮았다는 뜻으로 사용되고 있다. 현재 우리나라는 EU(유럽연합), 미국, 인도,ASEAN(동남아시아국가연합), 칠레, 싱가포르, EFTA(유럽자유무역연합) 등과 FTA협상을 벌여 발효 및 서명했거나 타결했다. 현재 ASEAN에는 필리핀, 말레이시아, 인도네시아 등 동남아 지역 10개 국가가 회원으로 가입돼 있다. 또 EFTA에는 아이슬란드, 리히텐슈타인, 노르웨이, 스위스 등 4개국이 회원으로 활동하고 있다. 또한 우리나라는 캐나다, 오스트레일리아, 뉴질랜드, 멕시코, 페루, GCC(걸프협력이사회)와의 FTA 협상을 진행하고 있으며, GCC는 사우디아라비아, 쿠웨이트, 아랍에미리트, 바레인, 오만, 카타르 등 중동 6개국의 경제협력체를 말한다.

스핀 오프 Spin-Off

분할회사가 현물출자 등의 방법을 통해 자회사를 신설하고 취득한 주식 또는 기존 자회사의 주식을 모회사의 주주에게 분할하는 방식을 말한다.

예를 들어 A회사는 자신의 일부를 B회사에 현물출자하고 그것과 교환하여 B회사의 전 주식을 취득한다. A회사는 B회사의 주식을 자기 주주에게 지주수(持株數)에 따라 분배하며, 이로 인해 A회사의 자본금은 증감하지 않는다. 이 방식은 기존의 유명 대기업보다 신기술을 가진 벤처기업의 주가가 더 높아지면서 관심을 끌었는데 대기업이 보유한 신기술 사업부분이 벤처기업으로 독립하면 코스닥 시장에 등록해 주가를 올릴 수 있고 여러 다양한 방식으로 투자도 받아 모기업의 한 사업부서로 남아 있을 때보다 더 큰 회사로 발전이 가능하다. 이렇게 되면 자회사의 주식을 많이 보유한 모회사가 주식을 팔아 차익을 남길 수 있다. 스핀 오프는 그 외 다른 두 가지 의미로도 쓰인다. 첫째, 이전에 발표되었던 드라마, 영화, 책 등의 등장인물이나 상황에 기초하여 새로 다른 이야기를 만들어 내는 것을 말한다. 미국의 CSI시리즈가 대표적인 스핀 오프 작품의 예라고 할 수 있다. 둘째, 정부출연기관의 연구원이 자신이 참여한 연구에서 얻은 결과를 가지고 창업할 경우, 정부 보유 기술을 사용하는 로열티를 면제해 주고 후에 신기술연구기금 출연을 의무화하는 제도를 말한다.

스필오버 효과 Spillover Effect

물이 넘쳐 흘러내려 인근의 메마른 논에까지 혜택이 전해지듯이, 특정 지역에 나타나는 현상이나 혜택이 흘러 넘쳐 다른 지역에까지 퍼지거나 영향을 미치는 것

경제용어에서의 스필오버는 어떤 요소의 경제활동이 그 요소의 생산성 또는 다른 요소의 생산성에 영향을 줌으로써 경제 전체의 생산성을 증가시키는 효과를 말한다. 과거 원화 대비 엔화 가치가 상승하면서 한국을 방문하는 일본관광객이 급증하여 명동 일대에 호텔에서 숙소를 구할 수 없게 되어 강남으로 흘러넘치는 현상이 일어났다. 다른 예로 경기도 여주에 명품아울렛 단지가 생기고 나서 '실속 쇼핑의 메카'로 등장하게 되었다. 그 후 일대에 375st아울렛, 중소개발업자들이 문을 연 가두점형 아울렛이 등장해 그 지역의 새로운 명소가 되면서 지역경제활동의 중심지가 되고 있다.

승수이론 乘數理論 Theory of Multiplier

경제현상에 있어서 어느 경제량이 다른 경제량의 변화에 따라 바뀔 때 그변화가 한 번에 끝나지 않고 연달아 변화를 불러 일으켜서 마지막에 가서는 맨 처음의 변화량의 몇 배에 이르는 변화를 하는 수가 있다. 이러한 변화의파급관계를 분석하고 최초의 경제량의 변화에 따라 최종적으로 빚어낸 총효과의 크기가 어떻게 결정되는가를 규명하는 것이 승수이론이다.

최종적으로 산출된 총 효과를 승수효과라고 하며, 어느 독립변수의 변화에 대해 다른 모든 변수가 어떤 비율로 변화하는가를 나타내는 것을 승수라고 한다.

시너지 효과 Synergy Effect

기업 간의 합병으로 경영상의 효과가 2+2→5와 같이 상승효과를 나타내는 작용을 말한다.

시너지는 원래 전체적 효과에 기여하는 각 기능의 공동작용, 협동을 뜻하는 말로 종합 효과, 상승효과로 번역되는데, 기업에서는 특정 생산 자원을 다면적으로 활용해서 얻어지는 효과를 말하고, 기업 합병으로 얻는 경영상의 효과를 가리키는 경우가 많다.기업 활동에서 대기업 1개 사와 소기업 10개 사의 매출액이 똑같은 경우, 일반적으로 광고 · 판매 · 유통 · 생산 · 연구개발 등 사내 자원은 공유할 수 있는 면이 많으므로, 그만큼 대기업의 제품 코스트가 소기업보다 유리하고 상승효과나 누적 효과가 보다 크게 작용함으로써 큰 이익을 얻을 수 있다.

시드 머니 종자돈 Seed Money

부실기업의 회생(回生)을 지원하기 위해 금융기관이 새로 융자해주는 돈.

새로운 열매를 맺기 위해 뿌려지는 씨앗이라는 비유. 종종 부실기업에 대한금융특혜로 비난받고 있다.

신용 창조 信用創造 Creation of bank deposit

은행 대출에 의해서 최초 예금액의 몇 배 이상으로 예금 통화를 창출하는 현상.

예금창조라고도 한다. 은행에 본원적 예금이 들어오면 일정비율의 지급준비금만을 남기고 그 나머지는 대출하는데 이 대출금이 또 예입되면 그에 대한 지급준비금만 남기고 또 대출된다. 이러한 과정을 반복하여 총신용창조액은 다음과 같이 계산된다.

총신용창조액 = 본원적 예금+1 / 지급준비율

신용 화폐 信用貨幣 Credit Money

은행신용을 바탕으로 만들어진 화폐.

엄격히 말하면 은행권(銀行券)까지 포함하나 보통 신용화폐라 할 때에는 수표와 어음 등을 의미한다. 신용경제가 발달함에 따라 수표·어음 등이 화폐와 같은 구실을 하게 되므로 신용화폐라 부른다.

실리콘 밸리 Silicon Valley

미국의 서해안 도시인 샌프란시스코에 인접한 계곡지대로 세계 전자산업의 중심지.

원래는 양질의 포도주 생산지대였는데, 전자산업(microelectronics)의 기반이라고 할 수 있는 실리콘으로 된 반도체 칩을 생산하는 기업이 대거 진출하면서 실리콘 밸리로 불리게 됐다. 도시 행정구역상으로는 산타클라라 카운티(Santa Clara County)라고 하는데 12개의 도시가 합쳐져 형성됐다. 이곳에는 애플컴퓨터(Apple Computer)사를 비롯해 휴렛패커드, 인텔, 페어차일드, 텐덤 등 4,000여 개의 기업이 운집하고 있으며 미국 전자공업협회(AEA) 본부가 있다.

실버 마켓 Silver Market

55세 이상의 연령층을 대상으로 구성되는 시장.

보통 평균적인 비즈니스맨의 정년(停年)에 의한 구분이다. 이 연령층에 속하는 사람들은 고령화 사회의 문제가 거론될 만큼 급속히 증가하고 있다. 소비시장으로서의 특징은 시간적 여유가 있는 층, 소득으로 보아 여유가 있는 자산가층, 질이 좋은 서비스나 건강에 관심이 강한 사람들 등으로 소비에 이렇다 할 전망을 찾아볼 수 없는 시장 형편에서 유망 시장으로 손꼽히고 있다.

실버 산업 Silver Industry

고령자를 대상으로 한 상품이나 서비스를 제조 · 판매하거나 제공할 것을 목적으로 하는 영리사업을 말한다.

'고령'이라는 단어가 갖는 부정적 이미지를 없애기 위해 '실버(silver)'라는 단어가 고안됐는데 이는 은발을 의미한다.선진국에서 고령인구의 급증 및 공 · 사연금제도 확충으로 인한 고령자 경제력의 인구비율 이상의 증가, 고령자 간호 등 유료서비스 이용 인구 증가, 공적 기관의 고령자 대책 서비스의 실버산업에 대한 위탁 등으로 인해 실버산업의 수요가 급증해, 이들을 대상으로 건강식품 · 의료 · 휴양 및 관광 등을 판매하는 실버산업이 호황을 맞고 있다.

실업 B失業 Unemployment

노동할 의욕과 능력을 가진 자가 자기의 능력에 상응한 노동의 기회를 얻지 못하고 있는 상태.

➔ **잠재적 실업** 潛在的失業 Latent Unemployment
사실상 실업 상태로, 원하는 직업에 종사하지 못해 부득이 조건이 낮은 다른 직업에 종사하는 것을 말한다. 노동자가 지닌 생산력을 충분히 발휘하지 못해 수입이 낮고, 그 결과 완전한 생활을 영위하지 못하는 반실업 상태에 있는 영세 농가나 도시 영업층의 과잉 인구가 이에 해당한다. 가장 실업 혹은 위장 실업이라고도 한다.

➔ **자발적 실업** 自發的失業 Voluntary Unemployment
일할 의사는 있으나, 현재의 임금수준이 낮다고 생각하여 스스로 실업하고있는상태.

➔ **비자발적 실업** 非自發的失業 Involuntary Unemployment
자본주의 경제체제 하에서, 취업할 의사는 있으나 유효수요(有效需要)의 부족으로 취업하지 못하는 상태.

➔ **기술적 실업** 技術的失業 Technological Unemployment
기술진보에 따른 자본의 유기적 구성의 고도화로 야기되는 실업.

➔ **마찰적 실업** 摩擦的失業 Frictional Unemployment
노동의 수요와 공급이 일시적으로 일치되지 않아서 생기는 실업. 노동시장에 대한 지식이 없거나, 노동의 지역적 이동이나 전업이 곤란한 경우 등에 일어나는 실업을 말한다.

➔ 계절적 실업 季節的失業 Seasonal Unemployment

자연적 요인이나 수요의 계절적 편재에 따라 해마다 순환적 · 규칙적으로 일어나는 실업. 농 · 수산 · 도건업 등에서 많이 볼 수 있다.

➔ 구조적 실업 構造的失業 Structural Unemployment

경제 구조의 특질에서 오는 만성적 실업 형태. 일반적으로 선진 국에서 자본주의의 생산 구조가 변화되어 발생하거나, 자본 축적이 부족한 후진국에서 생산 설비의 부족과 노동인구의 과잉으로 생기는 실업으로 경기가 회복되어도 속히 고용권에 흡수되지 않는 실업의 형태다.

실질 경제성장률 Real Growth Rate

실질 국민소득이나 실질국 민총생산이 일정 기간(통상 1년)에 얼마나 증가했는가를 나타내는 비율.

물가 변동에 의한 영향을 수정한 실질 국민소득 또는 실질 국민총생산에 의해 산출된 경제성장률이다. 이것은 인플레이션이 심한 경우일수록 명목성장률에 비해 그 수치가 낮아진다. 국민총생산의 크기는 금액(화폐)으로 한 것이므로 이 경우의 성장률을 명목성장률이라고 한다. 이에 반하여 국민총생산을 실물(물량)로 할 경우에는 실질성장률이라고 한다. 이 두 성장률 사이에는 '실질성장률 = 목성장률 − 물가상승률'이라는 등식이 성립한다. 예를 들어 어느 해의 명목성장률이 15%, 실질성장률이 10%였다고 하면, 그해의 물가상승률은 5%인 셈이다.

아시아개발은행 ADB; Asian Development Bank

아시아 개발도상국의 경제발전을 위한 자금을 융자하기 위해 1966년 12월 정식 발족한 국제개발은행.

업무내용은 개발과 이를 위한 기술원조, 조사활동, 장기 저리로 융자하는 특별업무 등으로 구분된다. 특정한 프로젝트에 융자하는 것을 원칙으로 하나 수개국에 걸치는 사업도 융자대상이 된다. 최근엔 석유위기에 의한 가입국의 수지악화 구제를 위한 융자도 늘고 있다. 최

고 정책 결정기관인 총무회, 업무운영상 관리기관인 이사회, 총무회
가 선출하는 총재와 그의 지휘 하에 있는 업무부문으로 구성돼 있다.

아시아인프라투자은행 Asian Infrastructure Investment Bank

중국 주도하에 아시아 국가들의 도로, 철도, 항만 등의 인프라 건설자금지원을 목적으로 설립된 금융기구를 말한다.

2014년 10월 24일 500억 달러 규모의 아시아 인프라투자은행
(AIIB)의 설립을 공식 선언한 후 2016년 1월 16일 베이징에서 개소식
과 창립총회를 열고 공식출범했으며 한국을 포함해 57개국이 가입했
다. 이는 미국, 일본 등 선진국이 주도하는 국제통화기금(IMF), 세계은
행(World Bank), 아시아개발은행(ADB) 등을 견제하고 국제금융질서를
중국 중심으로 돌려놓겠다는 중국의 구상이 담겨져 있다.

아웃소싱 Out Sourcing

자체 인력이나 설비를 이용해 하던 업무를 외부용역으로 대체하는 것

특히 업무가 계절적 · 일시적으로 몰리는 경우 내부 직원 · 설비를
따로 두는 것보다 외부용역을 주는 것이 효율적이다. 주로 기업에서
활용됐으나 최근에는 정부부문도 일상적 관리업무나 수익성이 있는
사업 등을 민간에 맡기거나 넘겨 효율성을 높이면서 조직을 줄이는
게 세계적 추세다.

안정 공황 安定恐慌 Stabilization Crisis

인플레이션 안정기에 일어나는 공황.

인플레이션을 수습한 후 안정이 이루어질 무렵에 인플레이션 때에
확장된 기업의 시설이 가동을 못하고 유휴 상태에 놓이게 됨으로써
일시적으로 도산 · 실업 등이 생기는 경제 교란 상태를 말한다.

애그플레이션 Agflation

농업(agriculture)과 인플레이션(inflation)의 합성어.

농산물 가격이 오르면서 일반 물가도 오르는 현상을 말한다. 지구
온난화로 식량 생산량은 감소하고 급속한 도시화로 세계의 경작면적
또한 줄어들고 있다. 게다가 옥수수나 사탕수수를 이용한 바이오 연

료 붐이 불면서 식량부족을 더욱 부채질하고 있다. 이는 또한 옥수수 등 바이오 에탄올을 만드는 과정에서 원료 수요를 가파르게 증가시킬 것으로 예상된다. 이러한 옥수수 가격의 상승은 옥수수 사료를 먹는 가축 사육비에 영향을 주고, 육류는 물론 우유, 버터 등 각종 유제품 가격을 상승시킨다. 결국 빵, 과자 값까지 높아져 심각한 애그플레이션으로 이어질 수 있다.

양도성 정기예금증서 讓渡性定期五金證書 Negotiable Time Certificate of Deposit

은행이 정기예금에 대해 발행하는 무기명 예금증서.

예금자는 이것을 금융시장에서 자유롭게 매매할 수 있다. 미국의 FNCB(First National City Bank)가 1961년에 개설한 이래 특히 미국에서 자금조달을 위한 파이프의 하나다. 간단히 CD(Certificate of Deposit)라고도 한다. 기간은 1개월에서 1년 이상까지이며 금리는 같은 기간의 정기예금을 기준으로 정해지지만 융통성이 있기 때문에 정기예금 금리보다 약간 높은 것이 보통이다. 우리나라도 1계좌 당 5,000만 원 이상으로 1984년 6월부터 발행했다. 은행들은 기업들에 대출해줄 때 대출금의 일부를 정기예금으로 강제시키는 '꺾기'의 수단으로 CD를 많이 사용하고 있다

에이전트

상업 사용인이 아니면서 일정한 상인을 위해서 그 상인의 명의를 계속 사용하여 그 영업에 속해 있는 일을 대리, 매개하고 보수를 받는 상인.

거래의 대리를 영업으로 하는 자를 체약 대리상, 거래의 중개를 영업으로 하는 자를 중개 대리상이라 한다.

엔젤 캐피털 Angel Capital

기술력과 사업성이 있지만 창업을 위한 자금이 부족한 초기 단계의 벤처기업에 투자하는 자금.

창업하려는 벤처기업을 도와 성장시키기 때문에 엔젤이라 하며, 벤처기업에 직접 투자하거나 벤처기업 투자를 전문으로 하는 창업투자회사에 위탁해서 운영되기도 한다.

엥겔의 법칙 Engel's law

소득이 낮은 가정일수록 전체 생계비 중에서 음식물비가 차지하는 비율이 높다는 것.

독일의 통계학자 엥겔(E. Engel)이 주장한 것으로 소득의 증가에 따라 음식물비가 차지하는 비율은 감소하고 피복비와 주거비 · 광열비 비율은 대체로 불변이나, 문화비(교육, 위생, 교통, 통신비 등) 비율은 증가한다는 이론을 말한다. 비율을 엥겔계수라 하는데 엥겔계수는 생활수준이 낮을수록 높다. 보통 엥겔계수가 30 이하이면 상류, 50 이상이면 하류로 분류한다.

오일 달러 Oil Dollar

산유국의 보유 외화를 흔히 오일 머니(Oil Money)라 부르는데, 원유 거래결제의 60% 이상이 달러이기 때문에 보유 외화의 대부분은 달러로 되어 있어 이를 오일 달러라 일컫는다.

1970년대 초부터 원유가격 상승으로 산유국이 보유하는 외화 규모가 급속히 늘어나 그 잉여자금이 유럽달러시장에 방출되어 국제통화제도에 일대 혼란요인으로 작용했다.

오픈 뱅킹 Open Banking

은행의 송금 · 결제망을 표준화시키고 개방해서 하나의 애플리케이션으로 모든 은행의 계좌 조회, 결제, 송금 등의 금융 서비스가 이뤄지는 계좌를 조회하고 송금할 수 있는 서비스를 말한다.

핀테크 기업과 은행권이 공동으로 이용할 수 있는 공동결제시스템으로, 스마트폰에 설치한 응용프로그램(앱)을 통해 모든 은행 계좌에서 결제를 비롯해 잔액 조회, 거래내역 조회, 계좌실명 조회, 송금인 정보조회, 입금입체, 출금이체 등의 금융서비스를 실시간으로 이용할 수 있다. 2019년 10월부터 은행권 시범 운영을 거쳐 그해 12월 정식 가동될 예정이며, 일반은행 16곳과 카카오뱅크와 케이뱅크 등 인터넷전문은행 2곳까지 총 18개 은행에 접근이 가능하다.

온디맨드 On-demand

공급 중심이 아니라 수요가 모든 것을 결정하는 시스템이나 전략 등을 총칭한다.

경제 · 경영 · 무역 · 금융

정치 · 외교 · 국제

사회 · 노동 · 법률 · 환경

철학 · 역사 · 지리

문학 · 예술 · 교육 · 스포츠 · 매체

컴퓨터 · 과학 · IT

찾아보기

정보통신기술의 비약적인 발달로 고객이 요구하는 대로 즉시 대응하는 서비스 시대가 도래하면서 등장한 것으로 고객이 원하는 것을 즉시 해결해주는 맞춤형 제품을 제공하는 새로운 정보산업체제를 말한다. 비디오온디맨드(VOD : video on demand)를 비롯하여 팩스온디맨드(FOD : fax on demand), 뉴스온디맨드(news on demand), 북온디맨드(book on demand) 등이 이에 속한다.

외부경제 外部經濟 External Economies

시장거래를 통하지 않은 생산자나 소비자의 경제활동이 직 · 간접적으로 제3자의 경제활동 및 생활에 영향을 미치는 것을 말한다.

사회적인 편익이 개인적인 편익보다 큰 경우를 말하며, 청계천 복원 사업으로 인근 지역의 시세가 상승한 것이나 과일나무를 심는 과수원 주인의 활동이 양봉업자의 꿀 생산 증가를 가져와 이득을 보는 것 등을 외부경제의 예로들 수 있다. 반면, 산업발전과 더불어 증가하는 대기오염과 소음 등의 공해가 사회에 입히는 불이익이 커지면서 외부경제의 주요 요인으로 부각되고 있다. 외부경제효과가 발생하는 경우 시장기구가 완벽하게 작용한다 해도 이상적인 자원의 배분을 실현할 수 없다.

요구불예금 要求拂五金 Demand Deposit

예금자의 청구에 의하여 언제든지 바로 지급되는 예금.

당좌예금과 보통예금, 별단예금, 가계예금 등이 있다. 요구급 예금 또는 통화성예금이라고도 한다. 이에 대하여 계약에 의거하여 일정기간 경과하여야 지급에 응하는 고정성이 있는 예금을 저축성 예금이라고 하며, 정기예금, 통지예금, 정기적금 등이 이에 해당한다.

→ **저축성 예금** 定期五金 Time Deposits

예금주가 일정 기간 환급(還給)을 요구하지 않을 것을 약정하고 일정 금액을 은행에 예치, 은행은 이에 대하여 일정 이율의 이자를 지급할 것을 약속하고 증서 또는 통장을 발행 · 교부하는 예금.

우량주 優良株 Superior Stocks

실적과 경영내용이 좋고 배당률도 높은 회사의 주식.

우량주에 관한 정확한 기준이나 개념이 정립되어 있는 것은 아니지만 일반적으로 당해 회사의 재무 내용이 좋고 사업 안정성이 높으며, 안정배당 및 성장성이 있어 유통이 높다.

➜ 블루 칩 Blue Chips

수익성·성장성·안정성이 높은 대형우량주. 주식시장에서 재무구조가 건실하고 경기변동에 강한 대형 우량주다. 오랜 기간 안정적인 이익창출과 배당지급을 실행해 온 수익성·성장성·안정성이 높은 종목으로 비교적 고가(高價)이며 시장 점유율이 높은 업종 대표주다.

➜ 옐로 칩 Yellow Chips

중저가 실적 우량주. 주식시장에서 대형 우량주인 블루 칩(blue chips) 반열에는 들지 못하지만 양호한 실적에 기초한 주가상승의 기회가 있는 종목이다. 칩(chip)이란 트럼프의 포커에서 현금 대용으로 쓰는 것으로, 블루 칩과 함께 여기서 유래된 말이다. 블루 칩은 매우 비싼 칩이고, 옐로 칩은 그 다음으로 비싼 칩으로, 블루 칩이 기업규모가 크고 실적이 우수하며 성장성도 밝은 기업의 초대형 우량주를 말하는 데 반하여 옐로 칩은 블루 칩보다는 조금 못한 중가 우량주를 말한다. 대기업의 중가권 주식, 경기변동에 민감한 종대표주, 그리고 중견기업의 지주회사 주식 등을 흔히 옐로 칩으로 보며, 이는 블루 칩에 비해 가가 낮기 때문에 사는 데 가격 부담이적고 유동물량이 많아 블루 칩에 이은 실적장세 주도 주로 평가받고 있다.

우회생산 迂廻生産 Roundabout Production

우선 생산수단을 만든 다음 그것을 이용하여 이루어지는 생산방법.

하나의 재화가 여러 사람의 사회적·기술적 분업에 의한 생산 과정을 밟아 비로소 생산되는 것을 말한다. 고도로 분업화된 오늘날의 자본주의 사회에서의 생산은 거의가 우회생산의 형태다. 오스트리아의 경제학자 멩거(C. Menger)는 '생산에 필요한 시간이 길면 길수록 다른 사정에 변화가 없는 한 그 생산력은 높아진다'고 우회생산 이론을 설명하였다.

워크아웃 Work Out

본래는 신체적 단련을 위해 프로그램을 짜고, 그 프로그램에 따라 점진적·단계적으로 실천에 옮기는 계획된 훈련을 뜻하는 것이었으나 최근에는 기업구조조정 과정에서 생산성과 효율성, 합리성을 높이기 위해 독특한 재활 프로그램을 만들어 실천에 옮기는 기업 가치 회생 작업을 가리킨다.

사정에 따라 부실기업으로 전락할 수도 있고 정상기업으로 전환될 수도 있는 기업을 확실하게 회생시키는 것이 목적이다. 채권금융기관은 우선 해당 기업의 재무 구조, 자금 흐름, 사업 전망 등을 세밀하게 조사하여 문제점을 파악 및 분석해서 합리적인 회생 방안을 세운다.

원천과세| 源泉課稅

소득이나 수익이 지급되는 경우 그 지급자, 즉 원천징수 의무자에게 세금을 공제시켜 납세케 하는 제도.

급여 소득, 퇴직 소득, 배당 소득, 이자 소득 등이 이에 해당한다. 원천 과세자는 납세 의무자에게 채무의 분할급에 의한 부담 경감의 결과를 주고, 세무관서에게는 세금 포탈 방지를 담보하는 장점이 있다.

원천징수 源泉徵收 Withholding

소득금액 또는 수입금액을 지급할 때, 그 지급자(원천징수 의무자)가 그 지급받는 자의 세액 부담분을 미리 국가를 대신하여 징수한 다음 국가기관에 납부하는 납세 방법.

위미노믹스 Womenomics

'여성(Women)'과 '경제(Economics)'의 합성어.

지난 2006년 10월 영국 파이낸셜타임스에서 앞으로 여성이 상거래를 좌우할 것이라는 의미에서 사용한 말인데, 이제 현실로 나타나고 있다. 이를 반영하듯 2008년 11월 유엔 미래보고서는 10년 뒤인 2018년에는 모든 소비재의 70%를 여성이 구매하게 된다고 내다봤고, 미국 경제주간지 비즈니스 위크가 2010년쯤에는 여성이 만지는 돈이 미국 부의 절반 이상을 차지할 것이라고 전망했다.

경제·경영·무역·금융

정치·외교·국제

사회·노동·법률·환경

철학·역사·지리

문화·예술·교육·스포츠·매체

컴퓨터·과학·IT

찾아보기

유동성 선호설 流動性選好說 Liquidity Preference Theory

J. M. 케인스가 『고용　이자 및 화폐에 관한 일반이론』에서 전개한 이자율 결정 이론.

유동성이란 화폐 가치의 안정성을 말하며 유동성 선호란 현금으로 보유하려는 경향을 의미하는데, 화폐의 유동성을 포기한 대가로 받는 보수를 곧 이자라고 한다.

유수 정책 誘水政策 Pump Priming Policy

정부가 민간 투자에 자극을 주어 경기를 활성화시키기 위하여 행하는 공공 투자 정책.

경제계에 일시적으로 경기 회복 능력이 마비 상태에 놓여 있다고 인정될 경우, 펌프에 유수를 부어 물을 끌어올리는 것처럼 정부가 민간 투자에 자극을 주기 위해 행하는 공공 투자 정책을 말한다. 즉 경제계 자체의 힘으로는 경기 회복이 힘들 경우, 정부가 공공 부문에 투자를 늘림으로써 화폐 유통을 원활하게 하여 유효 수요의 증가와 경기 상승을 도모하는 정책이다.

유효수요 有效需要 Effective Demand

실제로 물건을 살 수 있는 돈을 갖고 물건을 구매하려는 욕구, 즉 확실한 구매력의 뒷받침이 있는 수요를 말한다.

이에 반해 구매력에 관계없이 물건을 갖고자 하는 것을 절대적 수요라고 한다. 또 돈이 있어도 물자통제 때문에 물건이 손에 들어오지 않는다든지, 가격이 비싸서 손을 댈 수 없으나 싸지면 산다든가, 소득이 증가하면 사겠다는 등의 사정으로 표면에 나타나지 않는 수요를 잠재수요라 한다.

의존효과 依存效果 Dependent Effect

소비재에 대한 소비자의 수요가 소비자 자신의 자주적 욕망에 의존하는 것이 아니라 생산자의 광고·선전 등에 의존하여 이루어진다는 현상을 나타내는 말.

이와 같은 '욕망 충족 과정에 의존하는 관계'를 미국의 경제학자 갈브레이스(J. K. Galbraith)는 의존효과라고 불렀다.

이노베이션 기술혁신 Innovation

생산 요소의 결합 변경, 즉 이제까지 이루어지지 않았던 새로운 방법이 도입되어 새로운 국면이 나타나는 것

슘페터(J. A. Schumpeter)는 이노베이션을 소비자 사이에 아직 충분히 알려져 있지 않은 재화 또는 새로운 품질의 재화 제조, 그 산업 부문에서 아직 알려져 있지 않은 생산 방법의 도입, 새 판로의 개척, 원료 또는 반제품의 새로운 공급원 획득, 신 조직의 달성으로 설명하고 있다. 이노베이션은 기업 성장을 위해 기업가가 담당해야 할 중요한 기능의 하나다. 최근에 이노베이션은 주로 기술 혁신의 뜻으로 사용되기도 하나 이노베이션은 생산기술의 변화만이 아니라 신시장이나 신제품의 개발, 신자원의 획득, 생산조직의 개선이나 신제도의 도입까지 포함하는 보다 넓은 개념이다.

이머징 마켓 Emerging Market

자본시장이 급성장하고 있는 금융시장.

이머징 마켓은 해당 국가의 경제력이 빠른 속도로 성장하고 있으며 자본시장의 개방도 급진전되고 있어 국제투자자금이 대규모로 유입되는 사례가 대부분이다. 현재 세계적으로는 우리나라를 포함하여 동남아 국가, 라틴아메리카, 동유럽 등이 이머징 마켓에 해당한다. 이들 증시의 특징은 성장성이 높게 평가되나 그만큼 손실 위험도 크다. 전 세계 증시를 대상으로 움직이는 외국 펀드들은 대개 10% 정도를 이머징 마켓 주식에 투자하고 있다.

이전 소득 移轉所得 Transfer

재화 및 용역의 생산과 유통에 공헌함이 없이 무상으로 획득한 화폐수입.

이전소득은 재화 및 용역의 생산에 공헌함으로써 얻는 소득이 조세 등에 의해 일단 정부에 흡수되었다가 무상으로 지급되는 것이므로 그것을 획득한 개인으로 보아서는 소득이지만 국민경제 전체로 보아서는 그것에 의해 아무런소득이 생기지 않은 것이다.

경제·경영·무역·금융

정치·외교·국제

사회·노동·법률·환경

철학·역사·지리

문화·예술·교육·스포츠·매체

컴퓨터·과학·IT

찾아보기

이중 가격제 二重價格制 Double Price System

동일상품 또는 서비스 가격이 거래자나 장소에 따라 두 가지 가격을 유지하는 제도.

이 제도는 여러 경우를 생각할 수 있는데, ① 공익사업기관이 공공목적을 달성하기 위해 철도요금·우편요금·전기요금 등을 수요자 또는 수요의 상위에 따라 가격차별을 두는 경우, ② 독점적 기업이 동일상품에 대해 국내 독점시장에서는 비싼 가격을, 해외경쟁시장에서는 싼값을 매기는 경우(금의 이중가격제), ③ 농민보호를 위해 정부기관 또는 협동조합 등이 비싼 가격으로 양곡을 사들여 소비자보호를 위해 싼 가격으로 파는 이중곡가제(double rice price)를 들 수 있다. 우리나라에서도 정부가 양곡을 수매하여 일반미보다 정부미를 싸게 팔고 있지만 이것은 이중곡가제라기 보다 곡가조절을 위한 정책적인 조치다.

이터테인먼트 Eatertainment

먹다(eat)와 즐긴다(entertainment)의 합성어.

먹으면서 즐기는 문화를 가리킨다. 레스토랑에서 식사만 하는 것이 아니라 다채로운 공연이나 게임 등을 동시에 즐기는 것을 말한다. 최근 이터테인먼트 산업은 IT 기술을 적극 도입, 온라인 게임은 물론 TV 시청, 영화 감상 서비스도 함께 제공하여 소비자에게 색다른 재미를 제공하고 있다.

인간개발지수 人間開發指數 Human Development Index

유엔개발계획(UNDP)이 매년 각 국가의 교육수준, 1인당 소득, 평균수명 등을 기준으로 하여 국가의 삶의 질을 점수로 계량화하여 인간개발의 성취정도를 나타내는 지수다.

2011년도 UNDP가 발표한 자료에 따르면, 총 187개국 중 노르웨이가 1위, 오스트레일리아가 2위, 네덜란드가 3위, 미국이 4위, 뉴질랜드가 5위를 차지했고, 한국은 2010년 12위에서 15위로 하락했다.

인터넷 전문은행 Direct Bank

인터넷전문은행은 영업점을 소수로 운영하거나 영업점 없이 업무의 대부분을

ATM, 인터넷 등 전자매체를 통해 영위하는 은행을 말한다.

2015년 우리나라 인터넷 전문은행의 첫 사업자로 카카오(카카오뱅크)와 KT(K뱅크)가 선정이 되었다. 업무의 대부분은 금융자동화기기(ATM)나 인터넷, 모바일 응용프로그램(앱)과 같은 전자매체를 통해 이루어지고 있으며 대형 은행에 비해 높은 예금금리와 낮은 대출금리, 저렴한 수수료 혜택 등을 보장 받을 수 있다.

인플레이션 Inflation

상품 거래량에 비해 통화량이 과잉 증가함으로써 물가는 오르고 화폐 가치가 떨어지는 현상.

일반 대중의 실질적 소득이 감소되는 현상으로, 원인은 과잉 투자, 적자 재정, 화폐 남발, 극도의 수출 초과, 생산비의 증가, 유효 수요의 확대 등이다. 인플레가 지속되면 수출 위축, 부와 소득의 불공평한 분배, 투기 조장, 국제수지의 악화 등의 현상이 나타난다. 그 타개책은 소비 억제, 저축 장려, 통화량 수축, 생산 증가, 투자 억제, 매점매석 폭리의 단속 등이다.

➔ **디플레이션 Deflation**
인플레이션의 반대 현상으로서, 상품 거래량에 비해 통화량이 지나치게 적어져 물가는 떨어지고 화폐 가치가 오르는 현상.

➔ **디스인플레이션 Disinflation**
인플레이션 상태를 극복하기 위해 통화 증발을 억제하면서도 디플레이션에는 빠져들지 않도록 하는 통화 조정 정책. 단순한 디플레이션정책과 다른 점은 실물적 경제의 규모를 축소하지 않고 통화 가치를 안정시키고자하는 것이다.

➔ **리플레이션 Reflation**
통화재 팽창, 즉 디플레이션에서 벗어나 아직은 심한 인플레이션까지 이르지 않은 상태. 물가 수준을 어느 정도 인상시켜 인플레이션에 이르지 않을 정도까지 경기를 회복시키는 금융정책을 리플레이션 정책이라 한다. 디플레이션은 타개하면서 인플레이션이 일어나지 않을 정도로 통화량을 증대하여 화폐 가치 안정을 기하며, 경제 활동의 원활을 꾀하는 디플레이션 타개책인 동시에 통제 인플레이션이라 할 수 있다.

➜ **스태그플레이션** Stagflation

경기 침체에도 불구하고 물가가 오히려 상승하는 현상. 경기의 침체 불황(stagnation)과 물가상승(inflation)의 합성어로, 이전소득의 증대, 임금의 하방 경직화 등으로 1970년경부터 주요 선진 제국에서 나타난 현상으로서 주로 임금 · 원자재 가격 상승에 그 원인이 있다.

➜ **슬럼프플레이션** Slumpflation

슬럼프(불황 slump)와 물가상승(inflation)의 합성어로 불황과 인플레이션이 공존하는 현상을 말한다. 이는 스태그플레이션보다 불황의 정도가 더 심각한 것을 나타낸다.

➜ **악성 인플레이션** Vicious Inflation

통화 · 공채 등의 증발로 통화량이 급격히 팽창하고 화폐 가치가 폭락하며, 물가가 계속하여 앙등하는 경제 현상. 제1차 세계대전 후 독일 마르크인플레이션이 전형적인 예다.

➜ **크리핑 인플레이션** Creeping Inflation

물가가 매년 2~3% 정도로 조금씩 상승하는 인플레이션을 말한다. 1950년대 미국에서 사용된 말로서 마일드 인플레이션(mild Inflation)이라고도 한다.

➜ **코스트 인플레이션** Cost Inflation

비용압력 인플레이션. 즉 기업에서 임금 비용을 높이면 그대로 제품 생산가격도 높아지게 되므로 물가는 상승하게 되는데 이러한 현상을 말한다.

일물일가의 법칙 一物一價法則

완전경쟁이 행해지는 시장에서는 같은 상품에 대해 두 가지 이상의 가격이 성립될 수 없다는 법칙.

많은 매매인이 완전한 예견을 가지고 시장에 참가하여 그들이 시장에서 결정되는 가격변동에 적응하면서 각자 자기의 수급량을 아무런 혼란 없이 자유롭게 조정할 수 있는 경우에 이 법칙이 성립한다. 제본스(W. S. Jevons)는 이를 '무차별(無差別)의 법칙'이라 했다. 이것은 경쟁에 의해 모든 구매자가 가장 싼값을 제시하는 판매자의 상품을 구매하려 하므로 결국 가격의 차이는 소멸되기 때문이다.

경제 · 경영 · 무역 · 금융

정치 · 외교 · 국제

사회 · 노동 · 법률 · 환경

철학 · 역사 · 지리

문화 · 예술 · 교육 · 스포츠 · 매체

컴퓨터 · 과학 · IT

찾아보기

일반특혜관세 一般特惠關稅 GSP; Generalized System of Preferences

선진국이 개발도상국으로부터 수입하는 농·수산품이나 공산품의 제품 및 반제품에 대해 대가 없이 일방적으로 관세를 면제하거나 저율의 관세를 부과함으로써 특별하게 대우하는 제도.

여기에서 '일반(General)'은 모든 교역국에 동일하게 적용됨을 의미한다.

임금피크제 salary peak

일정 연령이 되면 임금은 삭감하는 대신 정년은 보장하는 제도를 말한다.

미국, 유럽, 일본 등 국가에서는 일반기업체를 대상으로 선택적으로 적용하고 있으며, 한국에서는 공식적으로 신용보증기금에서 2003년 7월 1일부터 '일자리를 나눈다'는 취지로 임금피크제를 적용한 것이 처음이다.

임금피크제의 유형은 다음과 같다.

① 정년보장형 : 현재의 정년을 보장하되 정년 이전 일정 시점부터 임금을 조정. ② 정년연장형 : 현재의 정년을 연장하는 조건으로 정년 이전부터 임금을 조정. ③ 고용연장형 : 정년퇴직자를 계약직으로 재고용하되 정년 이전부터 임금을 조정. 외환위기 이후 기업 구조조정으로 인해 사회문제로 불거진 50대 이상 고령층의 실업을 어느 정도 완화할 수 있고, 기업 측에서도 인건비의 부담을 덜 수 있을 뿐 아니라, 한 직종에서 평생을 보낸 고령층의 풍부한 경험과 노하우를 살릴 수 있는 장점이 있다. 그러나 각 기업의 특성을 무시한 채 일률적으로 임금피크제를 적용할 경우 임금수준을 하락시키는 편법으로 작용할 수 있고, 공기업의 경우 노령자 구제수단의 일환으로 악용될 수도 있다는 것이 단점으로 지적된다.

재무제표 財務諸表 Financial Statement

회계 실체의 일정기간(회계기간) 동안의 경제적 사건과 그 기간 말에 있어서의 경제적 상태를 나타내기 위한 일련의 회계 보고서.

결산 보고서라고도 하며, 경영 활동의 경영 성적 및 재정 상태를 이해 관계자(주주 등)에게 보고할 목적으로 작성되는 각종 서류를 말한다. 회계전문가나 주식투자자들은 이 재무제표를 잘 파악하여 기업이 어떻게 운영되고 있는지 알 수 있다. 또 재무제표를 보면 앞으로 그 회사의 경영 실태를 예측할 수도있다. 기업회계원칙 또는 재무제표규칙에서는, 대차대조표(貸借對照表B/L: Balance Sheet), 손익계산서(損益計算書P/L: Profit and Loss Statement), 현금 흐름표, 이익잉여금처분계산서 등 4가지를 들고 있다.

➡ 대차대조표 貸借對照表 Balance Sheet

일정 시점에 있어서 기업의 자원(자산)과 이에 대한 채권자 및 소유자의 청구권(지분)을 대조 표시한 보고서를 말한다. 한 시점에 있어서 재정상태의 일 단면이며 그런 의미에서 정태(靜態)표라고도 한다.

➡ 손익계산서 損益計算書 Income Statement

기업의 경영성과를 밝히기 위하여 일정기간 내에 발생한 모든 수익과 비용을 대비시켜 당해 기간의 순이익을 계산·확정하는 보고서.

재정의 3대 원칙

양출제입(量出制入) : 얼마만큼 지출이 필요한가를 우선 책정하고 다음에 일정한 조세 수입을 고려한다는 것이다.

수지균형(收支均衡) : 조세 수입과 경비 지출을 일치시킨다는 것이다.

능력의 원칙 : 국민의 부담 능력에 따라 조세를 부과한다는 것이다.

재정절벽 Fiscal Cliff

재정절벽이란 정부의 재정 지출이 갑작스럽게 줄거나 중단되어 경제에 충격을 주는 현상을 말한다.

벤 버냉키 연방제도이사회 의장이 미 의회 합동경제 청문회에서 처음 사용한 용어로 감세정책의 종료와 정부지출 삭감 등으로 인해 미국 경제에 큰 영향을 줄 것이라는 의미로 사용됨. 조지 W. 부시 행정부 당시 모든 계층을 대상으로 도입된 감세혜택을 버락 오바마 대통령은 2012년 말로 감세조치를 중단하는 것을 원칙으로 하되 연소득 25만 달러 미만의 가정에 대해 감세혜택을 1년 연장하는 법안을 의회에 요청했다.

전시효과 展示效果 Demonstration Effect

소비·지출이 자신의 소득 수준에 따르지 않고 타인의 모방에 의해 증대되는 사회적·심리적 효과나, 정치 지도자가 대내외적으로 그 업적을 과시하기 위해 실질적인 효과가 크지도 않은 상징적인 사업을 실시하는 따위를 말한다.

듀젠베리(J. S. Duesenberry)가 말한 전시효과란 후진국이나 저소득자가 선진국이나 고소득자의 소비 양식을 본 따서 분수에 맞지 않게 소비를 늘이는 경향을 말한다. 전시효과 현상은 저축을 감소시키고 인플레이션 압력을 촉진시켜 후진국의 경제 발전에 장애를 주는 반면, 선진국에서는 소비 성향이 낮아지기 때문에 불경기를 일으키기 쉽다.

전환사채 轉換社債 CB; Convertible Bond

사채를 발행한 회사의 주식으로 전환할 수 있는 권리를 인정받은 사채.

사채의 확실한 안정성과 주식의 투기성이라는 유리한 조건에 의해 사채 모집을 쉽게 하기 위한 제도다. 전환사채도 일반사채와 같이 이사회의 결의로 발행할 수 있으나, 기존 주주를 보호하기 위해 전환사채 인수권을 주주에게 주되, 그렇지 않은 경우 정관에 특별한 규정이 없으면 주주총회의 특별결의를 요한다.

정크 본드 Junk Bond

수익률이 매우 높지만 신용도가 낮은 채권.

고수익채권(high yield bond) 또는 열등채(low quality bond)라고도 한다. 발행자의 채무 불이행 위험이 다른 채권에 비해 대단히 높다. 이러한 채권의 형태로는 최초 발행 시 투자 적격이었지만 발행회사의 실적 부진, 경영 악화 등으로 투자 부적격이 된 것, 신규 기업으로서 소규모이거나 실적이 미미해 높은 신용 등급을 받지 못한 채권, 기업의 인수 합병을 위한 자금 조달 목적으로 발행되는 채권 등으로 구별된다.

조세피난처 租稅避難處 tax haven

법인의 실제 발생소득의 전부 또는 상당 부분에 대하여 조세를 부과하지 않거나, 그 법인의 부담세액이 아주 적은 국가나 지역을 말한다.

경제 · 경영 · 무역 · 금융

정치 · 외교 · 규제

사회 · 노동 · 법률 · 환경

철학 · 역사 · 지리

문화 · 예술 · 교육 · 스포츠 · 물체

컴퓨터 · 과학 · IT

찾아보기

조세피난처에서는 세제상의 우대뿐 아니라 외국환관리법, 회사법 등의 규제가 적고, 기업 경영상의 장애요인이 거의 없음은 물론, 모든 금융거래의 익명성이 철저히 보장된다. 기업들이 이곳에 페이퍼 컴퍼니를 설립하여 탈세와 돈세탁용 자금 거래의 온상이 되기도 한다. 대표적인 조세피난처는 바하마 · 버뮤다제도, 케이맨제도, 버뮤다, 안도라, 세인트루시아 등 카리브해 연안과 중남미에 집중되어 있으며, 이곳에서는 법인세 등이 완전 면제된다.

한국의 경우, 말레이시아의 라부안섬이 주요 조세피난처로 이용되는데, 2000년 관세청의 조사에 따르면 840여 개의 국내 기업이 1,100여 현지법인 또는 지사를 설립 운영하고 있는 것으로 나타났고, 이들 중 관세청의 전담 조사정보 시스템을 통해 총 8,310억 원 상당의 불법 외환거래가 적발되었고, 조세피난처를 이용한 외환거래액만도 2억 5,000만 달러에 달했다. 이로 인해 각 국가마다 엄청난 금액의 세수 손실을 입고 있어 2000년 이후 경제협력개발기구(OECD)를 중심으로 조세피난처에 대한 규제를 강화하려는 움직임을 보이고 있다.

종량세 從量稅 · 종가세 從價稅

과세표준의 한 방식으로 종량세란 물품의 수량에 따라 세금을 부과하는 것을 말하며, 주세, 휘발유세 등이 이에 속한다.

쓰레기 수거비 책정에 적용되기도 한다. 이에 대하여 물품의 가격에 따라 세금을 부과하는 것을 종가세라 하며 텔레비전, 자동차, 전기용구 등의 조세가 그 예다.

종업원 지주제 從業員持株制度 ESO; Employee Stock Ownership Plan

종업원에게 자사의 주식을 취득시켜 이익 배당에 참여케 하는 제도.

종업원지주제도는 회사로서는 안정 주주를 늘리게 되고 종업원의 저축을 회사의 자금원으로 할 수 있으며, 종업원도 매월의 급여 등 소액으로 자사주를 보유할 수 있고 회사의 실적과 경영 전반에 대한 의식이 높아진다. 우리나라는 1968년에 재정, 공포된 '자본시장 육성에 관한 법률'에서 종업원에 대한 신주의 10% 우선 배정에 관한 특례 조항을 두어 제도적으로 보급시키고 있다.

종합소득세 綜合所得稅 Taxation on Aggregate Income, Global Income Tax

개인에게 귀속되는 각종 소득을 종합하여 과세하는 소득세.

개인의 담세력에 적합한 공평 과세를 할 수 있고, 수입의 신축성이 풍부하여 재정 수요의 증감에 적용하기 쉽다는 것이 득징이다. 누진 세율을 적용할 수 있고, 최저 생활비에 대해 면세할 수 있으며, 국가의 공동 수요를 충족할 수 있다는 장점이 있는 반면, 개인 소득의 정확한 파악이 어렵고, 세원 조사로 인해 영업 비밀이나 사생활을 침해할 우려가 있다는 단점도 있다.

주식회사 株式會社 Company Limited by Shares

유한책임의 주주(株主)로 구성되는 전형적인 물적회사(物的會社).

회사의 자본금은 균일한 금액으로 표시되어 있는 주식으로 분할되어 있고, 또한 주식을 표시한 것을 주권(株券)이라 하는데, 이 주권은 유가증권(有價證券)으로서 자유로이 매매·양도된다. 그리고 주식을 소유하는 사람을 주주라고 한다. 주식회사에는 의결기관인 주주총회, 집행 및 대표기관인 이사회와 대표이사, 회계감사기관인 감사 등 대표적 세 기관이 있다.

→ **합명회사** 合名會社 Offene Handelsgesellschaft

2인 이상의 무한책임 사원(無限責任社員)으로 구성되는 인적회사 (人的會社). 회사 대표권 및 업무 집행권은 원칙적으로 각 사원에게 있으며, 사원 출자는 현물 출자 외에 노무출자가 인정된다. 그리고 각 사원은 소지분(所持分)을 가지며 그 양도에는 다른 사원의 승인이 필요하다.

→ **합자회사** 合資會社 Limited Partnership

무한책임 사원과 유한책임 사원으로 구성되는 회사. 무한책임 사원은 회의 경영을 담당하고 유한책임 사원은 자본만 제공할 뿐 업무 집행의 권한은 없고 이익 배당에만 참가한다. 그리고 출자분의 양도는 유한책임 사원이라도 무한책임 사원의 승인을 얻어야 한다. 합자회사는 본래 중세 이탈리아에서 발달한 코멘다(commenda)가 그 기원이다.

정치·외교·국제

사회·노동·법률·환경

철학·역사·지리

문화·예술·교육·스포츠·매체

컴퓨터·과학·IT

찾아보기

준예산 準豫算

국회가 회계 연도 개시 30일 전까지 예산안을 의결하지 못한 때에는, 정부는 국회에서 예산안이 의결될 때까지 공무원의 보수와 사무 처리에 필요한 기본 경비, 법률상 지불의 의무가 있는 경비 및 예산상 승인의 계속비 등은 세입의 범위 안에서 전년도 예산에 준하여 지출할 수 있는 바, 이를 준예산이라 한다.=임시예산

증권선물거래소 韓國證券先物去來所 Korea Exchange

현물거래소와 상품거래소 등이 합병되어 출범한 거래소.

한국증권거래소와 코스닥·한국선물거래소·코스닥위원회가 합병된 통합거래소다. 본래의 명칭은 증권선물거래소이며 'KRX'라고도 한다. 2004년 1월 29일 제정된 한국증권선물거래소법에 따라 2005년 1월 27일 출범했다. 현물거래소와 상품거래소가 합병되어 거래규모가 방대하여 출범과 동시에 세계 금융시장의 관심사로 떠올랐다. 현물 부문은 2004년 12월 기준 상장회사 수 1,571개, 거래대금 813조 원으로 세계 10위권에 올랐으며, 선물·옵션부문은 거래품목 19개로 거래량의 경우 세계 9위, 옵션거래량은 세계 1위를 유지하고 있다. 업무는 크게 경영지원과 유가증권시장·코스닥시장·선물시장·시장 감시의 부문으로 나누어지고, 조직은 11부 2실 98팀 2사무소로 구성되어 있다. 한국대표지수와 시장신뢰도지수 등 새로운 거래지수를 시행할 계획이며, 한국자본시장의 선진화를 위하여 외국 주식도 취급할 예정이다.

지급준비율 支給準備律 Cash Reserve Ratio

금융기관이 고객으로부터 받아들인 예금의 일정 비율을 중앙은행에 예치하게 하는 제도.

일반 은행은 고객의 예금에 대한 일정 비율의 지급준비금을 중앙은행에 예치해야 하는데, 중앙은행이 지급준비율을 올리거나 낮춤으로써 일반은행의 파생통화량을 조절하는 정책을 말한다. 지급준비율을 조금만 변동시켜도 은행과 실물시장에 미치는 영향이 매우 커지기 때문에 선진국에서는 이 정책을 자주 쓰지 않지만, 재할인율 정책이나 공개시장정책을 효과적으로 사용할 수 없는 우리나라와 같은

경우에는 지급준비율 정책을 통화량 조절의 주요한 수단으로 사용할 때가 많다. 지급준비율의 인상·인하 결정은 금융통화위원회에서 결정한다.

지급준비제도 支給準備制度 Reserve Requirement System

중앙은행이 시중은행의 예금 지급준비율을 변동함으로써 시중은행의 대출량을 조절하고자 하는 금융 정책.

통화량이 많으면 지급준비율을 인상해 대출량을 줄여 이를 축소시키고, 반대의 경우에는 지급준비율을 인하시킨다.

지불준비율정책 支拂準備率政策

예금은행이 고객의 예금인출에 대비해 지불능력을 확보하기 위해 예금의 일정비율에 해당하는 금액을 중앙은행에 예치하여 일부를 현금으로 보유하는 지급분비율을 경함으로써 예금은행의 신용창출능력을 규제하는 정책.

지급준비율을 높일 경우 예금은행의 초과지급 준비규모가 감소됨으로써 신용창출능력이 저하되어 결과적으로 통화량이 감소된다.

지주회사 持株會社 Holding Company

다른 회사의 주식을 전부 또는 지배 가능한 한도까지 소유하고, 이를 자사의 주식으로 대위(代位)시켜 기업활동에 의하지 않고 독점적으로 지배하는회사를 말하며, 이를 투자회사 또는 모회사(母會社)라 하고, 지배를 받는 회사를 자회사(子會社)라 한다.

모회사인 지주회사에는 순수 지주회사와 혼합 지주회사의 2가지 유형이 있다. 전자는 타 기업의 주식을 보유함으로써 그 기업을 지배 또는 관리하는 것을 유일한 업무로 하는 것이며, 후자는 직접 어떤 사업을 하면서 타 기업의 주식을 보유함으로써 지배 또는 관리하는 방식으로 이를 사업 지주회사라 한다.

지하경제 地下經濟 Underground Economy

사채놀이, 부동산 투기·전매행위·계 등 정부가 그 실태를 파악하지 못해 과세대상에서 제외되어 있고, 정부의 규제를 회피, 보고되지 않는 경제활동 분야. 그 중에는 범죄, 마약, 매춘, 도박 등 위법 행위에 의해 이루어지는 것과 정상적인 경제활동이면서도 세무서 등 정부기관에서 포착하지 못하는 것 등 2가지가 있다. 지하경제로 축적된 자금은 결국 비생산적인 지하자금의 형성에 되풀이해서 쓰이거나 사치성 과소비의 원천이 된다. 우리나라 지하경제를 형성하는 것 가운데 두드러지는 부동산 투기, 사채, 입주권 프리미엄 등은 사회악의 원천이 되고 있다.

직접세 直接稅

세금을 부담하는 담세자와 세금을 내는 사람인 납세자가 같은 경우의 세금을 말하며, 이에는 소득세, 법인세, 상속세, 영업세, 등록세 등이 있다.

➜ 간접세 間接稅

과세부담을 납세자에게 직접 돌리지 않고 다른 사람에게 전가하여 부담시키는 조세. 여기에 속하는 조세로는 부가가치세, 특별소비세, 주세, 전화세가 있으며, 조세 징수가 편리하고 조세 저항성이 적은 반면에 저소득층에 대한 과세 부담 증가와 물가를 자극하는 단점이 있다.

창조경제 Creative Economy

창조경제란 새로운 아이디어, 즉 창의력으로 제조업, 서비스업, 유통업, 엔터테인먼트산업 등에 활력을 불어넣는 것을 의미하며, 영국의 경영전략가 인 존 호킨스 (John Howkins)가 2001년 펴낸 책 The Creative Economy에서 처음 사용되었다.

2013년 2월 25일 박근혜 대통령이 취임사에서 창조경제를 강조하였으며 '창조경제는 과학기술과 산업이 융합하고, 문화와 산업이 융합하고, 산업 간의 벽을 허문 경계선에 창조의 꽃을 피우는 것'이라며 '경제부흥을 이루기 위해 창조경제와 경제민주화를 추진해 가겠다'고 강조했다

초과이익공유제 超過利益共有制

동반성장위원회가 제안한 제도로 대기업의 초과이익을 협력중소기업과 나누는 것을 말한다.

동반성장위원회란 대기업과 중소기업의 동반성장을 지원하기 위해 설립된 민간위원회로서, 대기업과 중소기업의 상생 · 협력 · 동반

성장이라는 취지에 따라 제안했고, 대기업에 협력하는 중소기업의 기여도에 따라 초과이익의 일부를 나누어 주는 제도를 말한다. 이 제도는 공권력을 동원해 강제로 배분하는 것이 아니라 기업이 자율적으로 배분규모를 정하는 것을 전제로, 이를 잘실천하는 대기업에게는 여러 가지 세제혜택과 공공기관의 발주사업 우선권을 부여하는 방안을 제안하고 있다. 하지만 이 제도는 초과이익의 생성 여부를 가늠하기 힘들고 협력중소기업의 기여도를 측정하는 것이 현실적으로 어렵다는 점, 대기업이 연초에 목표 이익을 높게 설정해 초과이익 발생을 근본적으로 차단하거나 협력업체의 기여도를 저평가할 수 있기 때문에 실효성을 거두기 어려울 것이라는 점, 시장경제원리에 부합되지 않는다는 점을 들어 재계와 정치권으로부터 많은 반발을 일으켰다.

총부채상환비율 總負債償還比率 DTI; Debt To Income ratio

총부채상환비율은 주택담보대출을 받을 때 연간 상환해야 하는 금액을 연 소득의 일정 비율로 제한한 것이다.

연간수입에서 원리금을 상환할 수 있는 능력 내에서 대출이 이루어지며, 총소득에서 해당대출의 연간 원리금 상환액과 기타 부채의 이자 상환액을 합한 금액이 차지하는 비중의 수치가 낮을수록 상환능력이 높다고 할 수 있다. 예를 들어, DTI가 40%라는 의미는 대출 원리금 상환액과 기존의 부채이자 상환액을 합친 금액이 연간소득의 40%를 넘지 못하도록 대출한도를 규제하는 것이다. 연간소득은 대출자 본인으로 계산하되 담보대출이 없는 경우 부부합산기준으로 계산할 수 있다. 정부는 서울과 수도권에 40~60% 규제를 적용받고 있는 DTI를 무주택자나 1주택자에 한해 2011년 3월 말까지 한시적으로 폐지하여 실수요자들의 주택거래를 활성화시키겠다는 대책을 발표했다.

총액임금제 總額賃金制

근로자가 1년간 고정적으로 지급받는 기본급과 각종 수당, 상여금 등을 합산하여 12로 나눈 액수를 기준으로 임금인상률을 결정하는 제도.

총액임금에는 고정기본급·직무수당·정기상여금, 연월차수당

경제 · 경영 · 무역 · 금융

정치 · 외교 · 국제

사회 · 노동 · 법률 · 환경

철학 · 역사 · 지리

문화 · 예술 · 교육 · 스포츠 · 매체

컴퓨터 · 과학 · IT

찾아보기

등 지급금액이 확정되어 있는 수당은 모두 포함되며, 연장근로수당 · 야간근로수당 · 휴일근로수당 등 경영성과에 따라 지급되는 성과급적 상여금 및 특별상여금은 제외된다. 노동부가 992년 '임금교섭지도지침'을 통해 발표한 임금정책이다. 임금체계를 합리화하여 각종 명목의 수당 신설로 인한 임금의 편법 인상을 막고 고임금 업종의 임금 인상을 억제하려는 것으로, 공무원 · 국공영기업체 · 언론사 · 대기업 등을 대상으로 실시하고 있다. 그러나 중점관리대상으로 지정된 대기업 · 공공기관 · 언론사 등의 노조 등은 이 제도가 정부의 임금통제책으로 이용되고 있으며, 헌법에 보장된 평등권과 자율적 단체교섭권을 침해 한다는 이유로 반발하고 있다.

추가경정예산 追加更正豫算

본예산 성립 후에 생긴 사정으로 인하여 경비를 추가한 것

본예산과 추가예산을 합한 것을 추가경정예산이라 한다. 우리 헌법에는 본예산 성립 후에 생긴 사유로 인하여 예산에 변경을 가할 필요가 있을 때 정부는 추가경정예산을 편성하여 국회에 제출할 수 있다고 규정하고 있다.

출구전략 出口戰略 Exit Strategy

위기 극복을 위해 취하였던 각종 특수한 정책 · 조치를 철회하여 부작용 없이 정상 상태로 되돌리는 퇴각 전략.

원래는 미국이 베트남전에서 승산이 없어지자 전쟁피해를 최소화하면서 철수를 고려할 때 생겨난 용어이다. 최근 세계적 경기불황으로 각국이 행했던 경제 부양책이 여러 부작용을 동반하자, 적절한 시기에 부양책을 중단하고 정상 상태로 되돌리려는 출구전략을 고려하고 있다. 경제에서 출구전략을 너무 빨리 시행하면 부양효과가 없어지고 너무 늦게 시행하면 부작용이 커지기 때문에 적절한 전략구사의 시기 선택이 매우 중요하다.

출자전환 出資轉換 Conversion of Investment

채권자인 금융기관이 채무자인 기업에게 빌려준 대출금을 주식으로 전환해 기업의 부채를 조정하는 방식을 말한다.

자금난에 빠진 기업에게는 회생의 기회가 되고, 많은 채무를 짊어져 이자 등 금융비용에 시달리는 기업은 재무구조가 개선되어 경영부담을 덜고 매각되더라도 자산의 가치를 높게 평가받을 수 있다. 출자전환은 은행이 기업의 지분을 일정 부분 소유함으로써 소유를 분산시키는 효과도 있다. 또한 은행이 기업의 주주가 되어 경영정보 등을 공유할 수 있어 대출심사 등 은행 본연의 기능을 제대로 수행할수 있다는 장점이 있다. 국내에서 출자전환은 1980년대부터 기업 구조조정의 일환으로 사용되었으며 1997년 외환위기 이후 부실기업에 대한 출자전환이 급증했다.

출자총액제한제도 出資總額制限制度

대기업 집단이 순환 출자를 통해 다수의 계열기업을 거느리는 선단식 경영을 막기 위해 도입한 제도.

1998년 폐지됐다가 순환출자가 급증하자 2001년 4월부터 재도입키로 하였다. 이 제도에 따라 각각의 기업은 다른 기업에 대한 출자 금액이 순자산의 25%를 넘을 수 없다. 따라서 오너의 경영권을 확보해주기 위해 A기업이 B기업에 출자하고, B기업이 C기업에, C기업이 다시 A기업에 출자하는 방식의 순환출자가 어렵게 된다. 순자산은 자기자본에서 계열기업 출자분을 뺀 금액으로 산정한다.

카르텔 artel

동종의 유력한 기업 간에 서로의 독립을 인정하면서 제조·판매·가격 등을 협정하여 무모한 경쟁을 없애고 비가맹자의 침투를 막아 시장을 독점하고 이윤을 증대시키는 기업 결합형태.

우리나라는 독점규제 및 공정거래법에 의해 원칙적으로 금지되어 있다.

➡ **트러스트 Trust**
기업 합동으로 같은 종류 또는 생산 과정상 연속된 여러 기업이 독립성을 잃고 시장의 독점을 위해 더욱 큰 기업으로 연합하는 것을 말한다. 같은 종류의 기업이 횡적으로 합동하는 수평적 트러스트와, 생산 과정의 전후에 연속된 기업이 종적으로 합동하는 수직적 트러스트가 있다.

경제 · 경영 · 무역 · 금융

정치 · 외교 · 국제

사회 · 노동 · 법률 · 환경

철학 · 역사 · 지리

문화 · 예술 · 교육 · 스포츠 · 매체

컴퓨터 · 과학 · IT

찾아보기

콘체른 Konzern

기업 집단, 재벌이라고도 한다. 법률적으로 독립된 기업이 경제적으로 통일된 경영 지배를 받아 마치 하나의 기업인 것 같이 활동하는 기업 집단을 말한다.

제1차 세계대전 후 독일에서 급속히 발전한 콘체른은 오늘날 최고도의 기업결합조직으로 보편화되었다.

컨소시엄 Consortium

제2차 세계대전 이후 개발도상국의 경제 계획에 대해 선진 여러 나라가 공동으로 차관을 공여하는 형식의 경제 원조를 제공하는 방법.

원조 제공국이 모여 원조액만을 정하고 구체적인 방식은 각 국과 피원조국 2국 간의 교섭에 맡긴다. 이 방식은 많은 자금이 동원될 수 있고, 원조의 중복을 피하고, 자금을 효율적으로 이용할 수 있으며, 2국 간 원조와는 달리 원조 제공국의 정치적 · 군사적 목적에 이용당할 우려가 적다는 장점이 있다. 요즘은 국내외 건설 공사 수주 등 대형 프로젝트에 몇 개 기업체가 공동으로 참여하는 방식도 컨소시엄 방식이라 한다.

케인스 혁명 Keynesian Revolution

영국의 경제학자 케인스의 『고용 이자 및 화폐에 관한 일반 이론』이 경제학계에 미친 광범위한 영향.

이 용어는 제2차 세계대전 후인 1947년, 미국의 경제학회에서 클라인(L. R.Klein)이 사용함으로써 일반화되었다. 케인스 혁명의 이론적 핵심에 대해서는 여러 가지 견해가 있으나 일반적으로 케인스의 유효 수요의 원리 · 투자 승수이론 · 유동성 선호설 등을 그 중심으로 보는 학자가 많다.

콜 금리 Call Rate

금융기관 사이의 단기 과부족 자금을 빌려주는 콜 시장에서 적용되는 금리를 말한다.

콜 시장은 금융시장 전체의 자금흐름을 비교적 민감하게 반영하므로, 이곳에서 결정되는 금리를 통상 단기 실세금리지표로 활용하고

있다. 원래는 은행간 자금사정에 따라 결정되는 금리지만 사실상 중
앙은행인 한국은행이 통제한다. 또한, 그동안 제1금융권(은행)과 2금
융권(단자, 증권)의 콜 시장이 이원화되어 있었으나, 1991년 콜 시장 통
합조치 이후에는 하나의 시장으로 통합되어 가는 추세다.

크라우드소싱 Crowdsourcing

'대중(crowd)'과 '외부자원활용(outsourcing)'의 합성어로 기업이 제품이나 서비스 개발 과정에서 외부 전문가나 대중을 참여시켜 수익을 참여자와 공유하며 상품판매의 효율을 높이는 방식.

크라우드소싱은 기업에서 경영상의 문제점이나 개선방안 등을 얻
기 위해서 인터넷 포털사이트에 질문을 올리면, 수많은 네티즌들이
그에 대한 자신의 아이디어를 답 글로 올리는 방식으로 이용된다. 이
결과로 얻은 결과를 골라서 경영에 채택하게 되는 것이다. 하지만 이
런 크라우드소싱도 수많은 소비자들의 다양한 욕구를 모두 다 수용하
기에는 어려움이 있으며 그 안에서 선별할 수밖에 없는 단점이 있다.

탄력관세 彈力關稅 Flexible Tariff

국내 산업 보호와 물가 안정 등을 위해 정부가 국회의 위임을 받아 일정범위 내에서 관세율을 인상 또는 인하할 수 있는 권한을 갖도록 하는 관세제도를 말한다.

우리나라에서는 1969년부터 이 제도를 채택하고 있으며, 이 제도
에는 상계관세, 반덤핑관세, 조정관세 등이 있다.

턴 어라운드 Turn around

넓은 의미에서는 기업회생을 의미하며 기업의 조직개혁과 경영혁신을 통해 실적이 개선되는 것을 말한다.

주식시장에서 '턴 어라운드 종목'이라 하면 기업내실이 큰 폭으로
개선되어 주가가 급등, 상대적으로 높은 수익을 투자자에게 안겨주
는 종목을 말한다. 턴 어라운드는 계속되는 적자로 침체된 기업이 조
직개혁과 경형혁신을 통해 적자에서 흑자로 전환하는 것으로 기업의
수익향상뿐만 아니라 사업구조의 기본전략이나 조직문화가 변화된
것도 포함한다. 일본 미스미 그룹의 CEO인 사에구사 다다시가 자신
의 저서 '턴 어라운드 경영'에서 처음 사용했다.

테일러 시스템 Taylor system

시간 연구와 동작 연구를 통해 노동자의 표준노동량을 기준으로 노동자에게 임금을 지급하는 과학적 경영관리법.

미국의 테일러(F. W. Taylor)가 주장한 과학적 경영관리방식으로 과학적 관리법이라고도 한다. 테일러 시스템은 작업과정에서 노동자가 의식적으로 노동의 능률을 낮춰 사용자에게 손해를 끼치는 행위와 태만을 방지하고 최대의 능률을 발휘하도록 하기 위해 시간 연구와 동작 연구를 바탕으로 공정한 1일의 작업 표준량인 과업을 제시하여 과업관리를 하는 동시에 노동의욕을 고취시켜 생산성을 향상시키는 데 그 목적이 있다.

테크놀로지라운드 TR; Technology Round

경제협력개발기구가 제정을 추진하고 있는 신국제기술질서의 확립 또는 신 국제기술규범 설정으로 기술개발에 있어 모든 국가가 같은 비율의 정부보조금을 줄 때만 공정무역이 가능하므로 정부의 보조금 지원을 규제해야 한다는 것이다.

보조금을 받은 기업이 국제시장의 가격경쟁에 있어 상대적으로 유리한 입장에 서게 되므로 공정무역이 이뤄지지 않는다. 따라서 직·간접적으로 가격경쟁에 영향을 주는 정부 보조금을 공통적으로 규제해 공정무역을 해야 한다는 요지이다.

통화량 通貨量 Money Supply

일정한 시점에 민간이 보유하고 있는 현금통화와 통화성 예금의 합계.

우리나라 화폐의 민간 보유량은 한국은행에서 발행된 한국은행권 및 주화의 총액에서 전체 금융기관이 보유한 순현금을 뺀 것이다. 통화성 예금은 전체 금융기관에 예입되어 있는 민간 및 지방자치단체의 당좌예금과 요구불예금(要求拂五金)의 합계액에서 전체 금융기관이 보유한 채 아직 정산되지 않고 있는 수표 및 어음액을 뺀 것이다.

트라이펙터 Trifecta

경기 선행·동행·후행지수 등 세 가지 주요 경제지표가 동시에 부진하게 나타나는 현상을 이르는 말이다.

경제·경영·무역·금융

정치·외교·국제

사회·노동·법률·환경

철학·역사·지리

문화·예술·교육·스포츠·매체

컴퓨터·과학·IT

찾아보기

트라이펙터는 경마에서 나온 용어로 1, 2, 3위로 들어오는 경주마를 모두 맞춰야 걸었던 돈을 모두 획득할 수 있다는 데서 유래되었다. 경기선행지수는 향후 6개월의 경기흐름을 가늠할 수 있는 지표로서 이 지수가 5~6개월 연속 내림새를 보이면 경기침체의 가능성이 높은 것으로 본다. 경기동행지수는 현재 경기동향을 보여주는 지표이며, 대표적으로는 필라델피아 연방준비은행이 발표하는 필라델피아 제조업지수, 뉴욕지역의 제조업 경기를 반영하는 엠파이어 스테이트 지수가 있다. 경기후행지수는 경기변동을 사후에 알려주는 지수로 미국 노동부가 매주 발표하는 주간 실업청구건수가 포함되는 지수를 말한다.

트리플 약세

주식 · 채권 · 화폐 값이 한꺼번에 떨어지는 저주가 · 저채권가 · 저화폐가 등 3 저 현상을 일컫는 말이다.

금융시장에서의 '트리플 약세'는 주가가 떨어지고 채권 값과 환율이 동시에 하락하는 현상이 특징이다.

트릴레마 Trilemma

물가안정, 경기부양, 국제수지 개선의 세 가지 삼중고(三重苦)를 말한다.

물가안정에 치중하면 경기침체가 오고 경기부양에 힘쓰면 인플레 유발과 국제수지 악화를 초래할 우려가 있는 등 서로 얽혀 있다. 트릴레마란 그리스어로 숫자 '3'을 가리키는 '트리(tri)'와 '보조정리(정리를 증명하기 위해 사용되는 보조적인 명제)'라는 뜻을 가진 그리스어 '레마(lemma)'의 합성어로, 세 가지 레마(명제)가 서로 상충되어 나아가지도 물러서지도 못하는 진퇴양난의 상황을 가리킨다. 예를 들어 저성장, 고물가, 재정적자의 트릴레마에 빠졌다면 이는 저성장의 문제에 직면했을 때, 성장률을 높이기 위해 긴축정책을 완화하면 재정적자가 늘어나 국가신용이 떨어질 수 있고, 금리를 올려 물가를 안정시키려니 경기침체가 염려되는 곤란한 상황에 처했다는 의미이다. 또, 경제를 살리기 위해서는 에너지의 사용이 불가피하지만 에너지를 과하게 사용하면 환경에 영향을 미쳐 지구온난화 · 산성비와 같은 문제가 발생하게 되는데 이럴 경우 경제, 에너지, 환경 문제의 트릴레마에 빠졌다고 표현할 수 있다.

트윈슈머 Twinsumer

쌍둥이를 의미하는 트윈스(Twin)와 소비자(Consumer)의 합성어로 인터넷의 발달과 함께 등장한 새로운 소비흐름으로, 기존의 소비자와 동일한 기호와 성향을 가지고 있다고 해서 결합된 신조어다.

즉, 다른 사람들의 사용후기나 경험담을 참고하여 구매하는 소비자를 일컫는 말이다. 인터넷 확산에 따라 직접 보지 못하고 경험하지 못한 제품이나 서비스에 대한 정보 수집이 가능해짐에 따라 트윈슈머도 점차 증가하고 있는 추세다. 주로 인터넷쇼핑에서 사용후기, 구매후기를 통해 제품의 장단점을 직접 확인하여 구입하는 트윈슈머들을 많이 볼 수 있다.

특별소비세 特別消費稅 Special Consumption Tax

특별한 물품이나 서비스의 소비에 대해서만 별도로 높은 세율을 적용하여 과세하는 소비세.

보석, 모피 제품, 승용차, 휘발유 등과 특정장소 입장 행위에 대해 부과하는 세금으로 업자를 통하여 받는 간접세다. 1977년에 개정된 현행 특별소비세법이 시행되기 전까지는 특별소비세의 과세대상에 따라 세법과 세목을 달리하고 있었으나, 이를 모두 특별소비세법에 통합하여 하나의 세목으로 했다. 다만 주류의 특수성과 징세행정의 편의상 주세와 전화세는 아직도 별개의 세목으로 되어 있다.

퍼플 오션 Purple Ocean

성장 가능성이 적은 레드 오션(red ocean), 성장 잠재력이 큰 블루 오션(blueocean)의 장점만을 채용한 새로운 시장.

경쟁자들로부터 시장을 빼앗기 위하여 치열한 경쟁이 펼쳐지는 기존의 시장(레드 오션)과 광범위한 성장 잠재력을 가지고 있는 미개척 시장으로, 경쟁자가 없거나 경쟁이 치열하지 않는 새로운 시장(블루 오션)을 조합한 말이다. 레드와 블루를 혼합하면 얻을 수 있는 색인 퍼플(보라색)로부터 퍼플오션(Purple Ocean)이라는 말이 만들어졌다. 퍼플 오션의 가장 적합한 예는 하나의 콘텐츠를 기반으로 다양한 상품을 만들어내는 원 소스 멀티 유즈(One Source Multi Use)로, 인기 만화나 소설을 기반으로 영화, 드라마, 음악, 캐릭터, 완구, 의류 등 다양한 파생 제품을 만들어내는 것이다.

퍼플 칼라 Purple Collar

일과 가정의 조화를 위해 여건에 따라 근로시간과 장소를 탄력적으로 조정해 일하는 노동자. 탄력적인 근무를 통해 가정을 돌보면서 일을 할 수 있는 정규직 노동자들을 의미한다.

사무직을 뜻하는 화이트칼라와 생산근로자를 의미하는 블루칼라로 크게 분류하는 것에서 착안되었으며, 빨강색과 파랑색의 혼합색인 '보라색(purple)'과 직업군을 분류하는 대명사로 쓰이는 '옷깃(collar)'을 조합하여 만들었다. 자신이 원하는 시간에 원하는 시간만큼 일을 하되 보수만 줄어들 뿐 직업의 안정성 및 커리어는 풀타임으로 일했을 때와 똑같이 유지된다. 주로 여성의 사회참여가 늘어나면서 일과 가정생활의 균형과 조화를 통해 남성과 여성이 평등한 사회를 구현하는 방법의 일환으로 권장되고 있다. 최근여성부와 고용노동부는 임신이나 출산, 육아 때문에 일을 그만둔 여성들에게 탄력적인 근무조건을 제시해 여성인재를 고용할 수 있도록 기업체와 공공기관에 적극 권장하고 있다.

펭귄효과 Penguin effect

물건 구매를 망설이던 소비자가 남들이 구매하기 시작하면 자신도 그에 자극돼 덩달아 구매를 결심하는 것을 비유한 현상.

펭귄들은 빙산 끝에서 눈치만 보고 모여 있다가, 한 마리 펭귄이 바닷물로 뛰어들면 나머지 펭귄들도 바다로 뛰어든다. 상품을 앞에 두고 구매에 확신을 갖지 못하는 소비자들도 종종 펭귄에 비유된다.

평가절상 平價切上 Revaluation

어떤 나라의 통화의 대외적 가치를 올리는 것

평가절상 시에는 그 나라의 수출은 감소하고 수입은 증가한다. 평가절상을 환율인하라고도 한다.

경제·경영·무역·금융

정치·외교·국제

사회·노동·법률·환경

철학·역사·지리

문화·예술·교육·스포츠·매체

컴퓨터·과학·IT

찾아보기

평가절하 平價切下 Devaluation

어떤 나라의 통화의 대외 가치를 떨어뜨리는 것

평가를 절하하면 그 나라 외화 베이스의 수출 가격은 낮아져 수출이 늘어나는 효과가 있으며, 수입품의 국내 가격은 상승해서 수입 억제 효과도 있어 국제 수지 개선에 기여하나, 국내 물가 수준은 오르게 된다. 평가절하를 환율인상이라고도 한다.

포이즌 필 Poison Pill

'독약을 삼킨다'는 의미로 적대적 인수·합병(M&A)의 시도가 있을 때 기존 주주들에게 시가보다 싼 가격에 지분을 매수할 수 있도록 권리를 부여해 적대적 M&A 시도자의 지분 확보를 어렵게 만드는 것을 말한다.

이 제도는 경영자들이 경영권을 안정적으로 확보하여 기업경영에 집중할 수 있으나 기업의 경영권을 지나치게 보호하여 정상적 M&A까지 가로막아 자본시장의 발전을 저해하고, 자칫 대주주의 돈 챙기기로 악용될 요지가 있으며, 경영의 비효율성을 초래할 수 있다.

프라이빗뱅킹 Private Banking

여유자금이 있는 고객에게 은행이 예금관리부터 재테크에 이르기까지 풀 서비스를 제공하는 시스템.

기존의 은행거래와는 차원이 다른 고급 서비스로 프라이빗뱅킹 회원에게 는 한 곳에서 모든 은행업무는 물론 세무·법률상담, 증권정보제공, 부동산 투자상담 등 은행 밖 업무에 이르기까지 돈과 관련된 모든 서비스를 제공한다.

특히 금융소득종합과세 실시에 따라 종합과세 대상이 될 사람들에게는 더없이 좋은 '세(稅)테크'길잡이가 될 수 있다는 점에서 주목된다.

프라임 레이트 Prime Rate

우대 금리. 미국의 시중 대출금리 중 중심적인 것

대은행이 최우량의 신용도인 대기업에게 대출하는 단기 사업대출금리로 보통 무담보다. 미국 대출자금의 총액의 약 60%가 프라임 레이트를 적용받고 있다. 금융기관 대출금리의 기준이 되므로 기준금리라고도 한다.

프로슈머 마케팅 Prosumer Marketing

프로슈머란 앨빈 토플러 등 미래학자들이 예견한 상품개발 주체에 관한개념으로, 기업의 생산자(producer)와 소비자(consumer)를 합성한 말이다.

소비자가 직접 상품의 개발을 요구하여 아이디어를 제안하고 기업이 이를 수용해 신제품을 개발하는 것으로 고객만족을 최대화시키는 전략이다. 국내에서도 자가조립방식(DIY)과 같은 상품이 나오고 있다.

프리보드 Free Board

유가증권시장이나 코스닥시장에 비해 진입요건과 진입절차가 간단하고, 공시사항 등 유지요건을 최소화하고 있다. 규제를 최소화하고 있기 때문에 투자자의 자기책임이 강조되는 시장이기도 하다. 종목을 매매하려면 증권회사에 계좌를 개설해야 하며 유가증권시장 및 코스닥시장 종목의 매매를 위해 개설한 계좌로도 가능하다.

프리코노믹스 Freeconomics

'무료경제'라는 의미로 무료(Free)와 경영학(Economics)의 합성어로, 기업이 특정 상품을 소비자에게 무료로 제공하고 실제수익은 다른 방법으로 얻는 방식을 말한다.

인프라가 구축되면 상품 생산원가는 급속도로 감소하게 되어 '0'에 가까워지므로 서비스를 무료로 제공할 수 있다는 개념에서 나왔다. 예를 들자면 일상생활에서 가장 쉽게 접할 수 있는 휴대폰, 또 길거리에서 나눠주는 휴지, 음료, 화장품 샘플 등이 있으며, 이처럼 소비자에게 다양한 혜택을 부여하면 그 이후 발생되는 소비도 재구매로 이어질 수 있다는 장점이 있다.

핀테크 Fintech

금융(Finance)과 기술(Technology)의 합성어로, 금융과 IT의 융합 분야에서 활약하는 스타트업(start+up) 등에 의해 생겨난 새로운 금융 서비스를 의미한다.

최근 전자지급 결제서비스가 대표적 핀테크 기술로 주목받고 있으며, 삼성페이, 카카오페이, 애플페이, 구글 월렛 등이 이에 해당되며, 가계계부 및 회계소프트웨어, 결제, 송금, 자산 운용, 대출 등 금융기관의 의사결정, 위험 관리, 시스템 통합 등 전반적인 업무로 확장하고 있다.

필승코리아 펀드

2019년 8월 14일 농협이 출시한 펀드로, 정식 명칭은 'NH-아문디 필승코리아 국내주식형 펀드'이다. 국산화가 됐을 경우 수혜가 예상되는 부품·소재·장비 기업 등의 주식에 중점 투자하는 상품이다.

필승코리아 펀드는 2019년 7월 일본의 반도체 소재 수출 규제, 한국에 대한 백색국가 제외 등 잇따른 경제도발을 계기로 탄생했다. 즉, 해당 상품은 이와 같은 일본의 수출규제에 따른 무역 여건 변화에 대응하기 위해 소재·부품·장비 관련 기업이나 글로벌 경쟁력을 갖춘 국내 기업에 주로 투자한다. 필승코리아 펀드는 운용보수를 공모 주식형 펀드의 일반적인 수준인 0.7~0.8%보다 낮은 0.5%로 책정했으며, 운용보수의 50%는 공익기금으로 적립해 기초과학 분야 발전을 위한 장학금으로 기부한다는 계획이다. 2019년 8월 26일 문재인 대통령이 해당 펀드에 가입하면서 화제가 된 바 있다.

하우스 푸어 House poor

집을 보유하고 있지만 무리한 담보대출로 인한 이자 부담 때문에 빈곤하게 사는 사람들을 가르키는 말.

주로 '아파트 없는 중산층'이었다가 부동산 상승기에 무리하게 대출받아 내 집마련에 성공했지만, 부동산 가격이 하락하면서 분양가보다 낮은 가격으로 내놓아도 팔리지 않고, 매월 막대한 이자비용을 감수하고 있는 '아파트 가진 빈곤층'을 말한다.

한계효용 限界效用 Marginal Utility

어떤 재(財)의 소비량의 추가단위분(追加單位分) 혹은 증분(增分)으로부터 얻는 효용.

욕망의 강도에 정비례하며 존재량에 반비례한다. 한계효용은 재화의 가치가 그 재화에 의하여 충족되는 욕망 중 가장 작은 욕망에 의하여 결정된다.

한계효용 균등의 법칙 Law of Egui-Marginal Utility

효용이 극대화되게 하기 위해서는 각 재화의 한계효용이 균등하게 되도록 재화의 소비를 분배하는 것이 가장 유리하다는 법칙.

일정한 소득을 가진 소비자가 여러 재화를 소비하는 경우 재화의 소비에 의해 얻어지는 주관적인 만족의 정도, 즉 효용이 극대화되게 하기 위해서는 각 재화의 한계 효용이 균등하게 되도록 소비를 분배하는 것이 가장 유리하다는 이론이다. 독일의 경제학자 고센(H. H. Gossen)이 처음으로 밝혀내어 '고센의 제2법칙'이라고 하며 '극대 만족의 법칙' 또는 '현명한 소비법칙'이라고도 한다.

한계효용 체감의 법칙 Law of Diminishing Marginal Utility

일정 기간에 소비되는 재화의 수량이 증가함에 따라 그 추가분에서 얻을 수 있는 한계효용은 점차 감소한다는 법칙.

재화의 소비가 증가할수록 총효용은 증가하나 한계효용은 감소한다. 예를 들면 배가 고플 때의 첫 번째 빵보다 배가 부를 때의 마지막 한 개의 빵은 효용이 작다. 이와 같이 소비의 증가에 따라 한계효용이 작아지는 것을 한계효용체감의 법칙이라 한다. 즉 한계효용은 욕망의 정도에 정비례하고 재화의 존재량에 반비례한다. 이를 '고센의제1법칙' 또는 '욕망포화의 법칙'이라고도 한다.

핫 머니 Hot Money

국제금융시장을 이동하는 단기 자금.

각 국의 단기금리 차이, 환율 차이에 의한 투기적 이익을 목적으로 하는 것과 국내 통화불안을 피하기 위한 자본 도피의 2가지가 있다.

핫머니의 특징은, 자금 이동이 일시에 대량으로 이루어진다는 점과, 자금이 유동적인 형태를 취한다는 점이다. 따라서 핫머니는 외환 수급관계를 크게 동요시키며 국제금융시장의 안정을 저해한다.

헤드 헌팅 Head Hunting

두뇌 사냥(brain hunting), 인재 스카우트와 같은 의미.

어떤 기업의 인재를 다른 기업에 스카우트하는 사람을 헤드 헌터라 한다. 첨단 기술이 기업의 사활을 결정하는 산업에서 헤드 헌팅이

성행한다.

헤지 펀드 Hedge Fund

국제증권 및 외환시장에 투자해 단기 이익을 올리는 민간 투자기금.

대표적인 것으로는 소로스의 퀀텀펀드, 로버트슨의 타이거펀드 등이 있다. 모집은 물론 투자 대상과 실적 등이 베일에 싸여 있다. 언제 어디서 투기를 할지 모른다는 에서 '복병'으로 인식된다.

현대통화이론 Modern Monetary Theory

정부의 지출이 세수를 넘어서면 안 된다는 주류 경제학의 철칙을 깨고, 경기 부양을 위해 정부가 화폐를 계속 발행해야 한다는 주장이다.

국가가 과도한 인플레이션만 없으면 경기 부양을 위해 화폐를 계속 발행해도 된다는 주장이다. 주류 경제학이 화폐를 시장에서의 가치 교환 효율화를 위해 도입한 것으로 보는 데 반해 MMT는 정부가 조세를 거두기 위해 화폐를 발행한 것으로 보고, 화폐는 정부의 강제력에서 기반하기 때문에 정부가 얼마든지 발행할 수 있다고 주장한다. 따라서 자국통화 표시 채무의 과다로 파산하는 일이 없어 적자국채 발행이 늘어도 괜찮다고 주장한다. 이 때문에 정부는 적자재정을 편성해 완전고용을 실현해야 한다는 것이다.

MMT를 증명하는 사례로 일본이 거론되고 있다. 2013년 아베노믹스가 시행된 이후 일본은행은 대규모의 국채를 사들여 막대한 돈을 풀었음에도 일본의 물가상승률이 2%도 되지 않기 때문이다.

환차손 換差損

일반적으로 환율이 크게 오름에 따라 발생하는 손해.

예컨대, 환율 인상으로 1달러당 900원 하던 환율이 1달러 당 1,500원으로 인상되었을 경우 수입계약을 한 뒤 아직 달러를 지급하지 않았다면 1달러 당 600원의 손해가 발생한다. 환차손은 수입업자뿐만 아니라 외채업자, 해외 출국자들에게도 영향을 미친다.

환투기 換投機 Exchange Speculation

외국환 시세에 대한 기대심리가 작용하여 금리 차익 또는 환차익을 목적으로 행

하는 외국환매매.

환율이 상승할 것이라고 예상하면 외국환을 매입하고 하락할 것이라고 예상하면 매각한다. 환투기는 선물환거래를 일방적으로 확대시킴으로써 환율에 중대한 교란을 일으킬 수도 있고, 투기 대상국의 통화를 유리하게 또는 불리하게 조작할 수도 있으므로 최근에는 각 국 중앙은행과 정부는 이를 방지하기 위해 선물환시장에 직접 개입하거나 국제적 협조를 얻는 등의 방법을 취하고 있다.

휘슬블로어 whistle-blower

자신이 속한 조직 내의 부정행위를 봐주지 않고 호루라기를 불어 지적한다는 것에서 유래한 것으로 내부고발자를 의미한다.

양심선언 또는 내부고발이라고 불리는 것으로 기업이나 정부기관 내에 근무하는 조직의 구성원이거나 구성원이었던 사람이 조직 내부에서 저질러지는 부정, 부패, 불법, 비리, 예산낭비 등을 알게 되어 공공의 안전과 권익을 위해 내부책임자 및 감사부서에 폭로하는 사람을 말한다. 조직 내에서는 배신이나 항명으로 간주되기도 하지만, 조직의 이익보다 사회 공동체의 이익을 더 중시하는 공익적 행위로 평가되기도 한다. 내부고발은 개인의 윤리의식과 양심에 의거한 행동이며, 내부자에 의한 고발이라고 하더라도 개인의 이익이나 보복적 성격을 띤 행동은 정당화될 수 없다. 또한 이는 이례적인 행위이기 때문에 대개 사회적으로 큰 파장을 일으키게 된다.

희소성의 원칙 稀少性-原則

인간의 욕망을 충족시킬 수 있는 재화는 매우 제한되어 있다. 이러한 제한된 재화를 획득하여 욕망을 충족하려는 경제 행위를 희소성의 원칙이라한다.

카셀(G. Cassel)은 '욕망은 무한한 데 비하여 재화는 유한한 상황'을 희소성의원칙이라고 했다.

제2장

정치 POLITICS
외교 DIPLOMACY
국제 INTERNATIONAL SOCIETY

'완전하고 검증 가능하며 돌이킬 수 없는 안전보장'이라는 뜻으로, 북한이 비핵화를 했을 경우 미국이 북한에 대한 완전하고 검증 가능하며 되돌릴 수 없는 체제 안전 보장을 한다는 의미다.

2018년 5월 24일 상원 외교위원회 청문회에서 마이크 폼페이오 미 국무장관은 북한의 '완전하고 검증 가능하며 돌이킬 수 없는 비핵화(CVID : Complete, Verifiable, Irreversible Dismantlement)'의 반대급부로 김정은 국무위원장과 함께 "완전하고 검증 가능하며 돌이킬 수 없는 안전보장(CVIG)을 제공하는 방안을 논의했다"고 밝혔다. 즉, 북한이 완전하고 검증 가능하며 불가역적인 핵폐기(CVID)를 하면, 미국이 완전하고 검증 가능하며 돌이킬 수 없는 안전보장(CVIG)을 해주는 방안을 협의했다는 것이다.

세계의 부(富)와 무역을 지배하고 있는 서방 7개 선진공업국의 연례 경제정상회담을 말한다.

세계정세에 대한 기본인식을 같이하고, 선진공업국간의 경제정책 조정을 논의하며, 자유세계 선진공업국들의 협력과 단결의 강화를 목적으로 한다. G7은 1973년 1차 오일쇼크(석유위기)에 대한 대책 마련을 위해 미국 · 영국 · 프랑스 · 서독 · 일본 등 5개국 재무장관이 모인 것에서 시작됐다. 이후 1975년 2차 오일쇼크를 거치면서 G5 정상회의로 승격됐고 이후 이탈리아(1975년)와 캐나다(1976년)가 참여하면서 G7이 됐다. 러시아는 1991년 구소련으로 준회원처럼 참여하였는데 1997년 제23차 G7 정상회담에 정식으로 참여하면서 G8으로 확대되었다. 다만 정치 분야는 G8 중심이었지만 경제 분야에서는 기존 G7체제가 유지됐다. 그러다 2014년 3월 24일 러시아가 우크라이나 크림반도를 합병하자 G7 정상들은 러시아를 G8에서 제외했고, 다시 G7이 됐다.

참가국은 프랑스 · 미국 · 영국 · 독일 · 일본 · 이탈리아 · 캐나다이며, 그 외에 EU(유럽연합)의 의장국이 참가한다.

경제·경영·무역·금융
정치·외교·국제
사회·노동·법률·환경
철학·역사·지리
문화·예술·교육·스포츠·매체
컴퓨터·과학·IT
찾아보기

3권 분립 三權分立

국가권력의 작용을 입법·행정·사법의 셋으로 나누고, 이를 각각 별개의 독립된 기관에 분담시켜 상호간에 견제와 균형을 유지하게 함으로써 국가권력의 집중과 남용을 방지하는 국민의 자유를 보호하기 위한 통치 조직.

이 원리는 영국의 로크와 프랑스의 계몽주의 정치철학자인 몽테스키외 등이 주장한 이래 근대자유주의의 중요한 정치원리가 되어, 미국에서는 이미 1787년의 미합중국헌법에서 이를 가장 엄격하게 그리고 가장 전형적으로 받아들였다. 우리나라에서도 제헌 당시부터 이 원리를 받아들여 실시하였으며, 현행 헌법에서도 입법권은 국회에, 행정권은 대통령을 수반으로 하는 행정부에, 그리고 사법권은 법관으로 구성된 법원에 속한다고 규정하고 있다.

4·27 판문점 선언 4·27 板門店 宣言

문재인 대통령과 김정은 북한 국무위원장이 2018년 4월 27일 판문점 평화의 집에서 발표한 남북정상회담 합의문이다.

양 정상은 이 선언을 통해 핵 없는 한반도 실현, 연내 종전 선언, 남북공동연락사무소 개성 설치, 이산가족 상봉 등을 천명하였다.

양 정상은 냉전의 산물인 오랜 분단과 대결을 하루 빨리 종식시키고 민족적 화해와 평화번영의 새로운 시대를 과감하게 열어나가며 남북관계를 보다 적극적으로 개선하고 발전시켜 나가야 한다는 확고한 의지를 담아 역사의 땅 판문점에서 다음과 같이 선언하였다.

1. 남과 북은 남북 관계의 전면적이며 획기적인 개선과 발전을 이룩함으로써 끊어진 민족의 혈맥을 잇고 공동번영과 자주통일의 미래를 앞당겨 나갈 것이다. 남북관계를 개선하고 발전시키는 것은 온 겨레의 한결같은 소망이며 더 이상 미룰 수 없는 시대의 절박한 요구이다.
2. 남과 북은 한반도에서 첨예한 군사적 긴장상태를 완화하고 전쟁위험을 실질적으로 해소하기 위하여 공동으로 노력해 나갈 것이다.
3. 남과 북은 한반도의 항구적이며 공고한 평화체제 구축을 위하여 적극 협력해 나갈 것이다. 한반도에서 비정상적인 현재의 정전상태를 종식시키고 확고한 평화체제를 수립하는 것은 더 이상 미룰 수 없

는 역사적 과제이다.

6 · 29 민주화선언 六二九民主化宣言

개헌 논의 금지 및 제5공화국 헌법 하에서 치기 대통령을 뽑도록 한다는 4 · 13 조치 이후 이에 대한 철폐를 요구하는 성명, 집회 및 시위가 전 국민적 차원으로 확산되는 가운데, 당시 민정당 대표위원으로 대통령 후보로 지명되었던 노태우 의원이 1987년 6월 29일 전격적으로 발표한 8개항의 시국수습 대책. 내용은 직선제 개헌 단행, 대통령 선거법 개정, 사면 · 복권 실시, 언론 자유 최대 보장, 기본권 신장 명시, 지방 교육 자치제의 실현, 정당활동 자유 보장, 사회 비리 척결 등이다. 개인의 견해로 발표되었으나 7월 1일 전두환 대통령의 '시국 수습에 관한 대통령 특별담화'로 정부 공식 입장으로 확정되었다.

6월 항쟁 六月抗爭

1987년 6월 학생, 시민, 재야인사, 정치인 등 각계각층이 전국적인 규모로 벌인 민주화 운동.

정부가 모든 개헌 논의를 봉쇄한 가운데 박종철 고문살인사건에 대한 은폐조작 사실이 밝혀지자 국민들의 민주화에 대한 열망이 전국적인 대규모 시위형태로 나타났다. 전국 곳곳에서 70만 명이 참가하는 시위가 벌어졌고 300명 이상이 구속되었다. 이런 민주화운동은 결국 6 · 29선언을 이끌어내는 데 성공했다.

김영란법

부정청탁 및 금품 수수 등 금지에 관한 법률을 말한다.

김영란 전 국민권익위원장이 공직사회 기강 확립을 위해 법안을 발의하여 2015년 3월 27일 제정된 법안으로, 2012년 김영란 당시 국민권익위원회 위원장이 공직사회 기강 확립을 위해 법안을 발의하여 일명 '김영란법'이라고 도한다.

김영란법은 1년 6개월의 유예 기간을 거쳐 2016년 9월 28일부터 시행됐으며, 법 적용 대상 기관은 국회, 법원, 헌법재판소, 선거관리위원회, 감사원, 국가인권위원회, 중앙행정기관 및 그 소속기관, 지방자치단체, 시·도 교육청, 공직유관단체, 공공기관 운영법 제4조에 따른 기관 각급 학교, 사립학교법에 따른 학교법인, '언론중재 및 피해구제 등에 관한 법률'에 따른 언론사 등이다. 법에 정의된 언론사는 방송사업자, 신문사업자, 잡지 등 정기간행물사업자, 뉴스통신사업자 및 인터넷신문사업자다.

간접민주정치 間接民主政治

국민이 스스로 선출한 대의원을 통하여 국가권력을 행사하는 정치제도.
대의제, 대표 민주제라고도 하며 직접민주제의 반대개념이다.
오늘날 대부분의 국가는 이 제도를 채택하고 있다.

→ **직접민주정치** 直接民主政治
국가를 구성하는 있는 모든 국민이 직접 국가의 의사를 결정하는 데 참가하는 정치 형태. 이 제도는 고대 아테네의 민회나 현재 스위스의 일부에서 그 예를 찾아볼 수 있을 뿐, 넓은 영토와 많은 인구를 가지고 있는 현대 국가에서는 실시할 수 없기 때문에 간접민주정치를 원칙으로 하고 직접민주정치를 그 보조 수단으로 채택하고 있다. 직접민주정치의 형태에는 국민발안, 국민투표, 국민소환 등이 있다.

→ **혼합민주정치** 混合民主政治
간접민주제와 직접민주제의 국민투표와 국민발안 등을 절충한 것으로, 우리나라·프랑스·일본이 이에 속한다. 또, 간접민주제와 직접민주제의 의회방식을 가미한 혼합민주정치로는 스위스의 정치제도가 대표적인 예다.

감사원 監査院the Board of Audit and Inspection

행정기관과 공무원의 직무에 대한 감찰을 목적으로 설립된 대통령 직속의 국가 최고 감사기관.
감사원장을 포함한 5인 이상 11인 이하의 감사위원으로 구성된다.
대통령의 직속기관이나 직무에 관하여는 독립된 지위를 가진다.

개헌 改憲

각 나라의 최고 기본법인 헌법의 일부를 수정하거나 개정하는 것으로 성문헌법

에 규정된 개정절차에 따라서 헌법의 기본적 자동성(自同性), 즉 근본규범을 파괴하지 않고 헌법조항을 수정·삭제 또는 증보하여 의식적으로 헌법의 내용을 변경하는 것을 말한다.

개헌의 절차는 국가원수인 대통령 또는 국회에서 재적의원 과반수 이상이 발의해서 재적인원 3분의 2의 동의를 받아 개정안이 발표된다. 대통령은 가결된 순간 이를 즉시 공포하여 20일 이상 공개하고 60일 이내 국민투표에 회부되고 국회의원을 투표할 자격이 있는 전원의 과반수가 참여한 가운데 그 과반수 이상이 동의하면 헌법은 발효된다. 대통령에 의해 즉시 공포되며, 시행 시기는 해당 법률에 의해서 정해진다.

■ 게티즈버그 연설 Gettysburg Address

1863년 11월 19일, 미국 남북전쟁의 격전지인 펜실베이니아 주 게티즈버그에서 거행된 전사한 장병들의 영혼을 위로하는 식전에서 미국 제16대 대통령 링컨이 행한 연설.

이 연설 가운데, '국민의 , 국민에 의한, 국민을 위한 정치(government of the people, by the people, for the people)'라는 명언을 남겼는데, 민주주의가 무엇인지 잘 설명해 주고 있으며 또한 민주 정치의 실천 이념이 되고 있다.

■ 광역의회 廣域議會

광역자치단체(특별시, 광역시, 도)의 중요사항을 최종심의 결정하는 의결기관.

광역의회는 지방정부를 상대로 하는 '작은 국회'라는 점에서 운영방식과 권한, 의원의 임기 및 신분상 대우는 기초 의회와 비슷하지만, 견제 대상 자치단체와 의회사무국의 조직이 크고, 상임위원회를 둘 수 있으며, 기초의회에 비해 연간 회의 개최 일수가 같다.

➜ **기초의회** 基礎議會

주민을 대표해서 각 기초 자치단체(시, 군, 구)의 중요 사항을 최종심의 결정하는 최고 의결기관. 정기회의는 30일 회기로 매년 12월 1일 소집되며, 임시회의는 자치단체장이나 재적 3분의 1 이상의 요구가 있을 때 회기 10일이내로 의장이 소집한다. 그 권한에는 예산 결산의 심의 의결 기능, 조례를제정하는 입법 기능, 자치 행정을 감시하는 통제 기능, 지역 현안에 대한 조정 기능 등이 있다.

교섭단체 交涉團體

국회에서 의사 진행에 관한 중요한 안건을 협의하기 위하여 일정한 수 이상의 의원들로 구성된 의원 단체.

소속의원 20명 이상의 정당을 단위로 구성하는 것이 원칙이나 정당 단위가 아니더라도 다른 교섭단체에 속하지 않는 20명 이상의 의원으로 별도의 교섭단체를 구성할 수 있다. 국회에서 의원들의 의사를 종합 통일하여 사전에 상호 교섭함으로써, 국회의 의사 진행을 원활하게 하는 것이 목적이며, 교섭단체 대표를 원내총무라 한다.

국가 신용도 國家信用度 Country Risk

국가의 채무 이행 능력과 의사 수준을 표시한 등급.

국가 신용도가 하락할 경우 외국 투자자들이 자금 대출을 꺼리고 대출 금리를 올리게 된다. 개별기업이나 금융기관의 신용 평가도 해당 국가의 신용등급을 토대로 이루어지기 때문에 국가 신용도가 낮으면 우량기업도 낮은 신용평가를 받게 된다.

국가의 신용등급 결정요소에는 정치체제의 안정성과 정통성·국제 금융시장과의 통합도·국가 안보상 위험요인 등의 정치적 요소와 소득수준 및 분포, 경제 성장률, 공공채무 부담, 외채, 외환보유고 수준, 대외채무 불이행 경험등의 경제적 요소가 있다. 미국의무디스(Moody's)와 S&P(Standard and Poor's)등은 국가나 기업에 대한 등급을 매기는 세계적인 신용평가기관으로 권위 있는 평가업무를 통해 국제금융 시장에서 막강한 영향력을 행사하고 있다.

국무위원 國務委員

정부의 최고 정책심의기관인 국무회의의 구성원.

국무위원은 국무총리의 제청으로 대통령이 임명한다. 다만, 군인은 현역을 떠난 후가 아니면 국무위원이 될 수 없다. 국무위원의 해임은 오직 대통령만이 할 수 있고, 국무총리 는 국무위원의 해임을 건의할 수 있으며 국회는 해임을 의결할 수 있다. 국무위원은 국무총리 다음으로 대통령의 권한 대행권이 있으며, 이 밖에 부서(副署)하는 권한, 국회 출석 발언권 등의 권한을 가진다. 행정 각부 장관은 국무위원 중에서 국무총리의 제청으로 대통령이 임명한다.

국무총리 國務總理

대통령의 명을 받아 행정 각부를 통괄하는 대통령의 제1위의 보좌기관.

국무총리는 대통령을 보좌하고 국무회의 부의장이 되는데 대통령이 국회의 동의를 얻어 임명한다. 단, 국무총리는 국무위원 임명의 제청권, 국무위원 해임 건의권, 대통령의 권한 대행권, 부서(副署)를 하는 권한, 국회 출석 발언권, 행정 각부 통할권, 총리령을 발하는 권한 등을 가진다.

➔ 부총리 副總理

국무총리가 특별히 위임하는 사무를 처리하는 정무직 공무원. 부총리는 3인을 두되 국무위원으로 보(補)하며, 재정경제부장관과 교육인적자원부장관, 과학기술부장관이 각각 겸임한다. 국무총리가 사고로 직무를 수행할 수 없을 때는 부총리가 그 직무를 대행한다. 2008년 정부조직법에 의해 폐지되었다.

국무회의 國務會議

정부의 권한에 속하는 주요 정책을 심의하는 최고 정책심의기관.

대통령 및 국무총리와 15명 이상 30명 이하의 국무위원으로 구성되고, 대통령은 군무회의 의 의장이 되며 국무총리는 부의장이 된다. 그러나 일반적인 관례는 국무총리가 회의를 주재한다.

국민소환제 國民召還制 Recall

선거에 의하여 선출된 대표 중에서 유권자들이 부적격하다고 생각하는 자를 임기가 끝나기 전에 국민투표에 의하여 파면시키는 제도.

국민파면(國民罷免), 국민해직(國民解職)이라고도 한다. 직접 민주정치 방법의 하나다.

국민투표제 國民投票制 Referendum

헌법 개정안이나 국가의 중요한 일 등을 국민의 표결에 붙여 최종적으로 결정하

는 제도.

직접 민주 정치제의 일종으로 국민표결 또는 리퍼렌덤(referendum)이라고도 한다. 우리나라에서는 국가의 중요 정책결정이나 대통령이 제안한 헌법 개정안을 확정할 경우에 국민투표를 실시하게 된다.

국적 國籍Nationality

국민으로서의 신분 또는 국민이 되는 자격.

국민이 되는 요건은 법률로 정한다(헌법 제2조)는 국적 법정주의에 따라 국적법이 제정·시행되고 있다. 국적법은 단일 국적주의, 부모 양계혈통에 의한 속인주의(屬人主義) 또는 혈통주의, 부부개별 국적주의를 원칙으로 한다. 우리나라는 원칙적으로 속인주의를 채용하고, 보충적으로 출생지주의를 채택하고 있다.

➡ **속인주의 屬人主義 Personalprinzip**
국민을 기준으로 하여 법을 적용하는 주의. 한 나라의 국민은 자기 나라에 있거나 외국에 있거나 그가 소속된 나라의 법에 적용을 받는다는 것이다.
즉 범죄자가 어디에 있든 상관없이 자국민이 행한 범죄는 자국 형법을 적용한다는 원칙 인데, 우리나라는 속인주의를 원칙으로 하면서 속지주의를 보충적으로 채택하고 있다.

➡ **속지주의 屬地主義 Territorialprinzip**
영역을 기준으로 하여 법을 적용하는 주의. 한 국가의 영역 안에 있어서는 국적 여하를 불문하고 그 나라 법의 적용을 받는다는 것으로, 영토고권에 바탕을 둔 것이다. 즉 자국의 영토 주권이 미치는 영역에서 행해진 죄에 대해서는 범인이 어느 나라 국민이든 상관없이 그곳의 형법을 적용하는 것이다. 대부분의 국가는 상호의 영역을 존중하는 뜻에서 속지주의를 원칙으로 하면서 보충적으로 속인주의를 채택하고 있다.

국정감사 國政監査

국정감사권에 따라 국회가 국정 전반에 대해 실시하는 감사.

헌법과 국정감사 및 조사에 관한 법률에서 정하는 '국정'의 개념은 '의회의 입법작용뿐만 아니라 행정·사법을 포함하는 국가작용 전반'을 뜻한다. 다만, 개인의 사생활이나 신앙과 같이 순수한 사적 사항은 제외된다. 국정조사는 특별한 사안에 대해 국회 의결에 따라 수시로 열린다는 점에서 매년 정기국회 때마다 열리는 국정감사와 다르다. 국정감사를 받는 대상 기관은 정부조직법 등에 의한 국가기관, 지방자치단체, 정부투자기관, 기타 국회 본회의에서 국정감사가 필요하다고 의결한 기관 등이다. 감사는 비공개로 하는 것이 원칙이며 개인의 사생활을 침해하거나 재판에 계류 중 또는 수사 중인 사건의 소추에 관여할 목적으로 행해져서는 안 된다. 국정감사를 하는 국회상임위원회는 감사와 관련된 보고 또는 서류를 관계기관 등에 제출토록 요구할 수 있다. 또 증인·감정인·참고인 등에 출석을 요청하고 청문회도 열 수 있다.

국제사면위원회 國際赦免委員會 Amnesty International

국가권력에 의해 처벌당하고 억압받는 각국 정치범들을 구제하기 위하여 설치된 국제기구.

이데올로기·정치·종교상의 신념이나 견해 때문에 체포·투옥된 정치범의 석방, 공정한 재판과 옥중에서의 처우 개선, 고문과 사형의 폐지 등을 목적으로 한다. 이를 위해 해당국가의 사회체제에 관계없이 정부에 서신 등으로 요구하는 운동을 계속하여 이제까지 약 2만 명의 정치범을 석방시켰다. 이러한 공로로 1977년에 노벨평화상, 1978년에 UN인권상을 수상하였다.

국제사법재판소 ICJ; International Court of Justice

국가 간의 분쟁을 법적으로 해결하는 국제연합 기관.

조약의 해석, 국가 간의 의무 위반의 사실 여부, 위반에 의한 배상 등 국제적 법률 분쟁의 해결을 도모하는 상설재판소로서, 본부는 네덜란드의 헤이그에 있다. 임기는 9년이고 15명의 재판관으로 조직되어 있으며, 재판관은 UN총회와 안전보장이사회에서 선거로 선출된다.

UN가맹국은 당연히 국제사법재판의 당사국이 되며, 비가맹국도 UN의 승인을 얻으면 당사국이 될 수 있다. 과거의 중재 재판소와는 달리 다수의 국가가 참가하는 상설적 재판소이나, 강제적 관할권이 없기 때문에 한쪽 당사자의 요청만으로 재판의 의무가 생기지는 않

정치 · 경영 · 무역 · 금융

정치 · 외교 · 국제

사회 · 노동 · 법률 · 환경

철학 · 역사 · 지리

문학 · 예술 · 교육 · 스포츠 · 매체

컴퓨터 · 과학 · IT

찾아보기

는다. ICJ의 판결은 구속력을 가지며 판결을 이행하지 않는 국가에 대해선 안전보장이사회가 적절한 조치를 취하게 된다.

국제 엠네스티 Amnesty International

정치 · 경제체제를 초월하여 독립적이고 공평하게 고문, 실종, 사형, 난민등의 인권문제의 개선을 위해 활동하는 민간국제인권기구.

1961년 5월 28일 런던에서 피터 베넨슨 변호사의 노력으로 설립되었으며, 헝가리, 남아프리카공화국, 스페인 등지에서 정치범들의 변호를 맡았고 인권신장을 위한 국제기관 창설에 힘써왔다. 1961~75년의 국제사면위원회 국제집행위원회 위원장 숀 맥브라이드는 1974년에 노벨 평화상을 수상했다. 주요활동으로는 이데올로기 · 정치 · 종교상의 신념이나 견해 때문에 체포 · 투옥된 정치범의 석방, 공정한 재판과 옥중에서의 처우 개선, 고문과 사형의 폐지등을 위해 노력해 왔으며, 이를 위해 해당 국가의 사회체제에 관계없이 정부에 서신 등으로 요구하는 운동을 계속해서 이제까지 약 2만 명의 정치범을 석방시켰다. 한국을 포함한 150여 개국에 지부와 지역사무실을 두고 회원 수가 180만 명에 이르는 세계 최대의 인권단체이다.

국제연합 國際聯合 UN; United Nations

전쟁방지와 평화유지를 위해 설립된 국제기구(UN).

모든 분야에서 국제협력을 증진하는 역할을 하는 국제기구다. 국제연합 헌장에 기하며 1945년 10월 24일, 정식으로 설립하여 1946년 1월 10일에 활동을 시작하였다. 본부는 뉴욕에 있고 주요 기구로는 총회, 안전보장이사회, 경제사회이사회, 신탁통치이사회, 국제사법재판소 및 사무국의 6개 기구가 있으며, 여기에 많은 보조기관과 전문기구가 있다. 국제연합에 새로 가입하기 위해서는 안전보장이사회의 5개 상임이사국 전부를 포함한 9개 이사국의 찬성에 의한 권고에 따라 총회의 3분의 2 이상의 찬성을 얻어야 한다.

국제연합평화유지군 國際聯合平和維持軍
UN PKF; United Nations Peace Keeping Force

국제연합의 평화유지활동을 위해 안전보장이사회가 각 분쟁지역에 파견하는 군대.

UN평화유지군은 크게 정전 감시단과 평화 유지군으로 나뉘며, 1948년 이스라엘과 아랍 제국 사이의 휴전을 감시하기 위한 국제연합 정전감시기구(UNTSO)를 시초로 이후 수십 차례 구성되었다. 평화유지군은 UN안보리의결의에 따라 배치되며, 보통 여러 국가에서 자발적으로 차출, 파견된다.

국제원자력기구 國際原子力機構 IAEA;
International Atomic Energy Agency

원자력의 평화적 이용을 위한 연구와 국제적인 공동 관리를 위하여 설립된 국제연합기구.

1955년 워싱턴에서 기초한 헌장을 UN본부의 국제 회의에서 채택하여 1957년에 발족하였다. 국제연합의 전문기구는 아니지만 실질적으로는 이에 준하는 기능을 수행하고 있다. 국제원자력기구는 ① 세계에 원자력의 평화적 이용을 위한 연구개발과 실용화를 장려하고 이에 필요한 물자, 서비스, 설비를제공하고, ② 과학적ㆍ기술적인 정보교환을 촉진하며, ③ 핵분열 물질이 군사적 목적으로 사용되지 않도록 보장하고 조치를 강구한다는 등을 활동목표로 하고 있다.

집행기관은 35개국으로 구성된 이사회이며, 본부는 오스트리아 빈에 있다. 한국은 1956년 IAEA 창립총회에 참석하여 서명함으로써 창설 회원국으로 가입하였다. 북한은 1974년 가입하였으며, 핵사찰 및 NPT 탈퇴 문제로 세계적 주목을 받았다.

국체 國體 Forms of State

주권이 누구에게 있느냐에 따라 분류한 국가형태.

주권이 한 사람의 군주에게 있는 군주국과 다수의 국민에게 있는 공화국으로 분류된다.

➜ 정체 政體 Forms of Government

국가권력, 즉 통치권의 운용형식에 따른 정부형태. 민주정치, 독재(전제)정치로 분류된다. 우리나라는 헌법 제1조 제1항에 국체는 공화이고, 정체는 민주임을 밝히고 있다.

국회선진화법 國會先進化法

다수당의 일방적인 법안이나 안건 처리를 막기 위해 2012년 제정된 국회법 개정안.

다수당의 일방적인 국회 운영과 국회 폭력을 예방하기 위해 2012년 5월 2일 18대 국회 마지막 본회의에서 여야 합의로 도입됐다. 여야의 갈등이 극에 달했을 때마다 국회에서 몸싸움과 폭력이 발생하자 이를 추방하자는 여론이 비등해지면서 탄생했기에 '몸싸움 방지법'이라고도 한다. 국회선진화법에 따르면 여야가 첨예하게 대립하는 쟁점 법안은 과반수보다 엄격한 재적의원 5분의 3(180명) 이상이 동의해야 본회의 상정이 가능하다. 또 재적의원 3분의 1이상 요구가 있는 경우 본회의 심의 안건에 대한 무제한 토론을 할 수 있는 필리버스터 제도를 도입했다.

국회의 권한 國會-權限

국회는 입법에 관한 권한, 재정에 관한 권한, 일반국정에 관한 권한을 갖는다.

① 입법에 관한 권한 : 헌법 개정 제안 · 의결권, 법률 제정 · 개정권, 조약체결 · 비준동의권 등

② 재정에 관한 권한 : 예산안 심의 · 확정권, 결산심사권, 기금심사권, 재정입법권, 예비비지출 승인권, 국채동의권 등.

③ 국정감사 · 조사권, 헌법기관 구성권, 탄핵소추권, 긴급명령, 긴급재정경제처분 · 명령 승인권, 계엄해제 요구권, 일반사면에 대한 동의권, 선전포고 및 국군의 해외파견 · 외국군대 주류에 대한 동의권, 국무총리 · 국무위원 해임건의권, 국무총리 · 국무위원 · 정부위원출석 요구권 및 질문권 등.

국회의원 國會議員 Congressman

국민의 보통 · 평등 · 직접 · 비밀선거에 의하여 선출된 국회의 구성원.

선출과 임기 : 국회의원 정수는 헌법상으로는 200인 이상, 전국 각 지역 선거구에서 1인씩 선출하는 지역구 의원과 전국 선거구에서 비

례 대표제로 선출되는 지역구 정수의 3분의 1로 구성되고, 임기는 4년이다.

피선자격 : 국회의원에 입후보할 수 있는 자는 25세 이상인 국민으로서 제척원인, 즉 결격 사유가 없어야 한다. 징당의 공천 또는 무소속 입후보도 가능하다.

의무 : 국회의원은 청렴, 국가이익 우선, 지위남용 금지, 겸직 금지 등의 의무가 있다. 그러나 국무위원, 장관의 겸직은 가능하다.

특권 : 국회의원은 국민의 대표로서 그의 권한을 행사하고 임무를 완수하도록 하기 위하여 크게 다음과 같은 특별한 권한을 가지고 있다.

① **불체포 특권** : 국회의원은 현행범인 경우를 제외하고는 회기 중에 국회의 동의 없이 체포 또는 구금되지 아니하며, 회기 전에 체포 또는 구금된 때에도 현행범이 아닌 한 국회의 요구가 있으면 회기 중 석방하여야 한다.

② **면책특권** : 국회의원은 국회 내에서 직무상 행한 발언과 표결에 관하여 국회 외에서 책임을 지지 아니한다.

군사안보지원사령부 軍事安保支援司令部

기존의 국군기무사령부(기무사)가 해편 되면서 2018년 9월 1일 공식 출범한 군 보안 · 방첩 전문기관이다.

안보지원사는 장성 수는 9명에서 6명, 인력은 4,200여 명에서 2,900여 명으로, 예하부대는 50여 개에서 30여 개 등 기존 기무사보다 규모를 축소했다. 이를 위해 사단급 지원 부대 및 광역 시 · 도 11곳에 설치된 '60단위' 지역부대를 해체했으며, 연대급 부대에 있던 '기무반'도 모두 폐지했다. 여기에 방첩 · 보안 업무 강화를 위해 보안처와 방첩처 등 2처는 각각 3개실에서 4개실로 확대한 반면 정치개입 논란 부서인 융합정보실과 예비역지원과는 폐지했다.

안보지원사 운영 훈령 주요 내용으로는 정치적 중립 의무, 민간인 · 군인에 대한 불법 정보수집 금지, 특권의식 배제, 이의제기 절차 등이다.

난민의 지위에 관한 조약 Convention Relating to the Status of Refugees

난민조약이라고도 한다. 본국의 박해나 보호를 받지 못해 생명의 위협으로부터 벗어나기 위해 해외로 도피한 난민에 대해 일반적인 '외국인'과는 별도로 인도주의적 목적에서 그 권리를 보장해주는 조약이며, 1951년 7월 제네바에서 26개국이 이 조약을 체결했고 1954년 4월 발효되었다.

이 조약은 유입된 난민에 대해 체재국은 그들의 귀화, 동화를 촉진함과 아울러 여러 종류의 권리를 적극적으로 인정할 것을 명시하고 있다. 난민 지위를 인정받기 위해서는 인종·종교·국적·특정 사회집단의 구성원 신분 또는 정치적 의견을 이유로 받은 박해의 공포를 증명해야 하며, 국적국 밖에 있어야 하고, 박해의 공포 때문에 본국으로 돌아갈 수 없다는 조건을 충족시켜야 한다. 외국에 체재하던 중 자국에서 발생한 상황 또는 정치적 의견을 표명하는 행동으로 인해 박해의 공포가 발생했을 경우에도 난민이 될 수 있다. 우리나라는 1992년에 가입했다.

난사군도 분쟁 南沙群島紛爭

난사군도를 둘러싸고 중국, 대만, 베트남, 말레이시아, 필리핀, 브루나이 등 6개국이 벌이고 있는 영유권 분쟁.

난사군도는 남중국해의 남단에 위치한 해역으로서 108개의 산호초로 구성되어 있다. 섬의 높이는 3~4m, 면적 $0.1km^2$가 넘는 섬은 7개에 불과하며 이 중 최대의 섬은 면적 $0.4km^2$인 타이핑섬[太平島]이다. 군사상의 요지인 데다 풍부한 석유자원이 매장되어 있다는 유엔아시아극동경제위원회(ECAFE)의 조사보고가 영유권 분쟁을 촉발하여 현재까지도 지속되고 있다.

남북미 정상 판문점 회동 2019

2019년 6월 30일 문재인 대통령과 미국의 도널드 트럼프 대통령, 그리고 북한의 김정은 국무위원장이 사상 처음으로 판문점에서 가진 회동이다.

남북미 정상의 사상 첫 판문점 회동은 6월 29일 트럼프 대통령의 트위터를 통한 깜짝 제안에 김정은 위원장이 호응하면서 속전속결로 이뤄졌다. 트럼프 대통령과 김정은 위원장은 6월 30일 오후 3시 46분경 판문점 군사분계선 앞에서 만났으며, 이후 북미 정상은 군사분계선 북측으로 함께 이동했다. 이로써 트럼프 대통령은 군사분계선을 넘어 사상 처음으로 북한 땅을 밟은 미국 대통령이 됐다. 이후 다시 군사분계선을 넘어 남측으로 이동한 두 정상은 3시 51분경 자유의 집 앞에서 기다리고 있던 문재인 대통령과 만나면서 남북미 정상의 판문점 회동이 성사됐다. 특히 문 대통령은 이날 한발 물러서서 미국과 북한 간 만남이 중심이 되도록 배려했다.

녹색성장 Green Growth

환경(Green)과 성장(Growth) 두 가지 가치를 포괄하는 개념으로 에너지와 자원을 절약하고 효율적으로 사용하며, 녹색기술의 연구개발을 통하여 새로운 성장동력을 확보하고 새로운 일자리를 창출해 나가는 등 경제와 환경이 조화를 이루는 성장을 말한다.

녹색성장을 통한 녹색기술과 청정에너지를 신성장동력으로 삼아 경제성장을 추구하되 에너지 및 환경 문제를 해결하면서 이를 통해 일자리 창출, 성장동력, 기업경쟁력 확보, 국토 개조를 포괄하는 개념이다.

대사 大使Ambassador

외교사절의 최고계급.

국가를 대표하여 외교 교섭을 하기 위하여 외국에 파견되는 제1급 외교사절로서, 특명전권대사(特命全權大使)의 약칭이다.

➔ **공사** 公使 Minister

국가를 대표하여 파견되는 외교사절. 국가를 대표하여 외교 교섭을 하기 위하여 외국에 파견되는 제2급 외교사절로서, 특명전권공사(特命全權公使)의 약칭이다. 그 아래에 변리공사, 대리공사가 있다.

➔ **영사** 領事 Consul

외국에 있으면서 외무부장관과 특명전권대사 · 공사의 지시를 받아 자국의 통상이익을 도모하고, 주재국에 있는 자국민을 보호하는 것을 주요 임무로 하는 공무원. 외국에서 자기 나라의 통상과 국민의 보호를 담당하는 파견영사와 다른 나라에 거주하는 사람 중에서 선임된 명예영사(또는 선임영사)가 있다. 영사는 외교사절이 아니며, 총영사, 영사, 부영사의 구별이있다.

경제·경영·무역·금융

정치·외교·국제

사회·노동·법률·환경

철학·역사·지리

문화·예술·교육·스포츠·매체

컴퓨터·과학·IT

찾아보기

대선거구제 大選擧區制

한 선거구에서 2명 이상의 대표를 선출하는 제도.

전국적으로 큰 인물이 당선되기 쉬운 장점이 있는 반면, 선거구가 넓어 후보자의 인물·식견을 판단하기 어렵고 비용이 많이 드는 단점이 있다.

➜ 소선거구제 小選擧區制

한 선거구에서 1명의 대표를 선출하는 제도. 선거구가 작아 관리가 간단하고 비용이 덜 들며, 투표가 간편하고 선거인이 후보자의 인물을 잘 알 수 있는 동시에 정국이 안정되기 쉬운 장점이 있다. 그러나 한편으로는 전국적인 큰 인물보다 지방 명사가 당선되기 쉽고, 선거인을 매수하거나 관권에 의한 간섭을 받기 쉬운 단점이 있다.

대중민주주의 大衆民主主義 Mass Democracy

대중사회의 토대 위에서 대중을 정치의 주체로 한 민주주의.

보통 선거제를 기초로 하는 민주정치다. 보통선거제도의 확립, 매스 커뮤니케이션에 의한 여론 정치, 조직과 집단의 거대화, 신중간층의 비대화, 관료제도의 발달, 대량소비와 대중문화의 발전을 사회적 배경으로 하고 있다.

대통령제 大統領制 Presidential System

권력분립의 원리에 기초를 두고 입법부·행정부·사법부, 특히 입법부와 행정부 상호간에 견제(牽制)와 균형(均衡)을 통해서 권력의 집중을 방지하고 국민의 자유와 권리를 최대한 보장하는 현대 민주국가의 정부형태.

이는 18세기 미국에서 시작되었으며, 그 후 남미, 아시아, 아프리카 국가들의 정치적 모델로 채택되었다. 대통령 중심제는 대통령이 임기 동안 강력한 집행권을 행사하면 정국이 안정되나 권한이 비대해질 경우 독재가 될 가능성이 있다.

➜ 의원내각제 議院內閣制 Parliamentary Cabinet System

정부의 성립과 존립이 국회의 신임을 필수조건으로 하는 정부형태. 내각책임제 또는 의회정부제라고도 한다. 실질적인 행정권을 담당하는 내각이 의회다수당의 신임에 따라 조직되고 또한 존속하는 의회 중심주의의 권력분립 형태다. 특히 영국에서 발달하였으며, 우리나라는 1960년 4·19혁명으로 탄생한 제2공화국에서 이를 채택한 적이 있지만 1961년 5·16 군사정변과 함께 사라지고 말았다. 의회는 내각을 불신임할 수 있고 내각(수상)은 의회를 해산할 수 있다. 책임정치를 구현하고 민의에 충실할 수 있다는 장점이 있는 반면, 특히 연립내각의 경우에는 정국이 불안해질 염려가 있다.

동북공정 東北工程

동북공정은 동북변강역사여현상계열연구공정(東北邊疆歷史與現狀系列研究工程)의 줄임말로 중국 국경 안에서 전개된 모든 역사를 중국 역사로 만들기 위해 2002년부터 추진한 동북쪽 변경지역의 역사와 현상에 관한 연구 프로젝트를 말한다.

중국은 2001년 6월에 동북공정에 대한 연구를 추진하기로 하고, 8개월간의 준비 기간을 거쳐 이듬해 2월 18일 정부의 승인을 받아 공식적으로 동북공정을 추진하기 시작했다. 2006년까지 5년을 기한으로 진행되었으며, 궁극적 목적은 중국의 전략지역인 동북지역, 특히 고조선·고구려·발해 등 한반도와 관련된 역사를 중국의 역사로 만들어 한반도가 통일되었을 때 일어날 가능성이 있는 영토분쟁을 미연에 방지하는 데 있으며, 중국은 '고조선사·부여사·고구려사·발해사는 중국사'라는 논리를 일반화하여 '한국사'라는 한국의 역사인식에 대응하고 한반도와 중국 동북지역 사이에 역사적 관련성을 부정하기 위해 동북공정을 진행했다.

그러나 이는 엄연한 한국사의 실체이고, 고구려나 발해는 만주와 한반도를 동시에 영토로 삼았던 국가들이다. 이 때문에 한국에서도 중국의 역사 왜곡 에 체계적으로 대처하기 위해 2004년 3월 교육부 산하의 고구려연구재단을 발족했고, 2006년 9월 동북아역사재단이 출범하여 이를 흡수 통합했다.

레임 덕 Lame Duck

임기만료를 앞둔 공직자를 '절름발이 오리'에 비유한 말.

미국 남북전쟁 때부터 사용된 말로서, 재선에 실패한 현직 대통령이 남은 임기 동안 뒤뚱거리며 걷는 오리처럼 정책집행에 일관성이 없다는 데서 생겨난 말이다. 일반적으로 새 대통령이 결정되는 11월 초순부터 다음해 새 대통령이 취임하는 1월 20일까지 약 3개월간 사실상 국정 공백 기간이 생기게 된다. 다른 나라의 경우에도 퇴임이 확정적인 대통령의 임기 만료일이 가까워지면 레임 덕 현상이 나타난다.

로그롤링 Logrolling

선거를 도와주거나 의원끼리 서로 도와주고 그 대가를 받거나 이권(利權)을 챙기는 행위로서, 서로 협력하여 통나무를 모은다든가, 강물에 굴려 넣는 따위의 놀이에서 유래된 것이다.

→ **벌링 Birling**
북아메리카 목재 벌채꾼들의 통나무 굴리기 스포츠. 북아메리카 목재 벌채꾼들이 하던 통나무 굴리기 시합에서 유래한 스포츠로 통나무 타기(Logrolling)라고도 한다. 캐나다의 동부지역 및 미국 뉴잉글랜드 지역, 특히 메인 주를 중심으로 봄에 벌채한 통나무로 만든 뗏목 운반으로부터 시작되었다. 2명의 경기자가 물에 띄워놓은 통나무 위에 마주보고 서서, 두 발로 통나무를 돌리다가 갑자기 멈추거나 역회전시켜 상대선수가 균형을 잃어 물속으로 떨어지면 '폴'을 얻는다. 3전 2선 폴 제로 승부를 겨룬다.

마키아벨리즘 Machiavellism

목적을 위하여 수단을 가리지 않는 권모술수주의.
이탈리아의 정치 철학자 마키아벨리(N. Machiavelli)가 그의 저서 『군주론』에서 '군주가 정치권력을 획득・유지・확대하기 위해서는 수단을 가릴 필요가 없다'고 주장한 국가 지상주의를 말한다. 이 말은 지배자의 권모술수 또는 흔히 윤리성을 무시하고 목적을 위해 수단 방법을 가리지 않는 행동까지 가리키는 말로 쓰이게 되었다. 그러나 그의 사상은 근대 부르주아적 정치 권리의 원리를 과학적으로 밝혀냈다는 점에서 근대 정치학의 시조로 평가받고 있다.

매니페스토 운동 Manifesto Movement

참공약 선택하기.

이 운동은 후보자들이 정책 공약을 내세울 때 말로만 하는 것이 아니라 후보자들이 내세운 공약과 공약을 뒷받침할 수 있는 구체적인 실천 방안과 예산사용안, 실행 시기 등을 명시화함으로써 유권자들로 하여금 그 후보자를 선택할 수 있도록 하기 위한 것이다. 어원은 '증거' 또는 '증거물'이라는 의미의 라틴어 마니페스투(Manifestus)이며, 이 말이 이탈리아어로 들어가 마니페스또(Manifesto)가 되어 '과거 행정을 설명하고 미래 행동의 동기를 밝히는 공적인 선언'이라는 의미로 사용되었다. 우리나라에서는 '참공약 선택하기', '바른 공약 실천운동' 정도로 표현되며 2006년 5월 지방선거를 기점으로 발족되었다.

매카시즘 McCarthyism

1950~54년 미국을 휩쓴 일련의 반(反)공산주의 선풍.

논리적인 이론이나 사실의 근거 없이 정적(政敵)을 비난하거나 또는 공산주의 등으로 몰아 탄압하는 것으로서, 미국 공화당의원 매카시(J. R. McCarthy)가 1950년 의회에서 국무부 내에 2,000여 명의 적색분자가 있다고 주장하여 정계에 물의를 일으킨 데서 비롯되었다. 제2차 세계대전이 종결되고 체제 유지의 위기를 느낀 보수강경파가 헤게모니(주도권)의 기반을 다지고자 의도적으로 일으켰던 이 '공산주의자 사냥'은 격렬한 비판에 부딪혀 국제 관계에서의 긴장 완화와 더불어 사라졌다. 이 때문에 정적을 공산주의로 몰아 탄압하는 것을 매카시 수법이라 한다.

면책특권 免責特權 Privilege of Speech

국회의원이 국회에서 직무상 행한 발언과 표결에 관하여 국회 밖에서 책임을 지지 아니하는 특권.

국회의원의 발언·표결의 자유라고도 한다. 한국 헌법은 제45조에서 이를 보장하고 있다. 이 면책특권은 14세기 후반 영국에서 그 시원(始源)을 발하여 1689년 권리장전(權利章典: 제1장 5항 1호)에서 보장된 의회의 특권의 하나로서, 그 후 세계 각국에서 이를 본받게 된 제도다. 영국에서 처음 성립하였을 때에는 의회의 언론자유 특권으로서 확인된 것이었고, 의원의 개인 특권으로 보장된 것은 아니었다. 그러나 이것이 미국 헌법(1조 6항 1호)에서 비로소 의원의 특권으로 인정되었다.

➔ 불체포특권 不逮捕特權 Privilege
국회의원이 현행범이 아닌 한 회기 중 국회의 동의 없이 체포 또는 구금되지 않으며 회기 전에 체포 또는 구금된 경우라도 국회의 요구에 의해 석방될 수 있는 권리.

무저항주의 無抵抗主義 Nonviolent Resistance
폭력을 절대 악으로 보고 악이나 폭력에 대해 폭력으로써 저항하는 것을 부정하는 사상.

무저항주의는 항복주의라는 뜻이 될 수 있으므로 '비폭력 저항주의'라는 표현이 합당하다. 기독교 가르침 외에 근대의 톨스토이, 인도의 간디, 한국의함석헌 등이 대표적 인물이다. 그러나 이것이 악과 불의에 대항하는 합리적인 방법인지에 대해서는 논란이 많다.

➔ 비폭력주의 非暴力主義 Non-Violence
부정·압제·폭력에 대응하기 위해 폭력을 사용하지 않고 저항하는 사상·주의로 평화주의의 한 형태. 원래 자이나교(教)의 대금계(大禁戒)에서 첫째로 꼽히는 불살생(不殺生)·무해(無害), 즉 모든 생물을 살해하지 말며, 또 남이 살해하고 있는 것을 용인하지도 않는다는 사상에서 나온 것이다. 마하트마 간디(Mahatma Gandhi)는 이 사상에 깊이 공명하였고 더욱이 레프 톨스토이(Lev N. Tolstoi)나 헨리 소로(Henry D. Thoreau) 등의 영향을 받고 아함사(Ahimsa)를 바탕으로 하는 사티아그라하 운동(비폭력저항투쟁)을 전개하여 영국으로부터 식민지 인도의 독립 및 민족의식의 핵심으로 삼았다. 구체적으로는 광범위한 시민의 불복종운동(不服從運動)이라는 형태로 나타났지만, 간디 자신은 목숨을 걸고 박애정신(博愛精神)에 입각한 11회에 걸친 장기간의 단식(斷食)을 감행하였다.

민족 자결주의 民族自決主義 National Self-Determination
각 민족은 정치적 운명을 스스로 결정할 권리가 있으며, 다른 민족의 간섭을 받을

103

수 없다는 주장.

미국의 제28대 대통령 윌슨(W. Wilson)이 제창해서 베르사유 조약의 중요한 원칙의 하나가 되었고, 판란드·라트비아·에스토니아·폴란드·유고슬라비아 등이 독립되는 등 세계 곳곳에서 이 원칙에 따라 많은 식민지들이 독립을 쟁취하였으며, 우리나라의 3·1운동에도 커다란 영향을 주었다.

민족주의 民族主義 Nationalism

민족에 기반을 둔 국가의 형성을 지상목표로 하고, 이것을 창건(創建)·유지·확대하려고 하는 민족의 정신 상태나 정책원리 또는 그 활동.

민족의식을 제1의(義)로 하여 정치·경제·문화 등의 모든 분야에 걸쳐 민족의 독자성을 발휘, 확립하려는 주의나 주장을 말한다. 민족주의가 극단적으로 흐르면 배타적 국수주의가 되기 쉽다. 오랫동안 식민지로 있었던 아시아, 아프리카의 여러 나라에서 특히 제2차 세계대전 이후 민족주의가 활발하다.

발트 3국 Baltic States

발트 해 남동 해안에 위치한 에스토니아·라트비아·리투아니아의 총칭.

이들은 1920년 러시아제국으로부터 독립했으나 1939년 독·소 비밀협정에 의해 소련에 강제 통합되었다. 그 후 이들 3국은 1987년 독립 요구 시위를 벌이기 시작, 1991년 국민투표를 실시했고, 1991년 8월 소련의 쿠데타 실패 이후 발트 3국의 독립이 기정사실화되어 세계 각 국의 승인이 잇따르자, 9월 소련 당국이 최종적으로 승인함으로써 발트 3국은 각기 독립국이 되었으며 그해 UN에도 가입했다.

배타적 경제수역 排他的經濟水域 EEZ; Exclusive Economic Zone

UN 해양법 협약에 새로이 규정된 바다의 영토에 대한 개념.

자국 연안으로부터 200해리까지의 모든 자원에 대해 독점적 권리를 행사할 수 있는 유엔 국제해양법상의 수역. 1982년 12월 채택되어 1994년 12월 발효된 유엔해양법협약은 ① 어업자원 및 해저 광물자원, ② 해수 풍수를 이용한 에너지 생산권, ③ 에너지 탐사권, ④ 해양 과학 조사 및 관할권, ⑤ 해양환경 보호에 관한 관할권 등에 대해 연안국의 배타적 권리를 인정하고 있다. 따라서 타국 어선이 배타적 경제수역(EEZ) 안에서 조업을 하기 위해서는 연안국의 허가를 받아야 하며, 이를 위반했을 때는 나포(拿捕)되어 처벌을 받는다. 이보다 앞서 1970년대부터 세계 각국은 앞 다투어 배타적 경제수역을 선포함으로써 세계 주요 어장의 대부분이 연안국의 배타적 경제수역으로 편입되었다. 하지만 한국과 일본 사이에는 거리가 400해리가 되는 곳이 없어 200해리 EEZ는 서로 중복될 수밖에 없다.

백색국가

자국의 안전 보장에 위협이 될 수 있는 첨단 기술과 전자 부품 등을 타 국가에 수출할 때, 허가신청을 면제하는 국가를 가리킨다. '안전 보장 우호국', '화이트리스트', '화이트 국가'라고도 한다.

통상적으로 해외로 수출되는 제품은 안보 문제없이 적절한 관리가 이뤄지고 있는지 개별적으로 심사해야 할 필요가 있는데, 백색국가로 지정될 경우 절차와 수속에서 우대를 받게 된다. 한편, 일본 정부가 2019년 8월 2일 우리나라를 수출절차 간소화 혜택을 인정하는 백색국가에서 제외하는 수출무역관리령 개정안을 의결하자, 우리 정부역시 8월 12일 일본을 우리의 백색국가에서 제외하기로 대응 방침을 밝혔다. 일본의 한국 백색국가 제외 조치는 8월 28일부터 시행됐으며, 우리나라의 일본 백색국가 제외 조치는 9월 18일부터 시행됐다. 이로써 한국의 백색국가는 기존 29개국에서 28개국이 됐다

베세토 벨트 BESETO Belt

한국 · 중국 · 일본의 수도를 하나의 경제 단위로 묶는 3국의 경제권역.

중국의 베이징(Beijing), 한국의 서울(Seoul), 일본의 도쿄(Tokyo) 등 3국의 수도앞 음절을 합친 합성어다. 1993년 10월 일본 도쿄〔東京〕에서 개최된 세계수도시장회의에서 당시 이원종(李元鍾) 서울특별시장이 제안한 것으로 3국 수도권을 연결해 경제권역을 만들자는 구상이다. 이 3도시를 입체 정보망으로 텔레포트화하여 세계 도시 체제로 발전시키려는 21세기 장기 계획이라 할 수 있다.

보고타 선언 Bogota Declaration

적도 궤도 바로 밑에 있는 국가들이 지구 정지위성 궤도 중 자국 영역의 상공에 있는 부분에 대해 당연히 그 나라의 관할권이기 때문에 위성을 쏘아올려 이용하려면 해낭 국가의 동의를 얻어야 한다며 관할권을 주장한 선언.

1973년 ITU 협약 제33조에서 지구정지궤도를 천연자원이라고 한 것을 기초로 지구정지궤 도의 관할권을 주장하기 시작하여 콜롬비아, 콩고, 에콰도르, 인도네시아, 케냐, 우간다, 콩고민주공화국, 브라질 등 8개국(후에 가봉, 소말리아 등이 합류)은 지구정지궤도는 천연자원으로 그 하부 국가의 주권에 속한다는 것과 공해 위의 지구정지궤도는 국가관할권 밖이며 인류의 공동유산구역이라는 내용의 보고타 선언(1976년 12월 3일)을 발표하였다. 그러나 미국을 비롯한 주요 우주 활동국들은 우주공간의 자유이용 원칙을 내세워 지구정지궤도의 제한 없는 이용을 주장하면서 이 선언에 강력히 반대하고 있다. 현재까지 지구정지궤도는 우주공간에 있는 우주자원이기 때문에 인류 공동유산으로 보는 견해가 지배적으로 우주공간에 영역권을 설정하는 것은 금지되어 있다.

보통선거 Universal Suffrage

사회적 신분 · 교육 · 재산 · 인종 · 신앙 · 성별 등에 의한 자격요건의 제한없이 일정 연령에 달한 모든 국민에게 원칙적으로 선거권을 인정하는 것

제한선거에 대응되는 말이다. 오늘날에는 보통선거가 선거의 기본원칙으로 되어 있으나, 연혁적으로 보면 그 발달과 확립은 점진적이었고, 이 원칙이 전세계적으로 완전히 확립된 것은 제2차 세계대전 후의 일이다. 특히 재산 또는 성별에 의한 제한 선거가 철폐된 것은 최근의 일이다. 예컨대 재산에 의한 제한선거는 미국의 각 주(各州)가 1820~50년, 프랑스가 1848년, 스웨덴이 1907년, 이탈리아가 1912년, 영국이 1918년에 철폐되었고, 성별에 의한 제한선거는 미국이 1920년, 영국이 1928년, 일본이 1945년, 프랑스가 1946년에 철폐되고 여성 참정권이 인정되었다. 한국은 1948년 제헌헌법에서 보통선거를 채택했고, 현행 헌법에서도 대통령 · 국회의원 등의 모든 선거에서 보통선거를 시행하도록 규정하고 있다.

복지국가 福祉國家 Welfare State

국민전체의 복지 증진과 확보 및 행복 추구를 국가의 가장 중요한 사명(使命)으로 보는 국가.

복리(福利)국가, 후생(厚生)국가, 문화(文化)국가, 사회시설국가라고 도 하며 일반적으로 야경(夜警)국가와 상대되는 말이다. 즉, 현대의 국 가와 같이 국가가 사회의 질서 유지에 그치지 않고 적극적으로 국민 의 복리를 증진시킬 것을 목적으로 하는 국가를 말한다.

북대서양조약기구 北大西洋條約機構
NATO; North Atlantic Treaty Orgauization

제2차 세계대전 후 동유럽에 주둔하고 있던 소련군과 군사적 균형을 맞추기 위하 여 체결한 북대서양조약의 수행기구.

본부는 벨기에의 브뤼셀에 있다. 가맹국의 안전보장을 목적으로 하며 가입국간의 경제협력을 촉진한다. 가맹국은 미국 · 영국 · 캐나 다 · 독일 · 이탈리아 · 프랑스 등 19개국이다. 구소련연방의 해체 후 나토는 1994년 동구국 및 구소련 공화국들과 '평화를 위한 동반자 관계'협정을 맺어 동서 유럽의 화해 및 상호 공존 체제 구축의 초석 을 마련했다.

북방한계선 北方限界線

북한이 2006년 3월 제3차 남북장성급 군사회담부터 서해 북방한계선재설정 협의를 주장했고, 2007년 10월 남북정상회담에서는 서해 평화협력지대 개발 합 의로 절충안이 마련됐다.

한 달 뒤 열린 제2차 남북국방장관회담에서는 남북군사공동위원 회를 구성해 북방한계선 재설정 문제를 논의키로 합의했다. 그러나 이명박 정부 들어 남북대화가 중단되면서 협의는 더 이상 진행되지 못했다.

브렌트유 Brent Oil

영국 북해 지역에서 생산되는 원유로서 미국의 서부텍사스유, 아랍에미리트연방 의 두바이유와 함께 세계 3대 유종으로 꼽힌다.

유럽과 아프리카 지역에서 거래되는 원유 가격을 결정하는 기준 원유다.

➡ 서부텍사스중질유 WTI; West Texas Intermediate

미국 서부 텍사스 지역에서 생산되는 원유로 약칭은 WTI다. 영국 북해에서 생산되는 브렌트유, 중동에서 생산되는 두바이유와 함께 세계 3대 유종으로 꼽힌다. 국제 원유 가격을 결정하는 기준 원유로, 미국 서부 텍사스와 오클라호마 주 일대에서 생산된다. 대표적인 경질유(Light crude oil)이자 저유황유이며, 미국 국내와 아메리카 지역의 기준 유종이다. TSL(Texas Sweet Light)이라고 부르기도 한다.

➡ 두바이유 Dubai Oil

중동의 아랍에미리트에서 생산되는 원유로, 영국의 북해산 브렌트유, 미국의 서부텍사스유(WTI)와 함께 세계 3대 유종으로 꼽히며 중동 지역을 대표하기 때문에 중동산 두바이유로 불린다.

브릭스 BRICS

2000년대를 전후해 빠른 경제성장을 거듭하고 있는 브라질, 러시아, 인도, 중국을 일컫는 용어.

2011년 2월 남아프리카공화국이 정식 회원국으로 인정됨에 따라 브릭스(BRICs) 국가가 5개 국가로 확대되면서 BRICs의 소문자 s가 대문자로 변경, BRICS로 변경되었다. 미국의 증권회사인 골드먼삭스그룹 보고서에 처음 등장한 용어이다. 2010년 기준 BRICS 국가들의 총인구는 29억 3,000만 명으로 전 세계 인구의 42%를 차지하고, 전 세계 대비 30%에 달하는 면적을 가지고 있다. 또한 5개국 국내총생산(GDP)이 18조 8,000억 달러로 세계 국내총생산(GDP)의 18%에 이르며 석유와 천연가스, 철광석과 농작물 등 풍부한 천연자원이 있어 막대한 내수시장을 형성할 수 있고 노동력 역시 풍부해 외국인 투자와 수출 호조로 높은 경제 성장을 거듭하고 있다.

블루라운드 BR; Blue Round

노동 여건과 근로 기준을 무역 거래에 연계시키려는 다자간 협상.

BR은 국제 사회가 규정하는 근로 조건을 준수하지 않는 나라에서 생산된 제품에 대해서는 국제 교역을 제재하겠다는 것이다.

➔ 경쟁라운드 競爭— CR; Competition Round

경쟁 정책 · 공정 거래 보장을 무역 거래에 연계시키려는 다자 간 협상. CR은 공정한 조건의 경쟁을 촉구하는 경쟁 라운드다. RBP(공정거래제한) 철폐도 CR의 주요 내용 중 하나다.

➔ 그린라운드 GR; Green Round

환경 · 공해 문제를 무역 거래에 연계시키려는 다자간 협상. GR 은 선진국들이 지구 환경 보전이란 명분을 내세워 추진하고 있 지만, 자국 제품 보호와 되도록 시장 접근을 제한 하려는 속셈 이 있다.

➔ 기술라운드 技術— TR; Technology Round

정부의 기술개발 지원, 특히 첨단 제품의 경우 정부의 연구개발 지원을 특정산업 지원으로 간주하며, 정부의 역할은 기초 연구 와 기술의 인프라 구축, 기술 개발의 여건 조성 등에 국한되어 야 한다는 과학기술 정책 내용을 무역 규제에 연계시키려는 다 자간 협상. TR은 OECD가 중심이 되어 추진해온 것으로, 개발 도상국의 기술 개발을 견제하고 선진국의 기술을 보호 하려는 것이 목적인 새로운 국제 기술 규제다.

➔ 뉴라운드 NR; New Round

UR(Uruguay Round)이 타결되면서 새로 제기된 4개의 다자간 무 역 협상. 이른바 GR(Green Round), BR(Blue Round), CR(Competition Round), TR(Technology Round)을 일컫는다. 1994년 4월 15일, 모로 코 마라케시에서 일부 논의되었으며, 세계 무역 확대에 큰 변수 와 이슈가 될 것으로 주목되고 있다.

➔ 우루과이라운드 UR; Uruguay Round of Multinational Trade Negotiation

1986년 우루과이에서 개최된 관세무역일반협정(GATT)의 제8차 다자간 무역협상. GATT는 국제통화기금(IMF)과 함께 전후 미국 이 주도하는 세계 자본주의를 떠받치는 기둥이 되어 왔다. 그러 나 그동안 미국의 절대적 우위에 기초한 국제 경제 질서가 붕괴 되고 세계 자본주의의 중심이 미국, 일본, 유럽공동체(EC) 등으 로 다극화되었다. 특히 1980년대 들어 미국은 자국의 농업공황,

제조업 쇠퇴, 서비스 산업 팽창이라는 산업구조의 변화를 맞아 새로운 무역질서를 구축하려는 시도를 하게 되었다. 즉 농업서비스 산업의 비교 우위를 무기로 해서 세계 경제에 대한 패권을 회복·강화하려는 것이다. 이러한 미국 대자본의 이익주구가 GATT를 통해 반영된 것이 바로 우루과이라운드다.

➔ 밀레니엄 라운드 Millenium Round

우루과이라운드(UR)에 이어 체결된 다국간 대규모 무역협상. 21세기에 들어와서 농업에서부터 공산품·서비스 분야에 이르기까지 전 분야의 산업을 망라하여, EU(유럽연합)가 세계 자유무역을 확대하기 위해 추진하는 새로운 세계 통상 라운드이다. 비농산품에 대한 관세철폐, 비관세장벽 제거,투자관계법 재정비, 무역과 환경의 조화, 지적 재산권의 강화, 재정·금융서비스 개방 등이 주 내용이다.

비례대표제 比例代表制 · 직능대표제 職能代表制

사표(死票)를 최소화하기 위해 한 표의 가치를 동등하게 계산해서 총 득표수에 비례해서 대표를 선출하는 방법.

사표가 방지되어 국민의 의사가 투표 결과에 잘 반영된다는 장점과 후보자추천 순위 결정 시 혼란스럽다는 단점이 있다. 대체로 사표가 많이 발생하는 소선거구제(다수대표제)에 수반해서 실시한다. 우리나라 현행 헌법에도 국회의원 선거에서 비례대표제를 규정하고 있으나 의석 분배의 불공정성 등으로 쟁점이 되고 있다.

직능대표제는 여러 가지 직업별 단체, 즉 교육계·산업계·문화계 등의 단체를 단위로 하여 일정수의 대표를 선출하는 제도다. 이는 지역구를 기초로 위원을 선출하는 지역 대표제와 대응되며 직업별 단체로부터 대표를 선출하여 의회로 보내는 대의제도로 바이마르 헌법 하의 독일 경제회의, 제4공화제 헌법 하의 프랑스 경제평의회 등이 여기에 속한다. 이 제도는 직접 집단의 분류, 의원 정수의 할당 문제 등의 단점이 뒤따르며 아직까지 우리나라에서는 채택하지 않는 제도다.

비준 批准 Ratification

전권위원(全權委員)이 체결·서명한 조약을 조약 체결권자(국가원수 또는 내각)가 최

종적으로 확인하며, 동의하는 행위.

조약은 의회의 비준에 이어 헌법상 조약 체결권자인 국가원수의 서명으로 효력이 발생한다.

사드 BTHAAD: Terminal High Altitude Area Defense

적의 중 · 장거리 탄토미사일을 격추하기 위해 제작된 미국의 공중방어시스템을 말한다.

미국의 군사기지를 공격하는 적의 중장거리 미사일을 격추하기 위한 목적으로 제작된 공중방어 시스템으로 요격 고도는 40~150km, 최대사거리는 200km이다. 2016년 북한의 제4차 핵실험과 함께 장거리 미사일 발사 여파로 한국에 사드를 배치하는 방안이 공론화 되었고 국민의 반대에도 불구하고 경북 성주군 초전면 롯데 스카이 힐 성주컨트리클럽에 사드를 배치하기로 결정되었다.

사회계약설 社會契約說 Theory of Social Contract

정치사회 성립의 역사적 · 논리적 근거를 평등하고 이성적인 개인 간의 계약에서 구하려는 정치이론.

17~18세기 홉스(T. Hobbes), 루소(J. J. Rousseau) 등의 자연법론자들이 주장하였다. 프랑스 혁명과 미국 독립의 원동력이 되었고, 근대 민주주의 발전에 지대한 영향을 주었다.

선거공영제 選擧公營制

선거운동의 자유방임에서 오는 폐단을 방지하기 위해서 선거를 국가 또는 지방자치단체가 관리하는 제도.

공영 선거제라고도 하며 선거 전 벽보의 작성 및 첨부, 선거 회보의 발행 발송, 연설회 개최 및 유세장의 무료 대여 등을 정부가 행하는 제도다. 이 제도의 목적은 선거운동에 있어서 기회 균등을 보장하고 선거 비용의 일부 또는 전부를 국가가 부담함으로써 선거의 공정을 기함과 동시에 자력이 없는 유능한 후보자의 당선을 보장하려는 데 있다.

그러나 실제로는 과열 쟁쟁과 타락 선거의 방지가 보다 실질적인 목적으로 대두되고 있다.

선거의 4원칙

보통선거, 평등선거, 직접선거, 비밀선거의 네 가지 원칙을 말한다.

보통선거는 일정한 연령에 달하면 어떤 조건에 따른 제한이 없이 선거권을 주는 제도이며, 평등선거는 투표의 가치에 차등을 두지 않는 제도를 말한다.

직접선거는 선거권자가 대리인을 거치지 않고 자신이 직접 투표 장소에 나가 투표하는 제도를 말하며, 비밀선거는 투표자가 누구에게 투표했는지 알 수 없게 하는 제도이다.

세계무역기구 世界貿易機構 WTO; World Trade Organization

GATT(General Agreement on Tariffs and Trade : 관세 및 무역에 관한 일반협정) 체제를 대신하여 세계무역질서를 세우고 UR(Uruguay Round of Multinational Trade Negotiation : 우루과이라운드) 협정의 이행을 감시하는 국제기구.

1995년 출범한 WTO는 GATT에는 주어지지 않았던 세계무역분쟁 조정기능과 관세인하 요구, 반덤핑 구제 등의 법적 권한과 구속력을 행사할 수 있어 세계무역질서를 어지럽히는 국가에 대한 제재 조치를 할 수 있다. 2003년 9월 멕시코 칸쿤에서 열린 제5차 각료회의는 농산물 개방 문제에 대한 개도국의 반발로 결렬되었다.

셍겐조약 Shengen Agreement

EU 회원국간 무비자 통행을 규정한 조약.

독일 · 프랑스 · 스페인 · 포르투갈 · 벨기에 · 이탈리아 · 네덜란드 · 룩셈부르크 등 27개 EU 회원국들과 EU 회원국은 아니지만 스위스 · 노르웨이 · 아이슬란드 · 세르비아 · 마케도니아 · 보스니아 · 체코 · 알바니아의 비회원국이 조약 가입국으로 국경 개방과 정보 공유를 목적으로 통관 · 경찰 · 이민정책 등을 단일화한 조약이다. 1985년 룩셈부르크 남부 셍겐에서 체결하여 자국의 국민들이 비자 없이 자유롭게 다닐 수 있도록 한 조약을 시작으로, 1990년 일부 개정을 거쳐 1995년 효력이 시작되었다. 이 협정으로 체결국가의 국민들이 국경을 지날 때 별도의 비자나 여권 없이 자유롭게 왕래할 수 있게 되었다. 2007년 12월 20일 기존 서유럽 15개 국가와 2004년 EU

에 가입한 9개 국가의 육·해로가 개방되고, 2008년 3월 30일 새로 가입한 국가의 공항까지 개방되면서 유럽지역은 육·해·공의 모든 교통수단을 이용하여 자유롭게 국경을 넘나들 수 있게 되었다. 2011년 1월 현재 EU 27개 회원국 가운데 영국·아일랜드·불가리아·루마니아·키프로스는 미가입국이다.

쇼비니즘 Chauvinism

맹목적 · 광신적 · 호전적 애국주의.

자기 나라의 이익을 위해서는 수단과 방법을 가리지 않으며, 국제 정의조차 부정하는 배타적 애국주의, 즉 광신적 국수주의를 말한다. 프랑스의 연출가 고냐르가 지은 속요(俗謠) '삼색모표(三色帽標)'에 나오는 나폴레옹을 신과 같이 숭배하는 병사의 이름 니콜라 쇼뱅에서 나온 용어다.

스윙 보터 Swing Voter

선거 등의 투표행위에서 누구에게 투표할지 결정하지 못한 이들을 가리키는 말.

스윙 보터들은 지지하는 정당과 정치인이 없기 때문에 그때그때의 정치 상황과 이슈에 따라 투표하게 된다. 예전에는 미결정 투표자라는 뜻의 언디사이디드 보터(undecided voter)라고 했지만, 지금은 마음이 흔들리는 투표자라는 의미에서 스윙 보터(swing voter) 또는 플로팅 보터(floating voter)라는 용어가 일반적으로 사용된다. 스윙 보터는 대부분 이념적으로 중도성향인 이들로, 그 어떤 정당도 자신들을 만족시킬 수 없다고 생각한다. 미국에서는 주로 흑인이나 아시아계 사람들이 스윙 보터가 되는 경우가 많다. 정치에 대한 불신과 혼란이 심할 때 이들은 투표를 쉽게 포기하는 경향을 보이기도 한다.

스케이프 고트 Scape Goat

정부가 가상의 적을 설정하여 국민의 불만을 다른 곳으로 돌려 증오나 반감을 해소시키는 정책 또는 그 대상.

욕구불만이나 분노 등의 해소 및 발산을 위해 그 원인이 되는 것이 아닌 다른방향으로 전가시킬 대상 또는 수단을 일컫는다. 정치적 불만에서 생기는 공격성을 직접 그 원인으로 향하게 하지 않고 다른 대

경제·경영·무역·금융

정치·외교·국제

사회·노동·법률·환경

철학·역사·지리

문화·예술·교육·스포츠·매체

컴퓨터·과학·IT

찾아보기

상으로 전가시켜 증오나 반감 등을 해소시키는 해소정책이라 할 수 있다. 이러한 현상은 주로 사회적 약자나 국내의 이민족이나 이단분자, 국외의 약소민 등을 대상으로 선택하는 경우가 많다.

시아파 Shia派

수니파(派)와 더불어 이슬람교의 2대 종파.

'시아'란 분파라는 뜻으로 수니파(정통파) 이외의 분파를 총칭한다. 교조 마호메트에게는 아들이 없었기 때문에 그가 죽은 후 후계를 둘러싸고 대립하면서 시아파가 생겨났다. 수니파는 마호메트의 후계자를 정통 칼리프왕조와 역대 칼리프왕조의 칼리프(계승자·대리자라는 뜻)로 보는 데 반하여, 시아파는 마호메트의 사위 알리(제4대 칼리프)만을 정통 칼리프로 보고, 그 사자(嗣子)들을 이맘(종교지도자)으로 보았으며, 유파마다 해석이 다른 신성(神性)을 부여하였다. 그 성립은 정치적인 동기에서 이루어졌으나, 나중에 동방 기원(起源)의 이교적 요소가 다분히 혼입되어, 수피즘과 같은 신비주의적 색채가 가미되었다. 그 유파는 아주 많아, 수니파에 가까운 자이드파와 12이맘파·7이맘파(이스마일파) 등이 있는데, 7이맘파에서는 암살교단으로 악명 높은 니자리파와 시리아·레바논에 현존하는 도루즈 교도와 같은 특이한 유파가 생겨났다.

아시아유럽정상회의 ASEM; Asia-Europe Meeting

동북아 3개국과 동남아의 아세안(동남아국가연합) 회원국 7개국 등 아시아 10개국과 유럽연합(EU) 15개국 등 모두 25개국이 참여하는 아시아와 유럽간의 정상회의.

아셈의 의의는 식민지적 지배 관계의 단절 이래 아무런 연결 고리를 갖지 못한 아시아와 유럽이 새로운 동반자 관계를 구축함으로써 유럽-북미-아시아간 3각 지역 협력 체제의 기틀을 마련하자는 데 있다.

알 카에다 Al-Qaeda

사우디아라비아 출신의 오사마 빈 라덴(Osama bin Laden)이 조직한 국제 테러 단체.

1991년 걸프 전쟁이 일어나면서 반미 세력으로 전환한 이 조직은 빈 라덴의 막대한 자금과 군사력을 바탕으로 아프가니스탄, 수단, 파키스탄, 방글라데시, 필리핀, 사우디아라비아는 물론, 캐나다, 영국, 미국 등 총 34개국에 달하는 국가에서 활동하고 있는 것으로 알려져 있다. 이들은 철저하게 점 조직으로 움직이면서 계속 활동 영역을 넓혀 비(非)이슬람권 국가에까지 세력을 확장하는 한편, 1998년에는 이 집트의 이슬람 원리주의 조직인 지하드와 이슬람의 과격 단체들을 한데 묶어 '알카에다알지하드'로 통합하였다.

특히 2001년 9월 11일 발생한 미국 맨해튼의 110층짜리 쌍둥이 건물인 세계무역센터와 미 국방부(펜타곤)에 대한 항공기 납치와 자살 테러 사건이 발생하여 배후 조종자가 이 조직의 수뇌인 빈 라덴으로 의심받으면서 널리 알려지게 되었다.

알자지라 Aljazeera

1996년 11월 개국한 카타르의 수도 도하에 본사를 둔 뉴스와 시사 인물 인터뷰, 대담 전문 위성 텔레비전 방송.

특히 24시간 실시간 뉴스와 매주 정반대의 논지를 가진 아랍 지식 인을 초청해 벌이는 정치 토론 프로그램 등을 통해 중동 전역의 지식 인들을 시청자로 확보하였을 뿐 아니라, 중동 일부 도시의 경우 40% 이상의 시청률을 기록하는 등 중동 지역 방송에 많은 영향력을 미치고 있다. 세계 31개국 특파원 60명을 포함해 모두 400여 명의 직원을 두고 있으며 영국, 이스라엘, 팔레스타인, 인도 등 28개 해외 지국을 운영하고 있고, 시청자는 평균 2,000만 명, 최대 3,500만 명 정도로 추산된다. 대부분의 아랍권 국가들의 지배세력들이 언론을 장악하고 있는 상황에서 알자지라 방송은 드물게 '독립 언론'방침을 훼손 받지 않고 아랍국 경찰의 고문, 일부다처제, 이슬람과 민주주의 공존문제 등 이슬람 세계의 금기사항들을 적극적으로 다루고 있다. 이 언론은 9·11테러사건 이후 미국이 아프가니스탄의 탈레반 정권과 오사마 빈 라덴(Osama Bin Laden)의 테러조직인 알 카에다를 상대로 벌이는 '테러와의 전쟁'을 통해서 서방에 알려지기 시작했다. 외국 언론사 가운데 아프가니스탄 현지에 유일하게 특파원을 두고 있는 방송사로서, 아프가니스탄 군중에 의해 카불 주재 미국대사관이 불타는 장면, 아프가니스탄 상공에 나타난서방 항공기의 모습, 아프가니스탄 공격 직후 빈 라덴의 녹화테이프 단독 방영 등 연일 특종을 터뜨리면서 세계의 이목을 집중시켰다.

야경 국가 夜警國家 Nachtwachterstaat
국가는 외적의 침략으로부터의 방어, 국내 치안의 유지, 개인의 사유재산 및 자유에 대한 침해의 배제 등 필요한 최소한의 임무만을 수행해야 한다고 하는 자유방임주의에 근거한 자본주의 국가의 국가관. 극도의 개인주의, 자유주의를 배경으로 한다.

양당제 兩黨制 Two-Party System
세력이 비슷한 2개의 정당이 선거를 통하여 교대로 집권하는 형태.

양당제의 장점은 정국의 안정을 기할 수 있고, 강력한 정책을 실시할 수 있으며 정치적 책임이 명확히 드러나는 데 비하여, 단점은 자칫하면 정당의 전횡화(專橫化)를 초래하기 쉽다는 점이다. 양당제의 예로는 영국의 노동당과 보수당, 미국의 민주당과 공화당을 들 수 있다. 2대 정당제라고도 한다.

연립내각 聯立內閣 Coalition Cabinet
의원 내각제에서 정치적 성격이 가까운 둘 이상의 정당이 연합하여 구성되는 내각.

일반적으로 국회의 과반수를 차지하는 정당이 없을 때 정국 안정을 위하여 조직한다.

온정적 보수주의 Compassionate Conservatism
기존 보수주의 이념과 달리 이민자 · 빈곤층 등 소외계층 보호를 도입한 보수주의를 말한다.

미국 텍사스주립대 마빈 올래스키 교수와 뉴욕 맨해튼정치연구소의 마이런 마그넷 연구원이 저서『온정적 보수주의(2000년)』에서 제시했으며. 조지 W.부시 미국대통령이 2000년 11월 대통령선거에 출마하면서 내건 캐치프레이즈 이다. 온정적 보수주의란 유럽형의 복지국가가 높은 조세부담에 토대를 둠으로써 기업과 개인의 경제의욕을 저하시키고 경제활동의 자유를 침해함을 인식하고, 오히려 조세감면을 통해 경제의욕과 경제활동의 자유를 증진시켜 기업가 등이 자신의 소득을 스스로 자선활동에 사용하도록 유도하는 정책을 통해 경제적 불평등 문제 등을 해결해보려는 정책노선을 말한다.

우선협상대상국 優先協商對象國 PFC; Priority Foreign Countries

미국이 1988년 '미국통상법 슈퍼 301조'에 의거하여 가장 우선적으로 불공정무역관행을 없애도록 하는 협상을 추진하도록 지정한 나라.

우선협상대상국의 선정은 슈퍼301조에 의한 것 외에도 지적재산권 분야와 통신 관련 분야에서 불공정 무역 관행을 갖고 있는 국가에도 적용된다.

욱일기 旭日旗 Rising Sun Flag

일본이 제2차 세계대전 기간 중 사용한 전범기로 일본 군국주의를 상징하는 깃발이다.

일본 국기인 일장기의 태양 문양 주위에 퍼져 나가는 햇살을 형상화한 것으로, 1870년 일본제국 육군 군기로 처음 사용됐으며 1889년에는 일본제국 해군의 군함기로도 사용됐다.

1954년 창설된 육상자위대(자위대기)와 해상자위대(자위함기)는 욱일기를 군기로 사용하기 시작했다. 현재 일본 육상 자위대는 일본 국기인 태양 문양 주위에 8줄기 햇살이 퍼지는 욱일기를 사용하고 있으며, 해상 자위대는 16줄 햇살이 그려진 욱일기를 사용한다. 무엇보다 독일 나치의 상징인 하켄크로이츠 문양 사용이 엄격히 금지되는 것에 반해, 욱일기는 현재도 침략 역사를 부정하는 일본의 극우파 혹은 스포츠 경기 응원에서 종종 사용되면서 많은 논란을 일으키고 있다.

유네스코 UNESCO; United Nations Educational Scientific and Cultural Organization

교육 · 과학 · 문화의 보급 및 교류를 통하여 국가 간의 협력증진을 목적으로 설립된 국제연합 전문기구.

정식 용어는 국제연합교육과학문화기구(國際聯合敎育科學文化機構)이고 유네스코는 약칭이다. 인종 · 종교 · 성별의 차이 없이 교육 · 과학 · 문화를 통하여 국가 간의 협력을 촉진함으로써 정의와 법의 지배를 실현하고 기본적 자유를 지킬 것을 목적으로 하여 1946년에 창설된 국제기구다. 각국 국민 사이의 상호 이해, 일반 교육의 보급, 문화유산의 보존 등을 주요 임무로 하고 있으며, 이를 위해 조약의 체결, 권고, 선언 등을 행한다. 회원국은 2009년 1월 현재 회원국으로 193개국이, 준회원국으로 6개국이 가입되어 있고 본부는 파리다. 우리나라는 1950년에 가입하여 1987년 제24회 총회에서 집행위원국으로 선출되기도 하였다.

유럽연합 EU; European Union

1957년 유럽경제공동체가 출범한 이후 단일 유럽법과 마스트리히트조약에 의한 EC(European Community : 유럽공동체)의 새로운 명칭.

이는 기존의 EC가 1994년 1월 1일부터 공식 명칭을 EU로 바꿔 사용키로 한데 따른 것이다. 이 같은 변화는 1993년 11월 1일, 유럽통합을 정치적·사회적 영역에까지 확대하기로 한 마스트리히트 조약, 즉 '유럽 연합에 관한 조약'이 발효됐기 때문이다.

원래 EU는 프랑스, 독일, 영국, 이탈리아, 스페인, 포르투갈, 그리스, 덴마크, 아일랜드, 네덜란드, 벨기에, 룩셈부르크 등 12개국으로 구성돼 있었으나, 1994년 5월 4일, 유럽 의회가 오스트리아, 핀란드, 스웨덴의 가입을 의결함으로써 1995년 1월 1일부터 15개국으로 늘어났다. 2007년 1월 1일부터는 회원국이 27개국으로 확대되었다.

→ 유럽공동체 EC; European Communities

평화와 경제 번영을 위한 유럽 통합을 목표로, 1967년 EEC(Euro-pean Economic Community : 유럽경제공동체), ECSC(European Coal and Steel Community : 유럽석탄철강공동체), Euratom(European Atomic Energy Community : 유럽원자력공동체) 이 통합하여 설립한 기구. 지역 인구는 약 3억4,000만 명, 역내 총생산은 약 2조 4,800억 달러에 달하는 경제·정치 블록을 이루게 되었다. 1991년 당시 가맹국은 프랑스, 독일, 이탈리아, 네덜란드, 룩셈부르크, 벨기에, 영국, 덴마크, 아일랜드, 그리스, 스페인, 포르투갈, 스웨덴, 핀란드, 오스트리아 등 15개국이며, 사무국은 브뤼셀이다.

유럽재정안정기금 European Financial Stability Facility

유럽재정안정기금(EFSF)이란, 유럽연합이 재정 위기에 처한 회원국들을 지원하기 위해 설립한 비상기금이다.

유럽재정안정기금은, 그리스를 포함한 포르투갈, 이탈리아, 아일랜드, 그리스, 스페인 등의 PIGS 국가들의 재정위기가 타 유럽국가들로 번지는 것을 막기 위해, 2010년 5월 9일 EU 27개 회원국 재무장관들이 브뤼셀에 모여 결성하기로 합의했다. 유럽재정안정기금의 본부는 룩셈부르크에 있으며 기금 규모는 4,400억 유로이며, 독일과 프랑스의 분담 비율이 절반에 달한다. 또한, 유로존 국가들은 해당 지역 내 금융안정체제인 유럽재정안정기금(EFSF)을 국제통화기금(IMF)과 같은 강력한 금융지원기구로 강화하는 것에 합의했다.

윤리라운드 Ethics Round

경제활동의 윤리적 환경과 조건을 각 나라마다 표준화하려는 국제적인 움직임을 말한다.

무역장벽 철폐를 목적으로 한 우루과이라운드(UR), 환경보호를 위한 그린라운드(GR), 부패추방을 위한 부패라운드(CR)와 더불어 21세기 기업경영의 필요충분조건으로 자리잡고 있다. 윤리라운드는 정보화, 국경없는 무한경제시대를 맞아 기업경영의 투명성과 윤리경영의 중요성이 강조되고 있는 가운데 기업의 윤리경영은 국내적 차원을 넘어 세계적 문제로 기업생존의 과제로 부각되고 있다. 1997년 OECD 회원국들은 해외 정부의 공무원에게 뇌물을 주면 처벌하는 '국제상거래에서의 해외공무원에 대한 뇌물방지 협약'에 서명했으며, 1999년 2월 15일부터 이 협약이 발효되어 시행되고 있다. 현재 OECD를 중심으로 추진되고 있는 기업윤리라운드는 그 적용범위가 더욱 확대되고 추진 주체도 WTO, IMF, IBRD 등 국제기구를 비롯하여 TI(국제투명성위원회), ICC(국제상공회의소) 등 민간기구로 확대되고 있다.

의결정족수 議決定足數

합의체 기관이 의사를 결정하는 데 필요한 구성원의 출석수.

구성원의 합의에 의해 의사를 결정하는 조직체에서, 의사결정의 효력을 발휘하는 데 필요한 구성원의 출석수를 말한다.

의결정족수는 합의체의 성격과 의사진행 내용에 따라 달라지는데, 한국에서는 국회의 경우 원칙적으로 재적의원 과반수의 출석과 출석의원 과반수의 찬성이 필요하다. 다만, 법률안의 재의(再議)는 재적의

원 과반수의 출석과 출석의원 2/3 이상의 찬성을, 헌법의 개정은 재적의원 2/3 이상의 찬성을 필요로 한다. 상법에서는 보통결의의 경우는 의결권의 과반수, 특별결의의 경우 의결권의 2/3 이상이다.

이원집정부제 二元執政府制

의원내각제의 요소와 대통령제의 요소를 결합하여 가지고 있는 제도를 말한다.

평상시에는 내각에 의해 행정권이 행사되는 의원내각제 형태이고, 전쟁 등의 비상시에는 대통령에 의해 행정권이 행사되는 대통령제 형태로 운영된다. 독일 바이마르공화국과 프랑스의 제5공화국이 이원집정부제의 전형이며, 우리나라는 대통령제이면서 의원내각제적 요소를 가미한 한국형 대통령제로 이원집정부제는 아니다.

인사청문회 人事聽聞會

정부 중요 요직(국무총리, 국정원장, 검찰총장 등)에 대통령이 임명하려는 인사에 대해서 국회의원들이 그 사람의 근무능력, 도덕성, 청렴함 등을 따져서 앞으로 일하는 데 하자가 없는지를 확인하는 절차.

자본주의 資本主義 Capitalism

이윤추구를 목적으로 자본이 지배하는 경제체제. 시장경제라고도 한다.

봉건사회의 붕괴 후에 성립한 시민사회의 경제체제로서 사유재산제도, 영리원칙과 자유경쟁을 바탕으로 하는 경제 조직으로 산업혁명을 계기로 확립된 자본주의는 현대 국가의 지배적인 경제체제로 되어 있다.

자원 민족주의 資源民族主義 Resource Nationalism

천연자원은 이를 산출하는 국가의 것이라는 인식에 따르는 주장과 행동.

자연자원의 대량 산출국이 그 자원에 대한 주권을 주장하고 그에 따른 정책을 실시하는 것으로, 주로 개발도상국들에 의해 주장되고 있다. OPEC(석유수출국 기구)와 국제 석유 자본국의 가격을 둘러싼 석유전쟁은 자원 민족주의의 전형이라고 할 수 있는데 이는 자국의 민족적 이익을 지켜 새로운 국제 경제질서 수립에 공헌한 바 있다.

자유무역협정 FTA; Free Trade Agreement

정치·경제적으로 긴밀한 관계에 있는 2개 이상의 국가 간에 관세 및 수입 제한을 철폐함으로써 가입국 간의 통상을 자유화하려는 국가 간의 협정.

가입국 이외의 국가에 대해서는 독자적인 관세 및 무역협정을 맺고 있다는 점에서 FTA는 대외적으로 단일 관세주체로 행동하는 관세동맹과 다르다. 1988년 미국과 캐나다가 결성했고, 1992년에는 멕시코까지 끌어들여 북미자유무역협정(NAFTA)을 결성했다.

그러나 자유무역협정에 참여한 국가들이 반드시 이로운 것은 아니다. 세계각국이 시상을 개방하여 일부 선진국은 고도성장을 이룩했으나 일부 국가는 심한 실업과 불황을 겪게 되었다.

자유방임주의 自由放任主義 Laissez-Faire

개인의 경제활동의 자유를 최대한으로 보장하고, 이에 대한 국가의 간섭을 가능한 한 배제하려는 경제사상 및 정책.

이것은 18세기 중기 자본주의의 기본 정책인데, 프랑스의 중농주의자나 영국의 고전파 경제학자들에 의하여 주장되었다. 아담 스미스의 '보이지 않는 손'은 자유방임주의의 시장가격기능을 잘 설명하고 있다.

전방위 외교 全方位外交 Omnidirectional Diplomacy

이념을 초월하여 모든 나라와 외교관계를 수립하려는 정책.

일본은 일찍부터 정경 분리 원칙을 내세워 어느 나라와도 통상을 한다는 전방위 외교를 수행, 중국이나 러시아 등과의 비적대 외교로 군사적 위협에서 벗어나는 유연한 외교 방침을 구사하고 있다. 유사한 용어로 어떤 나라와도 특별한 관계를 원치 않는 외교전략을 의미하는 등거리 외교(等距離外交)가 있다.

전자정부 電子政府

정보기술을 활용하여 행정업무 혁신과 대국민서비스를 고급화한 지식정보사회형 정부.

일상생활에 필요한 주민등록 등·초본, 납세증명서 등의 민원서류와, 정부민원 구비 서류, 처리기관, 수수료, 근거 법령 등 다양한 정보를 인터넷으로 신청하거나 열람할 수 있는 것을 말한다. 전자정부사업은 2001년 1월부터 재경부 등 9개 정부 부처와 전자정부특별위원회를 중심으로 추진되었다.

전체주의 全體主義 Totalitarianism

개인은 전체 속에서 비로소 존재가치를 갖는다는 주장을 근거로 강력한국가권력이 국민생활을 간섭 · 통제하는 사상 및 그 체제.

국가 · 민족의 전체를 궁극의 실재로 보고 개인의 모든 활동은 전체의 존립과 발전을 위해 종속되어야 한다는 이념 하에, 국가의 목적을 위해서는 국민의 모든 자유나 권리를 희생시켜도 좋다는 사상이다. 기본적 인권에 대한 야만적인 공격, 특정 인종에 대한 증오 등을 그 특징으로 한다. 보편이 특수보다 선행하는 것이라고 보는 보편주의와 결부되어 있다. 그 예로 나치스 독일과 파시스트 이탈리아 체제를 들 수 있다.

절대주의 絶對主義 Absolutism

근세 초기 유럽에서 보인 전제적(專制的) 정치형태.

군주나 국왕이 무제한의 권력으로 국민을 지배하는 것을 말한다. 중세 사회가 붕괴하여 봉건제후의 정치권력이 점차 일원화되는 과정에서 형성된 형태다. 마키아벨리(N. Machiavelli), 보댕(J. Bodin), 홉스(T. Hobbes) 등이 주장하였으며, 이를 뒷받침하는 학설로는 왕권신수설이 있다.

정기국회 定期國會

국회는 법률이 정한 바에 의하여 매년 1회 정기적인 회의를 열게 되어 있는데, 이를 정기국회라 한다.

우리 헌법상 정기국회는 매년 9월 10일에 개회하며(그 날이 공휴일이면 그 다음날), 기간은 100일을 초과할 수 없다. 정기국회의 가장 큰 임무는 신회계연도의 예산 심의다.

정당명부제 政黨名簿制

국회의원 선거에서 지지하는 지역구 후보 및 정당에 유권자가 각각 한 표씩 행사

정치·정당·무역·금융
정치·외교·국제
사회·노동·법률·환경
철학·역사·지리
문화·예술·교육·스포츠·매체
컴퓨터·과학·IT
찾아보기

하는 1인 2표제 선거제도.

유권자가 지역구 국회의원 후보자 1명에게 투표하고 또한 비례대표 후보 명부를 제시한 여러 정당 중 자신이 선호하는 정당에도 표를 던지는 방식이다.

한 후보자가 지역구 후보와 비례대표 후보를 겸할 수 있어, 지역구 선거에서 낙선하더라도 비례대표에 의해 당선될 수 있다.

정보민주주의 情報民主主義 Information Democracy

정보에 관한 기본적 인권으로 사생활보호의 권리, 국가의 기밀정보를 알권리, 정보이용의 권리, 정보참여에의 권리를 말한다.

정보화 사회에서 종래의 산업민주주의를 대체하게 될 전망이며, 다음 4가지로 구성된다.

① **사생활의 권리** : 사생활에 관한 정보가 타인에게 알려지지 않을 권리.

② **알 권리** : 국가의 기밀정보를 알 수 있는 권리이며, 정부에 정보공개를 의무화한 정보공개법이 이미 10여 개국에서 제정하고 있다.

③ **정보사용 권리** : 모든 정보를 자유로이 이용할 수 있는 권리.

④ **정보참가 권리** : 정부의 주요정책 결정에 참가하는 것과 정보원 관리에 참가하는 것이 있다. 정보공공시설의 민주적인 운영과 직접 참가 민주주의가 실현되며 이것이 정보민주주의의 최고 단계이다.

제3세계 第三世界 Third World

통상적인 의미로는 동서 냉전 블록의 어느 쪽에도 가담하지 않은 개발도상국가들의 총칭.

이 용어는 중국이 대소(對蘇) 긴장격화에 따라 국제정세 인식에 변화를 겪으면서, 1960년대 말부터 사용되었다. 이 구분에 의하면 전 세계는 경제적으로 발전된 미국과 서유럽 등의 선진 자본주의 국가가 제1세계, 여기에 맞서온 사회주의 국가가 제2세계, 양쪽 모두에 포함되지 않는 국가들이 제3세계로 규정된다. 이와 같은 국제 정치적 기준은 소련 및 동유럽 사회주의의 붕괴 이후 퇴색하고 있다.

제3세계를 경제발전에 따라 구분한다면, 봉건주의에서 자본주의로 자연스럽게 발전한 구미 자본주의 국가와 일본이 제1세계가 되고,

사회주의 노선에 따라 산업화를 이룬 소련과 동유럽 블록이 제2세계이며, 제1세계와 제2세계로 부터 자본과 기술 및 이데올로기를 도입하여 산업화를 추진하고 있는 국가들이 제3세계다. 흔히 제3세계로 부르는 국가들은 지역적으로 라틴아메리카 · 아시아 · 아프리카 · 중동 등지에 편중되어 있다.

➜ 제4세계 Fourth World

개발도상국 중에서 석유 등의 유력한 자원을 갖지 못하고 식량의 자급도 어려운 여러 국가들. 미 · 러의 초강대국을 제1세계, 중국을 포함한 개발도상국을 제3세계, 그 중간의 일본과 유럽을 제2세계라고 할 때 이들과 구별하여 사용한다. 1973년 석유위기에 직면하여 석유자원을 갖지 못한 개발도상국이 심각한 타격을 받게 되면서부터 이들 국가들을 산유국과 함께 제3세계로 파악한다는 것이 어렵게 되자 1974년 4월 국제연합 자원특별총회에서 이 용어를 사용하기 시작하였다. 개발도상국 중에서 자원은 없으나 사회개발이 어느 정도 앞선 나라들을 제4세계 또는 후발개발도상국(Least Developed among Developing Countries)이라 하고, 그 보다도 더 빈곤한 국가들을 제5세계 또는 최빈국 (Most Seriously Affected Countries)이라 한다. 국제연합은 이들 제5세계 국가들에 대하여 특별한 원조계획을 진행하고 있다.

제3의 길 the Third Way : the Renewal of Social Democracy

경제적인 효율과 사회적 혁명을 두 축으로 삼으면서 경제 성장과 복지국가를 동시에 유지 발전시키려는 노선.

영국의 사회학자 앤서니 기든스가 그의 저서 『좌우를 넘어 래디컬 정치의 미래』에서 주장하고 토니 블레어 영국 총리가 적용한 정치 이념으로 좌우의 이념을 초월하는 새로운 중도 좌파의 길을 말한다.

제국주의 帝國主義 Imperialism

자국의 정치적 · 경제적 지배권을 다른 민족 · 국가의 영토로 확대시키려는 국가의 충동이나 정책.

오늘날에는 고도로 발달한 금융 자본주의를 말한다. 즉 국내시장을 독점할 뿐만 아니라, 군사적 우월을 배경으로 국제시장을 장악, 이

윤을 독점할 것을 목적으로 하여 후진국이나 식민지를 지배하려는
군사적·경제적 침략주의를 말한다.

제네바 합의

**1994년 10월 21일 북한의 핵문제를 해결하기 위해 제네바에서 미국과 북한이
체결한 비공개 양해록.**

1993년 IAEA가 북한의 핵 시설에 대해 '특별 사찰'을 요구하자 북
한이 이를 거부하고 NPT 탈퇴를 선언함에 따라 한반도 핵 위기를 진
화하기 위해 마련된 수단으로 체결되었다.

이 합의에서 북한은 NPT 잔류와 그에 따른 안전조치 협정상의 모
든 의무 이행, 한반도 비핵화 공동선언의 완전한 이행, 흑연 감속로
와 관련 시설을 폐쇄할 것 등을 약속했다. 대신 미국은 2,000메가와
트 규모의 경수로 제공과 전환에 따르는 대체에너지 제공, 북미 간 정
치·경제 관계 정상화를 위해 필요한 조처 등을 북한에 약속했다. 다
만 구체적 조처를 위한 시점은 북한의 핵 의무 이행 정도에 따라 조절
하기로 했다. 한편 제네바 합의에 따라 1995년 한·미·일이 컨소시
엄을 형성해경수로 건설을 담당할 KEDO(한반도 에너지개발기구)가 설립
되었다.

주민투표제 主民投票制

**주민투표제도는 지방자치단체의 중요 정책사항 등을 주민투표로 결정하는 제도
로서 스위스가 가장 빈번히 이 제도를 활용하고 있다.**

우리나라의 주민투표제는 지방자치단체의 폐지·분합 또는 주민
에게 과도한 부담을 주거나 중대한 영향을 미치는 지방자치단체의
주요 결정사항 등에 대해서 주민투표에 붙일 수 있도록 지방자치법
의 제13조 2에 규정하고 있다.

이는 유권자 5~20% 서명으로 발의하며 발의 20~30일 이내에 투
표일을 협의해 유권자 3분의 1의 투표와 과반수의 찬성으로 통과하
게 된다. 한편, 미국과 스위스에서는 각 주별로 다양한 주민투표제를
운영하고 있고, 일본은 자치단체 조례로 주민투표를 실시 중에 있다.
우리나라는 2004년 7월 30일부터 주민투표제를 시행하고 있다.

경제·경영·무역·금융

정치·외교·국제

사회·노동·법률·환경

철학·역사·지리

문화·예술·교육·스포츠·매체

컴퓨터·과학·IT

찾아보기

중앙선거관리위원회 中央選擧管理委員會

선거와 국민투표의 공정한 관리 및 정당에 관한 사무를 관할하기 위하여 설치된 최상급의 선거관리위원회.

이의 구성은 대통령이 직접 임명하는 3명, 국회에서 선출하는 3명, 대법원장이 지명하는 3명 등 9명(모두 대통령이 임명)이며, 이들의 임기는 5년, 위원장은 위원 중에서 호선한다.

지하드 Jihad

이슬람교를 전파하기 위해 이슬람교도에게 부과된 종교적 의무. 성전(聖戰)을 뜻하는 아랍어.

이슬람교의 옹호와 확대를 위해 이교도에 대해 이슬람교도가 벌이는 전쟁을 말한다. 신의 뜻에 입각한 싸움에서 쓰러진 사람은 순교자가 되고 천국이 약속돼 있다고 믿는다. 이슬람교 성립 초기에는 신자의 최대 의무였다.

직능대표제 職能代表制

국민의 각계각층의 대표, 즉 직능별 대표를 의회에 참여시키는 제도.

의회 의원이 지역 단위만 선출되기 때문에 국회가 정당한 국민 대표라 말할수 없는 데에 직능대표제를 주장하는 이유가 있다.

청와대 국민청원

'국민이 물으면 정부가 답한다'를 모토로 하여, 문재인 정부 출범 100일을 맞은 2017년 8월 17일 신설된 게시판이다. 20만 명 이상의 동의를 받은 청원의 경우 정부 및 청와대 관계자들의 답변을 받을 수 있다.

2017년 8월 17일 문재인 대통령 취임 100일을 맞아 국민과 직접 소통하겠다는 취지로 신설된 게시판이다. 이는 '국민이 물으면 정부가 답한다.'는 모토로 2011년 미국의 오바마 행정부가 시작한 위더피플(We the people)을 참고한 것이다. 청원은 정치개혁, 외교/통일/국방, 일자리, 미래, 성장동력, 농산어촌, 보건복지, 육아/교육, 안전/환경, 저출산/고령화대책, 행정, 반려동물, 교통/건축/국토, 경제민주화, 인권/성평등, 문화/예술/체육/언론, 기타 등 17가지 카테고리로 분류돼 있다. 국민청원은 별도 가입 없이 SNS 계정으로 로그인해 누구나 청원을 제기할 수 있으며, 다만 욕설 및 비속어 등이 사용될 경우에는 삭제될 수 있다.

차티스트 운동 Chartism, Chartist Movement
1838~48년 노동자층을 주체로 하여 전개된 영국의 민중운동.

오웬(R. Owen), 오코너(F. E. O'Connor) 등이 중심 인물이었다. 국민헌장을 작성하여 의회에 청원하고, 서명 · 대중집회 · 동맹파업 등 대규모의 운동을 전개했으나, 정부의 탄압과 지도자의 분열 및 영국의 경제적 번영 등으로 실패로 돌아갔다. 이 운동을 차티즘, 이 운동에 참가한 사람들을 차티스트라 한다.

최고인민회의 最高人民會議
입법권을 행사하는 북한의 최고주권기관으로 우리의 국회에 해당하는 국가기관이다.

인민공화국의 창건방침에 따라 1948년 8월에 진행된 북한인민총선거에 의해 창설되었으며, 북한 헌법 87조는 최고인민회의를 '헌법을 수정 · 보충하고 법을 제정하는 최고의 주권기관'으로 규정하고 있다. 이에 따라 최고인민회의는 북한의 최고주권기관이자 최고 입법기관 이다. 그러나 명목상의 권한을 가질 뿐이고 김정은의 교시와 노동당 정책결정 사항의 추인기관 이라고 볼 수 있다.

출구조사 出口調査 Exit Poll
투표를 마친 유권자에게 어느 후보를 선택했는지를 조사하는 기법.

우리나라는 15대 총선에서는 투표소에서 200m 이상으로 거리 제한을 두어 사실상 출구조사를 막았다. 16대 총선에서는 법 개정으로 범위가 200m로 완화되었다.

미국에서는 1980년 대통령 선거 때 동부지역 유권자의 투표 내용이 서부지역의 투표가 마감되기 전에 보도되어 이 지역 투표에 영향을 미쳤다는 점에서 문제가 되기도 했다. 서부는 동부에 비해 3시간 늦다.

치외법권 治外法權 Extraterritoriality

국제법상의 의미로는 외국의 원수 · 외교사절 · 군함 · 주둔군 등이 외국에 있어서 그 국가의 법률에 따르지 않는 특권을 말하며, 보통의 의미로는 외국인이 현재 머물고 있는 그 나라의 재판을 받지 않을 권리를 말한다.

치외법권에는 불가침권, 경찰권, 재판권의 면제 등이 포함된다.

치킨게임 Chicken Game

어느 한 쪽이 양보하지 않을 경우 양쪽이 모두 파국으로 치닫게 되는 극단적인 게임이론.

치킨게임은 1950년대 미국 젊은이들 사이에서 유행하던 자동차 게임의 이름으로, 한밤중에 도로의 양쪽에서 두 명의 경쟁자가 자신의 차를 몰고 정면으로 돌진하다가 충돌 직전에 핸들을 꺾는 사람이 지는 경기로 어느 한 쪽도 핸들을 꺾지 않을 경우 게임에서는 둘 다 승자가 되지만, 결국 충돌함으로써 양쪽 모두 자멸하게 된다. 이 용어가 1950~70년대 미국과 소련 사이의 극심한 군비경쟁을 꼬집는 용어로 차용되면서 국제정치학 용어로 굳어졌다. 그러나 오늘날에는 정치학뿐 아니라 여러 극단적인 경쟁으로 치닫는 상황을 가리킬 때도 인용된다. 그 예로 1950~80년대의 남북한 군비경쟁, 1990년대 말이후 계속되고 있는 미국과 북한 사이의 핵문제를 둘러싼 대립 등도 치킨게임의 대표적인 예로 언급되고 있다.

카이로 선언 Cairo Declaration

제2차 세계대전 말기인 1943년 11월 27일 연합국 측의 루스벨트 · 처칠 · 장제스(蔣介石)가 카이로회담의 결과로 채택한 대일전(對日戰)의 기본목적에 대한 공동 코뮤니케(발표 12월 1일).

이 선언에서 '한국 국민의 노예 상태에 유의하여 적당한 순서를 밟아 한국을 자주 독립하게 할 것'을 결의함으로써 우리 민족의 독립을 국제적으로 처음 약속하였다.

캐스팅 보트 Casting Vote

합의체의 의결에서 가부(可否)가 동수인 경우에 의장이 가지는 결정권.

법률상으로는 어느 편에 표를 던지든 자유지만 운영상 의장은 현

경제·경영·무역·금융

정치·외교·국제

사회·노동·법률·환경

철학·역사·지리

문학·예술·교육·스포츠·매체

컴퓨터·과학·IT

찾아보기

상 유지를 위해 부(否)표를 던지는 것이 바람직하다. 국회의장은 관행상 의원으로서 표결에 참가하지 않는다. 현재 이 말은 두 당파의 세력이 균형을 이룬 상태에서 대세를 좌우할 열쇠를 쥔 제3당의 표를 가리키기도 한다.

쿠데타 Coup d'Etat

지배계급 내의 일부세력이 무력 등의 비합법적인 수단으로 정권을 탈취하는 기습적인 정치활동.

같은 무력 투쟁이라 하더라도 쿠데타는 지배층 내부에서의 권력 쟁탈투쟁이라는 점에서 피지배 계급의 반역, 또는 한 사회 계급에서 다른 계급으로의 권력의 이동을 말하는 혁명과 구별된다. 그러나 쿠데타에서 혁명 또는 반혁명으로 바뀌는 경우도 있으며, 이러한 의미에서 쿠데타를 넓은 뜻의 혁명에 포함시키기도 한다.

탄핵소추 彈劾訴追

고위직 공직자에 의한 헌법침해로부터 헌법을 보호하기 위한 재판제도.

탄핵소추는 국회 재적의원 3분의 1 이상의 발의와 재적의원 과반수 이상의 찬성으로 의결할 수 있으나, 대통령의 경우는 재적의원 과반수의 발의와 재적의원 3분의 2 이상의 찬성이 있어야 한다.

탄핵심판 彈劾審判

국회의 탄핵소추에 따라 헌법재판소가 해당 공무원을 탄핵할 것인지 아닌지를 재판하는 것

탄핵심판 및 결정은 헌법위원회에서 하며 위원 6인 이상의 찬성이 있어야 한다. 탄핵소추 대상은 대통령, 국무총리, 국무위원, 행정 각부의 장, 헌법재판소 재판관, 법관, 중앙선거관리위원회 위원, 감사위원 등이다.

탈레반 Taleban

1994년 아프가니스탄 남부 칸다하르 주에서 결성된 무장 이슬람 정치단체.

아프가니스탄의 회교 율법을 공부하는 학생들로 구성된 무장세력이다. 1994년 약 2만 5,000명의 학생들이 중심이 되어 남부 칸다

하르에서 수니파 무장이슬람 정치 조직을 결성하여 그 해 국토의 약 80%를 장악하고, 그 다음 해에 수도 카불(Kabul)을 점령하여, 14년간의 내전과 4년간의 무자헤딘(Mujahidin : 무장 게릴라 조직)의 권력투쟁을 종식시켰다. 이어 이슬람 공화국이라는 과도정부를 신포하였으나, 각종 인권을 침해하고, 이슬람교에 대한 엄격한 해석으로 사회 차별이 심화되는 등 많은 부작용이 생겨 국제사회의 비난을 받게 되었다. 또 2001년 3월에는 로켓과 탱크 등으로 불교 유적과 불상들을 부수는 등 유적을 파괴하기도 했다. 더욱이 2001년 9월 11일 발생한 미국 테러 사건의 배후자인 오사마 빈 라덴과 그의 추종 조직인 알 카에다를 미국에 인도하지 않아, 미국과 동맹국들의 반발을 산 끝에 아프가니스탄을 전쟁의 도가니로 몰아넣어 결국 미국의 막강한 화력 앞에 종지부를 찍게 되었다.

텔레데모크라시 Teledemocracy

새로운 커뮤니케이션 미디어를 통해 이루어지는 민주주의.

컴퓨터 통신 미디어로 인해 시민과 정치인들과의 의견 교환이 자유롭고 정치 참여의 기회도 넓어졌으며, 의견 반영도 쉬워져 새로운 형태의 정치 문화가 형성되고 있는 현상이다.

➡ **전자민주주의** 電子民主主義 Electronic Democracy

인터넷을 통해 시민이 직접 정치과정에 참여하여 이루어지는 민주주의. 뉴미디어와 정보기술(IT)이 빠르게 발전하면서 등장한 새로운 형태의 정치체제의 한 형태로, 대의민주주의 체제를 보완하기 위한 일환으로 등장하였다. 대의민주주의는 그동안 산업사회의 기본 이념 역할을 해 왔으나, 국민의 대표들이 주권자인 국민의 이익을 대변하기보다는 자신의 이익을 더 중시하거나, 또는 국민의 이익을 실질적으로 대변하지 못하는 등 여러 부작용이 일어남에 따라 이에 대한 대안으로 나타났다. 사이버크라시(Cybercracy), 클리코크라시(Clickocracy), e-데모크라시를 비롯해 텔레데모크라시(Teledemocracy), 테크노폴리틱스(Technopolitics), 인터넷 민주주의 등 여러 명칭으로 쓰이고 있어 확실한 용어로 정착되지는 않았으나, 의미는 모두 같다.

파시즘 Fascism

1919년 이탈리아 B. 무솔리니가 주장 · 조직한 국수주의적이고 권위주의적 · 반 공적인 정치적 주의 운동.

넓은 뜻으로는 이와 공통의 본질을 갖는 운동 및 지배체제를 말한 다. 파시즘은 제1차 세계대전 후 고도로 발달한 자본주의의 전반적 위기를 폭력적으로 유지하는 것이 그 본질이고, 특징은 테러리즘적 인 수단에 의한 독재, 노동계급에 대한 탄압, 시민적 자유의 말살, 대 외적인 침략전쟁 등이다. 파시즘이란 이탈리아어인 파쇼(fascio)에서 나온 말이다.

팔레스타인 해방기구 PLO; Palestine Liberation Organization

전 세계 445만 명으로 추산되는 팔레스타인인을 대표하는 정치조직.

팔레스타인 국가 건설을 목적으로 1964년 결성된 팔레스타인 난 민의 반 이스라엘 해방조직이다. 아랍 제국의 재정지원을 받아 1965 년부터 무력항쟁을 전개해 왔고, 100개국 이상에 대표부 또는 사무 소를 설치하고 있으며 1974년 UN 옵서버가 되었다. 산하에 많은 해 방조직(단체)들을 포괄하고 있으며, 입법조직으로 팔레스타인 국민회 의, 군사조직으로 팔레스타인해방군(PLA)과 팔레스타인 무장투쟁 사 령부(PASC)를 두고 있다.

최고지도인 집행위원회 의장은 알파타의 지도자인 야세르 아라 파트(Yasser Arafat)다. 1993년 이스라엘과의 역사적인 평화협정 체결로 이스라엘이 점령해 온 가자지구 및 요르단 강 서안의 예리코 지역 자 치를 실현해 국가 창설의 기회를 맞게 되었다.

패권주의 覇權主義

강력한 군사력에 의해 세력을 확장하려던 미 · 소 등 강대국의 외교노선을 중국 측이 비난하여 사용한 용어.

'패권주의'란 강력한 군사력을 배경으로 세계를 지배하려는 제국 주의 정책을 이르는 말이다. 1968년 신화사 통신에서 구 소련군의 체 코슬로바키아 침입을 비난하면서 처음 사용하였다. 중국이 말하는 패권주의에는 미국의 한국에 대한 영향권 강화 및 일본에서의 군사 기지 강화와 구소련이 월남전 이후 아시아에서 집단 안전보장을 실

경제 · 경영 · 무역 · 금융

정치 · 외교 · 국제

사회 · 노동 · 법률 · 환경

철학 · 역사 · 지리

문화 · 예술 · 교육 · 스포츠 · 매체

컴퓨터 · 과학 · IT

찾아보기

현시키려는 움직임 등이 포함된다.

페이비어니즘 Fabianism

1884년 영국 런던에서 결성된 영국의 사회주의단체의 이념으로, 사회주의 실현을 위해서 '끈질기게 시기가 도래할 것을 기다리고, 때가 오면 과감히 돌진한다'는 것을 모토로 점진적인 사회주의를 추구하는 사람들의 모임인 페이비언협회의 이념을 나타내는 말이다.

1884년 프랭크 포드모어와 애드워드 피스가 영국 런던에서 설립했고 극작가이자 비평가인 조지 버나드 쇼(George Bernard Shaw)와 시드니 웹(Sidney Webb)등이 결합하면서 활발하게 사회주의 활동을 벌였다. 이들의 기본 사상은 혁명적인 수단이 아니라 보편적 선거권과 의회정치 등 점진적이고 개혁적인 방법을 통해 민주적 사회주의의 이상과 원칙을 실현할 수 있다는 것이다. 페이비언이라는 명칭도 지구전(持久戰) 전략으로 한니발을 격파한 고대 로마 장군 파비우스(Fabius)에서 유래했다.

패스트트랙 지정 4개 법안

2019년 4월 29일 국회 사개특위와 정개특위가 패스트트랙으로 지정한 선거제 개혁안(공직선거법 개정안), 2개의 공수처 설치법안, 형사소송법 · 검찰청법 개정안(검경 수사권 조정안) 등 4개의 법안을 말한다.

패스트트랙 지정 4개 법안 주요내용으로는
➡ **공직선거법 개정안**
국회 전체 의석을 300석으로 고정하되 전국 정당득표율을 기준으로 50% 연동형 비례대표제를 도입하는 것이다. 즉, 정당득표율에 최종 의석수를 연동한 것으로, 비례대표 의석수가 정당 득표율에 부분적(50%)으로만 연동되기 때문에 '50% 연동형 비례대표제'라 한다. 이 경우 지역구 의석은 253석에서 225석으로 줄어들고, 비례의석은 47석에서 75석으로 늘어난다.
➡ **공수처 설치법 (2개)**
대통령 · 국회의원 · 판검사 · 경무관 이상 경찰 · 군 장성 등 고위 공직자의 특정 범죄에 대한 수사를 전담하는 고위공직자수

경제·경영·무역·금융

정치·외교·국제

사회·노동·법률·환경

철학·역사·지리

문화·예술·교육·스포츠·매체

컴퓨터·과학·IT

찾아보기

사처(공수처)를 설치한다는 내용을 담은 법안이다.

여야 4당은 공수처에 기소권을 제외한 수사권과 영장청구권을 부여하되 판사·검사·경무관 이상 경찰에 대해서는 기소권을 갖도록 했다. 나머지 수사 대상에 대한 기소권은 현행대로 검찰이 갖지만, 공수처가 검찰의 불기소 처분을 법원이 다시 판단해 달라고 요청하는 재정신청을 할 수 있도록 했다. 또 공수처장 추천위원회는 여야 동수로 2명씩 추천하되 공수처장은 위원 5분의 4 이상 동의를 얻어 추천된 2인 중 대통령이 1명을 지명해 국회 인사청문회를 거치기로 했다. 아울러 공수처의 수사 조사관은 5년 이상 조사·수사·재판의 실무경력이 있는 자로 제한하기로 했다.

➔ 검경 수사권 조정 (형사소송법·검찰청법 개정안)

검찰의 경찰에 대한 수사지휘권을 없애고, 경찰이 독자적으로 수사하거나 수사를 끝낼 권한(수사종결권)을 갖도록 하는 내용의 법안이다. 검경수사권 조정안의 핵심은 '검찰의 직접 수사 범위를 대통령령으로 정하는 부패·경제·공직자·선거·방위사업 범죄로 좁히고 자치경찰을 제외한 특별사법경찰관에 대해서만 수사지휘권을 유지한다.'는 것이다. 지금까지 경찰은 불기소 의견이든 기소 의견이든 검찰에 의무적으로 사건을 송치해야 했지만 이 안이 국회를 통과하면 경찰이 혐의를 확인한 사건만 검찰에 송치하고, 자체 수사 종결을 할 수 있게 된다.

평화유지군 PKF; Peace Keeping Force

소련의 붕괴로 세계가 탈냉전의 시대를 맞이했으나, 민족 간의 대결, 지역 분쟁은 격화되었다. 따라서 UN은 분쟁지역 당사국의 동의를 얻어 안전보장이사회의 결의로 분쟁지역에 평화 유지군(PKF)를 파견하였다.

➔ 다국적 평화유지군 多國籍平和維持軍

한 나라 또는 한 지역의 평화유지 활동을 위하여 구성되는 다국가군. 한 나라 또는 한 지역의 평화유지 활동을 위하여 구성되는 다국가군(多國家軍)이다. 병력을 요청한 국가의 동의를 얻어 휴전이나 철군의 실시를 돕거나, 치안유지를 맡는 국제연합 평화유지군의 기능과 같이 평화유지와 안보를 위해 여러 국가에서 파견한 병력이 활동한 데서 유래하였다.

→ 국제연합평화유지군 國際聯合平和維持軍 United Nations Peace-Keeping Forces

국제연합의 평화유지활동을 위해 안전보장이사회가 각 분쟁지역에 파견하는 군대. 협상은 진행 중이나 평화조약은 아직 체결되지 않은 분쟁지역에서 긴장을 줄이고 협상을 통한 평화 정착을 추구하기 위해, 또는 분쟁 당사국이 휴전을 한 뒤 휴전협정 위반사항을 감시하기 위해 국제연합에서 분쟁지역에 파견하는 군대. 1948년 이스라엘 건국을 둘러싸고 일어난 제1차 중동전쟁 때 파견된 UNTSO(United Nations Truce Supervision Organization : 국제연합휴전감시단)이 그 시초다.

→ 국제연합군의 평화유지활동 PKO

국제적 분쟁을 평화적으로 해결하기 위한 국제연합의 특별활동을 PKO(Peace-Keeping Operations of the United Nations : 국제연합의평화유지활동)라고 한다. 평화유지의 원래 뜻은 무력 충돌했던 당사국을 물리적으로 격리시키기 위해 국제연합이 군대를 사용하는 것이었다. 따라서 분쟁 당사국의 동의를 전제로 하며, 분쟁 당사국에 대해 공정한 중립을 지켜야 하고, 무력을 사용하며 국제연합 사무총장의 지휘를 받는다는 원칙 아래 수행되는 현재의 평화유지 활동은 전통적 의미의 집단안보와는 그 의미가 다르다.

포괄수가제 包括酬價制

일정한 기준에 의해 분류된 질병군에 따라 환자가 병원에 입원해서 퇴원할 때까지 입원비용을 통일하여 병원에 입원한 기간 동안의 진찰 · 검사 · 수술 · 주사 · 투약 등 진료의 종류나 양과 관계없이 미리 정해진 일정액의 진료비를 부담하는 제도.

불필요하고 과다한 진료행위나 환자의 진료비 부담이 줄어드는 장점이 있다. 그러나 모든 질병을 포괄하는 것은 아니고, 7개 질병군(疾病群)에 관련된 질환에 한정되며 단계적으로 도입될 예정이다. 2011년 8월 3일 보건복지부는 '건강보험 지불제도 개편 방향'을 의결하여, 7개 질병군에 대한 포괄수가제를 2015년까지 모든 병원으로 확대 실시하기로 했다.

포괄적 핵실험금지조약 CTBT; Comprehensive Test Ban Treaty

핵실험 전면금지조약으로 1996년 국제연합(UN) 총회에서 부분핵실험금지조약 (PTBT)에서 제외된 지하 핵실험 등 어떠한 형태ㆍ규모ㆍ장소에서도 핵폭발 실험을 금지한다는 것을 목적으로 세워진 국제조약이다.

따라서 대기권, 외기권 및 수중뿐만 아니라 지하 핵실험까지 포함하는 일체의 장소에서 어떠한 형태의 핵실험도 금지하고 있으며 '평화적'목적의 핵실험도 금지하고 있다. CTBT 발효시 조약의 성공적 이행을 위해 포괄적 핵실험금지조약기구 설립을 위한 준비위원회가 1997년 3월 비엔나에 설치되었으며, 조약의 유효기간은 무기한이고, 조약의 평가회의는 조약발효 후 10년 되는 년도에 개최된다.

포츠담 선언 Potsdam Declaration

제2차 세계대전 종전 직전인 1945년 7월 26일 독일의 포츠담에서 열린 미국ㆍ영국ㆍ중국 3개국 수뇌회담의 결과로 발표된 공동선언.

일본군의 무조건 항복 요구와 영토 제한, 일본 점령 등 13개 항목으로 이루어져 있고, 이 선언을 일본이 무조건 수락함으로써 우리나라는 해방되었다.

포퓰리즘 Populism

일반 대중의 인기에 영합하는 정치행태.

종종 소수 집권세력이 권력유지를 위하여 다수의 일반인을 이용하는 것으로 이해되기도 한다. 반대되는 개념은 엘리트주의(Elitism)다. 포퓰리즘은 1870년대 러시아의 브나로드(Vnarod)운동에서 비롯되었다. 당시의 포퓰리즘은 '민중 속으로'라는 슬로건을 내건 러시아 급진주의의 정치 이데올로기였고 청년귀족들과 학생들이 농민을 주체로 한 사회개혁사상의 중심이었다. 그러나 현대의 포퓰리즘의 의미는 단순히 '대중화(popular)'에 초점이 맞춰진 것을 말한다. 특히, 정치적인 목적으로 일반대중, 저소득계층, 중소기업 등의 지지를 확보하기 위해 취하는 일련의 경제정책에서 자주 볼 수 있다. 국내수요를 창출하기 위한 적자예산 운용, 소득 재분배를 위한 명목임금 상승과 가격 및 환율통제 등이 예라고 할 수 있다.

정치에서 '포퓰리즘'이란 용어는 1890년대 미국의 양대 정당인 공화, 민주당에 대항하기 위해 탄생한 인민당(Populist Party)이 농민과 노조의 지지를 얻기위해 경세적 합리성을 도외시한 정책을 표방한 것이 연원이다. 이 같은 포퓰리즘이 세계적으로 널리 알려진 계기는 아르헨티나의 페론정권이 대중을 위한 선심정책으로 국가경제를 파탄시킨 사건 때문이었다.

폴리테이너 Politainer

정치인(politician)과 연예인(entertainer)의 합성어로 연예인 출신의 정치인을 일컫는 정치학 용어.

정치적 소신을 가지고 특정 정당을 지지하는 정치적 행위를 하는 연예인으로 부터 더 나아가서 대중적인 인지도를 이용하여 선거에 출마, 정치적 지위를 획득하는 연예인까지를 의미한다. 1999년 미국의 정치학자 데이비드 슐츠에의해 사용된 용어로 영상매체의 영향력이 커짐에 따라 이미지와 대중적인 인지도가 높은 연예인이 정치에 참여할 경우 이들이 당선될 가능성이 높다고 주장했다. 대표적인 폴리테이너로는 미국의 40대 대통령을 지낸 레이건, 캘리포니아주 주지사로 당선된 아놀드 슈워제네거 등 우리나라의 대표적인 폴리테이너로는 이주일, 정한용, 최불암, 이순재, 김을동 등이 있다.

프랑스 혁명 French Revolution

1789년 7월 14일부터 1794년 7월 28일에 걸쳐 일어난 프랑스의 시민혁명.

이에 의하여 왕정이 폐지되고 공화제가 성립되었다. 이 혁명은 자유주의, 민주주의의 승리를 얻어 근대 시민사회를 촉진시키는 계기가 되었다.

프로보노 Pro Bono

사회적 약자를 위해 제공하는 법률서비스를 뜻하는 말이며, 법률뿐 아니라 의료·교육·경영·전문기술 등 다양한 분야의 전문가들이 행하는 봉사활동을 통칭하는 말로 의미가 확장되었다.

라틴어 '프로보노 퍼블리코(Pro Bono Publico)'의 줄임말로 '공익을

경제 · 경영 · 무역 · 금융

정치 · 외교 · 국제

사회 · 노동 · 법률 · 환경

철학 · 역사 · 지리

문화 · 예술 · 교육 · 스포츠 · 매체

컴퓨터 · 과학 · IT

찾아보기

위하여'라는 뜻을 가지고 있으며, 미국 변호사들의 공익활동을 프로보노라고 한다. 즉, 변호사를 선임할 비용 또는 경제적인 여유가 없는 개인, 단체에 대해 보수를 받지 않고 법률서비스를 제공하는 것을 의미한다. 미국에서는 프로보노 활동순위를 발표하는데 이는 로펌의 명성을 평가하는 중요한 요소가 된다. 순위가 높은 로펌일수록 사회적 인식도 좋아져 더 많은 사건을 수임하는 선순환이 이루어진다. 우리나라에서는 2001년 7월 변호사법을 개정하면서 변호사들이 연간 일정시간 이상의 의무적인 공익활동을 하도록 만들었다.

필리버스터 Filibuster

필리버스터는 의회 안에서의 합법적 · 계획적인 의사진행 방해 행위를 일컫는 말이다.

소수파에 의해 흔히 사용되는데 법안의 통과 · 의결 등을 막기 위한 오랜 시간의 발언, 유회 · 산회(散會)의 동의, 불신임안 제출, 투표의 지연 등을 말한다. 2012년 현재까지 필리버스터의 최장 기록은 1957년 미 의회에 상정된 민권법안을 반대하기 위해 연단에 오른 스트롬 서먼드 상원의원이 무려 24시간 8분 동안 연설한 것이다. 우리나라에선 1969년 8월 29일 박한상 신민당의원이 3선개헌을 막으려고 10시간 15분 동안 발언한 것이 최장 기록이다.

그러나 개헌안 저지에는 성공하지 못했다. 우리나라 국회법에 의해 2012년 5월 30일부터 재적의원 3분의 1 이상이 찬성하면 필리버스터를 시작, 5분의 3이상 찬성해야 중단시킬 수 있게 된다.

하마스 Hamas

'이슬람 저항운동'이란 뜻으로 회교 원리주의 조직을 말한다.

1987년 이스라엘에 저항하는 팔레스타인 무장단체로 창설하여 저항활동을 전개해오다가 2006년 팔레스타인 자치정부의 집권당이 되었다. 이들은 1990년대 들어 시작된 이스라엘과의 평화협상을 반대했으며, 1996년 1월에 실시된 팔레스타인의 자치지역 총선도 거부했고 자살폭탄공격을 서슴지 않는 무장 저항활동을 전개했다. 이스라엘의 팔레스타인 자치지구 공격과 거주 제한 등의 억압 속에 무장투쟁과 병행하여 빈민가에 학교와 병원을 지어 팔레스타인 빈민들의 폭넓은 지지를 확보했다. 이를 바탕으로 2006년 1월25일에 치러진 팔레스타인 자치정부의 총선에서 132석 가운데 73석을 차지하며 40년 동안 집권해온 파타당을 누르고 승리함으로써 집권당이 되었다.

한미상호방위조약 韓美相互防衛條約

1953년 10월 1일 한국과 미국간에 조인되고 1954년 11월 18일에 정식 발효되었으며 상호방위를 목적으로 체결된 조약.

1953년 10월 1일 조인된 한미상호방위조약은 한국 방위를 위하여 외국과 맺은 군사동맹으로서, 지금까지 유일한 동맹조약이다. 한국은 미국에게 휴전 후 북한의 재침입에 대비한 강력한 군사동맹을 요구했고 미국은 한국에 강력한 방위조약을 약속해 1953년 7월 27일 북위 38도선 부근을 군사분계선으로 하고 휴전이 됨으로써 전쟁 전 상태로 복귀되었다. 그리고 이 조약에 따라 미국은 그들의 육해공군을 한국영토와 그 부근에 배치할 수 있게 되었다.

한민족공동체통일방안 韓民族共同體統一方案

1989년 남북이 민족 공동체라는 전제 아래 적대하고 대결하는 구조를 청산하고, 공동체 의식을 발전시켜 평화적 통일을 이룩하자는 것을 골자로 하는 제6공화국의 통일 방안.

이는 남과 북이 공존하여 서로 협력관계를 꾀함으로써 통일 기반을 조성해 나가는 과도적 통일 체제인 남북연합이라는 개념을 도입한 것이 특색이다. 즉 통일국가를 지향하면서 평화를 정착시키고 민족 동질성과 민족 공동생활권을 형성한 후 사회·문화·경제적 공동체를 이룩하고 나아가 정치적 통합을 이루어 단일 민족국가로 통일하자는 것이다.

한일군사정보보호협정 GSOMIA : General Security of Military Information Agreement

한국과 일본간에 체결된 군사정보보호협정이다. 영어로 지소미아(GSOMIA)라고 부르는데, 언론에서 보통 지소미아라고 부르고 있다.

박근혜 정부 때인 2016년 11월 23일 체결했으며, 유효 기간 1년의 협정으로, 기한 만료 90일 전인 8월 24일까지 협정 종료 의사를 통보하지 않으면 자동으로 1년이 연장된다. 그러나 문재인 정부인 2019년 8월 22일 국가안전보장회의(NSC)를 열고 지소미아를 더 이상 연장하지 않기로 결정함에 따라 2019년 8월 25일부터 자동파기 되게 됐다. 지소미아 종료 이유에 대해 '일본이 우리나라를 화이트리스트에서 배제하는 등 안보 환경에 중대한 변화가 초래'돼 협정을 지속하는 것이 우리의 국익에 부합하지 않는다고 판단했다고 밝혔다. 당초 협정은 올 8월 24일까지 한일 양국 어느 쪽이든 종료 의사를 밝히지 않는다면 자동적으로 1년 연장될 예정이었다.

합영법 合營法

북한이 서방의 자본과 기술을 도입하기 위해 제정한 합작 투자법.

북한에서 외국 자본과의 합작을 공식적으로 법제화한 것은 이것이 처음이며 북한 개방정책의 한 표현으로 주목된다. 1984년 북한 최고인민회의에서 통과된 합작투자법으로 출발하여 1994년 일부 조치를 수정한 새 합영법으로 개정되었다. 선진 기술을 보유한 외국 기업이나 개인과 경쟁력 있는 상품 생산, 사회간접자본 건설 프로젝트, 과학기술, 연구계획 분야에서 합작 투자 등을 적극 추진한다는 것을 골자로 한다.

핵확산금지조약 核擴散禁止條約 NPT; Nuclear non-Proliferation Treaty

1970년에 체결된 조약으로, 정식 명칭은 '핵무기의 불확산에 관한 조약'이다.

이 조약의 주요 골자는 핵보유국은 핵무기 또는 기폭장치 그리고 그 관리를 제3자에게 이양할 수 없고, 비보유국은 그러한 무기를 수령하거나 개발할 수 없으며, 원자력 시설에 대한 국제사찰을 인정해야 한다는 것이다. 이외에 조인국은 핵 군축, 전면 완전 군축조약을 성실히 이행할 것이 명시되어 있다. 이 조약에 따라 핵을 만들 수 있는 나라는 미국, 소련, 영국, 프랑스, 중국 5개국으로 제한되었다. 조약의 이행 상황은 5년마다 검토하게 되어 있는데, 1980년의 제2회 검토회의에서는 개발도상국들이 미ㆍ소 양국에 대해 핵 군축의 진전이 없다는 불만을 표명한 바 있었다.

북한이 2003년 이 조약을 탈퇴하여 국제적 물의를 빚었으며 국제연합은 회원국의 의무적 가입과 탈퇴시 집단행동을 추진하는 등 점차 강화하는 추세에 있다.

햇볕정책 Sunshine Policy

북한의 개혁 · 개방을 유도하기 위해서는 봉쇄나 압력보다 지원과 교류협력이 효과적이라는 논리의 대북 포용정책.

김대중 정부의 대북 · 통일정책의 기조로, 나그네의 외투를 벗게 만드는 것은 추운 바람(강경정책)이 아니라 따뜻한 햇볕(유화정책)이라는 이솝우화에서 인용되었다.

허브 Hub

원래는 바퀴살이 모인 한 가운데를 의미한다.

그러나 단독으로 쓰이기보다는 다른 용어의 앞에 붙여 변화된 의미를 가지는 경우가 많다.

예컨대, 통신에서 광섬유 케이블 네트워크 중 가장 중심이 되는 축선을 허브망이라 하고, 경부고속도로는 허브 고속도로이며, 인터넷에서는 포털의 포털역할을 할 경우 허브 포털이라 부른다. 그러나 일종의 신조어 형태로 필요에 따라 다양하게 쓰기 때문에 , 학문적으로나 기술적으로 정확하게 공인된 용어라고는 볼 수 없다.

헤즈볼라 Hezbollah

레바논의 이슬람교 시아파(派) 교전단체이자 정당조직.

아랍어로 '신의 당'이라는 뜻으로, 레바논의 이슬람교 시아파 무장단체 가운데 가장 규모가 크고 잘 알려진 무장조직으로서, 이스라엘이 레바논을 2차 침공했던 1980년대 초에 조직되었다.

호르무즈 해협 Hormuz strait

페르시아 만과 오만 만을 연결하는 해협으로 중동의 산유국에서 원유가 반드시 지나야 하는 중요한 원유 수송로이다.

페르시아 만과 오만 만을 연결하는 해협으로 너비는 약 $50km$이고, 최대 수심은 190m이다. 교통 및 전략상으로 중요한 곳이며, 특히 세계적 산유국인 사우디아라비아, 이란, 쿠웨이트 등에서 생산되는 석유가 이 해협을 경유하여전 세계에 공급되고 있으므로 이 해협이 일단 폐쇄

되면 세계 석유 공급량의 30% 이상이 심각한 영향을 받게 된다.

홍위병 紅衛兵 Red Guards

중국의 문화대혁명(1966~76)의 일환으로 준군사적인 조직을 이루어 투쟁한 대학생 및 고교생 집단.

1966년 베이징의 천안문 광장에서 거행된 문혁(文革) 축하 100만 명 집회에서 처음으로 등장해서, 4구(舊), 즉 구사상, 구문화, 구풍속, 구습관의 타파를 내세우고 기성세대를 배격하는 등 행동대 역할을 맡았다.

회기불계속의 원칙 會期不繼續─原則

국회 또는 지방 의회의 회기 중에 의안이 의결되지 않을 경우 그 의안은 폐기되며, 다음 회기에 인계되지 않는다는 원칙.

경제 · 경영 · 무역 · 금융

정치 · 외교 · 국제

사회 · 노동 · 법률 · 환경

철학 · 역사 · 지리

문화 · 예술 · 교육 · 스포츠 · 매체

컴퓨터 · 과학 · IT

찾아보기

제 3 장

사회 SOCIETY
노동 LABOR
법률 LAW
환경 ENVIRONMENT

4·19 혁명 四一九革命

1960년 4월 19일, 12년간에 걸친 이승만 정권의 독재정치와 3·15정부통령 선거의 부정에 항거하여 학생을 주축으로 시민들이 일으킨 반부정(反不正)·반정부(反政府) 민주시민혁명.

4월 25일, 대학 교수단의 시국선언 등으로 이승만 대통령이 하야함으로써 독점자본과 경찰권의 야합 하에 경제적·사회적 파탄을 불러 일으켰던 자유당 독재정권은 붕괴되었다.

FIT족 Free Intelligent Tribe

FIT족은 독신주의자는 아니지만 배우자에 대한 기대치가 높아서, 혹은 자신의 일에 몰두한 나머지 '나홀로'족을 자청하는 전문직 독신들을 가리키는 신조어다.

이들은 과거의 독신과 달리 적극적으로 자신의 삶을 즐기며 나 홀로 생활에 만족 해 한다.

가정법원 家庭法院

가사소송법이 규정한 가정에 관한 사건과, 소년법이 규정한 소년에 관한 사건 등을 관장하는 법원.

1963년 10월 1일에 설립되었으며, 지방법원과 동격이고, 한국에는 현재 서울가정법원밖에 없다.

갑종 근로소득세 甲種勤勞所得稅

갑종 근로소득으로 분류된 소득에 대하여 부과되는 조세.

근로를 제공한 대가로 받는 봉급, 상여금, 보수, 세비, 임금, 수당, 급료, 연금 또는 이와 비슷한 성질의 것으로서, 원천징수를 하는 근로소득에 대해 부과하는 직접 국세다. 이를 줄여서 갑근세라고도 한다. 이에 대해 외국인 또는 외국법인에 고용된 사람의 소득에 부과하는 소득세를 을종 근로소득세라고 한다.

개인연금 個人年金

생활수준의 향상과 의료기술이 발달함에 따라 노령인구가 급속하게 증가, 노령화 사회로 전화(轉化)하게 됨에 따라 노후소득보장제도의 하나로 마련한 연금제도.

국민연금 등 공적연금이나 기업의 퇴직금 제도 외에 개인적 대비

책으로 정부가 1993년에 발표한 노후생활 보장을 위한 장기저축제도이다. 은행에서 취급하는 개인연금신탁과 보험회사에서 취급하는 개인연금보험의 두 가지를 1994년부터 시행했다.

만20세 이상 국내 거주자는 모두 가입할 수 있고, 불입기간은 10년 이상, 연금지급기간은 5년 이상이어야 하며, 연금 수익자 나이는 55세 이상이다. 연금이자소득이나 보험차익에 대한 소득세가 면제되면 매년 불입액의 40%(연간 72만원한도)가 소득 공제된다.

개인 워크아웃 Individual Workout

금융기관들이 향후에 연체금을 상환할 능력이나 의지가 있는 선의의 신용불량자들을 가려내 대출금과 이자 등의 일부를 탕감해주거나 신규 대출을 해주어 해당 채무자가 개인파산하지 않고 신용불량의 멍에를 벗을수록 해주는 제도.

2002년 7월부터 모든 금융기관의 개인 대출정보가 소액일지라도 통합 관리됨에 따라 여러 금융기관에 빚을 진 다중 채무자들이 급격한 자금 경색으로 신용불량자로 전락하거나 최악의 경우 개인파산할 우려가 커짐에 따라 금융당국이 선의의 피해자 발생을 막기 위해 도입, 2002년 11월부터 시행되었다.

개인파산 個人破産

채무자와 그 가족의 생계비 등 채무자의 생활 환경이나 급여 수준을 고려하지 않고 채무를 분할해 변제하게 하는 사적 구제제도.

➜ 소비자 파산 消費者破産

채무를 갚을 능력이 없는 채무자의 신청에 의하여 법원이 개인에 대하여 내리는 파산선고. 소비자 파산은 채무자 스스로 자신을 파산자로 선고해 달라고 법원에 신청하는 것이다.

개인회생 個人回生制

재정적 어려움으로 인해 파탄에 직면한 개인 채무자의 채무를 법원이 강제로 재조정해 파산을 구제하는 제도.

재정적 어려움으로 인해 파탄에 직면한 개인 채무자로서, 장래 계속적으로 또는 반복하여 수입을 얻을 가능성이 있는 자에 대하여 채권자 등 이해관계인의 법률관계를 조정함으로써 채무자의 효율적 회생과 채권자의 이익을 꾀할 목적으로 2004년 9월 23일부터 시행된 제도다.

건폐율 建蔽率 Building Coverage

대지 면적에 대한 건축 면적 비율.

1층만의 면적을 가리키며, 대지에 둘 이상의 건축물이 있는 경우에는 이들 건축 면적의 합계로 한다. 이는 건축물의 밀집화를 방지하고, 화재시의 연소 방지와 녹지 확보 등을 목적으로 한다.

➔ 용적률 容積率

대지 면적에 대한 지하층을 제외한 건물 전체 면적(연면적)의 비율. 용적률이 높을수록 같은 넓이의 대지에 더 큰 건물을 지을 수 있으나, 반면 교통혼잡을 가져오거나, 경관을 망치는 등 환경면에서 부작용도 있다.

견제와 균형의 원칙 Principle of Checks and Balances

국가권력을 분리시켜 상호 견제 · 억제하게 함으로써 국가질서의 균형 있는 안정을 이루도록 하는 통치원리.

국가 권력이 입법, 행정, 사법으로 분리, 독립되어 서로 견제하고 균형을 취하는 가운데, 국민의 자유와 권리가 보장되고 독재 권력이 발생하지 않도록 한다는 원칙이다. 따라서 삼권 분립은 이 원칙을 적용함으로써 그 목적을 달성할 수 있다.

경성헌법 硬性憲法 Rigid Constitution

헌법의 개정절차가 법률보다 어렵게 되어 있는 헌법.

이것은 국가의 기본법인 헌법의 개정을 될 수 있는 대로 방지하는 데 그 목적이 있다. 경성헌법은 반드시 성문헌법으로 되어 있으며, 우리나라 헌법은 성문헌법이며, 또한 경성헌법이다.

➔ 연성헌법 軟性憲法 Flexible Constitution

법률과 같은 절차에 의하여 개정할 수 있는 헌법. 헌법 개정에 있어 특별한 개정 절차를 필요로 하지 않고 일반 법률의 개정 방법으로 개정할 수 있는 헌법이다. 특별한 개정절차를 필요로 하는 경성헌법에 대응하는 개념으로 불문헌법을 가지고 있는 영국이 전형적인 연성헌법 국가다.

고령화 사회 高齡化社會 Aging Society

총인구 중 65세 이상 인구가 총인구를 차지하는 비율이 7% 이상인 사회.

노령 인구의 비율이 다른 사회와 비교할 때 현저히 높아져 가는 사회를 말한다. 의학의 발달, 생활수준과 생활환경의 개선이 평균 수명을 높임으로써 고령화 사회가 급속도로 다가오고 있다. 개념의 구분이 명확하지는 않으나 노령 인구의 비율이 높고 상당히 안정된 사회를 고령화 사회라고 한다. 이것이 심각한 사회문제를 가져오리라는 비관론도 있지만 많이 낳고 많이 죽은 '젊은 사회'보다는 훨씬 복지적인 사회일 것이라는 반론도 있다. 이러한 견지에서 최근에는 장수 사회라는 용어를 쓰자는 의견도 있다. 문제는 노동력의 부족과 부양해야 할 노인의 증가 등이다.

고발 告發

고소권자 또는 범인 이외의 제3자가 수사기관에 범죄사실을 신고하고 범인 수사 및 소추를 요구하는 행위.

제3자는 누구나 범죄행위가 행해졌다고 생각될 때는 고발을 할 수 있고, 그 방식과 절차는 고소와 같다. 고발은 그 기간 제한이 없어서 취소한 후에도 다시 고발할 수 있다는 점과, 고소가 피해자를 중심으로 한 특정인의 의사를 존중함에 비해 고발은 제3자의 의사를 존중한다는 점이 고소와 다르다.

고소 告訴

범죄로 인한 피해자, 기타 피해자의 법정 대리인, 친족 등이 수사기관에 범죄 사실을 신고하여 그 수사와 소추를 요구하는 의사 표시.

고소는 서면이나 구두로 검사 또는 사법 경찰관에게 해야 하고, 고소를 받은 경우에는 조서를 작성해야 하며, 고소의 효력은 하나의 범죄 전체에 미친다.

경제 · 경영 · 무역 · 금융

정치 · 외교 · 국제

사회 · 노동 · 법률 · 환경

철학 · 역사 · 지리

문화 · 예술 · 교육 · 스포츠 · 매체

컴퓨터 · 과학 · IT

찾아보기

고용보험제 雇用保險制

감원 등으로 직장을 잃은 실업자에게 실업 보험금을 주고, 직업훈련 등을 위한 장려금을 기업에 지원하는 제도.

고용보험은 1995년 상시근로자 30인 이상 사업장에서 시작되어, 1998년 1월부터 10인 이상 사업장, 3월부터 5인 이상 사업장으로 확대 실시되었고, 10월부터는 4인 이하 사업장 및 임시직 · 시간제 근로자에게까지 확대 적용되어 실업에 대한 기본적인 사회 안정망을 갖추게 되었다. 고용보험은 3대 사업으로 실업급여, 고용안정, 직업능력개발사업 등을 실시하고 있다.

고용허가제 雇用許可制

외국인 근로자에게 고용조건에 있어 국내 근로자와 동등한 대우를 보장해 주는 제도.

외국 인력을 고용하려는 사업자가 직종과 목적 등을 제시할 경우 정부가 그 타당성을 검토하여 허가 여부를 결정하는 외국인력 도입 정책으로 우리나라는 2004년 8월부터 시행됐다. 이 제도는 사업자에게 허가권을 행사함으로써 외국인 근로자에 대한 초과수요를 사전에 통제할 수 있으며, 사업자가 내국인 근로자를 고용할 수 없음을 입증하여야만 외국인 근로자를 고용할 수 있게 되므로 내국인 근로자의 고용기회가 보장되며, 외국인 근로자의 고용에 따른 근로조건 악화를 방지할 수 있다. 또한 고용을 허가할 때 근로조건을 준수할 수 있는 사업자인가를 확인할 수 있어 무자격 사업자의 외국인 근로자 고용을 사전에 차단할 수 있다는 점에서 외국인 근로자의 권익을 충실하게 보호할 수 있다.

공기업 公企業 Public Enterprise

국가 또는 지방공공단체의 자본에 의해서 생산 · 유통 또는 서비스를 공급할 목적으로 운영되는 기업.

공기업은 출자 주체에 따라 국가 공기업과 지방 공기업으로 분류된다. 국가공기업은 정부기업, 정부투자기관, 정부출자기관, 정부투자기관 출자회사로 구분된다. 정부기업은 철도, 체신 등과 같이 정부 부처 형태로 운영되며, 정부투자기관은 정부가 전체 지분의 50% 이상을 소유한 기업을 말하고, 정부출자기관은 납입 자본금의 50% 미만을 소유한 경우를 말한다. 정부투자기관 출자회사는 투자기관이 출자해 세운 법인을 말한다. 지방 공기업은 상수도사업과 같이 지방 정부가 직접 운영하는 것을 말한다.

공동화 현상 空洞化現象

대도시 거주지역 및 업무 일부가 외곽지역으로 집중되고 도심에는 공공기관, 상업기관만이 남아 도심이 도넛 모양으로 텅 비어 버리는 현상.

도넛현상이라고도 한다. 도심지역 내의 지가 급등, 각종 공해, 교통 혼잡 등이 원인이 되어 공동화 현상이 유발된다. 이런 현상이 심해지면 도시 외곽의 주택지에서 도심까지 출퇴근 교통난이 가중되고 업무상의 비능률이 심해져 도시 도심으로 되돌아오는 회귀현상이 벌어지기도 한다.

공법 公法 Public Law

국가적 · 공익적 · 윤리적 · 타율적 · 권력적 · 비대등적 관계를 규율하는 법.

사법(私法)에 상대되는 개념이다. 헌법 · 형법 · 소송법 · 행정법 · 국제법 등은 공법에 속하며, 민법 · 상법 등은 사법에 속한다. 그러나 공법과 사법의 구별에 대하여는 종래부터 견해의 대립이 계속되고 있다. 공법과 사법의 구별은 특히 행정법과의 관계에서 문제된다. 공법은 행정소송의 대상이 되고, 사법은 민사소송의 대상이 되는 차이가 있을 뿐만 아니라, 그밖에 적용 법규와 법원리가 다르다.

➔ 사법 私法 Administration of Justice

법에 의한 민사 · 형사 사건의 재판 및 그에 관련되는 국가작용. 실질적으로는 입법 · 행정에 대하여 개개의 구체적 쟁송을 해결하기 위하여 공권적(公權的)인 법률판단을 하여 법을 적용하는 국가작용을 뜻한다. 형식적으로는 법원의 권한으로 되어 있는 사항을 말한다. 사법의 범위는 국가에 따라 다르며 영국 · 미국에 있어서는 구체적인 쟁송에 법을 적용하는 모든 작용을 의미한다. 즉 민사 · 형사의 재판 외에 공무원 행위의 적법성에 관한 쟁송도 포함시키고 있다. 한편, 독일 · 프랑스 등 대륙법계 국가에서는 민사 · 형사의 재판에만 권한을 가지며, 행정사건에 관한 다툼은 행정권과 결부된 행정 재판소의 권한에 속한다. 공법과 사법을 구별하는 여러 가지기준에 의하면, 공법은 국가나 공공단체를 한쪽 당사자로 하는 관계, 그리고 불평등한 법 관계를 규율하는 법으로 공익을 목직으로 한 깃이라고 정의하고 있다. 그리고 사법은 개인 간의 관계에 적용되는 법으로 법률관계의 당사자를 법률상 평등한 것으로 규율하고 사익을 목적으로 하는 것이라고 정의하고 있다.

공소증후군 空巢症候群 Empty nest syndrome

사회에서 여성의 참여가 활발히 이루어지지 못하는 경우 나타나는 현상으로 중년의 가정주부들이 자아 정체성을 상실해 자신의 정체성에 큰 혼란을 가지게 되는 심리적 현상.

중년에 이른 가정주부가 결혼 시작부터 중년까지 남편을 뒷바라지하고 자식을 키우고 시부모를 모시는 등 바쁘게 살아오다가 어느 날 문득 남편도, 자식도 모두 자신의 품 안에서 떠나버렸음을 깨닫고 자신의 정체성에 대해 의심을 품게 되는 심리적 현상을 가리키는 말이다.

공시지가 公示地價

정부가 전국에 걸쳐 표준필지를 설정해 매년 지가를 산정, 공시하는 땅값.

지가 산정이 다원화되어 있는 것을 일원화하면서 과거 지나치게 낮게 평가되어 있는 땅값을 현실화하자는 취지로 도입된 지가 체계.

표준 필지는 30만 필지이며, 해마다 1월 1일을 기준으로 감정평가사들에 의해 산정되며 각종 조세 개발 부담금의 부과와 2,500만 필지의 개별 지가 조사 기준이 된다.

➜ 기준시가 基準時價

국세청이 특정 지역으로 고시한 지역 내의 부동산을 팔거나 상속·증여할 때 물게 되는 양도소득세·상속세 및 증여세를 매기는 기준이 되는 부동산 가격. 투기가 우려되는 특정 지역의 아파트, 각종 회원권, 자가용 등을 대상으로 삼으며 현 시가의 60~70% 정도를 반영한다.

공상허언증 空想虛言症 Mythomania

사실을 왜곡해 거짓말을 하고 그 거짓말이 진실이라고 믿는 심리적 장애를 말한다.

사실이 아닌 것을 사실로 확신하거나 일어난 일을 과장하고 왜곡해서 말하는 증상으로, 이 증상이 나타나는 사람들은 일반 사람들이 거짓말을 할 때 그것이 거짓이라는 것을 인지하는 것과는 달리 자신의 거짓말을 진실이라고 믿는다. 이들은 대체로 다른 사람이 쉽게 믿도록 자신의 상황을 실감나게 설명하고, 자신의 세계를 이상적으로 묘사한다. 이들은 타인에게 주목받기를 좋아하며 남들이 자신을 어떻게 평가하는지에 관심이 많다. 또 이상이 지나치게 높고 자기 과시욕을 가지고 있기도 하다. 처음에는 다른 사람들의 호감을 얻기 위해서 자신을 과장하면서 시작되는 경우가 많은데, 이후 자신을 방어하기 위해서 뇌가 스스로 기억을 조작하면서 거짓말의 범위가 확대되고 수습할 수 없는 지경에까지 이르게 된다. 특히 이들은 거짓말을 나쁜 것이라고 생각하지 않고, 자신이 거짓말을 하고 있다고 생각하지도 않기 때문에 불안이나 양심의 가책을 느끼지 않는다.

공정거래법 公正去來法

독점에 의해 발생되는 부당한 거래의 제한과 독점 그 자체를 배제 또는규제하기 위한 법률. 정식 명칭은 '독점 규제 및 공정거래에 관한 법률(獨占規制—公正去來—關—法律)'이다.

이 제도는 경쟁질서 확립과 시장기능 활성화를 통해 기업 체질을 개선함으로써 국제 경쟁력을 강화하고 사업자의 시장 지배적 지위의 남용과 부당한 거래 행위 등으로부터 소비자를 보호하여 국민 경제의 균형 발전을 도모하려는 것이다.

공직자 윤리법 公職者倫理法

공직자 및 공직 후보자의 재산의 등록과 공개, 공직을 이용한 재산취득의 규제와 퇴직공직자의 취업제한 등을 정한 법률.

공직자의 부정 행위를 방지하고 공무 집행의 공정성을 확보하여 공직자로 하여금 진정한 국민의 봉사자로 책임을 다하게 할 목적으로 제정된 법률이다.

공직자의 재산 등록(4급 이상 공무원과 그 배우자 및 직계 존비속), 선물 신고 및 직무상 비밀 이용에 의한 재산취득 금지, 비밀누설 금지, 퇴직 공직자의 유관 영리 사기업체에의 취입 제한 등을 그 내용으로 하고 있다.

공탁 供託

어떤 행위를 확증하기 위해 금전 · 유가증권 등을 공탁소에 기탁하는 일.

변제 공탁 · 담보 공탁 · 보관 공탁 · 특수 공탁 등이 있다. 공탁금은 행위 완료 후에 변제 · 반환 · 몰수 등으로 처리된다.

과밀 부담금 過密負擔金

수도권 등 특정 도시지역으로 인구나 시설 등의 집중을 막기 위해 신규시설에 부담금을 물리는 제도.

특정 도시의 과밀 억제권역에 새로 들어서는 일정 규모 이상의 업무, 판매 시설에 대해 땅값과 건축비를 포함, 사업비의 일정액에 상당하는 금액을 과밀 부담금으로 부과하는 것이다. 특정 도시 지역에 대한 인구나 시설 등의 집중을 막는 방법으로는, 시설입지를 강제로 규제하는 물리적 방법과, 부담금을 부과하여 입지비용이 지방에 비해 상대적으로 비싸지게 함으로써 스스로 포기하게 하는 경제적 규제방식이 있다. 우리나라는 그동안 물리적 강제규제 수단만을 사용해 왔는데, 이 방법이 실효성이 없자 경제적 규제 방법을 도입해서 1994년부터 과밀 부담금을 물리고 있다.

관습법 慣習法

관습에 의하여 형성된 법.

입법 기관의 법 정립 행위를 기다리지 않고, 사회 생활 속에서 관행적으로 행해지고 있는 법이다. 성문법이 발달하기 전에는 대부분이 관습법이었다. 성문법이 발달함에 따라 관습법의 영역은 그만큼 좁아졌으나 성문법으로 모든 사회 현상을 빠짐없이 규정하는 것은 불가능하며 성문법에서 예상치 못한 현상이 자주 생긴다. 따라서 관습법은 성문법에 대하여 보충적 역할을 하는 기능도 가지고 있다.

경제·경영·무역·금융

정치·외교·국제

사회·노동·법률·환경

철학·역사·지리

문화·예술·교육·스포츠·매체

컴퓨터·과학·IT

찾아보기

구속영장 실질심사제도 拘束令狀實質審査制度

구속영장을 청구받은 지방법원 판사가 구속의 사유를 판단하거나, 피의자 또는 변호인 등의 신청에 의해 피의자를 심문할 수 있는 제도.

구속영장 실질심사제도는 수사기관에 체포 또는 긴급체포된 피의 자가 수사기관이 청구한 구속영장이 적합한지를 가려달라고 관할법 원에 신청하는 제도로서 '구속 전 피의자심문제도'라고도 한다. 무 분별한 구속수사 관행을 막기 위해 1997년 1월 1일 형사소송법 개정 때 도입되었으며, 도입 당시 피의자에 대해 구속영장을 청구받은 지 방법원 판사는 구속사유를 판단하기 위해 필요하다고 인정될 때 피 의자를 신문할 수 있도록 규정했다.

일반 형사사건의 영장실질심사 때는 피의자측 변호사만 나와 '도 주 및 증거인멸의 우려가 없다'며 불구속의 필요성을 주장하지만, 중 요사건은 검사가 출석해 양측이 구속의 정당성이나 무죄 여부를 놓 고 비공개로 법정공방을 벌인다. 사법경찰관이 피의자를 구속한 때 에는 10일 이내에 피의자를 검사에게 인치하지 아니하면 석방해야 하고, 검사가 피의자를 구속하거나 사법경찰관으로부터 피의자를 인 치받은 때에는 10일 이내에 공소를 제기하지 않으면 석방해야 한다.

구속적부심사제도 拘束適否審査制度 Review of Legality for Confinement

구속된 피의자에 대하여 법원이 구속의 적법성과 필요성을 심사하여 그 타당성이 없으면 피의자를 석방하는 제도.

우리 헌법은 '누구든지 체포·구금을 당한 때에는 법률이 정하는 바에 의하여 적부(適否)심사를 법원에 청구할 권리를 가진다'라고 규 정하고 있다.

국가보안법 國家保安法

반국가활동을 규제하여 국가의 안전보장을 위해 제정한 법률(전문개정1980. 12. 31, 법률 제3318호).

이 법은 크게 두 부분으로 나뉘는데 첫째로 반국가 단체의 구성과 그를 위한 목적 수행을 하는 행위자인 간첩 및 그 지원 세력을 처벌하 는 규정, 둘째로 반국가 단체나 그 구성원 또는 그 지령을 받은 자의 활동을 고무, 찬양, 동조한 행위자를 처벌하는 규정이다.

최근 국가보안법이 개인의 자유와 인권을 짓밟고 있으며 이를 남용하는 사례가 많다는 주장이 늘어나면서 폐지 논쟁이 일고 있다.

국민건강보험 國民健康保險

일상생활의 우연한 질병이나 부상으로 인해 일시에 고액의 진료비가 소비되어 가계가 파탄되는 것을 방지하기 위한 사회보험의 일종.

보험원리에 의거 국민들이 평소에 보험료를 내 기금화했다가 보험사고가 발생할 경우 보험급여를 해줌으로써 국민 상호간에 위험을 분담하고 의료서비스를 제공하는 사회보장제도이다. 국민건강보험은 각 개인의 경제적 능력에 따른 일정한 부담으로 재원을 조성하고 개별부담과 관계없이 필요에 따라 균등한 급여를 받음으로써 질병발생시 가계에 지워지는 경제적 부담을 경감시켜 주는 소득재분배 기능을 수행한다. 1998년 10월 지역의료보험조합과 공무원·교원의료보험공단을 국민의료보험관리공단으로 통합했고, 2000년 7월부터 국민의료보험관리공단과 직장의료보험조합을 단일조직으로 통합하면서 의료보험이 건강보험으로, 국민의료보험관리공단이 국민건강보험공단으로 변경되었다.

국민고충처리위원회 國民苦衷處理委員會 The Ombudsman of Korea

정부에 대한 민원을 접수·상담·처리하기 위하여 설치한 합의제 행정기관으로 대통령 소속기관.

행정기관의 위법·부당한 처분이나 잘못된 제도·정책 등으로 인하여 침해된 국민의 권리와 불편·불만사항을 독립적인 제3자적 입장에서 간이·신속하게 구제·처리하기 위해 1994년 설치된 합의제 행정기관이다. 위법·부당한 행정처분에 대한 시정권고, 불합리한 행정제도에 대한 개선권고, 각종 민원의 상담·안내, 민원종결 기능 등을 행한다. 위원은 대통령이 위촉 또는 임명하는 5인으로 구성되며 임기는 3년이다.

국민기초생활보장제도 國民基礎生活保障制度

국민기초생활보장제도(국민기초생활보장법)는 빈곤계층에 대해 국가가 생계, 주거,

교육, 의료 등 기본적인 생활을 보장하는 것

생활이 어려운 사람에게 필요한 돈을 지급해 이들의 최저생활을 보장하고 자활을 조성하는 것을 목적으로 하는 제도로 지난 1961년부터 시행되었던 생활보호제도(생활보호법)를 폐지하고 국민기초생활보장법에 근거하여 2000년 10월부터 시행된 제도이다. 우리나라에서 최저생계비는 헌법에서 규정한 인간다운 생활을 할 권리를 향유하기 위해 소요되는 최소한의 비용으로, 2012년 4인가구 기준 최저생계비는 1,495,550원, 현금 급여기준은 1,224,457원이다. 이 제도는 일할 수 있는 사람에게는 일자리를 제공하고 생활이 어려운 사람에겐 최저생활을 보장하는 '생산적 복지'철학을 기초로 하고 있으며, 소득이 최저생계비에 미달하는 대상자에게 미달 금액 전부를 국가가 지원해주게 되는데, 근로능력이 없는 빈곤층은 조건없이 돈을 받고, 근로능력자는 직업훈련 등 자활(自活)에 참여하는 조건으로 돈을 받는다. 또한 이 제도는 생계급여를 현금으로 주는 것 이외에 의료와 주거, 교육 등 다양한 급여를 보장하고 있다.

국민연금제 國民年金制

노령 · 장애 · 사망 등으로 인하여 소득획득 능력이 없는 당사자 및 유족의 생활 보장을 위하여 매년 정기적으로 일정액의 금전을 지급하는 제도.

가입 대상은 18세 이상 60세 미만의 모든 국민이며, 종류는 노령연금 · 장애연금 · 유족연금 · 반환 일시금 등 4가지로 1988년부터 시행되었다. 연금액은 하후상박 구조이므로 소득이 많은 사람의 연금 백분율이 소득이 적은 사람보다 낮다. 1999년 4월 1일부터 도시 자영업자에 대해서도 국민연금제도가 확대됨에 따라 전 국민 연금시대가 열렸다.

국제노동기구 國際勞動機構 ILO; International Labour Organization

노동자의 노동조건 개선 및 지위를 향상시키기 위하여 설치한 국제연합의 전문 기구.

각국의 노동입법 수준을 발전시켜 노동조건을 개선하고 사회정책과 행정 · 인력 자원을 훈련시키며 기술을 지원하고 협동조합과 농촌에 공장을 세우는 것도 지원한다. 1919년 베르사유조약 제13편(노동편)을 근거로 창설되었다. 1948년부터는 제29차 총회에서 채택된 국제 노동헌장에 입각하여 운영되고 있다. 이에 따라 UN(United Nations : 국제연합)과 밀접한 관계를 갖고 있으며, 처음으로 국제연합의 전문기구로 시작하였다. 한국은 1988년 6월 제75차 총회에서 ILO 가입을 희망한 이래 1991년 12월 9일 152번째의 회원국으로 정식 가입하였다. 본부는 스위스 제네바에 있다.

그린벨트 Greenbelt

차단 녹지대. 도시의 비대화를 막고 공해를 방지하며, 자연 환경을 보존하는 것을 목적으로 도시 주위의 일정 지역을 녹지대로 하는 것을 법제화한 도시 정화 정책의 하나다.

이 지역 내에서는 대체로 신규 건축이 금지된다. 생산녹지와 차단녹지로 구분되며, 건축물의 신축·증축, 용도변경, 토지의 형질변경 및 토지분할 등의 행위가 제한된다.

그린피스 Green Peace

국제적인 환경보호단체.

남태평양에서 실시된 프랑스의 핵실험에 반대하기 위해 1970년 발족되었다. 본부는 암스테르담에 있으며 유럽 여러 나라와 미국, 캐나다, 오스트레일리아에 지부가 있다. 고래 보호 단체로도 널리 알려져 있는 그린피스는 원자력반대, 방사성 폐기물의 해양투기 저지 운동을 펼쳐왔다.

근로자파견제도 勤勞者派遣制度

자신이 고용한 근로자를 다른 사용자가 운영하는 사업장에 보내 일하도록 하는 사업.

이미 19세기 초 미국과 영국, 프랑스 등지에서 시행되었던 제도로, 19세기 중엽 이후에는 다른 여러 나라에서도 이 제도를 받아들였다. 그러나 근로자의 권익에 대한 논의가 활발해지면서 문제점들이 발견되어 선진국에서는 이를 폐지하거나 제한하는 추세로 나아가고 있다. 우리나라에서는 1997년 노동법 개정에 즈음하여 경영자 쪽에서는 이 제도의 도입을 주장하고, 근로자 쪽에서는 이를 반대함으로써 큰 사회적 이슈가 되었다. 근로자 파견제도가 문제가 되는 것은 계약에 의해 다른 사업장으로 파견되는 근로자에게 여러 가지 불리한 조건이 따를 수 있기 때문이다. 파견지 사업장이 자신이 고용된 사업장에 비해 작업 환경이나 작업 강도가 불리할수 있고, 보수나 후생복지 등의 면에서 파견지 작업자에 비해 불리할 수도 있다. 이러한 문제점을 해결하기 위해서 가능한 한 인재파견의 범위를 축소하고, 파견대상 근로자의 여러 가지 권리를 법적으로 보장하며, 파견근로자의 단체 결성권을 허용하고, 파견지 기업의 책임을 확대하는 등의 법적 조치가 필요하다.

글로컬리즘 Glocalism

세계화와 지역화를 결합한 새로운 개념의 용어.

세계 통합주의(Globalism)와 지역 중심주의(Localism)를 합성한 신조어로, 세계화를 추구하면서 동시에 현지 국가의 기업 풍토를 존중하는 경영 방식이다. 예를 들면, 국내 기업이 독립채산제 현지법인을 중국에 설립했을 경우 현지법인의 경영책임을 중국인 경영자에게 위임하거나, 한국식 노무관리가 아닌 현지 정서에 맞는 노무관리를 적용하는 방법으로 현지 고용자들과의 마찰을 완화시킨다.

금치산자 禁治産者

자기 행위의 결과를 합법적으로 판단할 수 없다고 인정되어 가정법원으로부터 금치산의 선고를 받은 법률상의 무능력자.

정신 기능의 장애로 선악을 구별할 능력이 없거나 의사를 결정할 능력이 없는 경우, 본인, 배우자, 검사 등의 청구에 의해 법원으로부터 금치산 선고를 받게 된다. 금치산자에게는 선거권, 피선거권이 없을 뿐 아니라 민법 기타 법률상의 행위는 후견인이 대행한다.

➡ **한정치산자** 限定治産者

심신 박약자, 벙어리, 귀머거리, 장님, 낭비자 등 의사 능력이 불충분한 자로 일정한 자의 청구에 의해 법원으로부터 한정치산 처분을 받은 자. 자신의 행위 결과를 합리적으로 판단할 힘이 약하거나 재산의 낭비로 가족생활을 궁핍하게 할 염려가 있는 자로, 본인, 배우자, 사촌 이내의 친족, 호주, 후견인, 검사 등의

청구에 의해 법원으로부터 한정치산 선고를 받은 자인데, 선고
는 가정법원에서 받으며 행위 능력은 미성년자와 동일하다.

기초노령연금제도 基礎老齡年金制度

**65세 이상의 전체 노인 중 소득과 재산이 적은 70%의 노인에게 매달 일정액의
연금을 지급하는 제도.**

2007년 4월 재정 공포된 기초노령연금법에 기초해 평생 국가의
발전과 자녀들 양육에 헌신하느라 자신의 노후를 대비할 겨를이 없
었던 노인과 생활이 어려운 노인들에게 매월 기초노령연금을 지급
함으로써 노인의 생활안정에 기여하고 복지를 증진함을 목적으로 한
다. 연금액은 국민연금가입자의 연금수급 전 평균소득월액(A값) 5%
기준으로 책정되며, 2011년 4월부터 2012년 3월까지 단독 수급자
는 매월 최고 91,200원 부부수급자는 매월 145,900원(단독가구 연금에서
20% 감액)이 지급된다. 다만 수급자 중 일부 소득이 높거나 재산이 많
은 경우 감액된 연금을 받게 된다.

나나랜드

**사회의 기준이나 타인의 시선에 연연하지 않고, 자신을 있는 그대로 긍정하며 나
만의 기준에 따라 살아가는 삶의 트렌드를 일컫는 신조어다.**

사회가 만든 기준이나 타인의 시선에 연연하지 않고 내가 기준
인 세상에 살아가는 것을 뜻하는 신조어다. 김난도 서울대 소비자학
과 교수가 할리우드 영화 〈라라랜드〉에서 따와 저서《트렌드 코리아
2019》에서 처음 소개했다. 이렇게 자신을 있는 그대로 긍정하는 사
람들은 '나나랜더'라고 불린다.

남한사회주의 노동자동맹 사건 사노맹 南韓社會主義勞動者同盟事件

**1990년대 초 혁명적 좌파조직인 남한사회주의 노동자동맹 조직원들을 국가안
전기획부가 일제히 구속 및 수배했던 사건을 말한다.**

남한사회주의 노동자동맹(약칭 '사노맹')은 노태우 정권의 타도와 민
주주의 정권의 수립, 사회주의적 제도로의 사회 변혁, 진보적인 노동
자 정당 건설 등을 목표로 활동한 자생적 비합법사회주의 전위조직
이다. 이는 서울대학교 학도호국단장 출신의 백태웅과 노동자 시인

박노해 등이 중심이 되어 1989년 11월 12일 결성되었다.

국가안전기획부(국가정보원 전신)는 사노맹을 '사회주의 폭력혁명을 목표로 한 마르크스, 레닌주의 조직'으로 규정하고, 1991년 3월 10일 박노해를 구속하였다. 이어 1992년 4월 29에는 백태웅을 비롯한 중앙위원과 주요 간부 전부를 구속한 뒤, 이들을 국가보안법상 반국가단체의 구성 및 그 수괴 임무 종사의 혐의로 기소하였다.

박노해 시인과 백태웅 교수는 각각 무기징역과 15년형을 선고받고 수감 생활을 하다가 1998년 광복절 특사로 풀려났다. 또한 사노맹 사건 관련자들은 김대중 정부 시절인 1999년 3월 1일자로 특별사면 · 복권 조치됐다. 이후 2008년에는 국무총리 산하 '민주화운동관련자 명예회복 및 보상심의위원회'가 '민주 헌정질서 확립에 기여했다'는 이유로 박노해 · 백태웅 등 사노맹 핵심 간부를 민주화운동 관련자로 인정한 바 있다.

내셔널 미니멈 National Minimum
국가가 보장하는 국민의 최저 생활수준.

국민의 생활복지에 없어서는 안 될 최저 수준을 나타내는 지표로서, 한 나라의 경제적 규모, 1인당 국민소득 등에 비교하여 생활환경, 생활상태 등의 최저기준이 어느 정도 유지되지 않으면 안 된다는 수준을 숫자로 표시한 것이다. 그것이 국민의 기대 수준과 어느 정도의 격차가 있으며, 그것을 위해 어떤 정책이 취해져야 할 것인지를 밝히는 것이 목적이다.

내셔널 트러스트 National Trust

내셔널 트러스트는 보존가치가 있는 자연이나 역사 건축물과 그 환경을 기부금, 기증, 유언 등으로 취득하여 이것을 보전, 유지, 관리, 공개함으로써 차세대에게 물려주는 것을 목적으로 하는 시민운동으로, '자연신탁국민운동'이라고도 한다.

1895년 영국에서 시작되었으며 산업혁명 이후 무분별한 개발과 산업화에 위협을 받는 전원지역이나 건물 등의 소유권을 취득할 목적으로 활동을 시작했다. 1937년에는 내셔널 트러스트의 고유 권한을 제정하여 파괴 위험 가능성이 있는 자연 · 문화 자원을 보존하도록 개발지 및 주변지역의 토지 사용을 제한하는 구속력을 부여했으며, 미국, 오스트레일리아, 스코틀랜드, 일본 등 전 세계적으로 확산되었다. 국내에서는 1999년부터 이 운동이 시작되었으며, 정부가 그린벨트 해제 전면화를 추진하사 그린벨트 문세 해결을 위한 내안으로 지난 2000년 1월 사단법인 한국내셔널트러스트운동이 결성되면서 본격화되었다. 한편 2002년 4월 이 운동이 시작된 후 처음으로 멸종위기 식물인 매화마름이 군락을 이루고 있는 인천 강화군 길상면 초지리의 농지 912평을 4,800만원에 매입했으며, 이후 서울의 고 최순우 국립박물관장 옛집을 매입했다. 또 2004년 6월엔 남한강 상류의 동강 보전을 위해 강원도 정선군 신동읍 덕천리 제장마을의 땅 5,200평을 매입했다.

노동 3권 勞動三權

노동자가 헌법상의 기본권으로 가지는 세 가지 권리.

단결권, 단체 교섭권, 단체 행동권을 말한다. 노동조합법은 헌법에 의거하여 노동 3권을 보장한다. 단결권은 근로자가 근로조건의 유지, 개선을 목적으로 사용자와 대등한 교섭력을 가지기 위해 단결하여 노동조합과 같은 집단을 형성할 수 있는 권리다. 단체 교섭권은 노동조합의 대표자가 노무자를 보호하기 위해 근로조건의 유지, 개선 등에 관해 사용자와 직접 교섭할 수 있는 권리다. 단체 행동권은 근로자의 의사가 관철되지 않아 노동 쟁의가 발생하였을 때 쟁의 행위를 할 수 있는 권리를 말한다.

노동 3법 勞動三法

노동관계 기본법인 노동조합법, 노동쟁의 조정법 및 근로 기준법의 총칭.

노동조합법은 노동자가 단결하여 단체 교섭이나 기타 단체행동을 할 수 있는 권리를 인정하고 구체적으로 그것을 보장하는 방법 등을 규정한 법률이다.

노동쟁의 조정법은 노동쟁의를 공정하게 조정하여 노사 간의 분규, 즉 노동쟁의를 예방, 해결함으로써 산업의 안정을 꾀하고 나아가 산업 및 경제의 안정적 발전에 기여하는 것을 목적으로 제정되었다. 근로 기준법은 노동자의 노동조건, 즉 임금, 노동시간, 휴게 · 휴일 및 연차 유급 휴가, 안전 위생 및 재해 보상 등에 관한 최저 기준을 규정하고 있다.

노동쟁의 勞動爭議

근로자 단체와 사용자 또는 그 단체 사이의 분쟁.

노동조합이 기업주와 단체 교섭을 하고 그들의 요구 조건에 따라 협약을 이루지 못하였을 경우에 이루어지는 단체 행동을 말한다. 여기에는 동맹 파업(Strike), 태업(Sabotage), 불매운동(Boycott), 생산관리 등의 방법이 있다.

노동쟁의 조정제도 勞動爭議調整制度

노사 간의 분쟁을 국가가 개입하여 미연에 방지하거나 해결하는 제도.

노사관계는 단체교섭에 의한 단체협약(團體協約)에 의하여 평화적으로 규율되는 것이 가장 이상적이지만, 노사의 이해대립이 언제나 평화적 · 자율적으로 해결되기는 현실적으로 어렵다. 또한 노사분쟁(勞使紛爭)의 결과는 당사자는 물론 국민경제에 미치는 영향이 심각하기 때문에 부득이 국가기관이 이에 개입하게 된다.

노모포비아 증후군 Nomophobia

노모포비아 증후군은 합성어로 휴대전화가 없는(Nomobile) 공포증(Phobia)이라는 의미.

휴대전화의 대중화와 휴대전화의 발전으로 인해 한순간도 휴대전화를 가지고 있지 않으면 불안증세, 강박증 등의 심리적 불안감을 보이는 증후군이다. 하루 3시간 이상 휴대전화를 사용하는 사람의 경우 노모포비아에 걸릴 확률이 높다고 하며, 스마트폰을 소지한 사람이 늘어나면서 노모포비아 증후군은 더욱 심해지고 있다.

노사정위원회 勞社政委員會

노사정 당사자가 대등한 입장에서 근로자의 고용안정과 근로조건에 관한 노동정책 및 관련된 산업 · 경제 · 사회정책 등에 관해 협의하는 기구.

1998년 경제위기 당시 김대중 정부가 들어서면서 탄생한 사회적 합의기구로 노동자와 사용자, 정부가 노동정책 및 이와 관련된 사항

경제 · 경영 · 무역 · 금융

정치 · 외교 · 국제

사회 · 노동 · 법률 · 환경

철학 · 역사 · 지리

문화 · 예술 · 미디어 · 스포츠 · 매체

컴퓨터 · 과학 · IT

찾아보기

을 협의함을 목적으로 만들었으며, 위원회는 노동자의 고용안정과 근로조건 등에 관한 노동정책 및 이에 중대한 영향을 미치는 산업 경제 및 사회정책, 공공부문의 구조조정의 원칙과 방향, 노사관계 발전을 위한 제도 개선 등에 대해 협의한다. 위원회의 조직은 각종 의제의 최종심의와 의결을 담당하는 본위원회와 주요의제의 사전검토와 조정을 담당하는 상무위원회, 이 밖에 공공부문구조조정특별 위원회 · 금융부문구조조정특별위원회 · 부당노동행위특별위원회와 노사관계소위원회 및 경제사회소위원회로 구성되어 있다.

논 칼라 세대 non-collar age

손에 기름때가 묻은 블루칼라도, 서류와 씨름하는 화이트칼라도 아닌 컴퓨터를 사용하는 무색세대를 말한다.

블루칼라와 화이트칼라 이후에 나타난 무색칼라 세대로 손에 기름을 묻히지도 않고 서류에 매달리지도 않는 컴퓨터 작업자 세대를 일컫는 말이다. 산업사회가 현대화하면서 노동의 질만 달라지는 것이 아니라 노동시장의 구조도 달라지면서 2차 산업은 3차 산업으로, 블루칼라는 화이트칼라로, 화이트칼라는 다시 논칼라로 변화하였다.

뉴 리치 현상 New Rich Development

실제로는 중 · 하류층인 서민이 스스로 중류층이라고 생각하는 현상.

서민층에 퍼지는 중류 의식 확산 현상으로 중 · 하류의 수입에도 빈곤을 느끼지 않고 보통이라고 생각하는 현상을 일컫는데, 이 현상은 중류 개념과 개인의 생활수준 인식 사이의 괴리에서 비롯된다. 이와는 반대로 실제 경제 수준은 중류이면서도 여유가 없다고 느끼는 신 빈곤 현상을 뉴 푸어(New Poor)현상이라 한다.

➔ 베버리지 보고서 Beveridge Report

영국에서 1941년 6월에 창설된 '사회보험 및 관련 사업에 관한 각 부처의 연락 위원회'위원장 W. H. 베버리지가 1942년에 제출한 보고서. 정식 명칭은「베버리지의 사회보험 및 관련서비스 보고서(Social Insurance and Allied Services, Reported by William Beveridge)」다. 이 위원회의 임무는 당시 사회보장제도로서 합리성이 결여되어 있던 그 무렵 영국의 여러 제도의 구조나 그 효율성을 재

경제·경영·무역·금융

정치·외교·국제

사회·노동·법률·환경

철학·역사·지리

문화·예술·교육·스포츠·매체

컴퓨터·과학·IT

찾아보기

점검하고 필요한 개선책을 권고하는 데 있었다. 이 보고서에서 베버리지는 현대사회에서 진보를 가로막고 있는 사회문제의 5대 악으로서 결핍, 질병, 나태, 무지, 불결을 들고, 이 가운데 사회보장의 궁극적인 목표는 궁핍 해소라고 하였다. 그는 궁핍의 원인으로서 실업·질병·노령·사망 등에 의한 소득의 중단을 들었다. 이에 대처하기 위해서 기본적 수요 충족을 위한 사회보장보험이 마련되어야 하고, 특별히 긴급한 수요 충족을 위해서 국민 부조(扶助)를 제안하고, 그 외 개별적인 수요는 자발적 저축에 기대해야 한다고 하였다.

■ 님비현상 Not In My Backyard

님비(NIMBY)란 최근 사회적으로 문제가 되고 있는 쓰레기 소각장, 화장터, 납골당, 고아원 등의 '필요성을 원칙적으로는 찬성하지만 자기 지역에는 설치할 수 없다'는 지역 이기주의 현상을 이르는 말이다.

개인주의가 보편화되고 경제적 이익에 대한 관심이 증대하면서 자기 지역에 혐오시설이 들어서면 부동산 가격이 하락하고 생활환경이 악화된다는 이유로 장례식장, 장애인 시설 등의 사회복지시설에서 핵폐기물 처리장에 이르기까지 많은 사회적 갈등의 원인이 되고 있다. 이와 유사한 것으로 핌피(Please In My Frontyard) 현상이 있는데, 도서관, 공원, 행정기관 등 이익이 되는 시설을 자기 지역에 적극 유치하려는 현상으로 지역 이기주의의 또 다른 면을 나타낸다.

■ 다수대표제 多數代表制

한 선거구에서 투표 결과, 최고 득점자를 당선자로 결정하는 제도로 지역대표제의 한 방법.

이 제도는 소수의 의사를 채택에서 제외하고, 다수의 지지를 받은 사람만이 전체의 의사를 대표한다고 보아 다수 득표자를 당선자로 결정하는 방법으로 소선거구제와 연결되는데, 절차가 단순 명료하고 정국의 안정을 가져오는 장점이 있으나, 사표가 많고 다수파에만 유리하며 소수파의 의견이 전혀 반영되지 않는다는 단점이 있다.

➡ 소수대표제 少數代表制

유권자의 소수파에게도 득표수에 알맞은 수의 의원을 낼 수 있게 하려는 선거제도. 다수대표제의 결점인 소수 의견 무시를 보정하여, 소수 득표자도 득표 순위에 따라 대표자로 선출될 수 있는 제도로 대선거구제와 연결된다. 이 제도는 다수파의 의석 독점을 막고 소수파도 어느 정도의 의석을 확보할 수 있도록 하여 소수 의견도 반영한다는 장점이 있는 대신, 군소 정당이 난립하는 등의 단점이 있다.

단체교섭권 團體交涉權 right to bargain collectively

노동조합이 노무자(勞務者)를 보호하기 위해 노동조건인 임금 · 시간 · 안전 · 해고 등에 대해 조직화된 단결력으로 사용자측과 교섭하는 것

헌법 제33조 1항에 근거 우리 헌법도 이 권리의 보장을 규정하고 있다. 근로자의 이와 같은 단체교섭에 대해 사용자 또는 사용자 단체가 정당한 이유없이 이를 거절 또는 해체할 수 없으며, 근로자는 대등한 교섭력을 갖고 문서나 신사협정으로 사용자와 협약을 맺게 된다. 단체교섭권에는 다음과 같은 특징이 있다. 첫째, 국가는 단체교섭에 어떠한 개입도 하지 말아야 한다. 둘째, 사용자가 단체교섭을 거부하거나 성의 없이 응한다면 단체교섭권 보장은 아무런 의미가 없다. 따라서 이런 경우 사용자는 부당노동행위로 처벌된다. 셋째, 근로자의 단체교섭권 행사에 따라 사용자의 권리가 어느 정도 제약되는 경우가 있다. 그러나 이때 발생할 수 있는 민사상 손해배상청구권은 법률이 보장하는 범위 안에서 근로자 단체교섭권이 행사되는 한 발생하지 않는다. 넷째, 복수노동조합이 병존할 때도 단체교섭권은 평등하게 보장된다.

대법원장 大法院長

사법부의 장.

국회의 동의를 얻어 대통령이 임명하며, 임기는 6년이고 중임할 수 없다(헌법104 · 105조). 그 자격은 15년 이상의 법조 경력을 가진 40세 이상인 자로 하고있다. 대법원장은 대법관이 아닌 법관을 임명하며, 대법원의 일반사무를 관장하고 대법원의 직원과 각급 법원의 사법행정사무에 관하여 직원을 지휘 · 감독하며, 대법관회의 의장이 된다(헌법 104조, 법원조직법 13조 2항 · 16조 1항). 그 밖에도 대법관 임명제청권, 각급 판사의 임명권, 헌법재판소 재판관 지명권, 중앙 선거관리위원회 위원 지명권, 법원 직원 임명권, 사법 행정권 등이 있다. 대법원장은 탄핵 결정, 금고 이상의 형의 선고에 의하지 아니하고는 파면되지 아니한다. 대법원장의 정년은 70세이며, 궐위되거나 유고시에는 선임 대법관이 그 권한을 대행한다.

디지털 치매 Digital Dementia

휴대전화나 PDA, 컴퓨터 등 다양한 디지털 기기에 의존한 나머지 기억력이나 계산 능력이 크게 떨어진 상태를 말한다.

디지털 기기가 일상에 필요한 기억을 대신 저장해줘 디지털 기기 없이는 전화번호, 사람의 이름 등을 기억하지 못하거나 계산능력이 떨어지는 현상을 말한다. 생활에 심각한 위협이 따르는 것은 아니어서 병으로 분류되지는 않지만 스트레스를 유발해 공황장애, 정서장애 등이 발생할 수 있으며 치매로 발전할 가능성도 있다. 디지털 치매에서 벗어나기 위해서는 퍼즐, 계산, 암기등 단순한 활동으로 뇌를 활성화시키고 신문이나 잡지를 집중해서 읽고 직접 손으로 쓰고 입으로 외우면서 생각하기, 전화할 때는 단축키보다 전화번호를 사용하여 디지털 기기의 사용량을 줄이는 노력이 필요하다.

딩크족 DINK; Double Income, No Kids

정상적인 부부생활을 영위하면서 의도적으로 자녀를 두지 않는 맞벌이부부를 일컫는 용어.

미국 베이비붐 세대의 생활양식과 가치관을 대변하는 용어로, 서로 배우자의 자유를 존중하며 자신의 일에서 삶의 보람을 찾으려고 한다. 최근에는 자식을 중요하게 생각해온 부모 세대와는 다른 가치관을 지닌 동양의 젊은이들 중에서도 딩크족이 나타나고 있다. 자녀보다는 돈과 성공, 명예 등을 목표로 일하고, 오로지 자신의 삶을 위한 생활방식을 가지고 서로 상대방의 자유와 자립을 중요하게 생각한다.

레드 존 red zone

일정 시간을 정해 놓고 청소년의 통행을 금지 또는 제한하는 구역.

청소년들을 보호하기 위해 윤락가나 유흥주점, 숙박업소 밀집지역 등 유해환경을 정해놓고 청소년 통행금지(제한)구역을 다른 지역과 구분되도록 빨간 줄을 그어 표시하고 청소년들이 접근하거나 출입하는 것을 제한하는 제도로 지방단체장이 의무적으로 지정한다.

로 스쿨 Law School

미국에서 유래한 법률가 양성 학교로서 법학 전문 대학원.

4년제 대학을 졸업해야 입학 자격이 주어지고 학부에는 법학 교육 과정이 없다. 로 스쿨 제도의 취지는 법학이라는 '실학(實學)'을 배우기 전에 실용과는 직접적 관계가 없는 학문을 이수하는 것이 바람직하며, 그렇게 함으로써 사회의 변천과 더불어 발생하는 새로운 문제를 법적으로 처리할 능력을 갖춘 법률가를 양성할 수 있다는 생각에 근거를 두고 있다.

우리나라에서도 사법시험를 통한 법조인 양성 제도를 개선하기 위하여 2009년부터 로 스쿨 제도가 도입되었다. 2004년 10월 대법원 산하의 사법개혁위원회가 채택한 도입안에 따르면, 로 스쿨은 인가 기준에 따른 3년제 법학 전문 대학원으로 운영된다.

입학생은 최소 6학기 이상을 이수하면 변호사 자격시험에 응시할 수 있지만, 기존의 사법시험과는 달리 응시 횟수가 제한된다. 이에 따라 기존의 사법고시는 2009년부터 5년 동안 로 스쿨 제도와 병행하여 실시되다가 2014년부터 폐지가 되었다.

로비스트 Lobbyist

특정 조직의 이익을 위해 의회 공작 운동을 하는 사람.

1830년대에 미국 '연방 의회나 주 의회 로비에서 서성대는 사람'을 일컫는 데서 유래한다. 이러한 로비 활동은 독직의 온상이라 해서, 미국에서도 비판의 표적이 되는 일이 적지 않다. 1976년 미국 정계에 파문을 던졌던 박동선 사건과 1986년의 디버 파문이 대표적인 경우다.

로펌 Law Firm

전문 변호사들로 구성된 법률회사.

변호사인 소유주가 다른 변호사를 고용하는 형태를 취하고 있다. 법정을 드나들기보다 국제 통상, 증권, 금융, 특허, M&A, 신규 사업 같은 기업 활동 전반에 참여해 법률 컨설팅을 주로 한다.

매라비언의 법칙 The Law of Mehrabian

대화에서 시각과 청각 이미지가 중요시된다는 커뮤니케이션 이론.

캘리포니아대학교 로스앤젤레스캠퍼스(UCLA) 심리학과 명예교수인 앨버트 매라비언(Albert Mehrabian)이 1971년에 출간한 저서 『Silent Messages』에 발표한 것으로 한 사람이 상대방으로부터 받는 이미지는 시각이 55%, 청각이 38%, 언어가 7%에 이른다는 법칙이다.

매일신문 每日新聞

1898년 1월 창간된 우리나라 최초의 순 한글 일간지.

양홍묵, 유영석, 이승만 등이 주동이 되어 민족 기관지로 발족했으나, 독립협회 사건으로 1년도 안 되어 폐간되었다.

메트로폴리스 Metropolis

대체로 인구 100만이 넘고, 전국적인 기반 위에 정치·경제·정보 등의 기능을 통할하는 대도시.

메트로폴리스는 라틴어의 'meter(mother)'와 'polis(city)'가 합쳐진 말이다.

제2차 세계대전 이후의 공업화로 인한 급격한 도시화 과정에서 일정 지역의 중심도시와 주변의 중소도시가 결합함으로써 생긴 대규모 도시다. 이 거대도시가 고도화되면 메갈로폴리스(megalopolis)로 발전되고, 더욱 고도화되면 세계 전체가 도시처럼 되는 세계도시(ecumenopolis)로 확대된다.

명예 퇴직제 名譽退職制

기업이나 금융기관 등에서 정년이 되기 전에 직원을 퇴직시키는 제도.

보통 정년을 2, 3년 앞둔 사람에게 적용한다. 기업 내부적으로는 인건비를 절감하고 조직을 활성화시켜 경영 합리화를 꾀하는 효과가 있고, 명예 퇴직자에게는 2, 3년의 여유를 가지고 정년 이후를 준비할 수 있는 이점이 있다. 강제 퇴직이 아니므로 보통 퇴직금과 정년까지 근무했을 때 받을 수 있는 급여 중 일부를 받게 된다.

몽타주 Montage

미해결사건의 범인수사를 위해 합성(合成)으로 만들어낸 범인의 얼굴사진.

수사기관에서는 몽타주 사진이라고도 한다. 수배해야 할 범인의 사진을 입수할 수 없을 때 범인의 얼굴을 목격한 사람들에게 다수의 얼굴사진을 보이고, 목격자들의 기억에 의거하여 범인의 특징과 유사점을 찾아내고 윤곽·눈·코·입·귀·턱·눈썹·머리털 등의 닮은 부분을 골라내어 합성·복제한다. 이 기본사진을 목격자에게 다시 보여 목격자가 가지고 있는 범인에 대한 이미지에 합치할 때까지 수정을 되풀이하여 정확성이 높은 몽타주 사진을 만든다.

무과실 책임 無過失責任

손해를 발생시킨 사람에게 고의 과실이 없어도 법률상 손해배상의 책임을 지우는 것.

고도 경제성장과 과학 기술의 발달에 의해 개인의 주의 능력을 넘어서서 고의나 과실이 없어도 사람들에게 손해를 끼치는 사례가 증가하여, 과실 유무가 불확실하더라도 가해 사실이 있으면 책임을 지우는 것을 말한다. 이 주장은 이익을 거두어들이는 자는 그 수익 활동에 의한 손해도 부담해야 한다는 '보상 책임'과, 위험을 만들어내는 자는 그 위험에서 생기는 손해에 책임을 져야 한다는 '위험 책임'에 기초하고 있다. 우리 민법은 과실 책임주의를 원칙으로 하고, 극히 예외적인 경우에 한해 무과실 책임을 인정하고 있다.

무노동무임금 無勞動無賃金 No Work No Pay

파업기간에 대해서는 임금을 지불하지 않는다는 원칙.

사용주들은 파업기간 중에 임금을 지불하면 파업이 장기화될 우려가 있다고 주장하고, 노조측은 쟁의기금이 부족하고 사회보장제도마저 확립되어 있지 않은 상태에서 임금을 지불하지 않는 것은 노동운동의 탄압이라고 맞서 왔다.

경제·경영·무역·금융

정치·외교·국제

사회·노동·법률·환경

철학·역사·지리

문화·예술·교육·스포츠·매체

컴퓨터·과학·IT

찾아보기

무죄추정의 원칙 無罪推定 原則

검사에 의해 기소된 피고인은 물론 수사기관에서 조사를 받고 있는 피의자도 법원으로 부터 유죄 판결받을 때까지는 누구든지 그를 범죄자로 단정해서는 안된다는 것을 말한다.

헌법에는 '형사피고인은 유죄판결이 확정될 때까지는 무죄로 추정된다'고 규정돼 있다. 유죄의 확정판결 시까지 무죄의 추정을 받으므로 제2심 또는 제2심 판결에서 유죄의 판결이 선고되었다하더라도 확정되기 전까지는 무죄의 추정을 받는다. 유죄판결이란 형 선고 판결뿐만 아니라 형 면제 판결과 선고유예 판결을 포함한다. 그러므로 면소, 공소기각 또는 관할위반 판결은 확정되어도 무죄의 추정이 유지된다.

묵비권 默秘權Right of Silence

형사책임에 관하여 자기에게 불리한 진술을 강요당하지 않고 거부할 수 있는 권리(헌법 12조 2항).

일반적으로 형사 피고인 또는 피의자 수사 기관의 조사나 공판에 따른 심문에 대하여 진술을 거부하는 권리를 말한다. 따라서 묵비권은 진술을 강요당하지 않는 효과를 가지며, 강요된 진술은 유죄의 증거가 되지 못한다.

문화지체 文化遲滯 cultural lag

미국의 사회학자 오그번이 주장한 것으로 급속도로 변화하는 기술과 양적인 누적으로 인한 물질문화의 변화와 발달의 속도를 비물질문화가 따르지 못하는 것을 말한다.

오그번은 의식주나 기술 등과 같은 물질문화의 발전은 비교적 빠르게 이루어지는 데 비해, 사회조직이나 종교, 도덕, 가치관 등의 비물질문화의 발전은 상대적으로 물질문화의 변화 속도를 따르지 못한다고 하는 문화지체론을 제기하였다. 예를 들면 자동차의 개발과 보급은 자동차 공업의 발달과 함께 빠른 속도로 이루어지지만, 자동차와 관련된 우리의 질서 의식이 확립되기까지는 훨씬 더 많은 시간이 걸리며, 또한 새로운 상황에 맞는 교통 법규의 제정도 같은 맥락에서 생각할 수 있다. 오그번의 문화지체론은 테크놀로지가 문화 변동을 일으키는데, 변동 과정의 복잡성 및 사회생활의 모든 영역들이 동시에 또는 같은 방식으로 변하지 않는다는 사실에 관심을 갖게 해주었다.

물권 物權 Real Rights

특정한 물건을 직접 지배하여 배타적 이익을 얻는 권리.

직접성, 지배성, 배타성을 가지므로 다른 사람의 행위에 의존하지 않고 권리를 직접 실현할 수 있으며, 하나의 물권이 성립하면 그 지배의 범위에 관하여는 다른 물권이 성립할 수 없게 되고, 누구에게나 주장할 수 있는 절대권으로서 양도성이 매우 강하다. 여기에서 일물일권주의(一物一權主義), 우선적 효력, 대항력(對抗力), 공시(公示)의 원칙과 물권법정주의(物權法定主義)가 도출된다.

➜ 채권 債權 Bond

채권을 표창하는 유가증권. 정부, 공공단체와 주식회사 등이 일반인으로 부터 비교적 거액의 자금을 일시에 조달하기 위하여 발행하는 차용증서(借用證書)이며, 그에 따른 채권(債權)을 표창하는 유가증권(有價證券)이다. 물권과 채권은 재산권의 주요 부분을 이룬다. 채권은 통상 물권에 도달하는 수단이고, 사람과 사람과의 관계인 데 대하여 물권은 사람과 물건과의 관계로서, 물권이 배타성을 가지는 데 반해 채권은 배타성이 없고 동일 내용의 채권이 병존, 함께 성립할 수 있다. 물권은 법정주의가 적용되지만 채권은 계약 자유의 원칙이 적용된다.

미란다 Miranda 원칙

경찰이나 검찰이 범죄용의자를 연행할 때 혐의 내용과 묵비권, 변호사 선임권 등을 알려 주어야 하며 그러지 않았을 경우에는 범인의 자백을 증거로서 인정하지 않는다는 인권보호 차원의 법정신.

1966년 미국 법원이 검찰이 제출한 성폭행 피의자 미란다의 자백을 증거로 채택하지 않은 데서 유래한다.

미필적 고의 未必的故意 Dolus Eventualis

자기의 행위로 인하여 어떤 범죄 결과의 발생 가능성을 인식(예견)하였음에도 불

구하고 그 결과의 발생을 인용(認容)한 심리상태.

불확정적 고의의 일종으로 미필적 고의와 인식 있는 과실과의 구별은 결과 발생에 대한 인용(認容)의 유무에 의한다. 즉 행위자가 결과가 발생해도 부득이하다고 생각하고 이에 개의치 않고 행한 경우가 미필적 고의이고 그렇지 않은 경우가 인식 있는 과실이다. 보험금을 탈 목적으로 밤에 자신의 집에 방화할 때, 혹시 옆집까지 불이 번져 잠자던 사람이 타죽을지도 모른다고 예견하면서도 타죽어도 할 수 없다고 생각하고 방화한 경우가 미필적 고의다.

민법의 3대 기본원칙

민법의 기본을 이루는 것은 인간의 존엄이라는 이념으로부터 도출되는 사적 자치의 원칙이다.

사적 자치란 각자가 자신의 법률관계를 그의 의사에 따라, 자유롭게 형성할 수 있다는 것을 말한다. 한국의 헌법은 최고의 가치를 '인간의 존엄'에 둠을 선언하고, 각 개인은 행복을 추구할 권리를 가진다고 한다(10조). 따라서 각자가 자신의 인간성을 자신의 의사대로 전개·형성하여 갈 수 있는 자유, 즉 일반적인 행동의 자유를 가진다. 이것은 공동체라고 하더라도 진리를 독점하지 않는다는 믿음의 표현이다. 공동체는 무엇이 그 구성원 각자에게 '좋은 것'인가를 알 수 없으며, 만에 하나 안다고 하더라도 개인이 공동체가 일일이 지정하는 방식의 행동만을 하여야 한다면 그는 인격을 가진다고 하기보다는 하나의 꼭두각시에 불과하다. 이와 같이 각 개인의 자유로운 자기 형성을 공동체보다 앞세우는 이념이 민법에 투영된 것이 바로 사적 자치의 원칙이다. 이로부터 계약자유의 원칙, 소유권 존중의 원칙, 귀책성 원칙(歸責性原則) 등이 도출된다.

바이마르 헌법 Weimarer Verfassung

제1차 세계대전 후인 1919년 바이마르에서 열린 국민회의에서 제정된 독일공화국 헌법.

이 법은 국민주권에 입각하고 보통·평등·직접·비밀·비례 대표의 원리를 기본으로 선거에 의한 의원 내각제를 채용하면서 약간의 직접 민주제를 인정하고 있다. 통일적 경향이 강한 연방제 국가조직과 사회 민주주의에 입각한 기본적 인권을 규정했다는 점에서 현대 민주주의 헌법의 전형이 되었다. 1933년 히틀러의 나치스 국민혁명에 의해 없어졌으나 다른 나라 헌법 제정에 큰 영향을 끼쳤다.

배심제도 陪審制度

법률 전문가가 아닌 일반 국민 중에서 무작위로 선출된 배심원들이 피의 사건에 대한 재판 또는 기소나 심판에 참여하는 제도.

13세기 경 영국에서 처음 시작되었으며, 현재 미국, 영국, 캐나다, 뉴질랜드 등에서 시행하고 있고, 배심제도는 대배심과 소배심으로 구분된다. 대배심은 일반적으로 12~23명의 배심원이 재판에 참여하여 피의자의 구속 및 기소 여부를 결정하는 검사 역할을 하는 것으로 '기소배심', '수사배심'이라고도 부른다. 소배심은 12명의 배심원단이 사건에 대해 유 · 무죄 결정, 원고 및 피고의 승소 · 패소에 대한 평결 등을 하는 판사 역할을 하는 것으로 '심리배심', '공판배심'이라고도 한다.

백년전쟁 百年戰爭 Hundred Years'War

중세 말기에 영국과 프랑스가 벌인 전쟁.

1337~1453년 영국과 프랑스 사이에 약 100여 년에 걸쳐 프랑스의 왕위 계승문제와 영토 문제를 둘러싸고 간헐적으로 지속된 전쟁을 말한다. 영국군의 프랑스 침입으로 시작된 이 전쟁은 처음에는 영국이 우세하였으나, 1429년 잔다르크가 출현하여 프랑스는 칼레를 제외한 영국 영토 전부를 회복하였다. 그 결과 양국의 봉건 제후 기사들이 몰락하고 왕권이 신장되어 중앙 집권화가 촉진되었다.

백색 스모그 White Smog

햇볕이 내리쬐는 대낮에도 눈앞이 뿌옇게 흐려지는 현상.

선진국형 대기오염이라고 불리는 광화학 스모그 현상으로, 우리나라에서도 서울과 대도시에서 빈번하게 나타나고 있다.

번아웃 신드롬 burnout syndrome

'탈진증후군'이라고도 하며, 한 가지 일에 지나치게 몰두하던 사람이 극도의 신

체적 · 정신적 피로로 무기력증 · 자기혐오 등에 빠지는 증후군을 말한다.

사전적 의미로 영어에서는 번(burn)은 '타다, 열중하다'라는 뜻을 나타내고 여기에 '소진하다, 다 써버리다'라는 뜻의 아웃(out)이 조합되어 만들어진 용어이다. 미국의 정신분석 의사인 H. 프뤼덴버그가 사용한 심리학 용어인데 그는 이 증후군의 최초의 예를 자신이 치료하던 한 간호사에게서 찾아냈는데, 한 가지 일에 지나치게 몰두하다가 어느 순간 자신이 하던 일에 대해 회의를 느끼고 무기력감에 빠져 더 이상 일을 할 수 없게 되는 상태에 빠지게 되었다고 한다. 이러한 현상은 외부의 압력에 의한 것이라기보다 내면적인 타락으로 오는 경우가 대부분이며 그중에서도 일밖에 모르는 사람 혹은 업무에 대한 강박관념에 시달리는 사람들이 겪게 된다고 한다.

법률불소급의 원칙 法律不遡及 - 原則

법은 시행 후에 발생한 사항에 대해 적용되며, 그 시행 이전에 발생한 사항에 대해서는 소급해 적용되지 않는다는 원칙을 말한다.

유효하게 취득한 권리나 적법하게 성립한 행위를 사후에 제정된 법으로 침해 · 박탈 또는 처벌할 수 있다면, 사회의 안정이 깨지고 국민생활이 불안하게 되므로 기득권의 존중, 또는 법적 안정성을 유지하기 위해 세워진 법률의 기본원칙이다. 우리 헌법도 모든 국민은 행위시의 법률에 의해 범죄를 구성하지 않는 행위로 소추(訴追)되지 않으며, 소급입법에 의하여 참정권의 제한 또는 재산권의 박탈을 받지 않음을 선언하고 있고, 형법 또한 범죄의 성립과 처벌은 행위시의 법률에 의한다고 규정하고 있다.

베드 타운 Bed Town

도시 내부구조의 지역배열의 하나. 대도시 주변의 주택지대를 말한다.

도시의 팽창에 따라 주변의 소도시나 농촌은 대도시 인구의 주택지로 변해갔다. 과거 우리나라에는 완전한 주택도시의 형성이 없었으나 차츰 서울의 주변에 베드 타운의 건설에 힘쓰고 있다.

보금자리주택

정부가 무주택 서민과 저소득층의 주거문제를 해결하기 위해 2008년 9월 '국민

주거안정을 위한 도심공급 활성화 및 보금자리 주택 건설방안'을 통해 발표한 방안으로서, 공공임대주택뿐만 아니라 공공이 짓는 중소형 분양주택과 임대주택을 포괄하는 새로운 개념의 주택을 말한다.

2009년에서 2018년까지 분양주택 70만 가구와 임내주택 80만 가구 등 총150만 가구를 공급하며, 임대주택은 10년간 임대 후 분양으로 전환하는 공공임대 20만 가구, 20년 장기전세 10만 가구, 장기임대 50만 가구로 구성된다. 장기임대는 소득에 따라 임대료를 시중가의 60~70%까지 차등 적용하는 국민임대 40만 가구와 최저소득층을 대상으로 시중 전세가의 30%에 제공하는 영구임대 10만 가구로 나뉜다.

부동산 실명제 不動産實名制

부동산 거래에서 차명(借名), 즉 남의 이름을 빌려 쓰는 행위를 금지하고 실제 소유자 이름으로만 등기를 하게 하는 제도.

1995년 7월부터 시행된 이 제도는 부동산의 흐름이 한눈에 파악되도록 거래관계를 투명하게 하고 탈세를 막겠다는 취지에서 만들었다. 남의 이름으로 등기를 하면 효력을 인정하지 않음은 물론 처벌을 받게 된다. 이미 다른 사람의 명의로 등기해 놓은 부동산은 유예기간 안에 실제 소유자 앞으로 전환하도록 의무화했다.

부영양화 富榮養 化Eutrophication

강 · 바다 · 호수에서 미생물이 유기물을 분해함으로써 영양물질이 많아지는 현상.

자연현상으로부터의 부영양화는 수천 년이 걸리지만 공장 폐수와 생활 하수등의 유입이 심하면 20~30년 정도의 기간에도 부영양화가 될 수 있다. 부영양화되면 식물성 플랑크톤 등의 생물이 이상 번식하여 적조가 되며, 더 심해지면 용존산소량(DO)이 부족해 물고기와 물새가 죽고 물은 심한 악취를 풍긴다. 우리나라의 진해만, 인천 앞 바다 등지에서도 부영양화로 인한 적조현상이 나타나고 있다.

분양가상한제 分讓價上限制

분양가격을 안정시켜 주택 공급을 원활하게 하기 위해 아파트 가격을 일정 수준

아래로 규제하는 것으로, 미리 정한 기본형 건축비에 택지비를 더한 뒤 그 이하로 아파트를 분양하는 제도다.

분양가상한제 폐지로 신규 분양주택의 분양가격이 점점 높아지면서 주변 아파트 가격까지 상승시키는 부작용이 발생하자 2005년 분양가상한제가 부활했다. 이후 대한주택공사(현 한국토지주택공사) 등 공공이 개발하는 토지인 공공택지에 지어지는 주택에 대해서만 적용됐다가, 2007년 9월부터 민간택지에 지어지는 주택에 대해서도 이 제도가 도입돼 전면 시행됐다. 그러나 다시 주택공급 위축, 아파트의 품질 저하 등의 부작용이 나타나면서 2014년 분양가상한제의 민간택지 적용 요건이 강화됐다. 강화된 요건으로 2014년 이후 민간택지 아파트에 분양가상한제가 적용된 사례가 없어 이 제도가 유명무실해졌다.

이에 2019년 8월 12일 정부는 주택법 시행령 개정안을 발표, 민간택지 아파트에 분양가상한제를 쉽게 적용할 수 있도록 요건을 완화했다. 기존에는 필수 요건을 직전 3개월 주택가격 상승률이 물가상승률의 2배 초과인 지역이었는데, 이를 투기과열지구 지정 지역으로 바꿨다. 또 재개발·재건축 등 정비사업 아파트의 경우 입주자 모집 공고 시점부터 분양가상한제를 적용하기로 했다. 전매제한 기간은 인근 시세 이상은 5년, 80~100%는 8년, 80% 미만이면 10년으로 전매를 제한해 단기 시세차익을 취하는 것을 막기로 했다. 이 개정안은 입법예고, 국무회의를 거쳐 2019년 10월 확정, 시행되었다.

불고지죄 不告知罪 False Charge

반국가활동을 한 사람을 알고 있으면서도 수사기관이나 정보기관에 신고하지 않는 경우에 성립하는 죄.

국가보안법 10조는 불고지의 요건을 국가보안법상 '반국가단체의 구성, 지령·목적 수행, 자진 지원과 금품 수수, 잠입·탈출, 찬양·고무, 회합·통신, 편의 제공 등 7개의 죄를 지은 자임을 알면서도 수사기관 또는 정보기관에 알리지 않은 경우'로 규정하고 있다. 그러나 재야는 물론 정치권 일부에서는 불고지 처벌 조항을 '반인권적'이라고 비판하고 있다. 헌법상 보장된 양심의 자유에 반할 뿐만 아니라 국민에게 '고자질'을 강요하는 비인간적 조항이기 때문이다.

■ 브레인스토밍 Brainstorming

아이디어 창출 방법의 하나로서, 한 가지 문제를 집단적으로 토의해 제각기 자유롭게 의견을 말하는 가운데 정상적인 사고방식으로는 도저히 생각해낼 수 없는 독창적인 아이디어가 튀어나오도록 하는 것

브레인스토밍을 성공시키기 위해서는 ① 타인의 아이디어를 비판하지 말 것, ② 자유분방한 아이디어를 환영할 것, ③ 되도록 많은 아이디어를 서로 내놓을 것 등이 중요하다.

■ 블라인드 채용법

구직자의 외모 · 출신지역 등의 이력서 기재를 금지하는 내용을 골자로 한 '채용절차의 공정화에 관한 법률 개정안'을 말한다.

2019년 3월 28일 국회를 통과했으며, 7월 17일부터 시행되는 '블라인드 채용법'은 구인자가 구직자에게 직무 수행과 관련 없는 신체적 조건(키나 체중)이나 출신지역, 혼인 여부, 재산과 직계존비속 및 형제자매의 학력 · 직업 · 재산을 기초심사자료에 기재하도록 요구하거나 입증자료로 수집하는 것을 금지하는 내용을 담고 있다. 만약 기업 등이 이를 위반할 경우 그 위반 횟수에 따라 300~500만 원의 과태료가 부과된다.

■ 블랙 컨슈머 Black Consumer

구매한 상품의 하자를 문제 삼아 기업을 상대로 과도한 피해보상금을 요구하거나 거짓으로 피해를 본 것처럼 꾸며 보상을 요구하는 소비자들을 말한다.

악성을 뜻하는 블랙(black)과 소비자란 뜻의 컨슈머(consumer)를 합친 신조어다. 2008년 이른바 '생쥐깡 파동'을 시작으로 많은 식품 관련 사고가 발생하면서 업계의 화두로 떠올랐다. 이들은 변질되거나 이물질이 들어간 제품을 찾아내 관련 제조업체나 유통업체들에게 과도한 보상을 요구하는 행위를 하며, 이 과정에서 인터넷에 공개하거나 언론 등에 제보하기도 한다. 제대로 된 원인 규명 없이 인터넷에 특정 사건에 대해 유포되거나 언론에 보도될 경우해당 업체는 큰 타격을 입게 된다.

경제·경영·무역·금융

정치·외교·국제

사회·노동·법률·환경

철학·역사·지리

문화·예술·스포츠·매체

컴퓨터·과학·IT

찾아보기

블루 벨트 Blue Belt

수산자원 보호를 위해 설정해 놓은 수산자원 보호지구.

청정해역이라고도 한다. 주요 연안 지역의 무분별한 개발을 통제하여 수산자원을 보호하기 위해 설정한, 육지의 그린벨트와 같은 해안의 개발제한지역을 말한다.

비정부기구 NGO; Non-Government Organization

정부기관이나 관련 단체가 아닌 순수한 민간 조직.

본래 UN헌장 제17조에 있는 말로 경제사회이사회에 참석해서 의견을 제시할 수 있도록 허용되어 있다. 1970년대 초부터 UN이 주관하는 국제회의에 민간단체들이 참가하여 NGO포럼을 열면서 이 용어가 널리 쓰이게 되었다. NGO는 1863년 스위스에서 시작된 국제적 십자사 운동이 효시이며, 현재 국제적으로 이름이 알려진 NGO는 약 1만 5,000여 개이며, 회원 수는 3,000만 명에 이른다. 세계자연보호기금, 그린피스, 국제사면위원회가 그 대표적인 NGO다.

빈곤선 貧困線 Poverty Line

육체적 능률을 유지하는 데 필요한 최소한도의 생활수준.

영국의 사회학자 벤저민 S. 라운트리(Benjamin S. Rowntree)가 『빈곤 –도시생활의 한 연구 : Poverty - a Study of Town Life(1901)』에서 제기하였다. 빈곤선 이하를 제1차 빈곤, 빈곤선을 약간 상회하는 빈곤을 제2차 빈곤이라 하여 구별하였다. 그는 실제로 빈곤선을 끌어내기 위해 비용의 명목을 음식물·집세·가계잡비로 구분하고, 음식물에서는 연령·성별·노동의 종류 등에 따라 가족의 각 구성원이 필요한 양을 결정하여 전체의 경비를 구하였다. 또 집세와 가계잡비는 현실적으로 지불되고 있는 금액을 구하고, 음식물·집세·가계잡비를 합계하여 최소한도의 생활비를 산출하였다.

그 후 이 개념은 각국의 연구자들에게 이용·연구되어 사회복지대상을 규정하는 데 큰 역할을 하게 되었다.

사급삼심제 四級三審制

우리나라의 경우 법원은 4급(지방법원, 가정법원의 단독심과 지방법원 합의심, 고등법원, 대법원)으로 되어 있으나, 한 사건에 대한 재판은 3번 이상 받지 못하도록 되어 있다.

즉 민사나 형사 사건에 있어서 가벼운 사건은 지방법원 단독부 → 지방법원합의부 → 대법원의 순으로 3심을 거치고, 중대한 사건은 지방법원 합의부(또는 가정법원) → 고등법원 → 대법원의 순으로 3심을 가진다.

사막화 방지 협약 United Nations Convention to Combat Desertification

무리한 개발과 오남용으로 인한 사막화 방지를 위해 체결된 협약으로, 국제적 노력을 통한 사막화 방지와 심각한 한발 및 사막화, 토지 황폐화를 겪고 있는 개발도상국을 재정적 · 기술적으로 지원하는 것을 목표로 한다.

사막화 현상은 산림황폐화, 토양침식을 포괄하는 개념으로 아프리카를 비롯한 남미, 중동 및 러시아, 중국, 인도 등 아시아 국가들까지도 현재 사막화의 영향을 받고 있다. 1992년 개최된 유엔환경개발회의(UNCED)에서 사막화방지협약(UNCCD)이 체결되었으며, 1996년 12월 발효되었다. 2001년 기준 174개국이 비준한 상태이며, 우리나라는 1999년 8월 이 협약에 가입했다.

사면 赦免 Pardon

국가원수의 특권으로서 형의 선고의 효과의 전부 또는 일부를 소멸시키거나, 형의 선고를 받지 않은 자에 대하여 공소권(公訴權)을 소멸시키는 일(헌법 79조, 사면법 1 · 3 · 5조).

특정 죄목에 대해 일괄적으로 처벌을 면해주는 일반 사면과, 사면 대상을 일일이 정해 취해지는 특별 사면의 2가지가 있다. 일반 사면은 대사(大赦)라고도 하는데, 이에는 국회의 동의가 필요하다. 특별 사면은 다시 가석방 또는 복역중인 피고인의 남은 형 집행을 면제해주는 조치인 잔형 집행면제, 집행유예를 받은 사람에게 형의 선고를 없었던 일로 해주는 형선고실효 등 2가지 방법이 있다.

사법권의 독립 Richterliche Unabhangigkeit

법관이 구체적인 사건을 재판함에 있어서, 절대적으로 독립하여 누구의 지휘나 명령에도 구속되지 않는 일.

사법권 독립은 곧 재판(심판) 독립의 원칙 내지 판결의 자유를 목표로 하는 것이다. 이와 같은 재판독립의 원칙 내지 판결의 자유는 입법부나 행정부로부터의 법원의 독립과 그 자율성, 그리고 재판에 있어서 어떠한 내외적 간섭도 받지 아니하는 법관의 직무상 독립과 신분상의 독립에 의하여 실현된다. 재판독립의 원칙을 내용으로 하는 사법권의 독립은 원래 전제군주에 의한 자의적인 재판이나 행정부 내의 기관에 의한 행정사건의 재판을 배제함으로써(官房司法의 부인), 시민의 자유와 권리를 보장하여 줄 수 있는 민주사법을 지향하는 것이라야 한다. 그러므로 사법권의 독립은 행정부의 지배력이 미치는 특별법원이나 행정기관이 종심(終審)을 담당하는 재판을 배격하고, 그 대신 입법권과 행정권으로부터 독립한 법원이 법과 양심에 따라서 하는 공정하고 정당한 재판을 확보하려는 데 그 제도적 의의가 있다.

사전형량조정제도 事前刑量調停制度 Plea Bargain

유죄를 인정하는 대신 협상을 통해 형량을 경감받거나 조정하는 제도로, 보통 플리 바겐(plea bargain)이라고 부르며, 형량에 대해 흥정하는 것을 플리 길티(plea guilty)라고 하는데, 주로 미국에서 많이 행해지고 있는 제도다.

우리나라에서는 이 사전형량조정제도를 채택하고 있지 않으며, 법적 근거도 없는 대신, 기소에 대한 검사의 재량을 폭넓게 인정하는 기소독점주의와 기소편의주의를 채택하고 있어 이와 비슷한 형태의 수사가 암묵적으로 이루어지고 있다. 보통 뇌물공여죄·마약범죄 등과 같이 자백이 필수적이거나 당사자의 제보가 결정적인 단서로 작용하는 범죄에 적용된다.

사회간접자본 社會間接資本 SOC; Social Overhead Capital

정부 및 기타의 공공단체 공급자에 의해 주도되는 설비 및 서비스 관련 시설류의 총칭.

도로, 항만, 철도, 상하수도, 공항, 댐, 보험·교육, 대중보건에 필요한 시설등 어떤 제품을 생산하는 데 직접 사용되지는 않지만 생산활동에 간접적으로 도움을 주는 자본. 사회간접자본에 대한 투자를 소홀히 하게 되면 교통 체증, 항만 적체 등을 유발해 생산과 수출에 애로를 겪게 되며 상품의 경쟁력이 저하되는 문제가 발생된다.

사회법 社會法 Social Law

사회공공적 이익을 실현하기 위한 법.

사회법이라는 용어는 독일과 프랑스의 학자들에 의하여 등장한 것이며, 국가에 따라서 다양한 의미로 사용되고 있으나, 우리나라에서는 대체로 공법(公法)과 사법(私法)의 중간의 제3의 법역(法域)을 나타내는 의미로 이해되고 있다. 본래 사법(私法)이었던 것이 사회 정책적 목적을 달성하기 위하여 공법화(公法化)된 법으로 근로 기준법·노동 조합법·노동쟁의 조정법·사회 보장법 따위가 있다.

사회봉사명령제 社會奉仕命令制

죄질이 경미하거나 집행유예·가석방 등으로 풀려나는 범죄인에 대해 처벌·교화 효과를 위해 일정한 기간 동안 무보수로 다양한 봉사활동에 종사하도록 하는 형벌의 일종.

우리나라의 경우 1989년 소년법의 개정과 보호관찰법의 제정에 의해 청소년들을 대상으로 범죄가 격리수용할 정도로 무거운 것이 아닐 경우에 실시해오다 1992년 형사법 개정으로 1997년부터 성인까지 확대 시행되고 있다. 사회봉사명령은 당사자의 동의가 필요 없이 내려지며, 형법을 위반한 성인범의 경우 500시간 이내이다. 사회봉사 집행 분야로는 자연보호활동, 복지시설봉사, 행정기관지원, 공공시설봉사, 공익사업보조, 농촌봉사, 문화재보호활동 등이 있다.

살찐 고양이법

자치단체 산하 공공기관의 임원들이 지나친 연봉을 받는 것을 제한하기 위한 법령 또는 조례를 일컫는다.

공공기관 임원의 급여를 제한하는 법령이나 조례를 일컫는 것으로, '살찐 고양이'는 탐욕스러운 자본가나 기업가를 뜻한다. 국내에서는 처음 부산시에서 살찐 고양이법 조례가 공포됐다. 김문기 시의원이 대표 발의한 「부산광역시 공공기관 임원 보수기준에 관한 조례」는 부산시가 설립한 공사·공단 6곳, 출자·출연기관 19곳의 대표이사 연봉은 법정 최저임금의 월 환산액에 12개월을 곱해 산출한 금액의 7배(이사, 감사 등은 6배)를 넘지 못하도록 돼 있다. 이 조례는 2019년 3월 부산시의회 본회의에서 통과됐지만 행정안전부가 법제처의 유권해석에 의해 반대 의견을 내면서 제동이 걸렸다. 이후 부산시의회는 2019년 4월 30일 재의결했으나 부산시장이 공포를 거부했고, 시의회 의장이 같은 해 5월 8일 공포하면서 시행됐다.

삼청교육대 三淸敎育隊

1980년 5월 17일 비상계엄이 발령된 직후, 국가보위 비상대책위원회가 사회정화정책의 일환으로 군부대 내에 설치한 기관이며 제5공화국 전두환정권 초기 대표적인 인권침해 사례로 꼽힌다.

국보위는 각종 사회악을 단시일 내에 효과적으로 정화해서 사회개혁을 이룬다는 명분으로 '사회악 일소 특별조치'를 발표하고, 폭력·사기·마약·밀수사범에 대한 일제 검거령을 내려, 1981년 5월까지 4차에 걸쳐 6만 명 이상을 검거하여, 3,000여 명은 군법회의에 회부하고 나머지 5만여 명에 대한 소위 정화교육을 위해 군부대 내에 삼청교육대를 설치했다. 삼청교육 입소자들은 마구잡이로 검거되고, 반론권이 전혀 없었으며, 입소 후 가혹행위가 심해 50여 명의 사망자가 발생했다고 발표되었다. 또한 당시의 피해자들은 1988년 삼청교육대 '진상규명 전국 투쟁위원회'를 창립해서 진상 규명과 책임자처벌을 요구했다.

상고 上告 Revision

항소심의 종국 판결이 확정되기 전에 법령의 해석적용 면에서 심사를 구하는 불복신청.

➡ **항고** 抗告 Beschwerde
판결 이외의 재판인 결정·명령에 대한 독립의 상소(上訴).

상소 上訴 Rechtsmittel

재판이 확정되기 전에 상급법원에 취소·변경을 구하는 불복신청.

소송법상 법원의 판결 또는 결정에 대해 억울하다고 생각하는 당사자가 그 재판의 확정 전에 상급법원에 다시 재판을 청구하는 것을 말한다. 항소, 상고, 항고 3종류가 있다.

➡ **항소** 抗訴 Berufung
하급법원에서 받은 제1심의 판결에 대해 불복할 때, 그에 대한 파기 또는변경을 직접 상급법원인 고등법원 또는 지방법원 합의부에 신청하는 일을 말한다.

성문헌법 成文憲法

문자로 표현되고 문서의 형식을 갖춘 헌법.

불문헌법(不文憲法)에 대칭되는 말로 성문헌법을 맨 처음 가진 나라는 미국이며(1776년 제정된 버지니아주 헌법), 오늘날 우리나라를 비롯한 대부분의 국가가 성문헌법을 가지고 있다. 성문헌법은 대개 경성헌법(硬性憲法)이다.

➜ 불문헌법 不文憲法

성문화된 형식적 법전을 가지지 않은 국가의 헌법. 영국, 이스라엘과 같이 고유한 제도가 자연적으로 발달하여 관습법 또는 일반 법률의 형태로 존재하는 헌법을 말한다. 불문법은 전부 연성헌법(軟性憲法)이다.

세계문화유산 世界文化遺産 World Heritage

세계유산협약에 따라 유네스코가 1972년부터 인류 전체를 위해 보호해야 할 현저한 보편적 가치가 있다고 인정한 유산으로, 문화유산 · 자연유산 · 복합유산으로 나뉜다.

인류 문명과 자연사에 있어 매우 중요한 자산인 세계유산은 전 인류가 공동으로 보존하고 이를 후손에게 전해야 할 매우 중요한 가치를 가진 유산이다. 세계유산(총 630점)에는 역사적으로 중요한 가치가 있는 문화유산(480점)과 지구의 역사를 나타내는 자연유산(128점), 그리고 복합유산(22점)으로 구분된다. 우리나라는 1988년 '세계문화 및 자연유산 보호협약'에 가입했고, 석굴암 및불국사(1995), 해인사 장경판전(1995), 종묘(1995), 창덕궁(1997), 수원화성(1997),경주 역사유적지구(2000), 고창 · 화순 · 강화 지역의 고인돌 유적(2000), 조선왕릉(2009) 등 모두 8건이 세계문화유산 목록에 올라 있다. 북한은 2004년 고구려 고분군이 세계문화유산으로 등재되었다.

세계인권선언 世界人權宣言 Universal Declaration of Human Rights

1948년 12월 10일, 제3차 UN총회에서 인종 · 민족 · 국가를 초월한 인권의 보

장을 위해 채택된 선언.

전문(前文)과 본문 30조로 된 '세계헌법의 전문'이라 불리는 이 선언은 특히 사상 · 언론의 자유, 인간의 평등권, 개인의 기본적 자유권 및 생존권과 근로권 등에 관해 보장한 것으로 유명하다. 조약과 같은 구속력은 없으나 인권 보장의 표준을 나타내는 것으로 커다란 의의가 있다.

셰르파 Sherpa

히말라야 산맥 에베레스트산 남쪽 기슭의 소로쿰푸 지방을 중심으로 하는 3,000m 이상의 고산에 사는 티베트계 네팔인들의 총칭.

빙산 오르기를 잘하는 이들은 1921년 이래 히말라야 탐험대(등반대)의 유일한 안내, 인부(人夫) 등의 일을 맡아 하고 있다.

소멸시효 消滅時效

권리자가 권리를 행사할 수 있음에도 불구하고 권리를 행사하지 않은 상태가 일정기간 계속된 경우에 그 권리의 소멸의 효과를 인정하는 제도.

소유권 외의 재산권은 모두 소멸시효에 걸리는 것이 원칙이지만 상인권(相隣權), 점유권(占有權), 물권적 청구권(物權的 請求權), 담보물권(擔保物權)은 소멸시효에 걸리지 않는다. 채권의 소멸 시효는 민사 10년, 상사는 5년이며, 의사나 변호사의 직무에 관한 채권이나 운임 등의 특수한 채권에는 3년에서 1년까지 단기의 시효기간이 인정된다. 그러나 10년 이하의 단기시효가 인정되는 채권에 대해서도 그에 대해 확정판결이 있을 때는 그 효과기간이 10년으로 된다. 채권 외 재산권의 소멸시효는 20년이다.

소셜테이너 Socialtainer

사회를 뜻하는 소사이어티(society)와 연예인을 가리키는 엔터테이너(entertainer)를 합쳐 만든 신조어.

사회 이슈에 적극적으로 자신의 의견을 밝히거나 직접 참여하는 연예인을 말하며, 대표적인 인물로 MC 김제동, 탤런트 김여진, 김미화 등이 있다. 이들은 반값등록금 촛불시위, 쌍용자동차 노동자 해고 사태 등 사회적 문제에 대해 자신의 입장을 밝히거나 시위현장을 방

경제 · 경영 · 무역 · 금융

정치 · 외교 · 국제

사회 · 노동 · 법률 · 환경

철학 · 역사 · 지리

문화 · 예술 · 교육 · 스포츠 · 매체

컴퓨터 · 과학 · IT

찾아보기

문해 지지시위를 한 바 있다. 소셜테이너는 최근엔 의미가 확장돼 트위터나 페이스북 같은 소셜미디어(SNS)를 활용해 대중과 적극적으로 소통하는 연예인을 통칭하는 말로 사용되기도 한다. 한편 문화방송(MBC)이 2011년 7월 12일 이사회를 열고 '사회직 쟁점이나 이해관계가 첨예하게 대립된 사안에 대해 특정인이나 특정단체의 의견을 공개적으로 지지 또는 반대하거나 유리 또는 불리하게 하는 발언이나 행위'를 한 경우, 자사 프로그램 고정 출연을 제한할 수 있다는 내용이 담긴 사규, 일명 소셜테이너 출연금지 법안을 확정하면서 사회적으로 큰 논란이 일었다. 이 규정 발표 후 각계 인사들이 이 규정에 항의하며 MBC 출연 거부 의사를 밝히는 등 반발이 거세졌으며 국회 입법 조사처는 8월 4일 이 규정이 위헌 소지가 있다는 내용의 보고서를 내놓기도 했다.

소호 SOHO; Small Office Home Office

소규모 자영업을 일컫는 말.

작은 사무실과 자택 사무실을 거점으로 하는 근무형태로서 특별한 사무실이 없이 자신의 집을 사무실로 활용하는 데서 시작된 개념이다. 재택근무를 하며 컴퓨터 네트워크를 활용하므로 이제까지의 사무실 근무와는 다른 새로운 근무 형태다. 자택에서 근무하는 비즈니스 스타일은 이전부터 있었으나, SOHO는 '인터넷을 활용하여 자기 자신의 비즈니스를 주체적으로 전개하는 지적 사업의 소규모 사업장'이라 할 수 있다.

손해배상 청구권 損害賠償請求權

국민이 공무원의 직무상 불법행위로 손해를 입은 때에 국가 또는 공동단체에 그 배상을 청구할 수 있는 권리.

그 요건은 공무원의 직무상의 행위일 때, 그 공무원에게 고의(故意) 또는 과실(過失)이 있었을 때, 손해를 끼친 행위와 손해 발생 사이의 인과 관계(因果關係)가 성립되었을 때 등이며, 이때 관계 공무원 자신의 책임은 면제되지 않는다.

솔로산업 Solo Industry

혼자 살기를 원하는 독신자들이 늘어나 사회의 새로운 계층으로 등장하면서 이들을 겨냥해 생겨난 산업.

여성의 사회적 진출에 따른 독신여성 비율의 증가, 일찍 부모로부터 독립하려는 신세대의 증가, 이혼의 증가, 남자의 평균 초혼연령의 연장 등으로 독신자들이 늘어나면서 솔로족의 라이프 스타일을 충족시켜 줄 수 있는 솔로산업이 생겨났다. 솔로산업은 독신자용 가전제품 사업, 24시간 코인셀프 세탁 편의점, 야식이나 반찬 배달점, 비디오방, 인터넷 게임방, 간이 포장마차 등이 있다.

쇼핑 호스트 Shopping Host

홈쇼핑 전문 채널에서 쇼핑 관련 프로그램을 진행하는 전문직.

쇼핑 호스트는 여러 가지 자질과 기능을 갖추어야 하기 때문에 입사하게 되면 수개월에 걸쳐 교육과 훈련을 받는 것이 보통이다. 선발은 일반적으로 '쇼핑 호스트 선발 대회'형식의 공채를 통해 이루어지며, 남성 쇼핑 호스트들도 있기는 하지만 대부분이 여성이다. 이는 구매자의 대부분이 여성, 그중에서도 특히 주부층이 많아 이들의 눈높이를 잘 반영할 수 있는 여성들에게 유리하기 때문이다.

스마드족 SMAD

스마드족은 각종 디지털 기기를 통해 여러가지 정보를 조합하여 새로운 정보를 신속하게 얻고 정보를 면밀하게 분석해서 현명하게 구매하는 소비자를 말한다.

스마드족은 스마트(smart)와 노마드(nomad)가 합쳐진 신조어이다. 각종 정보를 입수해서 스마트하게 구매한다는 뜻과 시간과 장소에 구애 받지 않고 새로운 곳을 찾아 유랑한다는 노마드의 의미를 모두 담고 있다. 이들은 주로 스마트폰과 같은 기기를 활용해 Facebook, Twitter 등 SNS 서비스가 활발해짐에 따라 개인들이 주변 사람들을 통해 정보를 얻기가 더욱더 빨라졌고 구매도 수월해졌다.

스모그 현상

도시의 매연을 비롯한 대기 속의 오염물질이 안개 모양의 기체가 된 것

Smog는 Smoke(연기)와 fog(안개)의 합성어로 연무(烟霧) 또는 매연

경제 · 경영 · 무역 · 금융

정치 · 외교 · 국제

사회 · 노동 · 법률 · 환경

철학 · 역사 · 지리

문화 · 예술 · 교육 · 스포츠 · 매체

컴퓨터 · 과학 · IT

찾아보기

(煤煙) 현상을 말한다. 주로 대도시나 공장 지대에서 일어나는데, 공장 등의 굴뚝에서 나오는 연기, 스토브의 연기, 자동차의 배기가스 등이 바람이 약하거나 무풍 상태(無風狀態)에서 지표(地表) 가까이 쌓여 짙은 안개 같이 보인다. 따라서 스모그 현상에서는 시계(視界)가 아주 나빠 진다.

스와라지 운동 Swaraji Movement

1906년 영국의 대 인도 민족운동 분열획책에 대한 인도 국민회의파의 전국적인 국민운동.

영화(英貨)의 배척, 국산품 애용, 자치 민족 교육 등을 간디의 지도 아래 전개한 반영(反英)운동이다. 이러한 반영 운동에 자극된 영국은 1909년 인도 참사회법을 만들어 인도인의 정치참여를 허용하였으며, 뱅골 분할법도 철회하는 한편, 전 인도 회교도 연맹을 조직하여 힌두 교의 국민회의와 대립시켜 민족분열을 꾀하였다.

스프롤 현상 Sprawl 現象

도시가 급격하게 팽창하면서 시가지가 도시 교외지역으로 질서 없이 확대되는 현 상을 말한다.

도시의 팽창으로 기존의 주거지역이 과밀화되면서 도시의 주거지 역이나 공업지역이 농경지나 삼림지를 잠식하며 도시의 외곽으로 무 질서하게 확대되면 토지이용과 도시시설 정비상에서 많은 문제를 유 발한다. 우리나라에서는 고도경제성장에 들어간 1970년대부터 스프 롤 현상이 확산되어 대도시 주변의 주택과 공장의 무계획적이고 무 질서한 건설, 지가의 앙등, 교통량의 폭증, 대기오염, 환경오염 등 여 러 문제가 나타났다. 외국에서도 이 문제는 특정 대도시에서 나타났 는데 뉴욕, 로스앤젤레스, 홍콩 등이 특히 유명하다.

습지보전법 濕地保全法

생물다양성의 보고인 동시에 오염물질 정화기능을 가진 습지를 효율적으로 보 전 · 관리함으로써 국토의 효율적 이용을 도모하고 동시에, 물새 서식처로서 국제적 으로 중요한 습지에 관한 협약(람사조약)의 취지를 살려 국제협력을 증진하기 위해 제 정된 법률을 말한다.

경제 · 경영 · 무역 · 금융

정치 · 외교 · 국제

사회 · 노동 · 법률 · 환경

철학 · 역사 · 지리

문화 · 예술 · 교육 · 스포츠 · 매체

컴퓨터 · 과학 · IT

찾아보기

습지란 담수 · 기수 또는 염수가 영구적 또는 일시적으로 그 표면을 덮고 있는 지역으로서 내륙습지 및 연안습지를 말한다. 환경부 · 해양수산부장관은 5년마다 실시하는 기초조사를 토대로 보전할 가치가 있는 습지와 그 주변지역을 관계중앙행정기관의 장과의 협의를 거쳐 습지보호지역 · 습지주변관리지역 및 습지개선지역으로 구분해 지정 · 관리하는데, 람사조약의 국내이행을 위해 협약사무국에 통보하는 습지는 습지보호지역 또는 이에 상당하는 가치가 있는 습지 중에서 지정한다. 습지보호지역 안에서는 건축물의 신 · 증축, 습지의 수위 · 수량을 증감하는 행위, 동 · 식물의 포획 · 채취, 모래 · 자갈의 채취 등의 행위가 금지된다. 다만, 해당 지역 주민이 장기간 지속해온 경작 · 포획 또는 채취는 예외적으로 허용된다.

신드롬 Syndrome

하나의 공통된 질환, 장애 등으로 이루어지는 일군의 증상.

어떤 공통성이 있는 일련의 병적 징후를 총괄적으로 나타내는 말이다. 증후군이라고도 한다. 증세로서는 일괄할 수 있으나 어떤 특정한 병명을 붙이기에는 인과관계가 확실치 않은 것을 말한다. 의학에서는 세 가지 증세를 동시에 나타내는 질환일 때 트리아드(Triad) 또는 트리아스(Trias)라고 한다.

➜ 임피 신드롬 IMFY Syndrome

'In My Front Yard'의 머리글자를 따서 만든 신조어로서, 자기 지역에 이득이 되는 시설을 유치하거나 관할권 장악을 시도하는 적극적 행동을 가리키는 말로 님비 신드롬과는 대조적인 개념이다. 세수원 확보나 지역 발전에 영향을 미치는 행정 구역 조정, 정수장 관리 및 청사 유치를 위한 활동 등을 말한다.

➜ 핌피 신드롬 PIMBY Syndrome

핌비(PIMBY; Please In My Back Yard) 또는 핌피(PIMFY; Please In My Front Yard) 신드롬이라고도 한다. 임피 신드롬의 보다 강한 의사표시 형태이며 집값 상승에 도움이 되는 시설의 적극 유치의사 등이 그 예다.

➜ 바나나 신드롬 Banana Syndrome

각종 환경오염 시설들을 자기가 사는 지역권 내에는 절대 설치하지 못한다는 지역 이기주의의 한 현상으로 'Build Absolutely Nothing Anywhere Near Anybody'라는 영어 구절의 각 단어 머리글자를 따서 만든 신조어다. '어디에든 아무것도 짓지 마라'는 이기주의적 의미로 통용되기 시작했으며 유해시설 설치 자체를 반대하는 것이다.

➡ 피터팬 신드롬 Peter Pan Syndrome

나이가 든 어른이면서도 어린이 같은 언어와 행동을 지속하는 증후군. 1970년대 후반 미국에서 사회에 적응할 수 없는 남성들이 대량으로 발생되기 시작했는데, 이런 남성들이 나타내는 심적인 증후군을 피터팬 증후군이라 한다. 그 사회적 배경은 가정 불안정, 교육 기능 저하, 페미니즘에 따른 여성, 특히 아내들의 자립을 들 수 있다.

➡ 슈퍼우먼 신드롬 Superwoman Syndrome

여성이 모든 일에 완벽해지려고 지나치게 신경을 쓴 나머지 지쳐버리는 증상을 말한다.

➡ 신데렐라 신드롬 Cinderella Syndrome

자신의 능력과 인격으로 자립할 자신이 없는 여성이 동화 속의 주인공 신데렐라처럼 일시에 자신의 인생을 변화시켜줄 왕자와 같은 사람의 출현을 기다리는 심리적 의존을 말한다.

➡ 온달 신드롬

신데렐라 신드롬과 남녀가 바뀌어, 현대 사회의 남성들이 재력이나 능력이 뛰어난 여성을 만나 신분 상승을 꾀하려는 현상을 말한다.

➡ 파랑새 신드롬

동화 '파랑새'의 주인공처럼 장래의 행복만을 꿈꾸며, 현재의 일에 정열을 느끼지 않는 현상을 말한다.

신종 인플루엔자 A H1N1; Influenza A virus subtype H1N1

사람 · 돼지 · 조류 인플루엔자 바이러스의 유전물질이 혼합되어 있는 새로운 형태의 바이러스.

2009년 4월 멕시코와 미국 등지에서 발생한 뒤 아메리카 · 유럽 · 아시아 등 전 세계로 확산되었다. H1N1 또는 약칭하여 신종플루라고도 한다. 처음에는 '돼지 인플루엔자(돼지플루)' 또는 '돼지 독감'이라고 하였으나 돼지와 관련이 있다는 증거가 없어 세계보건기구(WHO)의 공식 명칭으로 사용하는 '신종 인플루엔자A(H1N1)'로 통일되었다. 사람·돼지·조류 인플루엔자 바이러스의 유전물질이 혼합되어 있는 새로운 형태의 바이러스로서 2009년 4월 처음 발견되었다. 치료제는 인플루엔자 치료제인 오셀타미비르(Oseltamivir, 상품명 타미플루)와 자 나미비어(Zanamivir, 상품명 리렌자)가 효과가 있는 것으로 보고 되었다. 예방 조치로는 손을 자주 씻을 것, 손으로 눈·코·입을 만지지 말 것, 재채기나 기침을 할 경우에는 화장지로 입과 코를 가리고 한 뒤 손을 깨끗이 씻을 것, 발열이나 호흡기 증상 등이 있는 사람과 접촉을 피할 것 등을 권고한다.

실버타운 Silver Town

국가와 지방자치단체 등이 재정을 지원하여 운영되는 양로원이나 요양원과 달리 입주자들의 입주금으로 운영되는 노인 거주단지.

외국의 경우 병원, 백화점, 수영장, 레스토랑, 은행, 영화관, 레크리에이션 센터(수영장, 테니스코트, 볼링장, 헬스클럽) 등 노인들을 위한 편의시설이 구비되어 있으며, 입주자의 건강 상태에 따라 노인 전용 아파트, 유료 양로원, 유료 요양원, 노인병원, 치매병원 등 다양한 형태의 주거시설이 있다.

실손의료보험 實損醫療保險

보험 가입자가 질병이나 상해로 입원 또는 통원치료 시 의료비로 실제 부담한 금액을 보장해 주는 건강보험을 말한다.

보험사고 발생 시 보험약관에 약정한 금액만을 지급하는 정액보상과 달리 실제 들어간 비용을 보상하는 것을 말하며, 환자가 병의원에서 치료를 받고 청구되는 병원비 중 국민건강보험으로는 보장받을 수 없는 환자 본인 부담금에 해당되는 의료비 중 90%까지 보장해주는 보험. 민영의료보험, 실비보험, 실손의료보험 등으로도 불리운다. 실손의료보험은 일부 비갱신 보험과 달리 질병에 걸릴 위험률과 보험금 지급 실적 등을 반영해 보험료가 3~5년마다 바뀐다. 나이가 들면 들수록 보험료가 오르며, 보험사에 따라 만 60세 또는 65세까지

경제·경영·무역·금융

정치·외교·국제

사회·노동·법률·환경

철학·역사·지리

문화·예술·교육·스포츠·매체

컴퓨터·과학·IT

찾아보기

가입이 가능하다. 그러나 장기간 납입해야 하기 때문에 빨리 가입할
수록 유리하다.

아노미 Anomie

확신을 잃고 정신적 혼란을 일으키는 현상.

사회 전반에 걸쳐 급격한 사회 변동의 과정에서 종래의 규범이 흔
들리고 아직 새로운 기준이나 규범의 체계가 확립되지 않아서, 규범
이 혼란한 상태 또는 규범이 없는 상태를 말한다. 아노미 상태에서는
개인들이 행동의 갈피를 잡지 못하게 되며 마침내는 사회 질서가 문
란해지고 사회적 혼란이 일어난다. 프랑스의 사회학자 에밀 뒤르켐(E.
Durkheim)은 '자살론'에서 '사회 구성원의 행위를 규제하는 공통된 가
치나 도덕적 규범이 상실된 혼돈 상태'를 나타내는 개념으로 규정하
였다.

아담 스미스의 조세론

**고전학파 경제학의 창시자인 아담 스미스의 저서인 『국부론』에 있는 조세부과
의 4원칙을 말한다.**

① 평등의 원칙 : 특권계급을 인정하지 않고, 국민은 누구나 그 능
력에 따라 비례적으로, 즉 국민은 국가의 보호에 의하여 얻는 수입에
비례해서 세금을 내야 한다는 원칙으로, 그 당시 사회사상의 기초였
던 자유·평등의 관념이 그대로 조세이론에 인용된 것이다. 여기에
서 스미스가 말하는 평등이란 소득의 많고 적음에 관계없이 세율이
같아야 한다는 비례세적인 평등이었다. ② 확실의 원칙 : 세금의 납세
방법·시기·금액 등이 납세자는 물론 모든 사람들이 알 수 있도록
간단하고 명료해야 하며, 징세자의 의사에 따라 이와 같은 사실들이
좌우되어서는 안 된다는 원칙이다. ③ 편의의 원칙 : 세금은 납세자에
게 가장 편리한 시기에, 가장 편리한 장소에서, 가장 편리한 방법으로
징수되어야 한다는 원칙이다. ④ 징세비 최소의 원칙 : 모든 세금은
그 세금을 징수하는 비용이 가장 적게 들도록 해야 한다는 원칙이다.

아시아태평양평화재단

한반도의 평화적 통일, 아시아의 민주화, 그리고 세계 평화에 관한 이론과 정책

을 개발하고 이를 교육·홍보하기 위해 1994년 김대중 이사장 등이 설립한 재단으로, 줄여서 아태재단이라고 한다.

주요 활동사업은 한반도 통일 방안 및 아·태 지역 민주화에 대한 연구와 지원으로 각종 학술 세미나와 공개 강연회를 개최하고 있다.

아프리카 돼지열병 ASF : African Swine Fever

아프리카 지역에서 주로 발생하였기 때문에 아프리카돼지열병이라는 이름이 붙여졌다.

바이러스성 출혈 돼지 전염병으로, 주로 감염된 돼지의 분비물 등에 의해 직접 전파된다. 돼지과(Suidae)에 속하는 동물에만 감염되며, 고병원성 바이러스에 감염될 경우 치사율이 거의 100%에 이르기 때문에 한번 발생하면 양돈 산업에 엄청난 피해를 끼친다. ASF는 주로 감염된 돼지의 분비물(눈물, 침, 분변 등) 등에 의해 직접 전파되는데, 잠복 기간은 약 4·19일이다. 이 병에 걸린 돼지는 고열과 식욕부진, 기립불능, 구토 증상 등을 보이다가 보통 10일 이내에 폐사한다. 다만 ASF는 인체에는 영향이 없고 다른 동물에도 전염되지 않으며, 돼지와 야생멧돼지 등 돼지과 동물에만 감염된다. 이 질병이 발생하면 세계동물보건기구(OIE)에 발생 사실을 즉시 보고해야 하며, 돼지와 관련된 국제교역도 즉시 중단된다.

악어의 눈물 Crocodile Tears

거짓 눈물 또는 위선적인 행위를 일컫는 용어.

통속어로 '악어의 눈물'이란 위정자를 빗대어 하는 말이다. 다시 말해서 악어가 먹이를 씹으며 자기가 먹고 있는 동물의 죽음을 애도해서 눈물을 흘린다는 얘기에서 전래된 것으로, 패배한 정적 앞에서 흘리는 위선적 눈물을 가리킬 때 많이 쓰인다.

알 권리 Right Know

국민 개인이 정치, 사회현실 등에 관한 정보를 자유롭게 알 수 있는 권리.

구체적으로는 매스 커뮤니케이션에 있어서 전달자의 활동 자유를 요구하는 권리, 국민 각자가 국정에 관한 정보를 청구하는 권리다.

경제·경영·무역·금융

정치·외교·국제

사회·노동·법률·환경

철학·역사·지리

문화·예술·교육·스포츠·매체

컴퓨터·과학·IT

찾아보기

야스쿠니신사 靖國神社 Yasukuni Shrine

일본 도쿄 지요다구 "千代田區"에 있는 일본 최대의 신사.

중일전쟁에서부터 제2차 세계대전까지 전쟁터에서 희생된 250여 만 명의 위령이 안치되어 있는 신사다. 선생과의 언관싱 때문에 과거 일본의 지배나 점령을 당한 경험이 있는 아시아 국가들은 일왕과 총리를 비롯한 정부인사의 신사 참배를 군국주의 부활의 조짐으로 여겨 강한 거부감을 갖고 있으며 우려의 눈으로 지켜보고 있다.

어메니티 Amenity

어떤 장소나 기후 등에서 느끼는 쾌적함을 일컫는 용어.

어메니티(Amenity)의 어원은 '쾌적한', '기쁜' 감정을 표현하는 라틴어 아모에타스(amoenitas) 또는 '사랑하다'라는 의미를 가지는 'amare'에서 유래되었다. 사전적으로 Amenity는 기분에 맞음, 쾌적함, 즐거움, 예의 등 다양한 뜻을 가지고 있는데, 도시나 주거환경면에서 Amenity는 '쾌적한 환경', '매력있는 환경'또는 '보통사람이 기분 좋다고 느끼는 환경, 상태, 행위'를 포괄하는 의미로. 종합적인 새로운 개념의 환경을 뜻한다. 최근 농어촌 발전계획에 이 용어가 사용되기 시작했는데, 농정에서 '어메니티'란 농촌지역 특유의 전원풍경, 역사적 기념물, 문화적 전통 등 관광이나 특산물 등으로 활용할 수 있는 경제적 자원을 말한다. 즉, 쾌적한 농촌환경을 만들자는 것으로, 과거 '개발' 개념과는 다르게 농촌이 갖는 자연환경을 그대로 유지하면서 지역별 특성을 연구하고 이를 잘 활용할 수 있도록 체계적으로 계획을 세워서 가꿔나가는 것이다.

연동형 비례대표제 連動形 比例代表制

정당의 득표율에 따라 의석을 배분하는 제도다. 총 의석수는 정당득표율로 정해지고, 지역구에서 몇 명이 당선됐느냐에 따라 비례대표 의석수를 조정하는 방식이다.

예를 들어 A정당이 10%의 정당득표율을 기록했다면 전체 의석의 10%를 A정당이 가져갈 수 있도록 하는 것이다. 지역구 후보에게 1표, 정당에게 1표를 던지는 '1인 2표' 투표방식이지만, 소선거구에서의 당선 숫자와 무관하게 전체 의석을 정당득표율에 따라 배분한다. 그리고 정당득표율로 각 정당들이 의석수를 나눈 뒤 배분된 의석수보다 지역구 당선자가 부족할 경우 이를 비례대표 의석으로 채우게 된다. 연동형 비례대표제는 '혼합형 비례대표'로도 불리는데, 이를 택하고 있는 대표적 국가로는 독일, 뉴질랜드 등이 있다.

에게 문명 Aegean Civilization

지중해 동부 에게 해 주변 지역에서 번영한 고대문명.

크레타 섬을 중심으로 그리스 본토 및 소아시아의 서해안에서 일어난 최초의 해양 문명이며 유럽 지역 최초의 문명이다. 그리스 문명이 일어나기 전에 오리엔트 문명을 그리스인에게 전달해주는 중계적 역할을 했다. 에게 문명은 그 중심지에 따라 2기로 나눈다. 크레타 섬을 중심으로 일어난 것을 크레타 문명, 그리스 본토의 미케네 · 티린스 · 소아시아의 트로이 등을 중심으로 일어난 것을 미케네 문명이라 한다. 궁전 벽화나 도기의 무늬 등은 운동 표현에 능한 해양 예술의 극치로서 오리엔트 세계에서는 찾아볼 수 없는 명랑하고 신선한 맛이 감돌고 있다.

에너지 하베스팅 Energy Harvesting

일상생활에서 버려지거나 소모되는 에너지를 모아 전력으로 재활용하는기술.

주변에서 버려지는 에너지를 수확해서 사용할 수 있는 전기에너지로 변환하고 이용하는 것을 뜻하며, 주요 에너지원은 진동, 사람의 움직임, 빛, 열, 전자기파 등이다. 서로 다른 금속접합으로 이뤄진 폐쇄회로에서 접점의 온도가 다르면 전류가 흐른다는 제베크 효과와 반대로, 회로에 전류를 흘려주면 접점의 한 쪽에서는 열을 내고 다른 한쪽은 열을 흡수한다는 펠티에 효과 등을 통칭하는 '열전효과'와 압력을 가하면 전기가 발생하는 '압전효과'를 이용한 기술이다.

에듀파인 EduFine

전국 초 · 중 · 고등학교와 국공립유치원에서 사용하고 있는 시스템으로 명칭은 교육(education)과 재정(finance)에서 따온 것이다. 물품구입비, 급식운영비, 학생복지비, 교과활동비, 체험활동비, 외부 강사료, 시설비 등 예산 소요와 관련된 모든 것을 기록하는 국가관리회계시스템이다.

교육부가 2019년 2월 25일 사립유치원도 국가회계관리프로그램

'에듀파인'을 의무화하는 '사학기관 재무 · 회계규칙 일부개정안'을 공포했다. 이에 따라 2019년에는 유아 200명 이상이 다니는 유치원 581곳을 대상으로 에듀파인이 도입된 후(1단계), 2020년 3월 1일 모든 사립유치원에 전면 도입되도록 단계적으로 시행된다.

에코붐 세대 Echo Boom Generation
1977~1997년 사이에 태어난 미국인 8천만 명의 디지털 세대.

이를 Y세대, N세대(인터넷 세대)라고도 한다. 이들은 제2차 세계대전 직후 태어난 그들의 부모 세대인 '베이비붐 세대(1946~64년)'와 그 뒤를 이은 'X세대(1965~76년)'의 숫자를 능가하여 새롭고 강력한 시장을 만들고 있다. 에코붐 세대란 말은 앞선 2개 세대의 반향(메아리)이란 뜻에서 나온 말이다. 에코붐 세대는 미디어 지향적이며 TV보다 인터넷에 더 친숙하다. 또 신중하면서도 고급 지향적인 구매 성향을 보이는 등 21세기 마케팅을 지배하고 있다.

영장제도 令狀制度
강제처분(强制處分)에는 원칙적으로 법원 또는 법관이 발부한 영장을 필요로 하는 제도. 영장주의라고도 한다.

헌법상 체포 · 구금 · 수색 · 압수에는 영장을 제시토록 되어 있으며, 주거에 대한 수색이나 압수에도 영장제도를 규정하고 있다.

영토 고권 領土高權 Territorial Supremacy
영토에 미치는 국가의 최고권력.

대인 고권(對人高權)에 대한 말로서 영역을 중심으로 본 국가의 최고 권력으로 영토 내의 모든 사람과 물건을 국내법과 국제법의 범위 내에서 절대적 · 배타적으로 지배할 수 있는 힘을 말한다. 영토에만 한하지 않고 영해권과 영공권을 포함하고, 또 일체의 영역에 걸치므로 영역고권(領域高權)이라고도 한다.

➜ **대인 고권 對人高權 Personal Sovereignty**
인간에 대하여 행사되는 국가의 최고 권력. 대인주권(對人主權)이라고도 한다. 국가주권, 즉 국가의 배타적 지배권을 인적 측면에서 파악한 개념이다. 국가는 자국 영토와 마찬가지로 국민에 대해서도 배타적인 지배권을 가지고 있다. 따라서 자국민이 국내에 있거나 외국에 있거나를 막론하고 국가의 통치대상이 된다. 국가가 외국에 있는 자국민에 대하여 외교적 보호권을 행사할 수 있다는 것은 바로 그리한 예다. 그러나 사람이 외국에 있는 경우의 통치권한은 영토에 대한 지배와는 달라서 그 외국의 영토주권을 침범하지 않는 한도 안에서만 행사되는 상호적이며 상대적인 성질을 가지는 것이다.

오리엔트 문명 Orient Civilization

BC 3200년경부터 알렉산드로스(알렉산더) 대왕이 통일할 때까지 약3,000년간 오리엔트 지방에 번영했던 세계 최고(最古)의 문명.

세계에서 가장 먼저 문명이 일어난 이집트에서는 천문학과 태양력이 만들어졌고 상형문자를 이용하였다. 종교적 색채를 띤 중앙집권제와 강대한 왕권을 배경으로 거대한 궁전과 신전을 만들었으며 함무라비 법전을 편찬하기도 했다. 한편 동부 지중해 연안의 히타이트에서는 오리엔트 최초로 철기를 사용하여 문화적으로 큰 공헌을 했다. 오리엔트는 고대 로마인이 태양이 떠오르는 지방을 가리켜 부른 오리엔스(Oriens)에서 유래되었다.

오존 구멍 Ozone Hole

산업공해로 인해 대기 성층권에 분포된 오존층에 구멍이 뚫린 현상.

오존층에 구멍이 뚫리고 자외선 투과율이 높아질 경우, 식물 엽록소 감소, 광합성 작용 억제, 가축의 암 발생률이 높아지고 식물성 플랑크톤의 광합성 작용이 억제됨으로써 수중 생물의 먹이 연쇄가 파괴될 우려가 있다. 지구 산소의 절반을 만들어내는 해조류의 증식이 억제되면 탄산가스의 다량 발생으로 지구의 온실 효과를 높인다. 오존 구멍의 주범은 각종 냉각장치에 쓰이는 냉매제 프레온 가스, 그리고 비행기 · 자동차에서 내뿜은 일산화질소 등이다.

오팔족 OPAL 族

적극적이고 활동적인 삶을 살아가는 노인세대를 말한다.

'Old People with Active Life'의 약칭으로 일본의 경제 캐스터

경제·경영·무역·금융

정치·외교·국제

사회·노동·법률·환경

철학·역사·지리

문화·예술·교육·스포츠·매체

컴퓨터·과학·IT

찾아보기

인 니시무라 아키라와 하타 마미코의 저서 〈 여자의 지갑을 열게 하라 〉에서 처음 사용되었는데, 경제적인 풍요와 의학의 발달로 고령 인구가 늘어나면서 등장한 새로운 개념의 노인층으로, 조용히 시간을 보내며 현재에 만족하는 삶을 사는 것이 아니라 열정적이고 진취적인 활동적으로 자신의 삶을 아름답게 가꾸어 가며 사는 노인들을 일컫는다.

온실 효과 溫室效果 Greenhouse Effect

대기를 가지고 있는 행성 표면에서 나오는 복사에너지가 대기를 빠져나가기 전에 흡수되어, 그 에너지가 대기에 남아 기온이 상승하는 현상.

탄산 가스는 태양으로부터 직사하는 에너지는 투과시키나 지표로부터의 복사열은 흡수해 열이 우주로 발산되는 것을 막는다. 탄산 가스가 증가하면 지구가 받는 열의 양과 방출하는 열의 양이 이루던 균형이 깨어지고 지구는 온실과 같이 대기 온도가 상승한다. 석탄 · 석유 등 화석 연료의 사용 증가로 지구상의 이산화탄소의 양은 계속 증가하고 있다.

옴부즈맨 제도 Ombudsman System

행정기능의 확대 · 강화로 행정에 대한 입법부 및 사법부의 통제가 실효를 거둘 수 없게 되자 이에 대한 보완책으로서, 국회를 통해 임명된 조사관이 공무원의 권력 남용 등을 조사 감시하는 행정통제제도.

옴부즈맨은 입법부에 의해 임명되나 그 직무 수행은 직접적인 감독을 받지않으며, 독립적 위치와 높은 위신을 갖는다. 옴부즈맨은 시민이 제소하는 사안에 대해 조사하고 처리하는데, 그 대상에는 행정 행위의 합법성뿐만 아니라 합목적성 여부도 해당된다. 조사는 공식적인 절차나 방법을 취하지 않음으로써 효율성 · 신속성을 살리고 또 그것을 공개하여 여론에 영향을 미친다. 그러나 옴부즈맨은 행정기관의 결정을 직접 취소하거나 무효로 만들 수 없다는 점에서 그 권한이 제약되어 있다.

워킹홀리데이 Working Holiday

노동력이 부족한 나라에서 외국 젊은이들에게 1년간의 특별비자를 발급하여 입

국을 허락하고 취업자격을 주는 제도.

요즘 젊은이들은 대체로 어렵고 힘들며 위험이 따른 일을 꺼리며, 특히 3D산업(3D업종) 등으로 불리는 산업체 같은 곳은 기피하는 경향이 있다. 실업 홍수 속에서도 어떤 업종에서는 심한 구인난을 겪고 있으며, 이를 해소하기 위해 국가나 해당 산업체에서는 여러 가지 처방을 내놓고 있는데, 이들 처방 가운데 하나가 바로 이 제도다.

워킹홀리데이의 도입으로 외국에 나가 취업하기를 원하는 사람은 일자리를 구하기가 쉬워졌다. 이때 발급되는 특별 비자는 당사자가 입국 후 취업하여 1년이 지나면 관광비자로 바꾸어 여행도 할 수 있다. 그러므로 외국에 나가 돈도 벌고 여행도 할 수 있다는 이점 때문에 오늘날 많은 젊은이들 사이에서 인기가 높다.

웰빙 Well Being

육체적 · 정신적 건강의 조화를 통해 행복하고 아름다운 삶을 추구하는 삶의 유형이나 문화를 통틀어 일컫는 개념.

자연, 건강, 안정, 여유, 행복이 웰빙족의 키워드. 국내에는 요가와 스파, 피트니스 클럽을 즐기며 명품을 사는 이들이 웰빙족으로 왜곡돼 소개되고 있지만 이들의 목표는 사치스럽고 고풍스러운 삶보다는 여유롭고, 조화로운 소박한 삶이다.

유권해석 有權解釋 Authentic Interpretation

국가기관에 의해 행하여지는 구속력 있는 법의 해석.

공권적 해석, 입법 해석 등이 있어 그 방법은 일정하지 않으며 권한 있는 기관이 하는 수도 있다. 그리고 법령의 해석에 관한 규정을 두는 수도 있고, 특정한 법령으로써 기존 법령 중의 용어 의미를 명백히 하는 경우도 있다.

유치원 3법

유치원이 정부 지원금을 부정하게 사용하는 것 등을 막기 위해 마련된 유아교육법 · 사립학교법 · 학교급식법 개정안을 말한다.

유치원이 정부지원금을 부정하게 사용하는 것을 막기 위해 마련된 유아교육법 · 사립학교법 · 학교급식법 개정안으로, 대표 발의자의 명칭을 따 '박용진 3법'이라고도 한다. 법안에는 정부의 학부모 지원금을 유치원에 주는 보조금으로 성격을 바꿔 설립자가 지원금을 유용할 수 없게 하고, 정부의 회계 관리 시스템을 의무적으로 사용하며, 각종 처벌 규정을 명확히 하는 등의 내용을 담았다. 박용진 더불어민주당 의원이 2018년 국정감사에서 국감 초반인 10월 11일 2013년부터 2017년까지 사립유치원의 회계 비리 감사 내역을 공개하면서 유치원의 회계투명화를 요구하는 목소리가 높아졌다. 이에 박의원이 주도하여 사립유치원 회계관리시스템 사용 의무화, 유치원 설립자의 원장 겸직 금지, 학교급식 대상에 유치원 포함 등 사립유치원의 공공성을 강화하는 내용이 골자를 이루고 있다.

그러나 이 법안에 대해 사립유치원의 연합체인 한국유치원총연합회(한유총)은 이사장의 원장 겸직금지 조항이 사유재산권을 침해하는 것이라며 명단 공개 가처분 소송을 제기하고 집단 폐업을 하기도 했다.

유추해석 類推解釋

어떤 사항을 직접 규정한 법규가 없을 때에 그와 비슷한 사항을 규정한 법규를 적용하는 법의 해석 방법.

이와 반대되는 법의 해석 방법을 반대해석이라고 한다.

➡ **반대해석** 反對解釋

법문이 규정하는 요건과 반대의 요건이 존재하는 경우에 그 반대의 요건에 대하여 법문과 반대의 법적 판단을 하는 해석.

유한계급 有閑階級

생산적 노동에 적극적 의욕이 없고 비생산적 소비생활을 하는 계층.

미국의 경제학자 베블렌(T. Veblen)이 『유한계급론』에서 이에 관해 처음 본격적으로 연구했다. 한 사회에 유한계급의 숫자가 많다는 것은 사회정의 면에서나 자본주의 체제의 생산적 운영 면에서나 부정적인 효과가 있다.

윤창호법

음주운전으로 인명 피해를 낸 운전자에 대한 처벌 수위를 높이고 음주운전 기준

을 강화하는 내용 등을 담은 '특정범죄 가중처벌 등에 관한 법률(특가법) 개정안' 및 '도로교통법 개정안'을 말한다.

윤창호법은 음주운전 사고로 숨진 윤창호 씨 사망 사건을 계기로 마련된 법안으로, 고인은 2018년 9월 부산 해운대구에서 만취 운전자가 몰던 차량에 치여 뇌사상태에 빠졌다가 끝내 세상을 떠났다. 이 사건을 계기로 국회는 2018년 11월 29일 본회의를 열고 음주운전 처벌 강화를 골자로 한 '특정범죄 가중처벌 등에 관한 법률(특가법) 개정안'을 통과시켰다. 해당 법안은 음주운전으로 사망사고를 낸 경우 법정형을 '현행 1년 이상의 유기징역'에서 '3년 이상의 징역 또는 무기징역'으로 높였다. 또 사람을 다치게 했을 때도 기존 '10년 이하의 징역 또는 500만 원 이상 3,000만 원 이하의 벌금'에서 '1년 이상 15년 이하의 징역 또는 1,000만 원 이상 3,000만 원 이하의 벌금'으로 형량을 강화했다. 이러한 강화 방안은 2018년 12월 18일부터 시행됐다.

이슬람 Islam

이슬람교를 의미한다. 북아프리카 서부에서 동남아시아에 이르는, 이슬람교를 믿는 지역과 이슬람교에 따라 형성된 문화를 지칭하기도 한다.

'복종'을 뜻하는 아랍어 단어 'Aslama'에서 유래했으며, 이슬람 교도들은 단일 공동체에 속해 있다는 의식을 공유하나, 지역마다 문화적·종교적으로 큰 편차가 있다.

➔ 중동 中東
원래 영국인들이 지중해 주변의 이슬람권, 아라비아 반도, 이란에 이르는 지역을 중동(Middle East)이라고 부른 데서 출발한다. 학자에 따라 아프가니스탄과 파키스탄도 중동에 포함시키기도 한다.

인터폴 Interpol

국제형사경찰기구(ICPO; International Criminal Police Organization)의 전신약호(電信略號)로 동 기구의 호칭.

가맹 각 국의 경찰이 상호간에 주권을 존중하면서 국제 범죄의 방지·진압에 협력하기 위한 조직이다. 국제 범죄자나 국경을 넘어 도망친 범죄자의 소재수사, 정보 교환 등이 주된 일로서, 정치·군사·

종교 · 인종 문제 등에 관여하는 것은 금지되고 있다.

국제법상의 협정이 아니므로 강제 수사권이나 체포권이 없다. 본부는 파리이며, 한국은 1964년에 가입했다.

인턴 사원제도

대학 졸업 예정자 중 대학의 추천 등 일정한 인원의 사원 후보를 대상으로 일정 기간 인턴(실습사원)으로 수련하게 한 다음, 적격자를 사원으로 채용하는 사원채용 제도.

이 제도는 입사 후 수습과정을 입사 전에 밟게 함으로써 기업으로 서는 입사 전에 사원 개개인의 적성과 능력을 미리 파악, 사원의 배치에 효율적일 뿐 아니라 애사심을 미리 키울 수 있고 유능한 인력을 사전에 발굴할 수 있다. 또한 대학생들로서는 사회 진출 이전에 자기 개발, 사회 적응력을 배양하고 수련 기간만큼 수습기간을 단축받게 되므로 수습기간이 생략되는 이점과 아르바이트 기회도 가지게 된다.

일사부재리 —事不再理 Ne Bis In Idem

어떤 사건에 대하여 일단 판결이 내려지고 그것이 확정되면 그 사건을 다시 소송으로 심리 · 재판하지 않는다는 원칙.

만약, 잘못으로 재차 공소가 제기된 때에는 면소판결(免訴判決)을 받아야만 한다.

일사부재의 —事不再議

의회에서 한 번 부결된 안건은 같은 회기 내에 다시 제출할 수 없다는 원칙.

이는 합의체의 의사진행(議事進行)의 원활화가 주목적이다.

자연법 自然法 Natural Law

인위가 아닌 자연적 성질에 바탕을 둔 보편적 · 항구적인 법률 및 규범.

자연 내지 이성(理性)을 전제로 하여 존재하는 법이다. 실정법(實定法)에 대립되는 개념으로 인간이 제정한 실정법에 대하여 인간 사회에서 생긴 초경험적인법, 즉 시공(時空)을 초월하여 영원히 타당한 이상적인 법으로 실정법보다 더 근원적이라고 보는 것이 보통이다. 자연법 사상은 근대의 법 및 정치에 커다란 영향을 미쳤다.

자유권 自由權 Right to Freedom

개인이 그 자유로운 영역에 관하여 국가권력의 간섭 또는 침해를 받지 아니할 권리.

자유권적 기본권이라고도 한다. 이와 같은 의미에서 자유권은 국가에 대한 개인의 방어적 · 소극적 공권을 의미한다. 자유권은 국가로부터의 자유이고 국가권력에 대한 방어적 · 소극적 권리인 동시에 천부적 · 초국가적 인간의 권리이며, 또한 포괄적 권리이면서 직접 효력을 가진 권리라 할 수 있다. 자유권에는 생명권, 신체를 훼손당하지 아니할 권리, 신체의 자유 등 인신에 관한 자유권, 사생활의 비밀과 자유의 불가침, 주거의 자유, 거주 · 이전의 자유, 통신의 자유 등 사생활에 관한 자유권, 양심의 자유, 종교의 자유, 언론출판의 자유와 집회결사의 자유, 학문과 예술의 자유 등 정신적 활동에 관한 자유권, 직업선택의 자유, 재산권 등 경제생활에 관한 자유권이 있다.

자유형 自由刑 Freiheitsstrafe

범인의 자유를 박탈하는 형벌.

범죄자로부터 사회생활의 자유를 빼앗아 교도소에 구치하고 원칙적으로 작업을 강제하여 범죄자를 교육, 개선하는 동시에 범죄자를 사회생활에서 격리시켜 사회를 방위하는 의미를 가진다. 현행법상 자유형은 징역(懲役) · 금고(禁錮) · 구류(拘留)의 3가지가 있다.

→ 징역 懲役 Penal Servitude

일정기간 교도소 내에 구치(拘置)하여 정역(定役)에 종사하게 하는 형벌(형법67조).

→ 금고 禁錮

강제노동을 과하지 않고 수형자(受刑者)를 구치소에 구금하는 일.

→ 구류 拘留

1일 이상 30일 미만의 기간 동안 교도소 또는 경찰서 유치장에 구치하는 형벌(형법 41조7호 · 46 · 68조).

잡 셰어링 Job Sharing

하나의 업무를 시간대별로 나눠 2명 이상의 파트타임 근로자가 나누어하는 것

경기가 불황일 때 사업장 내의 과잉인력 문제를 해결하기 위해 근로자를 해고하는 대신 근로자의 1인당 근무시간을 단축해 여러 사람이 그 일을 나누어 처리하도록 해서 고용을 유지하거나 창출하는 노동형태를 말한다. 1980년대 유럽에서 본격 도입됐는데 그중에서도 1980~90년대 네덜란드의 노사정 대타협이 대표적 성공사례로 꼽힌다. 노사 대표들은 임금인상 요구억제와 노동시간 단축을 통한 고용창출, 정부의 기업투자 활성화를 통한 고용 증가를 촉진한다는 내용으로 한 바세나(Wassenaar)협약에 합의했다. 이에따라 네덜란드는 1983년 11.9%던 실업률을 2001년 2.7%로 줄이고, 성장률이 마이너스에서 3%대로 높아지는 성과를 거뒀다. 최근 우리나라에서도 경기침체로 인한 대량실업이 우려되는 가운데 이러한 잡 셰어링이 노동계에서 정리해고의 대안으로 떠오르고 있다.

재산분할 청구권 財産分割請求權

이혼한 당사자 중 어느 한쪽이 다른 한쪽에 대해 결혼 중에 쌍방의 협력으로 이룩한 재산의 분할을 청구할 수 있는 권리.

청구권 내용에 분쟁이 있을 때에는 가정법원이 이를 조정할 수 있다.

저항권 抵抗權 Right of Resistance

국민의 기본권을 침해하는 국가 권력의 불법적 행사에 대하여 그 복종을 거부하거나 실력행사를 통하여 저항할 수 있는 국민의 권리.

이것은 국민들이 헌법 질서에 따르기 위한 전제로서의 근원적인 권리라 할 수 있는데, 헌법상에 명기되어 있지 않더라도 내재하는 것으로 간주된다. 그러나 이것은 혁명권과는 다르다. 전자가 기존의 헌법 질서를 전제로 하는 것임에 반해, 후자는 새로운 헌법 질서를 지향한다.

정당방위 正當防衛 Notwehr

자기 또는 타인의 법익에 대해 현재의 부당한 침해를 방위하기 위한, 상당한 이

경제·경영·무역·금융

정치·외교·국제

사회·노동·법률·환경

철학·역사·지리

문화·예술·교육·스포츠·문제

컴퓨터·과학·IT

찾아보기

유가 있는 행위.

형법은 이러한 행위가 상당한 이유가 있는 때에는 벌하지 않기로 하였다(형법21조). 그 이유에 관하여는 정당방위는 위법성이 조각되기 때문이라고 보는것이 일반적이다. 왜냐하면 부당한 침해, 즉 불법 앞에서 권리를 양보시킬 수는 없기 때문이다.

정리해고 整理解雇

경영이 악화된 기업이 경쟁력 강화와 생존을 위해서 구조조정을 할 때 종업원을 해고할 수 있는 제도.

계속되는 경영의 악화와 생산성 향상을 위한 작업 형태의 변경, 또는 산업 구조의 변화 등 긴박한 경영상의 필요가 있을 때 사용자가 근로자를 해고할 수있는 제도다. 그러나 사용자는 60일 전에 노동조합과 근로자에게 문서 등으로 사전에 알리도록 되어 있다.

제노비스 신드롬 Genovese Syndrome

목격자가 많을수록 책임감이 분산돼 개인이 느끼는 책임감이 적어져 도와주지 않고 방관하게 되는 심리현상을 이르는 말로 방관자효과(Bystander effect)라고도 한다.

1964년 미국 뉴욕의 주택가, 새벽 3시 15분에 키티 제노비스란 이름을 가진 여성이 야간근무를 마치고 아파트로 귀가하다가 괴한을 만나 칼에 찔려 죽어가는 모습을 38명이 듣거나 봤으면서도 이들 중 어느 누구도 도와주거나 경찰에 신고하지 않아 사망한 사건에서 유래한 것이다. 이렇게 목격자가 많을수록 책임감이 분산돼 개인이 느끼는 책임감이 적어져 행동하지 않게 되는현상을 말하며, 우리 사회에서도 이러한 현상을 쉽게 찾아 볼 수 있다.

젠더 Gender

성(性)에 대한 영문표기 섹스(Sex) 대신 새로 쓰기로 한 용어.

1995년 베이징에서 열린 제4차 여성대회 정부기구회의에서 결정했다. 젠더와 섹스는 우리말로 '성'이라는 같은 뜻이지만 원어인 영어로는 미묘한 어감차이가 있다. 젠더는 사회적인 의미의 성이고 섹스는 생물학적인 의미의 성을 뜻한다. UN과 미국 등 다양한 국가에서 주장하는 젠더는 남녀 차별적인섹스보다 대등한 남녀 간의 관계를 내포하며 평등에 있어서도 모든 사회적인 동등함으로 실현시켜야 한다는 의미가 함축되어 있다.

조두순법

미성년자 대상 성범죄자의 출소 이후 전자발찌 부착 기간을 연장할 수 있도록 하는 내용을 담은 '특정 범죄자에 대한 보호관찰 및 전자장치 부착 등에 관한 법률 일부개정안'을 말한다.

표창원 더불어민주당 의원이 대표발의한 이 법안은 미성년자 대상 성폭력범죄자에 대해 특정인에의 접근금지 준수사항을 필요적으로 부과하고, 재범 위험성이 높은 미성년자 성폭력범죄자에 대해서는 1대 1 보호관찰이 가능하도록 규정했다. 이에 따라 해당 범죄자에 대해 매년 재범 위험성을 심사하고, 재범 위험이 있다고 판단되면 전자발찌 부착기간을 늘릴 수 있게 된다. 2019년 3월 28일 재석의원 236명 가운데 찬성 231명, 기권 5명으로 해당 법안이 국회를 통과했으며 2019년 4월 16일부터 시행됐다. 한편, 해당 법안은 2008년 12월 경기 안산시에서 8세 여아를 강간, 상해를 입힌 범인 조두순의 이름을 딴 법안이다. 당시 조두순은 음주 상태였다는 심신미약이 참작돼 12년형을 확정받았고, 이에 범죄의 잔혹성에 비해 형량이 미약하다는 거센 반발을 일으킨 바 있다.

조례 | 條例

지방자치단체의 의회에서 제정되는 자치법규.

지방의회에 의한 조례는 법령에 의하여 위임된 경우뿐만 아니라 지방자치단체 자체의 발의에 의한 제정도 가능하다는 점에서 지방자치단체의 장에 의해 제정되는 규칙과 구별된다. 지방자치단체의 조례는 자치권의 전권능성 때문에 자치업무의 수행에 관한 모든 사무 분야를 대상으로 하는 포괄성을 갖는다. 그러나 법질서의 통일성을 위하여 '법령의 범위 안에서'만(헌법 117조 1항,지방자치법 15조) 조례의 제정이 인정되며, 시·군 및 자치구의 조례는 시·도의 조례나 규칙에 위반되어서는 안 된다(지방자치법 17조). 또한 주민의 권리제한 또는 의무부과에 관한 사항이나 벌칙을 정할 때에는 법률의 위임이 있어야 한다(지방자치법 15조 단서).

→ **규칙** 規則

헌법이나 법률에 근거하여 정립되는 성문법의 한 형식. 헌법에 의해 그 제정이 인정되는 규칙으로는 국회 규칙·대법원 규칙·헌법재판소 규칙·중앙선거관리위원회 규칙 등이 있으며, 법률에 의해 그 제정이 인정되는 규칙으로서는 감사원 규칙·자치 규칙·교육 규칙·노동위원회 규칙·공정거래위원회 규칙 등이 있다.

조류독감 鳥類毒感 Pathogenic Avian Influenza

닭·칠면조와 같은 가금류와 야생 조류 등을 통해 감염되는 급성 바이러스 전염병.

조류에 서식하는 H5N1형 바이러스에 의한 독감. 인플루엔자 바이러스는 닭,칠면조 등 가금류에서만 독감을 일으키는 것으로 보고되어 왔으나, 홍콩 조류독감으로 인해 닭이나 오리 등 조류의 배설물을 통해 사람에게도 전염된다는 사실이 새로 밝혀졌다. 감염되면 심한 고열과 근육통 등의 증상이 나타나며 폐렴으로 이어지는 경우가 많다.

조류독감 환자는 1997년 5월 홍콩에서 처음 발생하였다. 당시 3세 소아가 신종독감에 걸려 사망했는데, 이 소아에서 분리된 바이러스가 조류에게만 있는 것으로 알려진 H5N1 바이러스의 한 변종으로 밝혀진 것이다. 조류독감 바이러스로 인해 수백만 마리의 닭이 죽은 적은 있지만 사람이 순수 조류독감 바이러스에 감염되기는 첫 사례여서 전 세계를 공포에 몰아넣었다. 이 조류독감으로 1997년 홍콩에서 6명이 죽고 18명이 감염되었으며, 총 140만 마리의 닭이 도살되었다. 2000년에 발생한 조류독감은 중국과 홍콩에서만 닭을 비롯한 조류 수천만 마리를 미리 폐기시킬 만큼 공포를 가져왔다. 2003년 후반에는 중국, 홍콩, 태국, 베트남, 우리나라 등 아시아 전역에 조류독감이 확산돼 많은 재산과 인명 피해가 났다.

조세 법률주의 租稅法律主義

조세의 부과·징수는 반드시 국민의 대표로 구성된 국회에서 제정하는 법률에 의하여야 한다는 주의.

경제·경영·무역·금융

정치·외교·국제

사회·노동·법률·환경

철학·역사·지리

문학·예술·교육·스포츠·매체

컴퓨터·과학·IT

찾아보기

'대표 없이 과세 없다'는 원칙으로 표현되며, 근대 국가는 모두 이를 인정하고 있다. 우리나라도 헌법에 '모든 국민은 법률이 정하는 바에 의하여 납세의의무를 진다.' '조세의 종목과 세율은 법률로 이를 정한다'라고 규정하고 있다. 이것의 근본 의의는 소세의 종류 및 부과의 근거뿐만 아니라 납세 의무자, 과세 물건, 과세 표준 세율을 국민의 대표로 구성되는 의회에서 법률로 정함으로써 국민의 재산 보장과 법률생활의 안전을 꾀하는 데 있다.

조용한 혁명 Silent Revoluton

삶의 목적이 종래 객관적 양적 지표 중시에서 주관적 지표 중시, 즉 삶의 질 중시로 바뀌고 있는 현상을 미국의 잉글하트(R. Inglehart) 교수가 '조용한 혁명'이라고 이름 붙였다.

즉 지적 · 심미적 만족, 사랑 · 존경에의 욕구 등이 삶의 질에서 중요시되는 것이다. 한때 프랑스 미테랑 대통령이 강조한 칼리테 드 비(qualite de vie)도 '삶의 질'을 의미한다.

조현병 Schizophrenia

사고(思考), 감정, 지각(知覺), 행동 등 인격의 여러 측면에 걸쳐 광범위한 임상적 이상 증상을 일으키는 정신 질환을 말한다.

조현병(정신분열병)은 여러 가지 유형으로 나타나며, 단일 질병이 아닌, 공통적 특징을 지닌 몇 가지 질병으로 이루어진 질병군으로 파악되고 있다. 뇌는 인간의 모든 정신적, 신체적 기능들을 조절, 관리하는 기관이기 때문에 뇌에 이상이 생기면 아주 다양한 증상이 나타날 수 있으며, 조현병(정신분열병)은 뇌의 이상에 의해 발생하는 뇌질환, 뇌장애로 보는 것이 옳고, 그렇기 때문에 다양한 증상으로 나타난다.

환청이나 환시 같은 감각의 이상, 비현실적이고 기괴한 망상 같은 생각의 이상, 그리고 생각의 흐름에 이상이 생기는 사고 과정의 장애 등이 있으며, 정상적인 감정반응이나 행동이 감소하여 둔한 상태가 되고, 사고 내용이 빈곤해지며, 의욕 감퇴, 사회적 위축 등을 보이는 현상도 나타나기도 한다.

경제·경영·무역·금융

정치·외교·국제

사회·노동·법률·환경

철학·역사·지리

문화·예술·교육·스포츠·매체

컴퓨터·과학·IT

찾아보기

죄형 법정주의 罪刑法定主義 Grundsatz nulla poena sine lege

범죄와 형벌을 미리 법률로써 규정해야 한다는 근대 형법상의 기본원칙.

어떤 행위가 범죄가 되며, 그 행위를 처벌하기 위해서는 어떤 형벌을 과할 것인가를 미리 법률로 명문화시켜, 국가의 권력 남용으로부터 개인의 자유와 권리를 보장하려는 근대 형법상의 원칙이다. 법률 이외의 관습법 적용의 배제, 형벌 조문의 유추 해석 금지, 사후 입법의 금지, 광범위한 부정기형의 금지 등 4가지 원칙이 포함된다. 죄형전단주의와 대립되는 원칙이며, 죄형법정주의를 처음으로 형법상의 원칙으로 입법화한 근대 형법은 나폴레옹 헌법이다.

주변인 周邊人 Marginal Man

행동양식이 분명하지 않은 상태에 있는 사람.

둘 이상의 이질적 사회 집단이나 문화에 속해 있으면서도 그 경계에 위치하여 어느 쪽에도 속할 수 없는 사람. 독일의 심리학자 레빈(K. Lewin)이 한 말로 생활양식·사고방식·언어·문화 등이 서로 다른 두 개의 집단에 동시에 속해 있는 사람으로 경계인·한계인이라고도 한다. 예를 들면, 상류사회 집단에 갑자기 뛰어든 중류 사회의 사람이라든지, 어린이나 어른의 중간적인 성향을 가지고 있는 청소년, 미국의 혼혈아나 유럽의 유대인, 동양계 2세, 이민·이주로 다른 문화와 접촉한 사람들이 여기에 해당될 수 있다.

지구 온난화 地球溫暖化 Global Warming

지구 표면의 평균온도가 상승하는 현상.

이 같은 지구 온난화의 현상은 기후를 변동시켜 기존의 생태계 환경을 파괴하는데, 그 원인을 온실 효과(溫室效果)에서 찾고 있다. 현 상태로 가면 지구의 평균 기온은 2030년대에는 지금보다 섭씨 1도, 21세기 말에는 섭씨 3도가 상승할 것이라는 예측도 있다.

지적 소유권 知的所有權 Intellectual Property

발명·상표·의장(意匠) 등의 공업 소유권과 문학·음악·미술 작품 등에 관한 저작권의 총칭. 지적 재산권이라고도 한다.

지적 소유권에 관한 문제를 담당하는 국제연합의 전문기구인 세계

지적소유권기구(WIPO)는 이를 구체적으로 '문학 · 예술 및 과학 작품, 연출, 예술가의공연 · 음반 및 방송, 발명, 과학적 발견, 공업의장 · 등록상표 · 상호 등에 대한 보호 권리와 공업 · 과학 · 문학 또는 예술분야의 지적 활동에서 발생하는 기타 모든 권리를 포함한다'고 정의하고 있다. 이것은 인간의 지적 창작물을 보호하는 무체(無體)의 재산권으로서 공업 소유권과 저작권으로 크게 분류된다. 공업 소유권은 특허청의 심사를 거쳐 등록을 하여야만 보호되고, 저작권은 출판과 동시에 보호되며 그 보호기간은 공업 소유권이 10~20년 정도이고, 저작권은 저작자의 사후 30~50년까지다.

지카 바이러스 Zika virus

이집트 숲모기가 주된 매개체인 감염성 질환으로, 1947년 우간다 붉은털 원숭이에게서 처음으로 발견됨.

지카 바이러스는 주간에 활동적인 이집트 숲모기(Aedes aegypti)에 의해 전파된다. 지카 바이러스에 감염되면 가벼운 두통 · 발진 · 발열 · 근육통 등이 나타나나, 감염자의 80% 이상은 아무 증세를 보이지 않고 3~7일이면 자연스레 회복되어진다고 알려져 있었다.

그러나 2015년 브라질에서 4,000여 명에 이르는 소두증 신생아가 태어나는 등 지카 바이러스와 소두증과의 관계가 밀접한 것으로 추정되면서 전 세계적 이슈로 부상했다. 즉, 임신부가 지카 바이러스에 감염될 경우 태아에게 소두증을 유발할 위험이 크다는 것으로, 소두증은 태아 때 두뇌가 충분히 성장하지 못하고 수축돼 비정상적으로 작은 뇌와 머리를 가지고 태어나는 선천성뇌손상을 말한다.

직권중재 職權仲裁

필수공익사업의 노사 양측이 단체협약 등을 둘러싸고 합의된 조정안을 도출해 내지 못할 경우 중앙노동위원회가 직권으로 중재안을 제시하는 것을 말한다.

우리나라는 노조가 쟁의행위에 돌입하기 위해서는 쟁의행위 이전에 반드시 중앙노동위원회 또는 지방노동위원회를 통해 노사가 조정을 거치도록 하고 있으며, 일반사업장은 일단 조정절차를 거치면 결과와 무관하게 노조가 바로 쟁의행위에 돌입할 수 있다. 필수공익사업장은 직권중재회부결정이 내려지면 15일간 쟁의행위가 금지되고 직권중재는 단체협약과 동일한 효력을 갖는다. 필수공익사업자로는 도시철도, 시내버스, 의료, 수도, 전기, 가스, 통신,은행 등이 지정되어 있다. 만약 이를 어길 경우 징역 1년 이하 또는 1천만 원 이하의 벌금에 처하도록 관련법에 규정되어 있으며, 중재위원회의 중재 결과가 나오면 노사 쌍방은 반드시 이를 수용해야 한다.

집단소송제 | 集團訴訟制

집단의 대표 당사자가 소송을 수행하고, 그 판결의 효력을 집단이 공유하는 소송 제도.

한 피해자가 가해자인 회사를 상대로 소송을 제기하면 다른 피해자들도 별도의 소송 없이 그 판결로 구제 받을 수 있는 제도다. 집단소송제는 증권과 관련된 것으로 허위 공시, 부실 회계감사, 유가증권 신고서 허위기재, 주가 조작, 내부자 거래 등으로 피해를 입었을 때만 적용될 예정이다. 소송은 대주주, 회계법인, 임직원 등을 대상으로 제기할 수 있다. 이 제도는 기업의 허위나 부실공시를 막을 수 있다는 장점이 있으나, 기업들의 투명경영 체제가 자리 잡지 못한 상황에서는 소송 사태를 유발시켜 기업들이 적지 않은 타격을 받을 가능성이 있다.

집행유예 執行猶豫

범죄자에게 단기(短期)의 자유형(自由刑)을 선고할 때에 그 정상을 참작하여 일정 기간 그 형의 집행을 유예하는 제도.

집행유예는 3년 이하의 징역 또는 금고의 형을 선고할 경우, 그 정상을 참작할 만한 사유가 있을 때 1년 이상 5년 이하의 기간 동안 형의 집행을 유예하는 제도다. 특정한 사고 없이 유예 기간이 경과한 때는 형의 선고가 효력을 잃고 없었던 것과 동일한 효과를 발생하게 하는 제도인데, 단기 자유형의 폐해를 막기 위함이며 초범자들에게 많이 적용된다. 집행유예의 선고를 받은자가 유예 기간 중 금고 이상의 형을 선고받아 그 판결이 확정된 때는 집행유예의 선고는 효력을 잃게 된다.

➡ **선고유예** 宣告猶豫 System of the Conditional Release

범정(犯情)이 경미한 범인에 대하여 일정한 기간 형(刑)의 선고를

경제·경영·무역·금융

정치·외교·국제

사회·노동·법률·환경

철학·역사·지리

문화·예술·교육·스포츠·매체

컴퓨터·과학·IT

찾아보기

유예하고, 그 유예기간을 사고 없이 지내면 형의 선고를 면하게 하는 제도. 범죄 정도가 가벼운 범죄인에 대해 일정 기간 형의 선고를 유예하고, 그 유예기간 중 특정한 사고 없이 지내면 형의 선고를 면해주는 것으로서, 집행유예보다 더 범죄인에게 사회적인 제약을 피할 수 있는 길을 열어 놓은 인도적인 제도다. 1년 이하의 징역이나 금고 또는 벌금형을 선고할 경우에 해당되며, 유예를 받은 날로부터 2년이 경과한 때는 대법원에 특별 항고를 할 수도 있다.

초상권 肖像權

본인의 승낙 없이 모습이나 얼굴을 그림으로 그리거나 사진으로 촬영 당하지 않을 권리.

본인의 그림이나 사진이 함부로 신문이나 잡지 · 서적 등에 게재 당하지 않을 권리로, 자기의 초상이 사전의 승낙 없이 전시되거나 게재되었을 경우에는 손해 배상을 청구할 수 있다. 저널리즘과 관련, 신문 사진, TV화면용 촬영시 문제되는 경우로 이용하는 경우가 많아지고 있는 상황에 비추어 사망한 유명인의 초상까지 보호되어야 한다는 공표법이 1985년 미국 캘리포니아주에서 제정되기도 했다.

→ **인격권** 人格權 Personlichkeitsrecht

권리의 주체와 분리할 수 없는 인격적 이익을 내용으로 하는 권리. 즉 생명 · 신체 · 자유 · 정조 · 성명 등을 목적으로 하는 사권(私權)이다. 민법은 타인의 신체 · 자유 · 명예를 침해하면 불법행위를 구성한다고 규정(751조)함으로써 소극적으로 그 보호를 규정할 뿐이고 그 이상의 규정은 없으나, 그 밖의 다른 인격적 이익도 이를 침해하면 불법행위가 성립한다. 예컨대 타인의 성명이나 초상의 무단사용, 정조의 침해, 생활 방해 등도 불법행위가 되는 것과 같다. 입법례에 따라서는 일반적으로 인격권을 인정하고, 타인의 침해에 대한 보호를 규정하는 예도 있다(스위스 민법 등).

친고죄 親告罪 Antragsdelikt

범죄의 피해자나 그 밖의 법률에 정한 사람의 고소가 있어야 공소를 제기할 수

경제·경영·무역·금융

정치·외교·국제

사회·노동·법률·행정

철학·역사·지리

문학·예술·교육·스포츠·매체

컴퓨터·과학·IT

찾아보기

있는 범죄.

친고죄에는 강간죄, 강제 추행죄, 명예 훼손죄, 모욕죄와 같이 기소하는 것이 오히려 불명예 등 본인에게 불이익이 되는 경우와, 피해가 경미하여 피해자의 의사를 무시하면서까지 기소할 필요가 없는 경우의 2가지 유형이 있다. 그러나 고소나 고발이 없이도 수사는 할 수 있다.

친권 親權 Elterliche Gewalt

부모가 미성년인 자식에 대하여 가지는 신분상 재산상의 여러 권리와 의무의 총칭.

친권자는 ① 자식의 보호·교양, 거소지정, 징계, 영업 허락 등 자식의 신분에 관한 권리 의무와 ② 재산관리 및 재산상 법률행위의 동의·대리 등 자식의 재산에 관한 권리 의무를 가진다.

청년구직지원활동금 靑年求職活動支援金

취업 준비를 하고 있는 청년들의 어려움을 덜어주기 위해 2019년부터 시행되는 사업으로, 일정 요건을 갖춘 청년에게 6개월 동안 월 50만 원씩 지급하는 것이다.

자기주도적으로 취업을 준비하는 청년(만 18세 ~ 34세)에게 월 50만 원씩 최대 6개월간 취업준비비용을 지원하는 사업이다. 참여를 원하는 청년은 2019년 3월 25일부터 언제든지 온라인청년센터(youthcenter.go.kr, 웹·모바일)를 통해 신청할 수 있으며, 신청 결과는 신청한 다음 달 15일 문자메시지 등을 통해 개별적으로 안내된다. 신청자는 졸업정보(졸업증명서 또는 제적증명서), 취업·창업정보(근로계약서 또는 근로를 입증할 수 있는 서류), 가구원 소득정보(가족관계증명 관련 서류) 등을 제출해야 하는데, 청년구직활동지원금 지원 대상이 되는 것은 생애 한 번만 가능하다.

청년 우대형 청약저축 靑年 優待型 請約通帳

만 19세 이상 34세 이하 청년(2019년 1월 2일부터, 이전에는 만19세~29세)을 대상으로 기존 주택청약종합저축의 청약 기능과 소득공제 혜택을 유지하면서 10년 동안 연 최대 3.3% 금리와 이자소득 비과세 혜택을 제공하는 청약통장을 말한다.

만 19세 이상 만 34세 이하 청년(병역 기간은 최대 6년까지 별도로 인정,

2019년 1월 2일부터)으로, 연 3,000만 원 이하의 소득이 있는 무주택 세대주, 무주택 가입 후 3년 내 세대주 예정자, 무주택 세대의 세대원 등이 가입 대상이다. 2018년 하반기부터 세법 개정에 따라 청년의 범위가 만 19세 이상 만 34세 이하로 변경되면서, 기존의 만 19세~29세의 가입 가능 연령이 이에 맞춰 확대됐다

쿼터리즘 Quarterism

인내심을 잃어버린 청소년의 사고, 행동양식을 이르는 말.

4분의 1을 뜻하는 영어 쿼터(Quarter)에서 나온 말로 인내심을 잃어버린 요즘 청소년의 사고, 행동 양식 등을 가리킨다. 최근 10대들은 인터넷의 사용이 일상화되면서 자극에는 즉각 반응하지만 금세 관심이 바뀌는 감각적 찰나주의가 한 특징으로, 이는 순간적 적응을 요구하는 고속정보통신과 영상매체의 급격한 팽창이 한 가지 일에 진지하게 접근하고 집중하는 능력을 잃게 한 원인으로 지적되고 있다. 신세대의 사고와 행동에 걸리는 시간이 기성세대의 4분의 1(Quarter), 혹은 15분밖에 되지 않는다고 해서 생겨난 말이지만 요즘은 '생각은 짧게 행동은 빨리'하는 신세대를 지칭하는 말로 쓰이고 있다. 이들은 한 가지 일에 진지하게 접근하고 집중하는 능력은 없지만 직관적 사고나 감각적이고 순발력이 요구되는 아이디어를 창안해내는 데는 천재적이라는 긍정적 평가도 있다.

클로즈드 숍 closed shop

노동조합원일 것을 고용의 조건으로 하여 모든 노동자를 조합에 가입시키는 노사 간의 협정.

고용주는 노동조합 가입자가 아닌 사람을 고용할 수 없으며, 노동조합을 탈퇴하거나, 노동조합에서 제명된 근로자는 해고해야 한다. 이는 노동조합원간의 단결과 노동조합이 고용주와의 교섭에서 보다 유리한 위치를 차지하기 위함이다. 기술의 평준화 및 라인의 자동화에 따라 직종의 변화가 심해지고 미숙련 노동이 일반화되면서 직업별 노조보다는 산업별 노조가 현실적으로 떠오르면서 퇴보되었다.

➔ **유니언 숍 union shop**

고용주가 근로자를 고용할 때 노동조합 가입 여부에 상관없이

고용할 수 있으나 고용된 근로자는 반드시 일정 기간 동안 노동조합에 가입해야 한다는 회사와 근로자 간의 단체협약.

킬러 애플리케이션 Killer Application

등장하자마자 다른 경쟁 제품을 몰아내고 시장을 완전히 재편할 정도로 인기를 누리는 상품이나 서비스.

증기기관 · 금속활자 · 자동차 · 안경 · 컴퓨터 · 인터넷 등과 같이 시장에 나오자마자 산업을 변화시키고 시장을 재편해 경쟁 제품을 완전히 몰아냄으로써 초기에 투자한 비용을 수십 배 이상으로 회수할 수 있는 발명품이나 서비스를 통틀어 일컫는다.

타임오프제 Time-off

타임오프제는 노조 전임자에 대한 사용자의 임금지급을 금지하되 노사교섭 · 산업안전 · 고충처리 등 노무관리적 성격이 있는 업무에 한해서만 근무시간으로 인정해서 회사가 이에 대한 임금을 지급하는 제도이다. 2009년 말에 노사정의 합의에 의해 도입되었고, 2010년 7월 1일부터 시행되었다.

탄소 포인트제

온실가스 감축 실적에 따라 탄소 포인트를 발급하고, 이에 상응하는 인센티브를 제공하는 제도이다.

국민 개개인이 기후변화의 주범인 온실가스 감축 활동에 직접 참여하도록 유도하는 제도이며, 가정과 상업시설에서 전기 · 수도 · 도시가스 및 지역난방 등의 사용량 절감을 통해 온실가스 감축에 참여하면 그 실적에 따라 탄소 포인트를 발급받고, 이에 상응하는 인센티브를 지방자치단체로부터 제공받게된다. 환경부가 산업 부문에 치중해온 온실가스 감축 정책을 가정 및 상업시설까지 확대 실시하고자 탄소 포인트제를 도입했는데 2008년부터 시범적으로 운영되었고, 2009년부터 전국 지방자치체로 확대 운영되기 시작했다.

탈리오의 법칙 Lex Talionis

피해자가 입은 피해와 같은 정도의 손해를 가해자에게 가하는 보복의 법칙이다.

경제 · 경영 · 무역 · 금융

정치 · 외교 · 국제

사회 · 노동 · 법률 · 환경

철학 · 역사 · 지리

문화 · 예술 · 교육 · 스포츠 · 매체

컴퓨터 · 과학 · IT

찾아보기

'눈에는 눈, 이에는 이'란 식의 보복을 기본으로 삼는 법칙으로 가해와 보복의 균형을 꾀함으로써 응보적(應報的) 정의감을 만족시키고, 사투(私鬪)를 종결시키려고 한 고대 사회의 전형적인 형벌 사상이다. 함무라비 법전에 규정되어있다.

테러방지법

국민보호와 공공안전을 위한 법으로 2016년 3월 2일 국회 본회의를 통과한 법안 2016년 2월 23일 새누리당 주호영 의원이 대표(수정)발의했으며, 테러 방지를 위해 국가정보원에 정보수집 및 추적권을 부여하고 테러인물을 감시 관리할 수 있는 법적 근거를 담고 있다.

테러 위험인물에 대한 추적이 필요 할시 국무총리에게 사전 또는 사후에 보고 하여 개인정보 · 위치정보 · 통신이용 정보 수집, 출입국 · 금융거래 기록 추적 조회, 금융 거래 정지 등을 요청할 수 있게 된다. 당초 법안은 2016년 2월 23일 본회의에 직권 상정됐으나 법안 통과를 막기 위한 야당의 9일간의 필리버스터가 진행됨에 따라, 필리버스터가 종료된 3월 2일 본회의를 통과했다.

테크노크라시 Technocracy

전문적 지식 또는 과학이나 기술에 의하여 사회 또는 조직 전체를 관리

운영 · 조작(操作) 할 수 있고, 따라서 이것을 소유하는 자가 '의사결정'에 대한 커다란 영향력을 가지게 되는 시스템. 어원적으로는 '기술에 의한 지배'를 뜻한다. 일반적으로 전문적 지식, 과학이나 기술에 의하여 사회 혹은 조직 전체를 관리, 운영 또는 조작할 수 있고 따라서 그것들을 소유하는 자가 의사 결정에 커다란 영향력을 갖는 시스템을 말하며, 1930년대에 미국에서 처음 등장하였다.

토지 공개념 土地公概念

토지의 소유와 처분은 공공의 이익을 위해 제한할 수 있다는 개념.

국민의 생활 기반인 토지는 공공적 의의가 크므로 소유권에 제한을 가하고 공적인 의의를 부여한다는 뜻이다. 자본주의 국가에서도 이제 토지가 공공재로 인식되면서 토지 소유권 절대 사상에도 변화가 요구되기에 이르렀다. 우리나라에서도 1989년 '택지소유에관한 법률', '토지초과이득세법', '개발이익 환수에 관한 법률' 등 세 종류의 토지 공개념 관련 법률이 제정되었다.

토크니즘 tokenism

사회적 소수 집단의 일부만을 대표로 뽑아 구색을 갖추는 정책적 조치 또는 관행을 뜻하는 말이다.

주로 조직의 포용성과 공평성을 외부에 보여주기 위해 명목상 시행되는 것으로 성적, 인종적, 종교적, 민족적 소수 집단의 일원을 적은 수만 조직에 편입시킴으로써, 겉으로는 사회적 차별을 개선하기 위해 노력하는 조직으로 보이게끔 하는 것이다. 이렇게 편입된 소수는 사회적 소수자 전체를 상징하게 되며, 다수이자 주류 집단은 계속해서 권력을 유지한다.

특별 검사제 特別檢事制

고위 공직자의 비리나 위법 혐의가 발견되었을 때 수사와 기소를 행정부로부터 독립된 변호사로 하여금 담당하게 하는 제도.

특별 검사제는 검찰만이 하는 기소 독점주의의 예외 규정으로, 우리나라에서도 옷 로비 사건, 조폐공사의 파업 유도 의혹, 대북 송금 문제를 특별검사를 통해서 수사한 바 있다.

피의사실공표죄 被疑事實公表罪

형법 제126조에 규정된 것으로, 검찰·경찰·기타 범죄수사에 관한 직무를 행하는 자 또는 이를 감독하거나 보조하는 자가 수사과정에서 알게 된 피의사실을 기소 전에 공표한 경우 성립하는 죄를 말한다.

검찰·경찰·기타 범죄수사에 관한 직무를 행하는 자 또는 이를 감독하거나 보조하는 자가 수사과정에서 알게 된 피의(혐의나 의심을 받음)사실을 기소(검사가 특정한 형사 사건에 대하여 법원에 심판을 요구하는 일) 전에 공표(여러 사람에게 널리 드러내어 알림)한 경우 성립하는 죄로 형법 126조에 규정돼 있다. 피의사실 공표죄는 3년 이하의 징역 또는 5년 이하 자격정지 등의 처벌을 받을 수 있다. 이는 헌법상 '무죄추정의 원칙'을 실현하기 위한 규정으로, 아직 입증되지 않은 피의사실 공표로 부당한 인권 피해를 입는 것을 방지하기 위한 것이다.

파레토의 법칙 Pareto's Law

로잔학파에 속하는 이탈리아의 경제학자 V. 파레토에 의해 발표된 소득분포의 불평등도(不平等度)에 관한 법칙.

흔히 2080법칙이라고도 하는데 '전체 결과의 80%는 전체 원인 중 20%에서 비롯된다'는 법칙이다. 즉 상류 20%만 잡으면 전체의 80% 를 잡는 효과를 나타낼 수 있다. 경제학자인 파레토(V. Pareto)가 100 년 전 소득과 부의 관계를 연구하다가, 언제 어느 나라든지 전체 부의 80%는 20%의 사람이 갖고 있다는 것을 발견했다. 기업의 경우 20% 의 제품이 전체 매출이나 이익의 80% 이상을 차지하고 전체 고객 중 핵심 고객 20%가 매출과 이익의 80% 이상을 차지한다. 일부기업들 은 명확한 사업전략 없이 잡화점 식의 다양한 제품과 모델을 만들어 생산 · 재고관리에서 비효율적인 경영을 하는 반면, 초우량 기업은 핵심 사업군을 정하고 중요 제품과 고객을 집중관리해서 경쟁력을 높여왔다. 개인에게 2080 법칙은 20%의 중요한 일에 노력을 집중해 서 성공적인 삶을 살 수 있다는 것으로 시간관리에 있어서 긴급성보 다 중요도에 따라 행동해야 한다는 의미다.

파킨슨의 법칙 Parkinson's Law

영국의 역사학자 · 경영연구가인 C. N. 파킨슨이 사회를 풍자적(諷刺的)으로 분석 하여 제창한 사회생태학적(社會生態學的) 법칙.

'상급 공무원으로 출세하기 위해 부하의 수를 늘릴 필요가 있으므 로 공무원의 수는 일의 유무나 경중에 상관없이 일정 비율로 증가 한 다'라는 사실을 수학적 법칙으로 정리했다. 이외 유명한 것으로는, '공무원은 서로를 위해 서로 일을 만들어낸다', '바보는 공무원과 군 인이 되고 영리한 사람은 비즈니스맨이 된다.' 등이 있다.

푸드뱅크 Food Bank

식품제조업체나 개인으로부터 남은 식품을 기증 받아 결식아동 · 무의탁노 인 · 무료 급식소 · 노숙자 보호소 · 사회복지시설 등에 전달하는 식품지원복지서 비스단체.

서구에서는 보편화된 제도로, 경제 대공황과 2차 대전 이후 미국과 유럽에서는 푸드뱅크가 정부를 대신해 빈민들을 위한 무료급식을 맡았다. 우리나라에서는 1998년 보건복지부, 대한성공회, YMCA 등 6개 종교 · 시민단체가 먹을거리 나누기 운동협의회를 결성해 각각 푸드뱅크 사업을 시작했다.

프리터족 Free Arbeiter

필요한 돈이 모일 때까지만 아르바이트로 일하는 사람들.

프리 아르바이터를 줄인 말이다. 필요한 돈이 모일 때까지만 아르바이트로 일하고 쉽게 일자리를 떠나는 사람들로, 일본에서 유행하는 집단이다. 일본노동성은 이들을 아르바이트나 시간제로 돈을 버는 15~34세의 노동인구라고 정의한다. 이들은 대부분 자신에게 어떤 직업이 맞는지 정하지 못한 젊은이들이 많으며, 일반 직장에서는 일한 만큼 대우를 못 받는다고 생각하는 사람들이 많다. 그러나 이 생활을 오래하게 되면 조직생활에 적응하지 못하고 기술 축적도 안 되기 때문에 평생직장을 구하기가 어려워진다는 것이 문제다.

플렉스 타임 Flex Time

종업원의 출퇴근 시간을 융통성 있게 운영하는 기업의 노동시간 관리제도이다.

이 제도는 종업원은 주간 또는 월간 소정 근로시간을 반드시 채울 것과 출근 일에는 반드시 일정시간은 전 종업원의 부서 간 협조를 위해 누구나 일해야 하는 코어타임(core time) 등을 전제로 한다. 교통난의 완화, 종업원의 생활관리 등이 이점이며, 기업으로서는 노동력 확보가 쉽고 임금 지불 등을 줄이는 이점이 있지만, 기준 근로시간을 초과해 근무함으로써 발생하는 시간외 근무수당을 줄이려는 제도로 악용될 소지가 있다.

하이퍼컬처 Hyper Culture

빠른 것을 최고의 가치로 여기는 미래의 속도경쟁문화.

컴퓨터와 네트워크 기술이 발달하면서 나타나는 새로운 사회상이다. 빌 게이츠가 그의 저서 『생각의 속도』에서 밝혔듯이 앞으로 다가올 10년 동안 지난 50년 간의 변화보다 더 빠른 속도로 생활 전반에 걸쳐 혁명적인 변화의 물결이 일어날 것으로 전망된다. 변화의 속도에 적응하지 못하면 정보화 사회에서 길을 잃고 헤맬 것이란 주장이다.

1970년대 앨빈 토플러가 설파한 '미래의 충격'에 이어 다음 세기에는 이른바 '속도의 충격'이 올 수도 있을 것이다. 캐나다 윈저대학의 스티브 버트먼 교수는 1998년 펴낸 저서『하이퍼 컬처』에서 속도에 대한 지나친 집착이 인간의 기본적인 가치관을 붕괴시킬 수도 있다고 경고한다.

학생인권조례 學生人權條例

학생의 존엄과 가치가 학교교육과정에서 보장되고 실현될 수 있도록 각 교육청에서 제정한 조례. 2012년 4월 현재 전국 16개 시·도 가운데 경기도, 광주광역시, 서울 등 3개 지역에서 공포되었다.

학교교육과정에서 학생의 인권이 보장될 수 있도록 전국 16개 시·도 교육청별로 제정·공포해 시행하는 조례이며, 교육청에서 학생인권조례를 제정해 시행하게 되면 각 학교장은 이에 따라 시행한다. 전국 16개 시·도 교육청 가운데 경기도, 광주광역시에 이어 세 번째로 서울시교육청이 서울학생인권조례를 2012년 1월 26일 공포했다. 주요내용은 학생은 집회의 자유를 가진다(제17조). 즉, 집회의 자유가 처음으로 명시되어 학생들은 학교뿐만 아니라 교실이나 운동장 등 학내에서도 집회를 열 수 있다. 또한 조례는 또 체벌, 따돌림, 성폭력 등 모든 물리적 및 언어적 폭력으로부터 자유로울 권리(6조), 임신·출산·성적 지향 등의 이유로 차별받지 않을 권리(5조), 복장·두발 등 용모에 있어 개성을 실현할 권리(12조), 집회의 자유(17조), 학생의 휴대전화 소지 허용(13조), 특정 종교 강요 금지(16조)등의 내용이 담겨 있다. 아울러 학생과 교직원의 안전을 위해 긴급한 필요가 있는 경우를 제외하면 학생 동의 없이 소지품 검사를 할 수 없도록 했다.

하지만 학교장이 제정·개정할 수 있도록 한 초·중등교육법 개정 안이 2012년 3월 21일부터 시행되었고 이는 상위 법률인 초·중등교육법에 의해 학생인권조례가 무력화될 수 있다는 의미다. 이에 따라 각 지역 교육청이 제정한 학생인권조례와 학교장이 학생들의 두발·복장 제한, 체벌 등을 통한 학생규제 등의 내용을 담을 수 있는 학칙이 대립할 것으로 예상된다.

사이드 텍스트(세로): 경제·경영·무역·금융 | 정치·외교·국제 | 사회·노동·법률·환경 | 철학·역사·지리 | 문화·예술·교육·스포츠·매체 | 컴퓨터·과학·IT | 찾아보기

행정소송 行政訴訟 Verwaltungsrechtspflege

행정 관청으로부터 받은 명령이나 처분이 법률에 위반되는 부당한 것이라고 생각하는 사람이 그 취소 또는 변경을 요구하는 소송. 행정 재판이라고도 한다.

행정 소송은 고등 법원이 제1심 법원이다. 보통 행정소송이라 할 때에는 행정법규의 정당한 적용과 개인의 권리구제를 목적으로 하는 주관적 소송(主觀的訴訟)을 의미하며, 한국의 행정소송법이 규정하는 항고소송(抗告訴訟)과 당사자소송(當事者訴訟)이 이에 해당한다.

헌법불합치 憲法不合致

'하위법(下位法)의 내용이 헌법에 합치되지 않는다'는 헌법재판소의 선언으로 사실상의 위헌선언.

법 규정의 위헌성이 드러났지만 위헌결정을 내릴 경우, 그 날부터 해당 규정의 효력이 상실됨에 따라 생기는 법적 혼란을 막기 위해, 관련법이 개정될 때 까지 한시적으로 법적 효력을 인정해주는 헌법재판소(헌재)의 변형결정의 하나다. 이 결정이 내려지면 국회와 행정부는 헌재가 제시한 기간에 해당 법률을 반드시 개정해야 한다. 이 판결을 내리기 위해서는 재판관 6인 이상의 찬성이 필요하다. 그 동안 헌법재판소는 토지초과이득세, 선거구 획정, 재외동포법 등에 대해 헌법불합치 결정을 내린 바 있다.

헌법소원 憲法訴願

공권력에 의하여 국민의 기본권이 침해된 경우에 헌법재판소에 제기하여 기본권을 구제하는 수단을 말한다.

우리나라를 비롯하여 현재 헌법재판소 제도를 가지고 있는 나라에서 대부분 인정되고 있으며, 국가기관이 공권력을 행사하거나 행사하지 않아서 국민이 헌법상에 보장된 기본권을 침해 받는 경우 국민은 이를 회복하기 위해 헌법재판소에 헌법소원심판을 청구할 수 있다. 헌법소원의 심판은 그 사유가 있음을 안 날로부터 60일 이내에, 그 사유가 있은 날로부터 30일 이내에 청구하여야 하며, 다른 법률에 의한 구제절차를 거친 헌법소원의 심판은 그 최종결정을 통지받은 날로부터 30일 이내에 청구하여야 한다.

헌법재판소 憲法裁判所 Verfassungsgericht

한 국가 내에서 최고의 실정법 규범인 헌법에 관한 분쟁이나 의의(疑義)를 사법적 절차에 따라 해결하는 특별 재판소.

법률의 위헌 여부 심사, 탄핵 사건의 심판 및 정당의 해산 심판, 국가기관 지방자치단체 사이의 권한 쟁의에 관한 심판, 헌법 소원에 관해 심판한다. 국민의 기본권 신장을 제도적으로 뒷받침하기 위해 신설된 헌법기관으로, 대통령이 지명한 3명, 국회에서 선출된 3명, 대법원장이 지명한 3명 등 9명으로 구성되며, 위원장은 국회의 동의를 얻어 재판관 중에서 대통령이 임명한다. 위헌법률 심사권, 탄핵 심판권, 정당해산 결정권, 기관쟁의 심판권, 헌법소원심판권 등의 권한을 행사하며 이의 결정 시에는 9명 중 6명 이상의 찬성으로 결정한다.

헤일로 효과 Halo Effect

사람이나 사물을 평가할 때 나타나는 오류를 뜻하는 심리학 용어.

후광 효과(後光效果)라고도 하는데, 인사고과에서 사람의 인상만으로 사람의 됨됨이를 판단하거나, 상품 평가에서 포장지나 브랜드만 보고 평가하는 등 특정 요소 하나가 전체를 평가하는 데 영향을 주는 현상을 말한다.

형벌 불소급의 원칙 刑罰不遡及原則

형벌은 행위 당시의 법률에 의해 구성되며 행위 후에 시행된 법률에 의해서는 소급해서 소추나 형벌을 받지 않는다는 원칙.

개인의 신체 자유를 보장하는 것이 목적이다. 형벌 불소급의 원칙은 법적 안정성의 요구에서 나온 것이므로, 절대적인 것은 아니고 법적 안정성을 해칠 우려가 없거나 신법이 오히려 관계인에게 유리한 경우에는 이 원칙을 적용하지 않는 경우도 있다.

형사 보상 청구권 刑事補償請求權

형사 피고인으로 구속되었던 자가 무죄 판결을 받은 때에 법률이 정하는바에 따라 국가에 보상을 청구할 수 있는 권리.

이 권리의 요건은 구속되었어야 하고, 기소되었어야 하며, 무죄 확정 판결을 받아야 하는 것 등이다. 형사 보상법에 의하면 보상 청구는 무죄 판결이 확정된 날로부터 1년 이내에 무죄 판결을 한 법원에 하기로 되어 있다.

호모 모빌리쿠스 Homo Mobilicus

모바일 미디어가 인간의 생활에 미치는 변화를 문화생태학적 관점에서 조망한 『호모 모빌리쿠스』라는 책에서 비롯된 신조어로, 휴대폰이 생활의 일부가 된 현대사회의 새로운 인간형을 뜻한다.

2008년 고려대학교 김성도 언어학 교수는 『호모 모빌리쿠스』에서 휴대폰을 단순한 커뮤니케이션의 매개체로 보는 것이 아니라 권력·위상·정체성 등에 대한 개인의 자각, 사회적 행동 양식, 사회적 조직방식에 연계된 현대문화의 주인공으로 본다. 또한 지은이는 휴대폰이 급속하게 보급된 것은 적정 비용의 기술 제공, 후기 자본주의가 추동시킨 네트워킹 역학 등의 이유도 있지만 무엇보다 인류가 오랫동안 꿈꿔온 '편재성의 욕망'즉 이곳과 저곳에 동시에 존재하는 꿈을 휴대폰이 실현시켜 주었기 때문이라고 이야기한다.

이와 유사한 용어로는 모빌리언(Mobilian), 모빌리티언(Mobilitian)이 있다.

호스피스 Hospice

죽음을 앞둔 환자에게 연명의술(延命醫術) 대신 평안한 임종을 맞도록 위안과 안락을 최대한 베푸는 봉사활동.

본래의 의미는 순례자의 숙박소, 환자나 극빈자 등을 위한 수용소, 구빈원(救貧院)을 가리키는 것이었다. 최근에는 죽음을 눈앞에 둔 환자가 가급적 고통없이 임종을 맞이할 수 있도록 배려해 주는 봉사 활동을 말한다.

환경개선비용부담법 環境改善費用負擔法

환경개선을 위한 대책을 종합적이고 체계적으로 추진하고 이에 따른 투자재원을 합리적으로 조달해 환경개선을 촉진함으로써 국가의 지속적인 발전의 기반이 되는 쾌적한 환경의 조성에 이바지함을 목적으로 제정된 법률이다.

이 법에 따르면 환경부장관은 유통·소비 과정에서 환경오염물질의 다량배출로 인해 환경오염의 직접적인 원인이 되는 건물 등 기타 시설물의 소유자 또는 점유자와 자동차(경유를 연료로 사용하는 대통령령이 정하는 자동차)의 소유자로부터 '환경개선부담금'을 부과·징수한다. 이때의 부과대상지역, 부과대상시설물의 용도, 부과·징수의 방법·절차, 기타 필요한 사항은 대통령령으로 정한다.

환경마크제도 Environmental Labelling Eco Labelling

환경에 피해를 덜 주는 저공해 상품에 환경부가 공인 표시를 해주는 제도.

1992년부터 시행된 이 제도는 소비자에게는 저공해 상품의 소비를 유도하고 기업에는 청정기술 개발 및 저공해 상품 개발을 촉진시키는 이점이 있다. 환경마크 대상 품목은 ① 90% 이상 재생지를 사용한 화장지, ② 50% 이상 재생지를 쓴 종이 제품류, ③ 60% 이상 재생률의 플라스틱 제품류, ④ 프레온가스(CFC)를 전혀 사용하지 않은 스프레이류 등 4종류이다. 이 제도는 1979년 독일이 처음 시행한 후 일본, 미국, 캐나다, 프랑스 등 선진국에서 채택해서 시행하고 있다.

환경영향평가제 環境影響評價制

도로시설·항만시설·철도·공항·공단시설 등의 사회간접자본 시설 및 기타 간척사업 등 그 사업이 환경에 미칠 영향을 예측, 분석, 평가하여 그에 대한 대책을 수립, 이행하는 제도.

우리나라는 1977년 환경정책 기본법을 제정해 시행해 왔다. 이는 사업 시행전에 하는 일종의 요식 절차로 사실상 환경파괴에 대한 면죄부로 인식되어 왔다. 그러나 앞으로는 사업 시행계획에서부터 마무리까지 전 과정에 걸쳐 환경 영향의 정도를 완벽하게 추적할 수 있게 되어 환경 파괴를 최소한으로 줄일 수 있게 되었다.

환경 호르몬

생물체에서 정상적으로 생성·분비되는 물질이 아니라, 인간의 산업활동을 통해서 생성 방출된 화학물질로, 생물체에 흡수되면 내분비계의 정상적인 기능을 방해하거나 혼란케 하는 화학물질.

환경 호르몬은 극히 적은 양으로 생태계 및 인간의 생식기능 저하·성장장애·기형·암 등을 유발하는 중대한 영향을 끼치기 때문에 심각한 문제가 되고 있다. 1970년대에 나타난 사례로 불임여성의 증가, 음경발달 부진, 1980년대 플로리다 악어의 부화율 감소, 성기의 왜소 증상, 1990년대에는 남성의 정자 수 감소, 수컷 잉어의 정소 축소, 바다 고등어류의 자웅동체 등이 나타났다.

황견계약 黃犬契約

근로자가 노동조합에 가입하지 않을 것, 쟁의에 참여하지 않으며, 노동조합에서 탈퇴할 것을 고용조건으로 하는 근로계약을 말한다.

우리나라의 노동조합법은 이 같은 행위를 사용자의 부당노동행위로 간주하고 있으며, '비열계약'이라고도 한다. 노동관계조정법에 규정된 불이익취급이 노동자의 단결권, 단체교섭권, 단체행동권의 노동3권 보장활동을 억압하는 것이라면, 황견계약은 종업원이 되기 전에 단결권 활동을 제한하기 위한 것이라 할 수 있다. 황견계약이 불이익 취급에 이어 부당노동행위로서 금지되고 있는 것은 반조합적 행위의 대표적인 것으로 인정되기 때문이다. 따라서 조합에 가입하더라도 조합활동을 하지 않는다든가 어용조합에 가입할 것을 고용조건으로 하는 것도 황견계약으로 보는 것이 일반적 견해이며 이같이 반조합적 조건을 고용조건으로 하는 것은 신규채용 채결시에 약정할 필요가 없다.

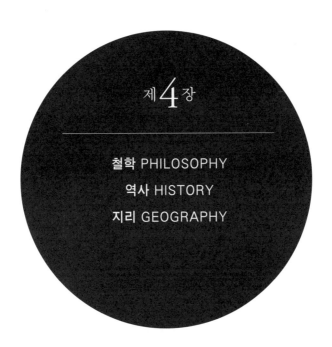

제4장

철학 PHILOSOPHY
역사 HISTORY
지리 GEOGRAPHY

3 · 1운동 三一運動

일본 식민지 지배 하의 한국에서 1919년 3월 1일을 기하여 일어난 범민족 항일 독립운동.

1910년에 군국주의 일본의 침략을 받아 강제로 합병 당한 이후, 1919년 3월 1일, 손병희 등 33인이 미국 윌슨 대통령의 민족 자결주의에 자극을 받아 고종황제의 국장을 계기로 일으킨 전국적인 규모의 독립운동이다. 탑골 공원에서 독립 선언서의 낭독과 살포, 만세 시위 등을 시작으로 전국적인 독립운동으로 퍼져나갔다. 이에 일제는 비무장 시위대를 총과 칼로 무차별 공격함으로써 잔학하게 탄압했다. 이 운동은 비록 실패했지만 대내적으로는 독립정신의 고취와 계승 등 적극적인 민족운동의 발판이 되었고 대외적으로는 중국의 5 · 4운동, 인도의 사타그라하 운동, 이집트의 반영자주운동 등 아시아와 중동지역의 민족운동에 영향을 주었다.

5 · 4 운동 伍四運動

1919년 5월 4일 중국 베이징에서 일어난 반봉건, 반제국주의 운동.

파리강화회의에 제출한 중국의 요구가 무시되자 일본과 결탁한 군벌을 반대하는 학생과 지식인이 중심이 된 시위에서 시작, 전국적인 대중운동으로 발전하여 중국의 근대화를 추진시킨 원동력이 되었다. 윌슨의 민족 자결주의와 한국의 3 · 1 운동에 자극을 받은 이 운동은 중국 사회와 문화 및 사상에 미친 영향이 컸다.

6 · 10 만세 운동 六十萬歲運動

1926년 6월 10일, 대한제국 융희 황제(순종)의 국장일을 기하여 학생들이 중심이 되어 일어난 만세 운동. 병인 만세 운동이라고도 한다.

일제의 우리 민족 압박에 항거하여 연전 · 보전 · 경성 · 제대 등의 학생들이 중심이 되어 각처에서 독립 만세를 외치며 궐기하였다. 이 운동으로 많은 애국청년이 희생되었다.

6진 六鎭

조선 세종 16년(1434)에 영토수복정책에 따라 김종서(金宗瑞) 등에게 동북방면의 여진족에 대비해 두만강 하류 남안에 설치한 국방상의 요충지.

경제 · 경영 · 무역 · 금융

정치 · 외교 · 국제

사회 · 노동 · 법률 · 환경

철학 · 역사 · 지리

문화 · 예술 · 교육 · 스포츠 · 매체

컴퓨터 · 과학 · IT

찾아보기

즉, 종성(鐘城), 온성(穩城), 회령(會寧), 경원(慶源), 경흥(慶興), 부령(富寧)의 여섯진을 말한다. 6진은 대륙에 있어서의 원 · 명교체기를 이용한 고려 공민왕조의 북진정책을 이어받은 태조 이성계(李成桂)와 세종의 진취적 정책에 의해 설치되었으며, 이 6진의 개척 결과 우리나라의 국토 경계선이 오늘날 두만강에까지 이르게 되었다.

8조 금법 八條禁法

고조선의 8개 조항으로 된 법률. 범금 8조(犯禁八條)라고도 한다.

8조 중, 살인자는 사형에 처하고, 남을 해친 자는 곡물로 배상하며, 남의 물건을 훔친 자는 노예로 삼는다는 3개 조항이 중국『한서 지리지』에 실려전해지 고있다.

간다라 미술 Gandhara art

BC 2세기~AD 5세기, 인도문화와 헬레니즘문화가 융합되어 발달한 그리스 · 로마 풍의 불교 미술양식.

간다라 지방은 오래 전부터 문명의 교차로였다. 아쇼카 왕이 통치하던 때(BC3세기초)에는 불교 선교활동이 활발했고, AD 1세기경 간다라를 포함한 쿠산제국의 통치자들은 로마와 계속 접촉을 해왔다. BC 4세기 알렉산드로스 대왕의 동서융합 정책으로 인해 그리스문화의 영향을 받은 헬레니즘문화가 간다라 지역에 전파되어 동서양이 융합된 독특한 간다라 미술 양식이 형성되었다. 간다라 지역의 불교도들은 부처를 보리수나 법륜과 같은 상징으로 표현해 왔으나 그리스인들이 자신들의 신을 조각상으로 만드는 것을 보고 불상을 만들기 시작하였다. 이 시기의 불상은 헬레니즘 미술의 영향을 받아 서양인을 닮았으며, 자연스럽고 사실적으로 표현한 것이 특징이다.

갑신정변 甲申政變

고종 21년(1884) 김옥균을 비롯한 급진 개화파가 일본의 힘을 빌려 조선의 자주독립과 근대화를 목표로 일으킨 정변.

갑신정변으로 수립된 내각은 3일 만에 무너지고 김옥균, 박영효 등은 일본으로 망명했다. 이 사건을 계기로 일본이 조선에 식민지적 기반을 닦는 데 박차를 가한 한성조약이 체결되었다.

갑오경장 甲午更張

고종 31년(1894) 일본군의 세력을 등에 업고 집권한 개화당이 추진한 근대적 개혁 조치.

갑오경장은 근대 봉건사회제도의 청산이며 근대화의 출발점이 되었으나, 보수적 봉건잔재로 인해 기형적 근대화가 이루어지게 되었다. 그 내용은 청나라와의 모든 조약 파기, 개국 기년 사용, 관제 개혁, 과거제 폐지, 세제 개혁, 은본위제 채택, 사회계급 타파, 노비 해방, 조혼 금지, 신 교육령의 실시 등이다.

강화도조약 江華島條約

고종 13년(1876) 2월 강화도에서 조선과 일본이 체결한 우리나라 최초의 근대적 조약.

일본의 군사력을 동원한 강압에 의해 체결된 불평등조약으로, 공식 명칭은 조일수호조규이며, 병자수호조약이라고도 한다. 일본은 국내 사족(士族)들의 불만을 밖으로 돌리고, 구미 제국과의 불평등조약을 개정하기 위한 방법으로, 조선과 청나라의 시세를 살펴 부산항에서 함포 위협 시위를 벌이고 강화도에서 운요호 사건을 유발했다. 결국 이것이 빌미가 되어 1876년 2월 27일 신헌과 구로다 기요다카 사이에 12조의 조약을 체결하게 되었다.

조약의 주요 내용은 다음과 같다. 첫째, 조선은 부산과 원산과 인천 항구를 20개월 이내에 개항한다. 둘째, 치외 법권을 인정하여, 개항장에서 일본인의 범죄가 발생할 경우 일본인은 일본인의 법률에 의해 처벌된다. 셋째, 조선의 연안 측량을 자유롭게 한다. 넷째, 조선과 일본 양국은 수시로 외교사절을 파견하고 일본 화폐의 통용과 무관세 무역을 인정한다.

건원중보 乾元重寶

고려 성종 15년(996)에 주조된 것으로 추정되는 우리나라 최초의 주화.

고려시대에 동국통보, 삼한중보, 삼한통보, 해동중보, 해동통보, 해동원보 등 8종이 주조되었으나 잘 통용되지는 않았다.

경국대전 經國大典

조선시대 정치의 기준이 된 법전.

세조 3년에 최항 · 노사신 등이 편찬을 시작하여 성종 6년까지 30
여 년에 걸쳐 완성된 조선시대 정치 운용의 기틀이 된 법전이다.

경험론 經驗論 Empiricism

인식론에 있어 지식의 근원을 경험에서만 구하는 철학적 경향.

초경험적 존재나 선천적인 능력보다 경험을 통해 얻는 구체적인
사실을 중시하며, 지식의 근원을 이성에 두는 합리론과 대립된다. 베
이컨(F. Bacon), 홉스(T. Hobbes), 로크(J. Loke), 흄(D. Hume) 등이 대표적인
사상가다. 베이컨은 경험론의 기초를 확립하였고 로크는 이를 완성
시켰다. 경험론은 학문의 방법으로 귀납적 방법을 택했으며 경험론
에 입각한 베이컨의 윤리사상은 홉스, 로크 등을 거쳐 공리주의 윤리
사상으로 발전했다.

계몽주의 啓蒙主義 Enlightenment

18세기 프랑스에서 전성기를 이룬 혁신적 사상.

볼테르(Voltaire), 루소(J. J. Rousseau), 베이컨(F. Bacon), 로크(J. Loke) 등
이 대표적인 사상가다. 중세의 전통적 · 권위적 사상을 철저히 비판
하며, 인간과 자연에 대한 합리적 · 과학적 인식에 의한 이성의 계발
로 인류의 보편적 진보를 꾀하려 하였다. 프랑스 혁명의 사상적 배경
이 되었다.

계유정난 癸酉靖難

**조선 단종 1년(1453년, 계유년) 수양대군이 정인지 · 한명회 등과 공모하여 일으킨
정변.**

안평대군 · 김종서 · 황보인 등을 죽이고 난을 성공시킨 수양대군
은 조카인 단종을 몰아내고 왕위에 올라 세조가 되었다.

고려삼은 高麗三隱

고려 말기에 성리학의 기초를 확립한 유학자 중에서 고풍충절(高風
忠節)이 드러난 목은(牧隱) 이색(李穡), 포은(圃隱) 정몽주(鄭夢周), 야은(冶

隱) 길재(吉再) 세 사람을 일컫는 말. 야은 대신에 도은(陶隱) 이숭인(李崇
仁)을 꼽기도 한다.

골품제도 骨品制度

**신라시대의 신분제도. 중앙집권체제가 정비될 무렵 김 씨가 왕위를 세습하고, 각
족장 세력을 통합 편제하여 왕권을 강화하기 위해 만든 신분제도.**

골품(骨品), 즉 개인의 혈통(血統)의 높고 낮음에 따라 정치적인 출세
는 물론, 혼인, 가옥의 규모, 의복의 빛깔, 우마차(牛馬車)의 장식에 이
르기까지 사회생활 전반에 걸쳐 여러 가지 특권과 제약이 가해졌다.
성골(聖骨)·진골(眞骨)·6두품(六頭品) 등으로 나누었으며, 성골은 양
친 모두 왕족인 자로서 28대 진덕여왕까지 왕위를 독점 세습했고, 진
골은 양친 중 한 편이 왕족인 자로서 태종무열왕 때부터 왕위를 세습
했다. 족장 세력의 크기에 따라 6두품, 5두품, 4두품을 주었다. 진골은
1관등 대아찬까지, 6두품은 6관등 아찬까지, 5두품은 10관등 내나마
까지, 6두품은 12관등 대사까지 승진할 수 있었다.

공리주의 功利主義 Utilitarianism

**18세기 말부터 19세기 중엽까지 영국을 지배하였던 사회사상으로, 공리를 증진
시킴으로써 행위의 목적과 선악 판단의 표준을 삼는 주의.**

인생의 목적은 쾌락·행복이고 도덕은 이를 실현하기 위한 수단
이라고 보는 견해다. 경제적으로는 자유방임을 주장하고 경제에 대
한 국가의 간섭을 배제하는 야경 국가론을, 정치적으로는 선거법 개
정에 의한 민주주의적 의회제도의 확립을 주장하는 철학적 급진주
의 운동으로 나타났다. 벤담(J. Benthan)은 경험주의를 바탕으로 '최대
다수의 최대 행복(The greatest happiness of the greatest number)'을 추구하는
공리주의를 내세웠으며 이러한 양적 공리주의는 밀(J. S. Mill)의 질적
공리주의로 극복 계승되었다.

공산주의 共産主義 Communism

**사유재산제도(私有財産制度)의 부정과 공유재산제도(公有財産制度)의 실현에 의
하여 빈부의 차를 없애려는 사상과 운동.**

오늘날의 공산주의 사상은 19세기 후반에 자본주의 사회를 근본

적으로 정면 비판한 마르크스(K. Marx)와 엥겔스(F. Engels)에 의해 확립되었으며, 20세기 초 레닌(V. Lenin)에 의해 실천적인 측면이 덧붙여졌다. 그런 의미에서 마르크스 · 레닌주의라 한다.

공상적 사회주의 空想的社會主義 Utopian Socialism

19세기 초의 생시몽 · 푸리에 · 오언 등이 주장한 사회주의 사상. 유토피아 사회주의라고도 한다.

이것은 인도주의와 사회주의 정책에 의한 재산의 공유와 부의 평등 분배를 인간의 자각적 · 자발적 호응으로 실현할 것을 이상으로 한 사상이다. 공상적 사회주의에 뒤이어 마르크스주의가 대두하였다.

공안 貢案

조선시대 중앙정부에서 지방에 부과한 공부(貢賦)의 품목과 수량을 기록한 예산표.

고려시대에도 있었으나 그 내용과 운영에 대해서는 밝혀지지 않았다. 공안은 특산물의 수납을 목적으로 작성된 공납(貢納) 대장인데, 이 공안의 대장과 실제의 지방 특산물이 일치하지 않을 경우에는 방납이라 하여 경저리가 대납하였다.

과전법 科田法

고려 말 공양왕 3년(1391)에 이성계 및 정도전 남은 등 신흥 사대부들에 의하여 단행된 전제개혁(田制改革).

전국의 토지를 몰수한 후 공양왕 3년(1391) 경기 토지에 한하여 전직 · 현직 문무관에게 1대에 한해 사전(私田)을 지급하고, 나머지는 모두 공전(公田)으로 하였다.

관념론 觀念論 Idealism

관념을 물질보다 더욱 근원적인 원리라고 보는 주의.

실재론 또는 유물론에 대립하는 용어로 사용된다. 객관적 관념론은 플라톤의 이데아설에 나타나 있으며 근대에 확실한 철학의 근본원리로 삼은 데카르트(R. Descartes)에서 출발, 라이프니츠(G. W. Leibniz), 스피노자(B. Spinoza) 등 대륙의 이성론으로 발전했다. 이후 관념론은 칸트(I. Kant), 헤겔(G. W. F. Hegel)에 이르는 독일 고전철학에서 이성을 일체의 존재의 본질, 발전의 원칙으로 보고 절대적 관념론으로 이어 졌다.

교부철학 教父哲學 Patristic philosophy

플라톤의 철학을 원용해서 그리스도교의 교의를 합리적 · 철학적으로 설명하려는 목적에서 일어난 철학.

초기 그리스도 교회의 건설, 교의의 발전에 공헌하고 그 사상을 체계화한 신학적 철학이다. 교부(教父)는 고대 교회에서 교의와 교회의 발달에 큰 공헌을 한, 종교상의 훌륭한 스승과 저술가들을 일컫는 말이다. 특히 1~2세기부터 8세기경까지 활동한 교부들의 철학을 교부철학이라고 한다. 클레멘스(Clemens)에 의해 창시되었으며, 아우구스티누스(A. Augustinus)에 이르러 최성기를 이루었다.

교정도감 教定都監

고려시대 최충헌 이래 무신정권의 최고행정집행기관(인사권, 징세권, 감찰권). 교정소(教定所)라고도 한다.

국왕보다 세도가 강했으며 우두머리인 교정별감은 대대로 최 씨에 의해 계승되었다. 원종 11년(1270) 무신정권이 끝나면서 소멸되었다.

교조주의 教條主義 Dogmatism

합리적인 접근이나 비판, 반성을 허용하지 않고 신앙 또는 신조(信條)에 입각하여 도그마(命題)를 고집하는 태도.

특히 공산주의 운동에서 마르크스-레닌주의의 원칙을 역사적 정세에 창조적으로 적용하는 것을 거부하거나 무시하고 마르크스, 엥겔스, 레닌, 스탈린, 마오쩌뚱의 저작을 인용해 혁명운동의 방침으로 한다거나, 구소련 공산당이나 중국 공산당의 경험 노선 주장을 맹신해 그것을 기계적 · 무비판적으로 모방하는 편향을 말한다.

국권수호운동 國權守護運動

1905년 체결된 한일협약에 반대해 일어난 국민적 운동이다.

고종은 만국평화회의에 밀사를 파견해 을사조약이 무효임을 호소했으나 결국 일제에 의해 고종이 강제 퇴위당하고 정미 7조약이 맺어지면서 일본이 내정을 장악하게 되었다. 이에 일본의 식민지화를 반대하고 주권회복과 자주독립을 위해 근대문물을 받아들여 실력을 양성하자는 애국계몽운동과, 무력으로 일제를 물리치자는 항일의병운동이 일어났다. 이와 같은 국권회복운동은 관원 · 양반 · 상인 · 농민 · 천민에 이르기까지 전 계층의 호응을 얻어 전국적으로 전개되었다. 이러한 운동들은 일제강점기 동안 점차 실력양성론과 무장투쟁론으로 자리 잡아갔다.

국자감 國子監

고려시대의 국립교육기관으로, 국가에서 필요한 인재를 양성하기 위한 최고의 교육기관.

창설 연대는 성종 11년(992)으로 추정되며, 숙종 6년(1101), 국자감에 서적포라는 국립도서관을 설치, 충선왕 때 성균관으로 개칭, 공민왕 때 다시 국자감으로 환원되었다. 그러나 이는 다시 성균관으로 개칭되어 조선에 계승되었다.

군국주의 軍國主義 Militarism

군사적 가치를 다른 사회적 가치보다 우선하는 주의나 정책.

모든 것이 군사력에 의해 평가되므로 대외적으로는 호전주의, 대내적으로는 파시즘화하는 경향이 있다. 이런 군인들, 즉 군사력을 좌우하는 군부가 정치에 개입해서 실권을 쥐면 군국주의로 가는 경우가 많은데, 독일의 나치정권, 스페인의 프랑코정권, 일본의 군국주의 등을 예로 들 수 있다.

군함도 軍艦島

일본 나가사키현 나가사키항 근처에 위치한 섬으로, 1940년대 조선인 강제 징용이 대규모로 이뤄진 곳으로 알려짐. 2015년 7월 유네스코 세계유산에 등재되면서 논란이 되기도 했다.

군함도는 일본 나가사키현 나가사키항에서 남서쪽으로 약 18km 떨어진 곳에 있는 섬이다. 섬의 모양이 일본의 해상군함 '도사'를 닮아 '군함도(軍艦島)'라고 불리며 일본어로는 '하시마(端島)'라고 한다. 군함도는 1940년대 수많은 조선인들이 강제 징용당한 곳이기도 하다. 국무총리 산하 기관인 '대일항쟁기 강제 동원 피해 조사 및 국외 강제 동원 희생자 능 지원위원회'의 〈사망 기록을 통해 본 하시마(端島) 탄광 강제 동원 조선인 사망자 피해 실태 기초 조사〉(2012)에 따르면 1943-45년 사이 약 500~800여 명의 조선인이 이곳에 징용되어 강제 노역을 했다.

귀납법 歸納法 Inductive method

각각의 특수한 경험적 사실에서부터 공통된 일반성을 찾아내어 보편적 · 일반적 원리에 도달하는 추리 방법.

아리스토텔레스는 완전 귀납과 불완전 귀납으로 나누었으며, 베이컨(F.Bacon)에 의해 학문으로 중시되었다. 이를 집대성한 이는 영국의 밀(J. S. Mill)인데, 그는 최고의 원리는 귀납으로 파악된다고 하였다.

➜ **연역법** 演繹法 Deductive method
확실한 보편 원리를 바탕으로 여기에서 특수한 명제를 끌어내어 진실한 인식에 도달하는 추리 방법. 귀납법에 반대되는 것이다. 데카르트(R.Descartes)는 연역의 바탕인 최고 원리는 지성의 직각(直覺)으로 파악된다고 했고, 칸트(I. Kant)는 경험적 · 형이상학적 · 선험적 연역으로 구별했다.

규장각 奎章閣

조선 정조(正祖) 때 궁중에 설치한 관아로, 역대 국왕의 시문, 친필, 서화, 유교(遺教), 고명(顧命), 보감(寶鑑) 등을 관리 보관하던 곳.

학문을 연구하고 경사를 토론하게 하여 정치의 득실을 살피는 한편, 외척 · 환관의 세력을 눌러 왕권을 신장시키고 문예 · 풍속을 진흥시키기 위한 것이었다. 제학, 직제학 등과 검서관이 있었으며, 이덕무, 박제가, 유득공, 서이수 등 실학자들이 검서관이었다.

균역법 均役法

조선시대 군역(軍役)의 부담을 경감하기 위하여 만든 세법.

서민에게 막대한 부담을 주었던 종래의 양역(良役)에 대한 대책으

경제·경영·무역·금융

정치·외교·국제

사회·노동·법률·환경

철학·역사·지리

문화·예술·교육·스포츠·매체

컴퓨터·과학·IT

찾아보기

로 영조 26년(1750)에 균역청을 설치, 양포(良布) 2필을 1필로 감해 주고 그 재정상의 부족을 어·염·선박세(船舶稅) 등에서 징수하여 보충하였다.

금욕주의 禁慾主義 Asceticism

인간의 욕구나 욕망을 이성(理性)이나 의지로 억제하고 금함으로써 도덕이나 종교상의 이상을 성취시키려는 사상이나 태도.

제논(Zenon)에 의해 창시되었고 각자의 행복을 위해서는 엄격한 금욕 생활과 외물에의 욕망, 격동에 동하지 않는 무정념을 아파테이아(apatheia)라 하여 준엄한 도덕주의와 엄격한 의무의 준수를 역설했다. 인간은 누구나 보편적인 이성을 가졌으므로 모두 평등하다는 만민평등사상을 지녔다. 이러한 사상이 후에 로마의 만민법, 근대 자연법에 크게 영향을 주었다. 크리시포스(Chrysippos)가 학문적 체계를 세웠고 로마의 세네카(L. A. Seneca), 에픽테토스(Epictetus) 등이 집대성했다.

난징조약 南京條約

아편전쟁(阿片戰爭)의 종결을 위하여 1842년 난징(南京)에서 영국과 청국간에 체결한 강화조약.

홍콩을 영국에 할양, 배상금 지불, 상하이·광저우 등 5개 항구의 개항, 공행(公行)의 폐지 등을 규정하였다. 개국조약(開國條約)으로 중국의 반식민지화의 발단이 되었다.

남북전쟁 南北戰爭 American Civil War

1861~65년에 미국의 북부와 남부가 벌인 내전(內戰).

노예제 폐지와 연방주의를 표방하는 공화국의 링컨이 대통령으로 선출되자 남부 7주가 연방을 탈퇴함으로써 1861년 미국에서 일어난 전쟁이다. 당시 미국은 각 주의 역사와 전통, 국가 관념의 차이, 정책 주장의 대립 등으로 남부와 북부 사이에 차이점이 많았다. 링컨은 1863년 노예 해방을 선언하여 전쟁의 명분을 밝혔고, 5년의 전쟁 끝에 1865년 북부의 승리로 끝났다.

네오마르크시즘 Neo-Marxism

인간 소외의 관점에서 서구 자본주의 체제와 소련의 스탈린식 전체주의 독재 체제를 모두 비판한 마르크스 레닌주의.

1920년대 이탈리아의 그람시(A. Gramsci), 헝가리의 루카치(G. Lukacs) 등과 1930년대 독일의 프랑크푸르트학파로 불린 호르크하이머(M. Horkheimer)를 중심으로 한 아도르노(T. Adorno), 프롬(E. Fromm), 폴록(F. Pollock), 마르쿠제(H.Marcuse) 등에 의해 계승된 마르크스와 프로이트의 이론적 접촉을 주장하는 학파 등의 신좌익 사상을 네오마르크시즘이라 한다. 마오쩌뚱주의나 트로츠키즘(Trotskyism)을 말하기도 하고, 자본주의 국가의 사회주의 운동 중에서 기존의 조직이나 운동 방침에 대항하는 좌익 여러 파들의 사상을 총칭하기도 한다. 정통 마르크스주의의 주요 관심이 역사 및 사회발전인 반면, 네오마르크시즘의 주요관심은 휴머니즘과 인간 소외 문제였다.

니힐리즘 Nihilism

라틴어의 '무(無)'를 의미하는 니힐(nihil)이 그 어원으로, 허무주의를 이르는 말.

아무것도 참다운 의미에서는 존재하지 않고, 또 인식할 수 없고, 따라서 가치도 없다는 사상이다. 이는 주의나 사상이라기보다 오히려 근원적인 생의 감정에 가깝다. 문학에서는 인간의 절망이나 허무를 그리는 동시에 거기에서 탈출로를 발견하려 하며, 투르게네프(Turgenev)가 1862년 그의 작품 『아버지와 아들』에서 처음 이 말을 사용했고, 니체는 니힐리즘의 대두를 예언하고 그것을 극복해야 한다고 주장했다.

다라니경 陀羅尼經

통일신라시대의 목판 인쇄물로 1996년 불국사 3층석탑 보수공사 때 발견된 것으로 현존하는 세계최고의 목판 인쇄물이며, 국보 제126호이다.

이 '다라니경'의 출간연대 상·하한(上下限)은 700년대 초에서 751년 사이로 추정되는데 세계에서 가장 오래된 인경(印經)으로 알려진 일본의 '백만탑다라니경(百萬塔陀羅尼經)'보다 20년이 앞서는 셈이고, 지질(紙質)이나 인경의 형태를 보아 중국에서 수입된 것이 아니라 신라에서 조판(雕板)되었음이 사실로 밝혀졌다.

경제·경영·무역·금융

정치·외교·국제

사회·노동·법률·환경

철학·역사·지리

문학·예술·교육·스포츠·매체

컴퓨터·과학·IT

찾아보기

당백전 當百錢

조선시대 고종 3년(1866)에 흥선대원군이 발행한 화폐.

경복궁 중수비를 마련하기 위해 김병학(金炳學) 등의 주장으로 주조하여 10월부터 통용케 했으나 당초의 법정 가치가 1년 만에 20%로 떨어져 이듬해에 주조를 중지했다.

대동법 大同法

조선시대에 공물(貢物: 특산물)을 쌀로 통일하여 바치게 한 납세제도.

각 지방의 특산물을 바치는 것을 공(貢)이라 하는데, 이것을 일률적으로 미곡(米穀)으로 환산하여 바치게 하는 제도였다. 이미 전부터 주창자(主唱者)가 있었으나 선조 41년(1608) 이원익(李元翼)의 주장으로 전국적으로 시행되었다.

도가사상 道家思想

유가(儒家)와 함께 중국 철학의 두 주류를 이루었던 학파로 노장사상(老莊思想)이라고도 함.

노자(老子)와 장자(莊子)를 대표로 하며 허무·무위, 즉 우주의 절대적 존재를 무(無)라 하는 무위자연설(無爲自然說)을 주장하는 사상이다.

도산서원 陶山書院

선조 7년(1574) 퇴계 이황을 추모하는 문인(門人)과 유림(儒林)이 중심이 되어 경북 안동시 도산면에 창건한 서원.

선조 8년(1575) 한호의 글씨로 된 사액을 받음으로써 영남 유학의 연총(사람이 모이는 곳)이 되었다.

도첩제 度牒制

조선 태조 6년(1397), 억불책(抑佛策)의 하나로 실시된 승려의 신분 증명제도.

이는 국가가 일정한 승려에 한해서만 신분증을 주어 양민이 승려가 되는 것을 막은 제도인데 이로 말미암아 승려들은 큰 타격을 받았고 불교도 쇠퇴하였다.

237

독립신문 獨立新聞

1896년(건양 원년) 4월 7일에 창간된 우리나라 최초의 민간 신문.

4면 가운데 3면은 한글, 나머지 1면은 영문판이다. 서재필(徐載弼)이 주동이 되어 발간하였으며 독립협회(獨立協會)의 기관지(機關紙) 역할을 하였다. 그 후 서재필이 도미(渡美)하자 윤치호(尹致昊)에게 인계되었다가 윤치호가 독립협회사건으로 피신하자 폐간되었다.

독서삼품과 讀書三品科

신라의 관리등용제도로 국학의 학생들을 독서 능력에 따라 상 · 중 · 하로 구분하였으며 이를 관리임용에 참고하였다.

독서출신과(讀書出身科)라고도 하며, 출신 신분에 따라 관리를 등용하던 골품제의 폐단을 막기 위해 788년 원성왕에 의해 시행되었다. 학생들을 유교경전 독해능력에 따라 상(上) · 중(中) · 하(下)의 3등급으로 구분하는 일종의 졸업시험이었다. 이 성적을 관리임용에 참고하였으며 이는 곧 국학 출신자들의 관직 진출을 제도적으로 보장하는 장치였다.

동방견문록 東方見聞錄

이탈리아의 마르코 폴로(Marco polo)가 1271년부터 1295년까지 동방을 여행한 체험담을 기록한 여행기.

17년 동안 중국에 머물면서 보고 들은 것을 1295년 귀국한 뒤에 『세계의 불가사의』라는 제목으로 발표한 것이다. 유럽 사람들의 동양에 대한 관심을 높였고, 콜럼버스(Columbus)의 신대륙 발견에도 많은 영향을 끼쳤다.

동학 東學

조선 철종 11년(1860) 최제우(崔濟愚)가 창건한 신흥 종교.

최제우는 당시 혼란 · 부패한 사회 정세 하에서 제세구민(濟世救民)의 뜻을 품고 서학(西學, 천주교)에 대립되는 민족 고유의 종교를 제창, 동학이라 하였다.

종래의 풍수사상(風水思想)과 유(儒) · 불(佛) · 선(仙)의 절충을 토대로 '인내천(人乃天)', '인심즉천심(人心則天心)'의 사상을 전개하였다. 당시 이 사상은 많은 백성의 호응을 받아 마침내 동학혁명(東學革命)으로 번졌다. 3세 교주 손병희(孫秉熙)에 의해 천도교(天道敎)로 개칭되었다.

동학혁명 東學革命

조선 고종 31년에 동학교도 전봉준이 중심이 되어 일어난 혁명.

교조신원운동(敎祖伸寃運動)의 묵살, 전라도 고부 군수 조병갑의 불법 착취와 동학교도 탄압에 대한 불만이 도화선이 된 이 혁명은 조선 봉건사회의 억압적인 구조에 대한 농민 운동으로 확대되어 전라도, 충청도 일대의 농민이 참가하였으나 청·일 양군의 개입과 더불어 실패했다. 이 운동의 결과 청일전쟁이 일어나고 우리나라에는 일본 세력이 점점 더 깊이 침투하게 되었다.

라마단 Ramadan

아라비아어로 '더운 달'이라는 뜻으로 이슬람력의 9월.

이슬람에서는 9월을 코란이 내려진 신성한 달로 여겨 그 달 27일에 일출에서 일몰까지 의무적으로 금식한다. 다만 여행자, 병자, 임산부 등은 이 의무가 면제되는 대신 후에 별도로 수일간 지켜야 한다. 현재는 라마단이라는 용어 자체가 단식을 의미하는 경우도 있다.

러다이트 운동 Ludditism

1811~17년 영국의 공장 지대에서 일어난 노동자들의 기계파괴 운동.

이들 노동자를 러다이트(luddite)라고 부른 데서 유래하였다. 산업혁명이 진전됨에 따라 노동 조건이 악화된 것은 기계 때문이라고 생각한 노동자들이 기계를 파괴한 운동이다.

레지스탕스 Resistance

제2차 세계대전 중 독일 점령군에 대한 프랑스 국민들의 지하 저항 운동.

1940년 6월 독일군의 파리 입성에 의해 나치의 비시 정부가 들어서자 산발적으로 일어나기 시작한 저항 운동이다. 드골 장군 휘하에 조직을 갖추고 지하신문을 만들어 독일군 점령과 비시 정부의 비합법성을 폭로하는 한편, 유태인들을 피난시키는 비밀 조직을 만드는 등 대독 항쟁을 벌였다. 이 운동은 전쟁에 패한 프랑스로 하여금 승전

경제·경영·무역·금융

정치·외교·국제

사회·노동·법률·환경

철학·역사·지리

문학·예술·교육·스포츠·매체

컴퓨터·과학·IT

찾아보기

한 연합국과 어깨를 나란히 할 수 있는 명분을 제공하였고, 전후의 정치적 진공 상태를 신속하게 메울 수 있게 했다.

로고스 Logos

고대 그리스 철학이나 신학의 기본 용어.

원 뜻은 언어 · 이성이지만 철학 용어로는 만물을 지배 · 구성하는 질서 · 원리란 의미를 가지며, 이론적인 것뿐만 아니라 실천상의 도덕적 질서를 나타내는 뜻으로도 사용된다.

헤라클레이토스(Herakleitos)는 만물은 하나의 로고스에 의하여 지배되고, 이로고스를 인식하는 것 안에 지혜가 있다고 하였다.

르네상스 Renaissance

14세기 말엽부터 16세기 초에 걸쳐 이탈리아에서 일어나 전 유럽에 파급된 예술 및 문화 운동.

르네상스란 '재생', '부활'이란 뜻이며, 이탈리아를 중심으로14세기경부터 시작된 그리스 · 로마 문화의 부흥을 통한 새로운 근대 문화의 창조를 뜻한다. 중세의 기독교적 속박으로부터 벗어나 그리스 · 로마 시대의 자유롭고 풍부한 인간성의 부흥, 개인의 존중과 개성의 해방, 자연인의 발견 등을 주장하고, 문학 · 미술 · 건축을 비롯하여 정치 · 학술 · 종교 · 경제 방면에도 널리 혁신 운동을 일으켜 근대 문명을 발전시키는 원동력이 되었다.

리아스식 해안 Rias Coast

하천에 의해 침식된 육지가 침강하거나 해수면이 상승해 만들어진 해안.

습곡(褶曲)산맥이 바다에 꺼질 때 흔히 보이는 지형으로, 굴곡이 많은 복잡한 해안선을 말한다. 하천에 의해 침식되어 형성될 경우 리아스식 해안(riascoast)이라 하고 빙하에 의해 침식된 곳이 침강하거나 해수면이 상승해 만들어진 해안은 피오르드(fijord)라고 한다. 후배지가 좁기 때문에 큰 항구로서의 발달이 어렵다. 우리나라의 다도해는 이런 리아스식 해안의 하나다.

경제·경영·무역·금융

정치·외교·국제

사회·노동·빈출·환경

철학·역사·지리

문화·예술·교육·스포츠·매체

컴퓨터·과학·IT

찾아보기

만권당 萬卷堂

고려 충선왕이 원나라의 연경(燕京)에 설치한 독서당(讀書堂).

이곳은 많은 서적을 비치하였고 원나라의 여러 학자들과 교유(交遊)하던 장소로, 당시 고려와 원나라 문화 교류의 중심 기관이었다.

만민공동회 萬民共同會

광무 2년(1898) 독립협회가 주최한 정치활동의 하나로 시민·단체회원

정부관료 등이 참여한 민중대회. 외국 세력을 몰아내고 자주성을 되찾자는 것으로, 무능한 정부의 매국적 태도를 탄핵하고, 부산 절영도 점령사건, 한로은행 설치, 러시아인 탁지부 고문초빙 사건 등을 규탄하며, 6개 항목의 개혁안을 채택, 고종 황제에게 그 실시를 요구하였다.

만적의 난 萬積-亂

고려 중기인 1198년 최충헌의 노비였던 만적(萬積)이 일으킨 노비해방운동.

만적의 난은 거사 전에 발각되어 만적을 비롯한 수백 명의 노비가 강물에 빠져 죽은 실패한 노비해방운동이다. 노비 신분에 불만을 품은 만적과 그 뜻을 같이 하는 노비 6명과 함께 정권을 장악하여 신분해방을 시도하려고 하였다. '정중부의 난 이래나라의 공경대부는 노예 계급에서도 많이 나왔다. 왕후장상이 어찌 원래부터 씨가 있겠는가. 때가 오면 누구든지 다 할 수 있는 것이다. 우리는 주인의 매질 밑에서 고통만 당할 수 없다. 최충헌을 비롯하여 각기 자기 상전을 죽이고 노예의 문적을 불 질러, 노예가 없는 곳으로 만들면 우리도 공경대부 같은 높은 벼슬자리를 차지할 수 있다'라는 연설로 노비들을 선동하였다. 그중 한 노비의 배신으로 봉기 직전 체포되어 무산되었다. 그러나 신분 해방을 목적으로 일으킨 난으로 역사적 의의가 있다.

메이지유신 明治維新

1867년 일본의 하급 무사와 급진적 귀족이 합세하여 막번체제(幕藩體制)를 무너뜨리고 메이지천황(明治天皇)이 왕정복고를 선언하여 신정부 수립에 이르는 정치 개혁 과정. 일본은 이를 통해 근대 국가로 발돋움했다.

241

메이플라워의 맹약 Mayflower Compact

1620년 11월 11일, 제임스 1세 때 종교적 압박을 피해 신앙의 자유를 찾아 신대륙에 건너온 청교도들이 그들이 타고 온 메이플라워 호에서 서명한 서약서.

자치정신에 입각한 민주정치의 확립을 그 내용으로 하여 미국 독립선언의 기초를 이루었다.

면죄부 免罪符 Indulgence

중세 가톨릭 교회가 신자에게 죄를 씻어주는 대상(代償)으로 기부를 받고 교황의 이름으로 발행한 증명서.

원래는 회개, 고백, 선행이 있었으나 후에 교회에 돈을 바치는 것으로 면죄부를 얻어, 이로 인해 신앙의 타락을 초래했다. 루터(M. Luther)가 종교개혁을 일으키는 발단이 되었다.

명예혁명 名譽革命 Glorious Revolution

1688년 영국에서 일어난 무혈 시민혁명.

국왕 제임스 2세가 전제 정치를 강화하고 가톨릭 교회를 부활시키려 하자 의회의 지도자들이 제임스 2세를 추방하고 네덜란드 총독 윌리엄을 새로이 왕으로 추대하였다. 국왕은 의회의 동의 없이 법률의 폐지·과세·상비군의 모집을 할 수 없으며, 의회에서의 언론의 자유를 보장해야 한다는 것을 주요 내용으로 하는 권리의 장전을 승인하게 하였고, 절대왕정을 무너뜨리고 의회중심의 입헌 정치를 수립하였다. 이러한 큰 변혁이 피를 흘리지 않고 성취되었기 때문에 명예혁명이라 한다.

목민심서 牧民心書

조선시대 다산 정약용(丁若鏞)이 치민(治民)의 도리(道理)를 논술한 책.

사목(司牧)의 유적을 수집하여 이서(吏胥)의 통폐를 지적한 것으로 관리의 바른길을 계몽하기 위해 사례를 들어 설명하였다. 근세 사회 연구에 중요한 자료가 되고 있다.

몽골제국 蒙古帝國

13세기 초 칭기즈칸에 의해 아시아와 유럽 양 대륙에 걸쳐 형성된 대제국.

몽골고원을 중심으로 흩어진 부족들을 연합한 칭기즈칸은 서하, 금나라, 만주, 중앙아시아, 러시아, 동유럽을 정복하여 몽골과 중국 본토를 직할령으로 하였고, 나머지를 네 개의 한국(汗國)으로 나누어 지배하였다. 몽골의 정복전쟁은 칭기즈칸의 사망 후 그의 아들 오고타이칸 때에도 계속 이어졌으나 전쟁 중 오고타이가 사망하는 바람에 유럽 원정 중인 군대가 철수하였으므로 유럽 전역의 정복은 실패로 끝났다.

묘청의 난 妙淸-亂

고려 인종 13년(1135)에 묘청(妙淸)이 풍수지리의 이상을 표방하고 서경(西京)으로 천도할 것을 주장하여 일으킨 난.

묘청은 서경으로 천도할 것을 주장하다 김부식(金富軾) 등의 반대로 실패하자 서경을 근거로 반란을 일으켰지만 1년 만에 진압 당했다.

무구정광대다라니경 無垢淨光大陀羅尼經

통일신라 때 제작된 다라니경 인쇄본으로, 최초의 목판인쇄술이자 현존하는 가장 오래된 목판인쇄물.

1967년 9월 16일 국보 제126호로 지정되었으며, 두루마리 1축(軸)으로 너비약 8cm, 전체길이 약 620cm이다. 목판(木板)으로 인쇄된 이 경문은 불국사 삼층석탑(석가탑)의 해체·복원공사가 진행되던 1966년 10월 13일 탑신부(塔身部) 제2층에 안치된 사리함(舍利函) 속에서 발견된 것으로, 이때 석탑 내부에서 함께 발견된 총 28점의 일괄유물이 1967년 9월 국보로 지정되었다. 통일신라는 불경을 인쇄하기 위한 발전된 목판인쇄술과 질 좋은 종이를 만드는 기술로 인해 기록 문화가 크게 발전할 수 있었다.

무신의 난 武臣-亂

고려 무신들에 의해 일어난 반란들을 말하며, 특히 정중부(鄭仲夫)의 난을 가리킨다.

고려 의종 24년(1170)에 정중부, 이의방, 이고 등은 고려 초 이래의 숭문억무(崇文抑武)의 정책으로 무신들에 대한 천대가 극심 하자 난을 일으켰다. 그들은 왕과 태자(太子)를 추방하고 문신(文臣)들을 죽이고

경제 · 경영 · 무역 · 금융

정치 · 외교 · 국제

사회 · 노동 · 법률 · 환경

철학 · 역사 · 지리

문화 · 예술 · 교육 · 스포츠 · 매체

컴퓨터 · 과학 · IT

찾아보기

왕제(王弟)를 신왕(新王)으로 영립(迎立)해 정권을 잡았다. 이들은 후에 경대승 등에 의해 평정되었다.

밀라노 직령 Edict of Milano

313년, 콘스탄티누스 1세가 밀라노(Milano)에서 신교의 자유와 그리스도교를 공인한 칙령.

1807년, 나폴레옹 1세가 밀라노에서 베를린 칙령에 따라 영국과 통상하는 상선의 나포(拿捕)를 명한 칙령도 밀라노 칙령이라 한다.

백운동서원 白雲洞書院

조선 중종 38년(1543)에 주세붕(周世鵬)이 고려 유신 안향을 모시기 위해 세운 우리나라 최초의 서원.

이 서원은 뒤에 풍기 군수로 부임한 이황(李滉)의 건의로 왕이 친필로 소수서원(紹修書院)이라는 편액을 하사해 사액서원(賜額書院)의 시초가 되었다.

➡ **사액서원** 賜額書院

조선 시대 서원의 이름 · 토지 · 노비를 왕으로부터 하사받은 서원. 조선중엽부터 생겼으며, 그 시초는 중종 37년(1542)에 세워진 경북 영주 순흥면에 있는 소수서원(紹修書院, 원래는 백운동 서원)이다.

백의종군 白衣從軍

벼슬 없이 군대를 따라 싸움터로 가는 것을 이르는 말.

주로 조선 선조 때 이순신(李舜臣) 장군이 원균(元均)의 모략으로 투옥된 후 왜적의 침략이 있자 출옥되어 관직 없이 전쟁에 나간 것을 말한다.

범신론 汎神論 Pantheism

신과 전 우주를 동일시하는 종교적 · 철학적, 예술적인 사상체계.

신과 전 우주 사이에 질적인 대립을 인정하지 않는다는 점에서 유신론과는 다르다. 범신론은 신비적인 종교 감정이나 자연에 전하는 시인의 감정에서 흔히 볼 수 있으며, 논리 정연한 이론의 형태를 취하

정치·경영·무역·금융

정치·외교·국제

사회·노동·법률·환경

철학·역사·지리

문학·예술·교육·스포츠·매체

컴퓨터·과학·IT

찾아보기

고 있는 것은 아니다. 18세기 영국의 사상가 톨런드(J. Toland)에 의해 도입된, 그리스어의 '전체(pan)와 신(theos, 神)'이 결합되어 만들어졌다.

신에 대한 세계의 상대적 독립의 인정 여부에 따라 2가지 범주로 나누어지는데, 도가(道家)사상이나 스토아학파 철학에서처럼 독립을 인정하는 넓은 의미에서의 범신론과 '우파니샤드'나 스피노자(B. Spinoza)의 경우처럼 독립을 인정하지 않는 좁은 의미에서의 범신론이 그것이다. 가장 일관성(一貫性)있는 전형적인 범신론은 스피노자의 철학이다.

베르사이유 조약

제1차 세계 대전 후 1919년 프랑스의 베르사이유 궁에서 연합국과 독일사이에 체결된 강화조약(講和條約).

국제 연맹, 노동 협정, 독일의 영토배상, 군비문제(軍備問題)의 각 조약이 포함되었다. 이 조약은 1920년에 비준(批准) 발효(發效)되었다.

변증법 辨證法 Dialetics

동일률(同一律)을 근본원리로 하는 형식논리에 대하여, 모순 또는 대립을 근본원리로 하여 사물의 운동을 설명하려는 논리.

창시자인 제논(Zenon)은 모순을 찾아내어 논쟁하는 방법이라 했으나, 플라톤(Platon)은 개념의 분석으로 결론에 도달하는 방법(이데아 인식의 방법)이라 했다. 헤겔(G. W. F. Hegel)에 이르러 철학의 근본적인 방법으로 굳어졌는데, 헤겔은 모든 사물의 변화·발전의 근본 법칙을 정·반·합의 3단계 변화 과정으로 설명하고 있다. 곧 세계의 역사는 변증법에 의해 변화·발전하는데, 그 원동력이 되는 것은 이성이며 절대 정신의 자기 발전이 곧 세계요, 역사라고 보았다. 이것은 마르크스의 유물 변증법의 모태가 되었다.

변증법적 유물론 辨證法的唯物論 Dialectical materialism

레닌이 볼셰비키당의 교조(敎條)로 만든 마르크스-레닌주의의 철학교조 및 그것을 다시 공식화한 스탈린의 유물론 사상.

마르크스주의의 철학적 기초를 이루는 사관으로 근대의 기계론적 유물관과는 달리 마르크스는 헤겔 철학을 비판적으로 받아들여 경제적 사회관계를 토대로 하는 유물사관을 정립하였다. 그에 의하면 세계의 모든 현상은 일정한 법칙에 따른 물질 운동과 그 구조의 발전 과정에 불과하며, 이러한 변화는 필연직으로 부정과 모순을 내포하고 있어 사회적인 실천과정을 통해서야 이루어진다는 것이다.

병인사옥 丙寅邪獄

고종 3년(1866)에 흥선대원군이 천주교도들을 학살한 사건.

프랑스 신부 12명 중 9명과 남종삼(南鍾三) 등 8천여 명의 교도가 학살당하였다. 탈출에 성공한 리델(Ridel) 신부가 이 사실을 톈진(天津)에 있던 프랑스군 수사제독(水師提督) 로스에게 보고하여 결국 병인양요를 일으키는 원인이 되었다.

병인양요 丙寅洋擾

고종 3년(1866)에 프랑스 함대가 인천과 서울 근처까지 쳐들어 온 사건.

당시의 집권자 흥선대원군이 프랑스의 선교사 베르뇌(Berneux) 이하 9명을 사형시키니 그 중 한 선교사가 도망하여 청나라로 건너가 프랑스 군 수사 제독로스에게 보고하여 프랑스 함대가 2차례에 걸쳐 쳐들어 왔다. 프랑스 함대는 강화도를 점령하였으나 결국 아군에게 패배, 강화성을 불사르고 도망하였다.

볼셰비키 Bolsheviki

구소련 공산당의 별칭. 러시아어로 볼셰비키는 다수파라는 뜻이며, 레닌이 이끈 러시아의 혁명적인 사회 민주주의자 집단을 말한다.

1903년 러시아 사회민주노동당 2회 대회에서 레닌 안과 마르토프 안이 대립했을 때 표결에서 이긴 레닌파가 스스로를 볼셰비키라 불렀다. 1917년 11월 혁명은 볼셰비키에 의해 주도되었다. 1918년 7회 대회에서 당의 이름을 '러시아 공산당'으로 고친 뒤부터 볼셰비키는 마르크스-레닌주의자와 같은 뜻으로 쓰고 있다.

➔ 멘셰비키 Mensheviki

러시아 마르크스주의의 우파. 러시아어로 멘셰비키는 소수파라는 뜻이며, 1903년 러시아 사회민주노동당 제2차 대회에서, 조직론을 둘러싸고 당이 양분되었을 때 레닌이 이끄는 볼셰비키 (다수파)와 대립하던 소수파를 말한다. 지도자는 L. 마르토프다.

봉정사 극락전 鳳停寺極樂殿

경상북도 안동시 서후면 태장리 봉정사에 있는 고려시대의 불전으로 통일신라시대의 건축양식을 이어받은 건축물로 현존하는 가장 오래된 목조 건물.

12세기 말~13세기 초에 지어진 것으로 추정되며 정면 3칸, 측면 4칸의 주심포계(柱心包系) 맞배지붕 건물로서 우리나라 국보 제15호로 지정되어 있다. 가구(架構)는 기둥 윗몸에 창방(昌枋)을 두르고 주두를 놓은 후 그 위에 공포를 짜올려 구성하였으며, 지붕은 옆면에서 볼 때 사람 인(人)자 모양을 한 맞배지붕으로 이루어졌고, 기둥은 가운데가 볼록한 배흘림 형태이다.

부조리 不條理

실존주의 철학에서 배리(背理)와 동의어로 사용하는 철학 용어.

인생의 무의미 또는 절망적인 한계 상황을 말한다. 기성 지성과 도덕을 부정한 상태로 모순된 사실을 인정하는 것에서 시작, 사르트르(J. P. Sartre), 하이데거(M. Heidegger), 키에르케고르(Kierkegaard)에서 발전하여 카뮈(A. Camus)의 핵심적인 사상으로 완성되었다.

카뮈는 부조리란 인생에 삶의 의의를 찾을 희망이 전혀 없는 것이며 인간과 세계와의 관계 그 자체에 내재한다고 보았으나 허무주의에 빠지지 않고 이것을 출발점으로 하여 인간과 세계, 의식과 현실 속에서 치열하게 살아가는 반항적인 인간의 모습을 제시하였다. 카뮈의 '이방인'은 부조리의 한 전형을 그린 것으로 유명하다.

분석철학 分析哲學 Analytic Philosophy

사상의 명석화를 위해 언어를 분석하는 현대 철학.

오늘날 영미 철학의 주류다. 인간의 사고·인식은 물론 감정이나 의사 표시가 언어로 전개되는 데 착안한 철학 사상이다. 러셀(B. A. W. Russell)과 비트겐슈타인(L. J. J. Wittgenstein)으로부터 시작된 분석철학 안에는 다양한 경향과 계파가 있는데, 그 대표적인 것이 슐리크(F. A. M. Schlick)를 중심으로 한 빈학파의 논리적 실증주의와 일상 언어학파다.

비변사 備邊司

조선 중 · 후기 의정부를 대신해서 국정 전반을 총괄한 실질적인 최고의 관청.

조선의 정치체제는 왕권과 의정부(議政府) · 육소(六曹) · 삼사(三司: 홍문관 · 사헌부 · 사간원)의 유기적인 기능이 표방되는 체제였다. 성종 때에 이르러 소규모이기는 하지만, 왜구와 여진의 침입이 끊이지 않자 보다 실정에 맞는 대책을 수립하기 위해 점차 의정부의 3의정(영의정 · 좌의정 · 우의정)을 포함하는 원상(院相: 임금이 정상적인 정치를 할 수 없을 때 이를 대리 수행할 수 있도록 이끌던 원로 재상)과 병조 외에 국경 지방의 요직을 지낸 인물을 필요에 따라 참여시켜 군사 방략을 협의하게 되었는데, 이들을 지변사재상(知邊事宰相)이라고 일컬었다. 그 뒤 1517년에는 여진 침입에 대비해 축성사(築城司)를 설치, 이를 곧 비변사로 개칭했고, 명종 9년(1554) 후반부터 을묘왜변(乙卯倭變)으로 이어지면서 독립된 합의기관으로 발전했다. 임진왜란 때부터는 그 기능이 확대되어 조정의 중추기관으로 변모, 의정부를 대신해 사실상의 국가최고기구가 되었다.

사대사화 四大士禍

조선시대 무오(戊吾), 갑자(甲子), 기묘(己卯), 을사(乙巳)의 4개 사화.

학파의 대립 · 권력 쟁탈을 둘러싸고 많은 선비들이 화를 입은 당쟁보다 앞서일어났던 사건들이다. 연산군 4년(1498), 김종직이 지은 조의제문(弔意祭文) 때문에 일어난 무오사화, 연산군 10년(1504) 성종 때의 윤비(연산군의 생모) 폐모 사건을 들고 일어난 갑자사화, 중종 14년(1519) 혁신파 조광조(趙光祖)와 구세력의 대립으로 일어난 기묘사화, 명종 원년(1545) 왕위 계승 문제로 왕의 외척인 대윤(大尹)과 소윤(少尹)의 대립으로 일어난 을사사화를 통틀어 말한다.

사심관 事審官

고려시대 향직(鄕職)을 통괄한 지방관.

고려 태조 때 신설된 관직이며 민족융합정책의 하나로 귀순한 왕족에게 그 지방 정치의 자문관으로 정치에 참여시킨 제도다. 최초의 사심관은 신라 마지막 왕인 경순왕을 경주의 사심관으로 임명한 것

이다. 주 임무는 부역의 공평, 풍속 교정, 부호장(副戶長) 이하 향직의
추천 및 감독이었다.

사육신 死六臣

조선시대 단종 복위운동을 꾀하다 처형당한 성삼문, 박팽년, 하위지, 유응부, 유성원, 이개 등을 이르는 말.

> ➡ **생육신 生六臣**
> 조선시대 수양대군이 단종의 왕위를 찬탈하자, 불사이군(不事二君)이란 명분을 내세워 벼슬을 거부, 절개를 지킨 여섯 사람. 김시습, 원호, 이맹전, 조여, 성담수, 권절, 또는 남효온 등을 생육신이라 부른다.

삼강오륜 三綱五倫

유교의 실천도덕에 있어 기본이 되는 3가지의 강령(綱領)과 5가지의 인륜(人倫).

삼강은 부위자강(父爲子綱), 군위신강(君爲臣綱), 부위부강(夫爲婦綱)이며 오륜은 군신유의(君臣有義), 부자유친(父子有親), 장유유서(長幼有序), 부부유별(夫婦有別), 붕우유신(朋友有信)이다.

삼단논법 三段論法 Syllogism

전통적 형식논리학에서 대표적인 간접추리논법.

이미 알려진 2가지 판단으로부터 제3의 새로운 판단을 내리는 논법을 말한다. 즉 '너는 인간이다', '인간은 죽는다', 고로 '너는 죽는다'와 같은 논법이다. 그러므로 위의 경우 첫째로 대전제를 설정하고, 둘째는 소전제를 내걸어 이 2가지 전제로부터 마지막 결론을 도출하는 것으로서 모든 논법의 기본형식이다.

삼민주의 三民主義

1905년 쑨원이 주장한 것으로, 중국의 근대 혁명의 기본 이념으로 민족주의, 민권주의, 민생주의를 말한다.

외세의 침략과 불평등조약에 대해 중국의 민족적 독립과 정치적 민주제도 확립, 인민의 생활안정을 위한 경제적 평등을 실현하려는데 그 목적이 있다.

경제·경영·무역·금융

정치·외교·국제

사회·노동·법률·환경

철학·역사·지리

문학·예술·교육·스포츠·매체

컴퓨터·과학·IT

찾아보기

민족주의 : 국내 여러 민족의 평등과 외국의 침략, 불평등조약 등에 대항하는 것. 민권주의 : 모든 권력은 인민에게 있다는 원칙 아래 인민의 권리를 확장하고자 하는 것. 민생주의 : 인민의 생활 안정을 목표로 하는 것. 한편 쑨원은 1924년 1월부터 8월까지 삼민주의에 대한 내용을 강연하였는데, 1925년 그가 죽은 뒤에 이 강연 내용은 『삼민주의』라는 책으로 출간되었다. 따라서 쑨원이 제창한 삼민주의의 기본 정신과 주요 내용은 이 책을 통해서 확인할 수 있다.

삼별초 三別抄

고려 무신정권(武臣政權) 때의 특수군대.

처음에는 도둑을 막기 위한 야경 순찰대로서의 야별초가 그 수가 늘어감에 따라 좌우 별초로 나뉘고, 또 몽고에 잡혀 갔다가 도망 온 자들로 조직된 것을 신의군(紳義軍)이라 하여 이 셋을 합쳐서 삼별초라 하였다.

삼전도비 三田渡碑

병자호란 때 청나라 태종이 인조의 항복을 받고 그 지점에 자기의 공덕을 과시하기 위해 세우게 한 비.

서울 성동구 송파동 삼전도에 소재한다. 본명은 대청황제공덕비(大淸皇帝功德碑)다.

삼정의 문란 三政—紊亂

조선 후기 전정(田政), 군정(軍政), 환곡(還穀 : 양곡대여) 등 3대 재정행정을 둘러싼 정치부패.

삼정이 문란해져 탐관오리의 착취 수단(특히 환곡)이 되었고, 백성은 고향을 떠나 유리걸식하며 도적질과 민요(民擾)의 원인이 되었다.

삼포왜란 三浦倭亂

1510년(중종 5) 3포에서 일어난 일본인 거류민의 폭동사건.

왜구에 대한 회유책으로 세종 때 삼포를 개항한 이후 왜인의 거류가 날로 늘어가면서, 그들과 지방 관리 사이에 가끔 충돌이 발생하였다. 마침내 중종 5년(1510)에 삼포 왜인들이 대마도 왜인들의 도움을 얻어 난을 일으켜 부산 첨사 이우증(李友曾)을 죽이고 삼포를 소란케 하였다. 이 난으로 조선과 일본 간의 교통이 중단되었는데, 일본이 다시 수교할 것을 간청하자, 계해조약을 개정하여 새로 임신조약을 체결, 내이포만을 개항(開港)하였다.

살수대첩 薩水大捷

고구려가 수(隋)나라 양제(煬帝)의 침공을 격퇴하고 대승리를 거둔 싸움.

영양왕 23년(612), 수나라 양제가 수륙 100만 대군을 이끌고 고구려에 침입했는데, 이때 적진에 직접 들어가 군정을 살핀 명장 을지문덕은 적군 30만이 살수에 도착하였을 때, 미리 대기하고 있던 고구려의 복병들이 사방에서 공격해서 결정적으로 섬멸하여, 이때 살아서 돌아간 적병은 겨우 2,000여 명이었다 한다.

상수리제도 上守吏制度

지방 세력을 통치하기 위해 각 지방의 향리 중 한 사람을 뽑아 중앙 정부에 일을 하는 제도.

통일신라시대 지방 세력의 자제를 중앙에 머물게 하는 제도로, 삼국을 통일한 신라는 왕권을 강화하기 위해 많은 정책을 실시하였다. 그중 상수리 제도는 각 주의 지방 세력의 자제들 중 한 명을 뽑아 중앙에 볼모로 와 있게 함으로써 지방 세력을 견제하고 왕권을 강화하고자 한 것이다. 고려의 기인, 조선의 경저리 제도와 유사한 제도이다.

상평통보 常平通寶

조선시대 화폐의 하나. 인조 11년(1633)에 만들었으나 잘 유통되지 않아 곧 폐지되었다. 그 후 효종 2년 김육(金堉)의 제창으로 주조하여 서울과 서북지방에서 사용하다가 다시 폐지되었다.

상평창 常平倉

고려시대의 물가조절기관.

성종 5년(986)에 서경·개경 및 12목(牧)에 설치, 권농책(勸農策)과 같이 구제책의 하나로 곡포(穀布)와 같은 생활 필수품을 가격이 저렴할 때 사들였다가 고가일 때 염가로 판매함으로써 물가를 조절하였다.

251

상형문자 象形文字

표의문자(表意文字)의 하나로서 사물의 모양을 본떠서 만든 문자. 대개 단어 문자를 이루고 있으며 이집트 문자 한자 등이 대표적 예다.

생의 철학 Philosophy of Life

실증주의와 과학비판철학에 대립하여 19세기 후반부터 20세기 초에 걸쳐 유럽에서 일어난 인간의 의지를 중시한 반이성주의 철학의 총칭.

쇼펜하우어(A. Schopenhauer), 니체(F. W. Nietzsche), 딜타이(W. Dilthey), 지멜(G.Simmel), 베르그송(H. Bergson)의 철학을 들 수 있다.

이들의 공통 특징은 인간 또는 인간을 포함한 '생'은, 나아가서 우주 전체의 '생'은 실증과학의 합리적이고 과학적인 사고로는 파악하기 어려우며, 오히려 은폐되어 버린다고 생각한 점에 있다. 이들의 사상은 합리적 · 과학적 사고를 피하고 직관이나 직접적 체험이란 점에서 공통분모를 지닌다. 그러나 '비합리적'인 '직관'으로 끝나기 쉽다는 점, 즉 철학이 나쁜 의미에서 문학으로 해소되기 쉽다는 점에 한계가 있다. 이 사상의 조류는 후설(E. Husserl)의 현상학(現象學), 야스퍼스(K. T. Jaspers), 하이데거(M. Heidegger)의 실존철학에 영향을 끼쳤다. 또 미국에서는 제임스(W.James)나 프래그머티즘의 사상가에게서, 또 에스파냐에서는 오르테가 이 가세트(Jose Ortega y Gasset), 우나무노(M. Unamuno) 등에서 생의 철학의 영향을 엿볼 수 있다.

서포만필 西浦漫筆

조선 숙종 때 서포 김만중(金萬重)이 지은 전 2권 2책의 수필집.

신라 이래 명시(名詩)에 대한 평론과 제자백가 가운데 의심나는 곳을 깊이 연구한 책이다. 김만중은 여기서 국어의 참된 가치를 밝히면서, 송강(松江)의 가사를 극구 칭찬하였다.

설형문자 楔形文字Cuneiform Script

BC 3000년경부터 약 3000년간 메소포타미아를 중심으로 고대 오리엔트에서 광범하게 사용된 문자.

바빌로니아 · 아시리아인이 사용했던 쐐기 모양의 문자로서 처음에는 그림문자였으나 진보하여 표음문자가 되었다. 이집트의 상형문자, 중국의 한자와 더불어 세계에서 가장 오래 된 문자다. 영국의 로린슨(H. C. Rawlinson)이 페르시아 왕 다리우스의 공적을 새긴 베히스툰 비문을 연구함으로써 이 문자를 해독하게 되었다.

성균관 成均館

고려 말과 조선시대의 최고 국립종합교육기관이다.

한국 최고의 학부기관으로서 '성균'이라는 명칭이 처음 사용된 것은 고려 충렬왕 때인 1289년이다. 그때까지의 최고 교육기관인 국자감(國子監)의 명칭을 '성균'이라는 말로 바꾸면서부터이다. 충선왕 1년(1308)에 성균관으로 개칭되었고, 공민왕 때에는 국자감으로 명칭이 바뀌었다가, 1362년에 다시 성균관이라는 이름을 찾았다. 성균관에는 최고의 책임자로 정3품직인 대사성(大司成)을 두었으며, 그 아래에 사성(司成) · 사예(司藝) · 직강(直講) · 전적(典籍) · 박사(博士) · 학정(學正) · 학록(學錄) · 학유(學諭) 등의 관직을 두었다. 성균관 유생의 정원은 개국 초에는 150명이었으나, 세종 11년(1429)부터 200명으로 정착되었다. 유생은 기숙사 생활을 하는 동안 국가로부터 학전(學田)과 외거노비(外居奴婢) 등을 제공받았으며, 교육 경비로 쓰이는 전곡(錢穀)의 출납은 양현고에서 담당했다. 유생은 또한 당대의 학문 · 정치현실에도 매우 민감하여 문묘종사(文廟從祀)나 정부의 불교숭상 움직임에 대해 집단상소를 올렸으며, 그들의 요구가 받아들여지지 않으면 권당(捲堂: 수업거부) 또는 공관(空館: 귀가)이라는 실력행사를 하기도 하였다.

성리학 性理學

송 · 명나라에 걸쳐 발달한 유학의 하나.

성명(性命)과 이기(理氣)의 관계를 논한 유교 철학이다. 공자의 학설에 불교와 도교의 사상을 섞어 인성의 원리 · 인심 · 천리와의 관계를 논한 학문으로 주자(朱子)에 이르러 집대성하였다. 주자학(朱子學)이라고도 한다.

경제 · 경영 · 무역 · 금융

정치 · 외교 · 국제

사회 · 노동 · 법률 · 환경

철학 · 역사 · 지리

문화 · 예술 · 교육 · 스포츠 · 매체

컴퓨터 · 과학 · IT

찾아보기

성선설 性善說

맹자(孟子)가 주장한 학설로 사람의 타고난 본성은 선하다는 관점의 윤리사상.

맹자(孟子)의 윤리 및 정치의 중심 사상으로서 인간은 본래 선(善)을 따르는 경향을 가지고 있으니 이러한 본성을 더럽히지 말고 발전시키고 확충시킴으로써 인의예지신(仁義禮智信) 5덕을 쌓을 수 있다고 하였다. 이들을 맹자 5덕목(孟子伍德目)이라 한다. 서양에서는 루소(J. J. Rousseau)가 성선설을 주장하였다.

성악설 性惡說

중국의 유학자 순자(荀子)가 주창한 학설로서 사람의 타고난 본성은 악이라고 생각하는 윤리사상.

순자(荀子)의 윤리 및 정치의 중심 사상으로 맹자와 반대로 주장하기를, 인간의 본성은 나면서부터 악하므로 그대로 내버려 두면 욕심이 많기 때문에 혼란에 빠져 악을 범하게 된다고 하였다. 그리하여 예의와 교육이 필요하다고 하였다. 서양에서는 홉스(T. Hobbes)가 성악설을 주장하였다.

세속오계 世俗伍戒

신라 진평왕 때에 원광법사(圓光法師)가 화랑에게 가르친 5가지 계명.

사군이충(事君以忠), 사친이효(事親以孝), 교우이신(交友以信), 임전무퇴(臨戰無退), 살생유택(殺生有擇)으로 되어 있다. 이것이 화랑의 신조가 되어 호국(護國) 투신(投身)하는 용감한 인물이 많이 나옴으로써 신라의 삼국통일에 크게 이바지하였다.

소피스트 Sophist

BC 5세기 무렵부터 BC 4세기에 걸쳐 그리스에서 활약한 지식인들의 호칭.

'지혜있는사람', '지혜를 잘 짜내게 해 주는사람'이란 뜻이다. 고대그리스시대 변론술(辯論術)을 가르치기도 하고 법정에서 변론 원고를 써주는 것을 직업으로 삼았던 사람을 가리키기도 한다. 처음에는 시민들로부터 존경을 받았으나, 차츰 자기 이익을 챙기고 남을 괴롭히는 말재주꾼이라고 하여 궤변가(詭辯家)로 불렸다. 진리의 상대성을 주장했고, 대표적 인물에는 '인간은 만물의 척도'라고 말한 프로타고

라스(Protagoras)가 있다.

스콜라 철학 Scholasticism
그리스도교의 교의를 학문적으로 체계화하려는 철학.

중세 교회나 수도원의 부속학교 스콜라를 중심으로 그리스도교의 교의를 학문적으로 체계화하기 위해 연구된 종교적 철학으로서, 스콜라학의 방법을 확립한 사람은 안셀무스(Anselmus)다. 전성기인 13세기에는 아리스토텔레스의 이론을 도입하여 신학으로부터 독립한 지적 연구가 일어났는데 이를 스콜라 철학의 체계 속에서 융화시켜 집대성한 것이 토마스 아퀴나스(T. Aquinas)의 『신학대전』이다. 스콜라 철학은 종교와 철학의 총합이며, 그리스 철학을 전승하고 근대 철학에 커다란 사상적 유산을 남겼다.

스토아 학파 Stoic school
키프로스의 제논이 스토아 포이킬레에 창설한 철학의 한 유파.

이성(理性)에 의한 금욕주의(禁慾主義)·극기주의(克己主義) 및 만민평등주의(萬民平等主義)를 주장했으며, 최고 선, 최고 행복의 경지인 정념이 없는 마음의 상태를 '아파테이아(apatheia)'라고 했다. 스토아 학파의 사상은 로마 만민법(萬民法), 자연법(自然法) 사상에 영향을 주었다.

스파르타주의 Spartanism
엄격한 군국주의적 생활 태도 또는 그와 같은 주장.

스파르타는 아테네와 대립한 고대 그리스 국가로서, 시민 개병(皆兵) 제도 하에 엄격한 훈련을 실시하고 일체의 사치를 엄금하며 국가에 대한 희생적 봉사를 요구하였다. 그러므로 스파르타주의를 가리켜 엄격한 희생주의라고도 한다.

신간회 新幹會
1927년 단일화된 민족운동에 대한 노력이 추진되어 민족주의계와 사회주의계가 합작하여 조직한 항일 단체.

이상재를 회장으로 한 신간회는 민족주의를 표방하여 한국민의 정치적·경제적 각성을 촉진하고 단결을 공고히 하며 기회주의를 배격한다는 등의 세 가지 강령을 내세웠다. 광주학생사건에 관여하는 등 많은 활약이 있었으나 내부 분열로 말미암아 1931년 해산되었다.

신문고 申聞鼓

조선 태종 때 백성들의 억울한 일을 직접 해결하여 줄 목적으로 대궐 밖문루(門樓) 위에 달았던 북.

임금의 직속인 의금부에서 주관하고, 자식에 관한 것, 부자ㆍ적첩 (嫡妾)ㆍ양천(良賤)에 관한 것에 한했으며, 하극상을 금하여 상관을 고발하면 도리어 처벌을 받게 하였다.

신미양요 辛未洋擾

고종 8년(1871) 미국 군함이 제너럴셔먼 호(號) 사건을 빌미로 조선을 개항시키려고 강화도를 무력 침략한 사건.

셔먼 호 사건이 일어난 후 미국 정부는 조선을 문책하는 동시에 강제로 통상조약을 맺으려고, 북경에 있는 공사(公使)로(F. Law)에게 명하여 아시아 함대를 출동케 하여 우리나라에 통상조약을 요구하였으나 즉시 거절당하였다. 그 후 군함 3척이 강화도에 들어왔는데, 강화도 수병(水兵)들의 맹렬한 포격을 받고 물러갔다.

신민회 新民會

1907년에 국내에서 결성된 항일 비밀결사.

안창호가 이승훈, 양기탁, 신채호 등과 같이 만든 비밀 결사로서, 표면적으로 는 문화적ㆍ경제적 실력 양성을 전개하면서, 내면적으로 는 독립군 기지 건설에 의한 군사력 양성을 기도하였다. 1911년 일제가 날조한 105인 사건으로 인하여 그 조직이 와해되었다.

신해사옥 辛亥邪獄

1791년(정조 15) 최초의 천주교 박해 사건.

일명 진산사건(珍山事件)이라 한다. 천주교가 들어온 후 얼마 되지 않은 1791년, 전라도 진산군의 선비 윤지충(尹持忠)과 권상연(權尙然) 두 사람이 윤지충의 모상(母喪)을 당하자 신주(神主)를 불사르고 천주교식 제사를 지냈다 하여 조정에서는 그들을 체포, 사형에 처하였던 사건이다.

신해혁명 辛亥革命

1911년 10월 10일, 청조(淸朝)를 무너뜨리고 새로운 중화민국을 창건한 혁명, 국민혁명이라고도 한다.

혁명의 주체 세력은 쑨원(孫文)이 영도하는 지금 국민당의 전신이었던 동맹회 였으나 세력이 미약하고 봉건성이 강한 지주 관료들이 결탁하여 반격함으로써 이 혁명은 성공하지 못하였다.

실용주의 實用主義 Pragmatism

현대 미국의 대표적 철학.

인간의 관념·사상·지식은 생활의 도구로서의 실용성이 있을 때만 가치가 있다고 생각하여 가치나 진리의 기준을 실제 생활에 두려는 상대주의적 경향을 가진다. 경험론과 계몽주의를 계승했으며 실용주의적 입장에서는 절대적인 진리라는 것은 없고 일체의 진리는 상대적이다. 퍼스(Pierce)에 의해 제창되어 19세기말에 듀이(J. Dewey)가 뒤를 이어 미국 사상의 주류를 이루게 되었으며, 교육 등의 여러 방면에 걸쳐 많은 영향을 미치고 있다.

실존주의 實存主義 Existentialism

20세기 전반에 합리주의와 실증주의 사상에 대한 반동으로서 독일과 프랑스를 중심으로 일어난 철학 사상.

부조리한 현실의 허무와 극한 상황을 극복하고, 진정한 인간상을 확립하고 잃었던 자아를 발견하는 것을 강조한 사상이다. 케에르케고르(Kierkegaard)에서 출발하여 생의 철학자 니체(F. W. Nietzsche)를 거친 후, 하이데거(M. Heidegger), 야스퍼스(K. T. Jaspers), 셰스토프(L. L.Shestov) 등에 의해 철학 일반의 근본적 입장이 되기에 이르렀으며, 제2차 세계대전 후 사르트르(J. P. Sartre)의 『구토(嘔吐)』, 카뮈(A. Camus) 등의 문학에 두드러지게 나타났다.

실증주의 實證主義 Positivism

초월적·형이상학적인 사변을 배척하고 경험·관찰·실험에 의해 얻어진 실

증적 지식만을 참된 지식으로 간주하는 사고 방식.

프랑스의 사회학자이며 철학자인 콩트(A. Comte)의 저서 『실증철학 강의』에서 처음 사용된 말이다. 실증주의는 절대적인 목적이나 미리 주어진 원리에 의한 설명을 피하고 현상이 일어나는 법칙을 실증적으로 증명한다. 영국의 경험론과 프랑스의 계몽주의를 그 바탕으로 하고 있으며, 후에 미국의 실용주의에 영향을 주었다.

실천이성 實踐理性

칸트 철학의 기본 개념으로 도덕적인 실천의 의지(意志)를 규정하는 이성(理性).

칸트(I. Kant)는 자연의 법칙(인과 법칙)을 규명하는 이성을 순수이성이라고 했고, 사회법칙(규범법칙)을 만들어 내는 이성을 실천이성이라 하여 자연과 사회를 구별하는 이원론(二元論, Dualism)을 확립하였다.

실학 實學

조선 후기인 17세기 후반부터 19세기 전반에 전통유학에서 벗어나 새로운 방향을 모색한 유학의 한 분파의 학문 및 사상.

당시 지배 계급의 학문이던 실생활과 유리된 성리학의 형이상학적 공리론의 반동으로 일어나 실사구시(實事求是)와 이용후생(利用厚生)에 관해 연구하던 학문이다. 그 영역은 실생활의 유익을 목표로, 정치 · 경제 · 언어 · 지리 · 천문 · 금석 등에 널리 미쳤다. 실학파의 학자로는 유형원(柳馨遠)을 비롯하여 박지원(朴趾源), 정약용(丁若鏞), 김정희(金正喜), 안정복(安鼎福) 등이 있다.

십자군 十字軍 Crusades

중세 서유럽의 그리스도교도들이 이슬람교도들로부터 성지 예루살렘을 회복하기 위해 일으킨 원정군.

11세기부터 13세기말까지 약 2세기에 걸쳐 7차례나 되풀이되었다. 원정이 거듭됨에 따라 본래의 목적에서 이탈해서, 종교적 정열보다 세속적 욕구로 변하여 원정군 내에서 민족 간의 분쟁 충돌이 일어나 그 목적을 이루지 못했다.

이 원정으로 동방과의 교통 무역이 발달하고 자유 도시의 발생이 촉진되었으며, 동방의 비잔틴 문화와 회교 문화가 유럽인에게 자극을 주어 근세 문명 발달에 공헌한 바가 크다.

아편전쟁 阿片戰爭 Opium War

1840~42년 사이에 영국과 청나라 사이에 일어난 전쟁.

아편 수입으로 인한 피해와 은의 유출을 막기 위해 청의 선종은 아편무역금지령을 내리고, 임칙서를 광주에 파견해서 영국 상인의 아편을 불태워버리고 밀수업자를 처형했다. 이에 영국은 무역 보호를 구실로 해군을 파견해 전쟁이 발발, 청나라가 패하고 난징조약(南京條約)이 맺어졌다.

악학궤범 樂學軌範

1493년(성종 24) 왕명에 따라 제작된 악전(樂典).

3권 9책으로 되었으며 조선 선종 24년(1439), 성현 · 유지광 · 신말평 등이 곡조의 이름 · 당악(唐樂) · 아악(雅樂) · 향악(鄕樂)에 대한 해설과 악기 · 관복 · 연주의 순서 등을 자세히 기록한 것이다. '동동', '처용가', '정읍사', '정과정곡' 등이 있어 고대 가사 연구에 귀중한 자료가 된다.

역설 逆說 Paradox

참된 명제와 모순되는 결론을 낳는 추론(推論).

상식적인 논리로는 분명히 모순되는 것 같으나, 두 가지 이상의 개념이나 판단을 결합하면 그 모순을 초월한 진리가 있는 것을 말한다. 예를 들면 신(神)은 하나이면서 여럿이라거나, 사랑은 증오라거나, 초월적인 동시에 내재적이라거나 하는 것이 그것이다. 철학적으로는 역설을 많이 사용한 사람으로는 키에르케고르(Kierkegaard), 니체(F. W. Nietzsche) 등을 들 수 있다.

염세주의 厭世主義 Pessimism

세계 또는 인생에 관한 모든 것을 추악한 것, 고통스러운 것, 불만스러운 것으로 보는 생각.

'최악(最惡)'을 뜻하는 라틴어 'pessimum'에서 유래한 말로 옵티미즘(Optimism : 낙천주의)에 대응되며, 비관주의(悲觀主義)라고도 한다. 대표적 인물은 쇼펜하우어(A. Schopenhauer)로서, 그는 세계는 불합리하고 맹목적인 의지가 지배하므로, 인생은 괴로움이며 이 괴로움에서 해탈하려면 쾌락의 부질없음을 깨닫고 완전한 의지부정(意志否定)에 의해 현상세계가 무(無)로 돌아가는 열반(涅槃)의 경지에 도달해야 한다고 하였다.

➔ 낙천주의 樂天主義 Optimism

세계나 인생의 의의와 가치 등을 궁극적으로는 선(善)이라고 보는 생각. 원어는 최선을 뜻하는 라틴어 옵티뭄(optimum)으로, 최선관(最善觀)이라고도 번역된다. 원래는 라이프니츠(G. W. Leibniz)의 학설로, 신은 최선만으로 세계를 창조해서 피조물의 유한성이라는 의미의 형이상학적 악(惡)은 필연적으로 존재할지라도, 전체적으로 본 이 세계는 최선이며, 악의 존재조차 신의 예정조화(豫定調和)를 돕고 있다는 것이다. 또한 악은 외견일 뿐, 모든 것은 선이라는 교설(敎說)에 널리 적용되어 스토아 철학, 스피노자 철학, 헤겔철학 등에도 적용된다.

왕도정치 王道政治

맹자가 주장한 정치사상.

인덕선정(人德善政)·무편무당(無偏無黨)·평화안락(平和安樂) 등을 이상으로 하는 정치를 말한다. 맹자는 '백성은 귀하고 사직이 다음이며, 군주는 가볍다'라고 하면서 '백성을 중히 여기지 아니하는 자는 군주가 될 수 없다'라고 주장하였다. 한편, 부국강병(富國强兵)의 실력을 가지고 왕명(王命)을 받아 천하(天下)를 호령하는 정치를 패도정치(覇道政治)라 하였다.

왕오천축국전 往伍天竺國傳

신라 성덕왕(聖德王) 때의 승려 혜초(慧超)가 해로(海路)로 인도에 건너가 각지를 순례하고 육로로 중앙 아시아를 거쳐 727년에 당나라로 돌아온 뒤10년간의 여행에 대해 기록한 책.

완질이 남아 있지 않고, 일부분만이 현존하며, 1908년 3월 프랑스의 탐험가였던 펠리오(Pelliot, P.)가 중국 돈황(敦煌)의 천불동(千佛洞)에서 발견했다. 원래는 3권이었던 듯하나 현존본은 그 약본(略本)이며,

앞뒤 부분이 떨어져 나갔다. 현존본은 동부 인도 기행으로부터 비롯되는데, 그곳에 진기한 나체족(裸體族)이 살고 있다고 했다. 이어 쿠시나가라(Kushinagara)에 대한 견문으로, 이곳은 석가모니가 입멸(入滅)한 곳이며, 다비장(茶毘場)과 열반사(涅槃寺) 등이 있음을 기록했다. 또한 이 책에는 당시 인도 및 서역(西域) 각국의 종교와 풍속·문화 등에 관한 기록이 실려 있고, 그때는 벌써 부처〔佛陀〕의 유적은 황폐하여 기울어져 가고 있었으며 사원은 있으나 승려가 없는 곳이 있는가 하면 어느 큰 사원에는 승려가 3,000여 명이나 있어서 공양미가 매일 15석이나 소요되어 유지하기가 어렵게 된 곳도 있다고 했다.

외규장각 外奎章閣

1781년(정조 5) 강화도에 설치한 규장각의 부속 도서관.

정조가 국방의 안전지대인 강화도에 설치해 놓고 다량의 왕실 관계 서적을 보관시켰다. 1856년 병인양요(丙寅洋擾) 때 프랑스가 외규장각에 소장되었던 많은 서적을 탈취해 갔으나 최근에 일부가 환수되었다.

우상론 偶像論

영국의 경험론 철학자 베이컨(F. Bacon)이 주장한 이론.

선입견적인 편견과 망상을 우상으로 표현하고, 종족·동굴·시장·극장의 4개의 우상으로 나누었다. '종족의 우상'은 모든 사물을 있는 그대로 보지 아니하고 맹목적인 습관·감정·신앙에서 오는 편견이며, '동굴의 우상'은 자기만의 동굴 속에 틀어박혀 옳다고 고집하는 취미·성격·환경에서 오는 편견이며, '시장의 우상'은 시장에서 사람들이 떠드는 말처럼 실재하지 않는 무성한 소문들의 편견을 가리키며, '극장의 우상'은 무대 위에서 조명을 받는 배우의 연기를 현실로 받아들이는 것처럼 전통·역사·권위를 무비판적으로 믿는 편견을 말한다. 그는 참된 경험과 지식을 얻기 위해서는 이러한 우상을 버려야 한다고 주장했다.

운요호 사건 雲揚號事件

1875년(고종 12) 일본 군함 운요호(雲揚號)와 우리나라 강화도 포대 간에 일어난

포격 사건. 일명 강화도 사건이라고 한다.

이 사건 결과 일본 측의 강요에 의해 우리나라와 일본 양국 간에는 병자수호(丙子修好) 조약이 체결되었으며, 타의에 의해 문호를 개방했다.

원각사 圓覺寺

1903년(융희 3)에 세워졌던 우리나라 최초의 극장.

로마식 극장을 본떠 건축하였고, 2,000여 명을 수용할 수 있었던 이 극장은 이인직(李仁稙)을 중심으로 한 우리나라 신극 운동의 요람지이며 상연 작품으로는 '설중매', '은세계'가 있다. 1958년 원각사 극장을 부활시켰으나 화재를 겪은 뒤 문을 닫았다.

위정척사론 衛正斥邪論

조선 후기 유교적인 질서를 보존하고 외국세력 및 문물의 침투를 배척한 논리.

위정척사는 '正學을 수호하고 邪學을 물리친다'는 의미이며, 이때 정학은 유학(儒學) 중에서도 주리적(主理的) 성리학을, 사학은 주로 천주교(天主敎) 및 서양학문을 가리킨다.

유물론 唯物論 Materialism

물질을 제1차적 · 근본적인 실재로 생각하고, 마음이나 정신을 부차적 파생적인 것으로 보는 철학설.

일체의 정신 현상, 또는 심적 과정은 물질의 부대현상 내지 파생현상에 지나지 않으며 그 독자성 · 궁극성은 인정하지 않는다. 효시는 고대 그리스의 자연 철학자인 데모크리토스(Demokritos)인데 그는 원자론적 유물론의 체계를 세웠다. 근대에서는 헤겔의 유심론에 반대하여 그 제자인 포이어바흐(G.Peuerbach)가 유물론 체계를 확립했으며, 마르크스와 엥겔스는 변증법과 유물론을 결합하여 '변증법적 유물론'의 체계를 세웠다. 무신론의 이론적 근거로 되고 있다.

유심론 唯心論 Spiritualism

만상(萬象)의 궁극적인 존재를 비물질적 정신적 생명적인 것으로 생각하고, 그에 의하여 물질적 · 비생명적인 것은 일원적(一元的)으로 해명할 수 있다는 철학적

입장. 관념론이라고도 하며, 유물론의 반대다.

플라톤(Platon), 플로티노스(Plotinos)에서 피히테(J. G. Fichte)의 윤리적 유심론, 셸링(F. W. Schelling)을 거쳐 헤겔(G. W. F. Hegel)의 논리적 유심론에 이르러 최대의 합리론으로서의 체계가 세워졌다.

유토피아 Utopia

영국의 정치가이며 인문주의자인 토머스 모어(T. More)의 정치적 공상소설.

현실적으로 실현 불가능한 공상적인 이상사회(理想社會)를 지칭하는 말로서, 영국의 소설가 토머스 모어는 그의 작품 『유토피아』에서 이상국(理想國)을 그렸다. 유토피아는 '아무 데도 없다'라는 뜻으로서 공상주의, 사회주의의 선구가 되었다.

을미사변 乙未事變

1895년(고종 32) 8월 20일에 일본 공사 미우라가 주동이 되어 명성황후(明成皇后)를 시해한 사건.

친 러시아 세력을 제거하고 일본세력을 강화하기 위해 일본이 저지른 이 사건은 항일 의병활동의 원인과 아관파천(俄館播遷)의 계기가 되었다.

을사 5적 乙巳伍賊

조선 말기 일제의 조선 침략과정에서, 일제가 1905년 을사조약을 강제체결할 당시, 한국 측 대신 가운데 조약에 찬성하여 서명한 다섯 대신.

박제순(朴齊純), 이지용(李址鎔), 이근택(李根澤), 권중현(權重顯), 이완용(李完用)을 가리킨다.

을사조약 乙巳條約

1905년(광무 9) 일본이 한국의 외교권을 박탈하기 위해 한국 정부를 강압하여 체결한 조약.

모두 5개의 조항으로 이루어져 '을사오조약(乙巳伍條約)'이라고도 하고, 조약체결 과정의 강압성(强壓性)을 비판하는 뜻에서 '을사늑약(乙巳勒約)'이라 부르기도 한다. 러일 전쟁에서 승리한 일본은 세계 열강에 대하여 우리나라에 있어서의 우월권(특히 영·미 인정)을 갖게 되어

거칠 것이 없었고, 1905년(광무 9) 일본의 이토 히로부미(伊藤博文)가 이
완용(李完用) 일당의 친일파를 움직여 을사조약(전문 5조)을 체결, 이로
써 우리나라 외교권은 완전히 박탈당하고 이른바보호 정치가 시작되
었다.

의창 義倉

고려와 조선시대에 농민 구제를 위하여 각 지방에 설치한 창고.

흉년에 궁민(窮民)을 구제할 목적으로 평시에 공출(供出)한 곡식을
쌓아 두던 구황기관(救荒機關)이다. 중국 수(隋)나라 때 시작, 당 · 송 ·
청대에도 널리 설치되었다. 우리나라는 고려 성종 5년(986)에 중국의
제도인 의창 · 상평창(常平倉)을 모방하여 설치하였다.

이데아 Idea

플라톤 철학의 기본 개념.

본래의 의미는 '보이는 것', '알려져 있는 것'으로 모습이나 형태를
의미 했으나 소크라테스(Socrates)는 윤리적 · 미적 가치 자체를 표현하
는 말로 사용하였고, 플라톤(Platon)은 철학적 개념으로 확립하여 보편
적 개념의 내용이라고 규정하였다. 근세에 와서는 특히 이성의 영원
불멸하는 최선의 의식 내용을 뜻하는 말로 사용하게 되었다.

이데올로기 Ideology

인간 · 자연 · 사회에 대해 품는 현실적이며 이념적인 의식의 여러 형태.

넓은 의미로는 사회의 토대인 생산 관계 위에 세워진 국가 · 사회
제도 · 법체계 등의 상부구조를 가리키며, 좁은 의미로는 사회에 있어
서의 계급 · 당파의이해를 반영하는 견해 또는 이론의 체계를 말한다.

이상주의 理想主義 Idealism

어떤 궁극 목적 혹은 가치의 실현을 목표로 하여, 노력해 가는 정신 태도.

원래는 현실 세계를 참다운 실재로 간주하지 않고, 초월적인 이데
아(idea)의 세계를 진실재(眞實在)라고 생각하는 플라톤(Platon)의 사상
에서 유래했다.

➜ **현실주의** 現實主義 Realism

경제 · 경영 · 무역 · 금융

정치 · 외교 · 국제

사회 · 노동 · 법률 · 환경

철학 · 역사 · 지리

문화 · 예술 · 교육 · 스포츠 · 매체

컴퓨터 · 과학 · IT

찾아보기

이상이나 관념보다 현실을 중시하는 사고 또는 행동양식. 원래 철학 용어로서는 플라톤에서 비롯되었고, 중세 스콜라 철학에서는 보편적 이념의 실재를 주장하는 학설이었으나, 오늘날에는 인간의 주관적 의식에서 독립된 객관적 현실을 주장하는 입장이 되었다. 정치용어로서의 현실주의의 전형(典型)은 정치현상을 윤리나 종교에서 독립시켜 파악한 마키아벨리(N. Machiavelli)의 입장을 들 수 있다.

이율배반 二律背反 Antinomy

다 같이 진리인 두 개의 명제이면서 서로 모순되어 양립할 수 없는 것을 말함.

이론상으로는 그 명제의 쌍방이 모두 옳으나, 실제적으로는 모순이 되므로 이성으로는 해결할 수가 없다.

인도주의 人道主義 Humanitarianism

모든 인간은 인간이라는 점에서 동등한 자격을 갖추고 있다는 생각에서, 인류의 공존과 복지를 중시하는 박애적인 사상.

실제로는 인종 · 국적 · 종교를 불문하고, 사회적인 약자에게 구원의 손길을 내미는 운동으로 나타난다. 사회악을 통찰 · 제거하는 현실 변혁적인 운동보다도 현재 곤란을 받는 사람의 구제에 보다 많은 관심을 갖는 경향이 있는데, 그런 인도주의적 운동이 커다란 사회적 반향을 불러일으켜 사회개혁 운동과 연결되는 경우도 있다. 톨스토이(L. N. Tolstoi)에 의해 문학상의 입장에서 주장되었는데, 로망 롤랑(Rolland Romain)의 평화 사상, 슈바이처(A. Schweitzer)의 아프리카에서의 의료사업도 이에 해당된다.

임오군란 壬吾軍亂

1882년(고종 19) 일본식 신식 군대의 창설로 인한 구식 군대들의 차별 대우에 반발하여 일으킨 구식 군대의 병란(兵亂).

발단은 12개월이나 밀렸던 군량(軍糧)의 일부를 배급할 때 모래가 섞인 쌀을 주고 그 분량도 모자라게 준 데서 평소의 불만이 폭발한 것이다.

장미전쟁 薔薇戰爭 Wars of the Roses

1455년에서 1485년에 걸친 영국의 왕위 쟁탈전.

랭카스터 가와 요크 가의 대립으로 시작된 이 내란은 랭카스터 가의 승리로 헨리 7세가 즉위함으로써 평정되었다. 이것을 계기로 영국의 봉건 기사 계급은 완전히 몰락하고, 주권은 의회에 속하게 되었다.

장생고 長生庫

고려 때 사원에 설치한 금융 기관.

사전(寺田)에서 수확한 대부분의 소득을 자본으로 하여 민간 경제의 유통을 기하는 동시에 사원 자체의 유지 · 발전을 도모함을 목적으로 하였다. 그러나 사원의 부를 축적하는 결과가 되어 고려 불교의 경제적 문란을 초래하기도 하였다.

장원제도 莊園制度

중세 유럽에서 봉건사회의 경제적 단위를 이루는 영주의 토지소유 형태.

농노(農奴)는 장원의 토지 소유자인 영주(領主)에 예속되어 노동과 지대를 바쳤으며, 장원의 영농(營農) 방식은 삼포식(三圃式)이었다. 이때의 경제는 농업을 중심으로 하고, 상공업을 부업으로 하는 봉쇄적 자급자족 경제였다.

제2의 탄생

어린이가 어른이 되는 과정에 자신에 대한 자각(自覺)을 하는 때.

루소(J. J. Rousseau)가 그의 저서 『에밀(Emile)』에서 한 말이다. 어린이로부터 청소년기를 거쳐 어른이 되는 과정에서 자신에 대한 자각(自覺)이 시작되었을 때를 가리킨다.

제물포 조약 濟物浦條約

1882년(고종 19) 임오군란(壬午軍亂)으로 발생한 일본 측의 피해보상 문제등을 다룬 조선과 일본 사이의 조약.

전문 6조로 된 이 조약에서는 군란자(軍亂者) 처벌, 조선 특사 사죄, 배상금 50만 냥의 지불을 약속했는데, 이로써 일본 군대가 우리나라에 주둔케 되었다.

경제·경영·무역·금융

정치·외교·국제

사회·노동·법률·환경

철학·역사·지리

문학·예술·교육·스포츠·예체

컴퓨터·과학·IT

찾아보기

제자백가 諸子百家

중국 춘추전국시대에 활약한 학자와 학파의 총칭.

유가(儒家), 도가(道家), 묵가(墨家), 법가(法家), 명가(名家), 음양가(陰陽家) 등이 대표적이다.

조선책략 朝鮮策略

일본에 주재하던 청나라 외교관 황준헌(黃遵憲)이 1880년경에 저술한 외교문제를 다룬 책.

1880년 김홍집이 일본에 수신사로 갔다가 돌아올 때 가지고 왔다. 이 책의 내용은, 러시아의 남침을 막으려면 중국·일본과 손을 잡고 미국과 연결해야 한다는 외교 방침이 실려 있다.

종교개혁 宗教改革 Reformation

16~17세기 유럽에서 일어난 그리스도 교회의 혁신운동.

1517년 독일의 루터(M. Luther)가 로마 교황청의 면죄부 남발을 반대한 것이 도화선으로 일어났다. 그 결과, 프로테스탄트라는 신교가 탄생하였다.

종교재판 宗教裁判 Inquisitio

중세 가톨릭이 이단(異端)을 처벌하기 위해 13세기에 전 그리스도교 국가를 대상으로 하여 제도화한, 비인도적인 재판.

처음에는 이단자나 변절자를 교회에서 처벌했지만, 13세기 초 그레고리 9세가 교황청 안에 정식으로 특별재판소를 설치하여 재판했다.

진단학회 震檀學會

1934년 한국의 역사·언어·문학 및 주변국의 문화를 연구하기 위해 조직한 학술단체.

기관지로 〈진단학보〉를 발간해, 해방 전까지 14호를 내고 한때 중단, 해방 후 다시 계속되었다. 일제 때 '조선어학회'와 함께 민족정기의 고취에 크게 공헌하였다.

진대 賑貸

고구려 시대에 시작된, 농민에게 양곡을 대여하는 제도.

진(賑)은 흉년에 가난한 백성들에게 곡식을 나누어 주는 것을 말하고, 대(貸)는 봄에 미곡을 대여하여 가을 추수 후에 회수하는 것을 말한다.

집현전 集賢殿

고려 이래 조선 초기에 걸쳐 궁중에 설치한 학문 연구기관.

특히 조선 세종 2년(1420)에 궁중에 설치하여 유능한 학자들을 모아 경사(經史)를 기록하고 많은 서적을 편찬 간행한 왕립학문연구소를 가리킨다. 대제학(大提學)이 그 책임자이며, 소장기예(少壯氣銳)한 10~20명의 학사(學士)가 전임 연구관이 되었다. 경연(經筵: 왕의 학문 지도)·서연(書筵: 세자의 학문 지도), 고전의연구, 유교·지리·의학 등의 서적 편찬, 사관(士官)의 임무, 언관(言官)의 직능및 정치 자문 등을 하여 세종 때의 학문 융성과 왕권 강화에 큰 업적을 남겼다. 세조 때 폐지되어 성종 때 홍문관(弘文館)으로, 다시 정조 때 규장각(奎章閣)으로 변천되었다.

척화비 斥和碑

조선 고종 때 대원군이 서양인을 배척하기 위해 각지에 세웠던 돌비석.

1866년 프랑스, 1871년 미국의 2차에 걸친 강화도 습격 함대를 격퇴한 후 전국 각지에 세웠다. 비석 표면에 '洋夷侵犯非戰則和主和賣國(서양 오랑캐가 침입하는데, 싸우지 않으면 화친하자는 것이니, 화친을 주장하는 것은 나라를 파는 것이다)'이라는 주문(主文)을 큰글자로 새기고, '戒我萬年子孫丙寅作辛未立(우리들의만대자손에게 경계하노라. 병인년에 짓고 신미년에 세우다)'이라고 작은 글자로 새겼다. 일명 양이배척비(洋夷排斥碑)라고 한다.

천부인권사상 天賦人權思想

모든 인간은 태어날 때부터 누구에게도 양도할 수 없는 일정한 권리를 지니고 있으므로, 그 권리는 국가 권력이라 할지라도 함부로 침해할 수 없다는사상.

17, 18세기의 자연법론자인 로크(J. Locke)와 루소(J. J. Rousseau) 등에 의해 주장되었다. 자유권·평등권·행복추구권을 기본으로 하나 그

외에 참정권과 저항권을 포함시키기도 한다. 미국의 독립선언, 프랑스의 인권선언, 세계인권 선언 등에 큰 영향을 미쳤고 근대 헌법의 기본권 사상으로 나타났다.

청교도 혁명 淸敎徒革命 Puritan Revolution

1640~60년 영국에서 청교도가 중심이 되어 일으킨 최초의 시민혁명.

스튜어트(Stuart) 왕조의 절대주의와 의회의 대립은 찰스 1세의 폭정으로 일층 격화되어 1642년 드디어 내란이 폭발했다. 크롬웰(O. Cromwell)을 주동으로 한 의회파가 왕당파를 물리쳐 찰스 1세를 죽이고 공화정치를 선언하여 혁명에 성공했으나, 크롬웰의 독재로 1660년에 왕정복고를 맞게 되었다.

청산리전투 靑山里戰鬪

1920년 9월에 김좌진(金佐鎭)이 이끄는 북로군정서(北路軍政署)의 독립군이 3번에 걸친 전투에서 5만의 일본군을 청산리 · 갑산(甲山) 등지에서 반격하여 크게 이긴 싸움.

독립군 사상자 약 150명에 일본군 사상자는 약 3300명에 달해 세계의 이목을 집중시켰다.

청일전쟁 淸日戰爭

1894~95년 조선의 지배권을 둘러싸고 청나라와 일본이 일으킨 전쟁.

조선의 동학혁명에 청나라가 출병한 데 대해 일본도 조선의 독립과 동양 평화를 위한다는 구실로 출병하여 양국 간에 전쟁이 벌어졌다. 그 결과 일본군의 연승으로 청나라가 굴복하여 시모노세키에서 강화조약을 맺고 요동반도와 대만을 일본에게 할양했으며 조선에서 일본의 우월권을 인정했다.

카스트 Caste

인도의 신분 제도.

아리아인이 인도를 침입한 후 원주민들을 지배하기 위해 만들어낸 종교적 · 사회적 신분제도로, 승려 계급인 브라만(brahman), 정치 · 군사를 맡은 크샤트리아(kshatriya), 농 · 공 · 상에 종사하여 납세 의무를 가진 평민 바이샤(vaisya), 노예인 수드라(sudra) 등 크게 4계급으로 되어 있다. 각 카스트는 직업을 세습하고 통혼은 물론 식사를 같이 하는 것도 금지되었다. 오늘날에는 계급의 수가 3,000여 종에 달해 인도 사회의 발전에 큰 장애가 되고 있다.

코페르니쿠스적 전환 Kopernikanische Wendung

180도 전환을 한다는 뜻으로서, 독일 철학자 칸트(I. Kant)가 자신의 인식론상의 입장을 나타내는 데 사용한 말.

전통적으로 인식은 대상에 의거한다고 생각되어 왔지만, 칸트는 이 사고방식을 역전시켜서, 대상의 인식은 주관에 의하여 가능하게 되는 것이라고 하였다. 이것은 인식의 근거를 객관으로부터 주관으로 옮겼다는 점에서, 천문학상에서 코페르니쿠스(N. Copernicus)가 지동설(地動說)을 주장하며 천동설을 뒤집은 사건에 비견할 만한 인식론상의 전환이라고 하였다. 칸트가 그의 저서 『3대 비판서』가 '철학서에 있어서 코페르니쿠스적 전환을 이루었다'고 말한데서 유래한다. 그 후 종래의 주장과는 정반대의 주장을 내세울 때 인용되는 경우가 많다.

콜로세움 Colosseum

로마 제정 때(A.D. 1세기) 만들어진 원형의 야외 경기장.

로마 시민의 오락 시설로, 로마인들은 여기에서 벌어지는 맹수와 노예의 격투, 또는 기독교인들이 맹수에게 죽임을 당하는 광경을 즐기곤 했다.

쾌락주의 快樂主義 Hedonism

쾌락을 행위의 궁극 목적 내지 도덕의 원리로 생각하는 주의.

에피쿠로스(Epikouros)에 의해 창시된 학파로서 행복은 쾌락에 있고 최고의 쾌락은 마음의 안정에 있다고 해서 일시적 · 신체적 쾌락보다 지속적인 정신적 쾌락을 중시하여 금욕 생활을 강조했다. 그들은 형이상학적으로는 데모크리토스(Demokritos)의 유물론의 입장에 서 있고, 또한 인식론적으로는 경험론의 입장을 취하였으며, 후에 영국의 공리주의에 크게 영향을 주었다.

크림전쟁 Krim War

1853~56년 러시아와 오스만투르크 · 영국 · 프랑스 · 프로이센 · 사르데냐 연합군 사이에 일어난 전쟁.

보수적인 반동 정치를 강화한 러시아 니콜라이 1세의 남진정책이 원인이 되어 일어난 전쟁으로, 세바스토폴 함락으로 러시아가 패배하고 파리에서 강화조약이 체결되었다. 이 전쟁은 영국 나이팅게일(F. Nightingale)의 인도적 간호활동으로 유명하다.

탕평책 蕩平策

조선 후기 영조(英祖)가 당쟁을 해소하기 위해 당파 간의 정치세력에 균형을 꾀한 불편부당(不偏不黨)의 정책. 영조는 노론, 소론 등 각 당파를 가리지 않고 등용하여 당쟁의 조정에 힘썼으며, 그 뒤를 이은 정조도 이 탕평책을 계승하였으나 당쟁을 뿌리 뽑지는 못했다.

태평천국운동 太平天國運動

청 말기 홍수전이 창시한 그리스도교 비밀 결사를 토대로 1851년에서 1864년까지 청조 타도와 새 왕조 건설을 목적으로 일어난 혁명성을 지닌 농민 운동을 말한다.

아편전쟁이 끝난 청나라는 과도한 세금과 물가 폭등으로 국민들의 어려움과 인구의 급격한 증가, 은값의 상승 등 향촌 사회의 불안과 갈등이 증폭되었다.

또한 상하이가 개항되자 대외 무역의 독점을 누리던 광저우와 연결된 교역로가 불황에 빠지면서 실업자가 된 운송업자와 전쟁 뒤 해산된 지방군, 그리고 영국 해군에 쫓겨 광둥과 광시의 내륙으로 들어온 해적들로 사회 불안이 가중되었다. 이때 홍수전이 나타나 어려움을 겪는 농민, 빈민 등 소외계층을 모아 1843년에 배상제회를 만들었으며, 1851년 1월 약 1만 명의 배상제회가 그리스도교를 표방하고 농지의 균등 분배, 남녀평등, 사회 악습의 철폐와 멸만흥한(滅滿興漢)을 내세웠다. 전폭적인 대중의 지지를 얻은 농민 반란으로, 청조에 심각한 타격을 주어 한인 관료의 대두를 촉진시키고 그 뒤 중국 혁명 운동에 많은 영향을 주었다.

태학 太學

고구려 372년 소수림왕이 설립한 우리나라 최초의 국립교육기관.

우리나라 교육사에서 학교에 관한 가장 오래된 기사로서 『삼국사기』에 고구려 소수림왕 2년 6월에 왕은 '태학을 설립하고 자제를 교육하였다'라고 하였으며, 이로써 우리나라의 관학은 서기 372년에 시작되었다. 이는 상류층 자제들만 입학할 수 있었던 귀족학교로, 중앙집권적 정치제도에 적합한 고급관리를 양성할 목적으로 설립되었다.

토테미즘 Totemism

특정한 동식물에 대해 신앙을 가지는 원시 종교.

토템이란 북아메리카 인디언의 토어로서 '혈연'이란 뜻인데, 미개인 사이에서 특정한 동식물에 대해 씨족·부족의 구성원과 특별한 혈족 관계를 갖는다고 생각하고 믿는 것이다. 같은 토템 집단 성원 사이의 혼인이 금지되었다.

파르테논 신전 Parthenon

그리스 아테네의 아크로폴리스 언덕에 있는 신전.

아테네의 수호 여신인 아테나에게 바친 신전으로 이 건축물은 기원전 400년경 페리클레스 시대에 세워졌다. 도리스식 건축물 중에서도 안정된 비례와 장중함의 극치를 보여주는 걸작으로 평가받고 있다.

포츠머스 조약 Treaty of Portsmouth

러일전쟁 결과 1905년 미국 대통령 루즈벨트의 조정에 의해 일본과 러시아 사이에 맺어진 강화조약.

이 조약에 의해 일본은 한국에 대한 우선권, 관동주의 조차, 남만주 철도 등의 양도, 사할린 남반의 할양, 연해주의 어업권을 획득했다.

한계상황 限界狀況 Grenzsituation

독일의 실존주의 철학자인 야스퍼스(K. Jaspers)의, 철학에서 중요한 위치를 차지하는 사상.

선택의 여지가 없는 극한상황이라고도 한다. 인생은 순간마다 단절되나, 그것을 스스로를 택함으로써 연속시켜 가는데, 출생·우연·죽음·고통처럼 변화시킬 수도, 피할 수도 없는, 우리들 앞을 가로막고 있는 상황이 있다. 우리들의 존재를 한계 짓는 이 궁극적인 상황을 한계상황이라고 한다.

함무라비 법전 Code of Hammurabi

고대 바빌로니아 제1왕조의 제6대 왕인 함무라비왕(재위 BC 1792~BC1750)이 중앙집권을 확립하기 위해 제정한 법전.

전문 282조로 된 성문법으로서, 민법·상법·형법·소송법·세법·노예법 등으로 구성되어 있으며, 형벌은 '눈에는 눈, 이에는 이' 식의 복수의 원칙에 입각하고 있다.

합리주의 合理主義 Rationalism

비합리적·우연적인 것을 배척하고, 이성적·논리적·필연적인 것을 중시하는 태도.

진리 파악의 결정적인 능력은 경험이나 감각을 떠난 이성의 사유라는 주의다. 데카르트(R. Descartes), 파스칼(B. Pascal), 스피노자(B. Spinoza), 라이프니츠(G. W. Leibniz) 등이 대표적인 학자들이며 이들은 공통적으로 수학적 인식을 원형으로 하는 논증적 지식을 중시한다. 합리론은 학문의 방법으로 연역적 방법을 택한다.

향약 鄕約

조선시대 향촌 사회의 자치규약.

중종 때 조광조(趙光祖)에 의해 처음으로 주창된 후, 퇴계 이황와 율곡 이이가 지방적인 향약을 세웠다. 중국 송나라의 여씨향약(呂氏鄕約)을 본뜬 것으로 덕업상권(德業相勸), 과실상규(過失相規), 예속상교(禮俗相交), 환난상휼(患難相恤)이 그 기본 강령이다.

헤브라이즘 Hebraism

헬레니즘과 더불어 서양 사상의 2대 조류를 형성해 온 중요한 사조.

고대 이스라엘인의 종교(구약성서)에 근원을 둔다. 유일신(唯一神)의 역사적 계시와 이에 대한 신앙을 토대로 하고, 여기서 생기는 신에 의한 우주의 창조와 세계사의 주재(主宰), 이 신과의 계약에 의한 인간의 책임을 주장하는 세계관 및 인간을 영육일체(靈肉一體)로서 파악하는 인간관이다. 헬레니즘이 이성적·과학적·미적인 반면 헤브라이즘은 의지적·윤리적·종교적이며 신앙과 예술을 창조했다.

헤이그 밀사사건

1907년 고종이 이준(李儁) 등에게 친서와 신임장을 휴대시켜서 네덜란드의 헤이 그에서 열리는 만국평화회의에 출석하게 하여 을사조약(乙巳條約) 체결이 한국 황제 의 뜻에 반하여 일본의 강압에 의한 것임을 폭로하고 이를 파기하려 피한 일.

이준·이상설·이위종 등의 밀사는 국제 정의 앞에 우리나라의 상황을 호소하려고 했으나 일본의 방해로 뜻을 이루지 못했다. 이준 열사는 그곳에서 분사(憤死)했고, 이위종은 만국기자협회에서 '한국을 위한 호소(A Plea for Korea)'라는 울분에 찬 호소를 했다.

헬레니즘 Hellenism

그리스 문화, 그리스 정신 또는 알렉산더 대왕의 제국건설 이후 고대 그리스의 뒤 를 이어 나타난 문명을 뜻하는 말.

넓은 뜻으로 헤브라이 정신에 대한 그리스 정신의 뜻으로 쓰인다. 고대 그리스 정신 및 문화·예술을 가리키는 것으로 인간의 지성· 감정의 발휘·미를 추구하는 사상으로 세계주의적·개인주의적·자 유주의적·과학적 성격을 띤다. 헬레니즘은 철학과 과학을 강조해서 오늘날의 서구를 만드는 데 정신적 기초가 되었다.

형이상학 形而上學 Metaphysics

세계의 궁극적 근거를 연구하는 학문.

경험 세계인 현실세계를 초월하여 그 뒤에 숨은 본질, 존재의 근본 원리를 체계적으로 탐구하려는 학문으로서, 보편적·전체적인 지식 을 구한다. 경험적·자연적 인식 태도, 일반의 초월이라는 성격을 지 니며 신학·논리학·심리학 등이 이에 속한다. 형이상학을 학문으로 서 최초로 확립한 것은 아리스토텔레스이며, 그는 존재자에 관하여 보편적으로 그 제1의 원리·원인을 탐구하는 학문을 '제1철학'이라 부르고, 영원불멸의 원리를 구하는 학문으로서 학문체계의 최고위에 두었다. 그것은 일체의 궁극적 실재근거로서의 신의 지식이기도 하고, 그와 같이 고귀한 지식으로서 '지혜(知慧, sophia)'라고도 불린다.

형이하학 形而下學 Physical science

형이상학에 대한 것으로 유형적(有形的)이거나 물질적인 것을 대상으로 하는 학문. 물리학, 생물학, 화학 등이 이에 속한다.

호민관 護民官 Tribunus plebis

기원전 5세기경 고대 로마에서 평민의 권리를 지키기 위하여 평민 중에서 선출한 관직.

이들은 평민회(平民會)에서 선출되어 평민회를 소집하고 안건을 제출하는 권한, 관리나 귀족 측의 결정에 대한 거부권, 원로원 소집권 및 불가침권을 누렸다.

홍범 14조 洪範十四條

갑오개혁 후 고종이 선포한 14개 조항으로 된 정치혁신의 기본강령.

갑오경장 후의 신정부에서 내정 개혁과 자주 독립의 기초를 확고히 하고자 국문, 국한문, 한문 등 3가지로 반포한 강령으로 우리나라 최초의 성문 헌법이다. 그 내용은 다음과 같다. ① 청국에 의존하는 생각을 끊고 자주독립의 기초를수립. ② 왕실전범(王室典範)을 작성하여 대통(大統)의 계승과 종실(宗室)·척신(戚臣)의 구별. ③ 국왕이 정전에 나아가 정사를 친히 각 대신에게 물어 처리하되, 왕후·비빈·종실 및 척신이 간여함을 금지. ④ 왕실 사무와 국정사무를분리. ⑤ 의정부와 각 아문(衙門)의 직무권한의 한계를 명백히 규정. ⑥ 부세(賦稅)는 모두 법령으로 정하고 명목을 더하여 거두지 못함. ⑦ 조세부과와 징수 및 경비지출은 모두 탁지아문(度支衙門)에서 관장. ⑧ 왕실은 솔선하여 경비를 절약해서 각 아문과 지방관의 모범이 됨. ⑨ 왕실과 각 관부(官府)에서 사용하는 경비는 1년 동안의 예산을 세워 재정의 기초를 확립. ⑩ 지방관제도를 속히 개정하여 지방 관리의 직권을 한정. ⑪ 널리 자질이 있는 젊은이를 외국에 파견하여 학술과 기예(技藝)를 익힘. ⑫ 장교를 교육하고 징병제도를 정하여 군제(軍制)의 기초를 확립. ⑬ 민법 및 형법을 엄정히 정하여 함부로 가두거나 벌하지 말며, 백성의 생명과 재산을 보호. ⑭ 사람을 쓰는 데 문벌(門閥)을 가리지 않고 널리 인재를 등용.

이 법은 일본의 강요에 의해 고종으로 하여금 갑오경장을 서약케 하였다.

■ 홍익인간 弘益人間 ■

널리 인간세계를 이롭게 한다는 뜻으로, 국조(國祖) 단군(檀君)의 건국이념이며 고조선 개국 이래 한국 정교(政敎)의 최고 이념.

홍익인간은 한국의 건국이념이 되었고, 1949년 대한민국 정부 수립 이후 민주헌법에 바탕을 둔 교육법의 기본 정신이 되기도 하였다. 교육법 제1조에는 '교육은 홍익인간의 이념 아래 모든 국민으로 하여금 인격을 완성하고 자주적 생활 능력과 공민으로서의 자질을 구유하게 하여 민주국가 발전에 봉사하며 인류공영(共營)의 이상 실현에 기여함을 목적으로 한다'고 규정되어 있다.

■ 화랑제도 花郞制度 ■

옛 씨족공동사회 청소년 집단의 기원인 화랑도가 신라의 사회발전에 따라서 진흥황 37년에 사회제도화한 것으로, 화랑도는 진골 출신의 화랑과 낭도의 무리로 구성되었으며, 국선도 · 풍월도 · 향도라고도 불렀다.

이들은 사교단체, 교육단체, 무사단으로 5계(伍戒)를 지켜 고상한 기풍과 정의 · 인내 · 무사도의 정신을 함양했다. 이 제도는 국가에 유능한 인재를 배출하게 되었으며, 후에 신라의 삼국통일에 공헌한 바가 크다. 대표적인 화랑 인물로는 사다함, 관창, 김유신, 김춘추 등이 있다.

■ 화백제도 和白制度 ■

신라 때 6촌 부족장들로 구성되었던 만장일치제의 회의 제도.

후에 진골 이상의 귀족이나 중신들의 회의로 변하였는데, 국왕 선거를 비롯한 국가의 중대사를 의논 · 결정함으로써 귀족세력과 왕권 사이에서 권력을 조절하는 기능을 가졌다.

'세계 7대 불가사의'는 보통 로마 제정 시대의 필론이라는 사람이 말한 일곱개의 건축물 및 예술작품을 말한다. 그런데 왜 하필 일곱 개일까? 그건 7이라는 숫자가 당시 우주를 표현하는 신성한 숫자이기도 했고 또 그 유명한 피타고라스가 완벽한 숫자라고 말한 바 있기 때문이다. 그래서 요즘 7이라는 숫자는 행운의 숫자로 여겨지기도 한다.

1. 이집트 기자에 있는 쿠푸왕(王)의 피라미드

고대 이집트의 국왕 · 왕비 · 왕족 무덤의 한 형식으로 현재 80기(基)가 알려져 있으나, 대부분은 카이로 서쪽 아부 라와슈에서 일라훈에 이르는 남북 약90Km인 나일강 서안 사막 연변에 점재해 있다. 하지만 산으로 변한 것과 흔적만 남아 있는 것도 있어, 옛날의 모습을 남기도 있는 것은 의외로 적다.

2. 메소포타미아 바빌론의 공중정원(空中庭園)

공중정원(空中庭園)은 공중에 떠있는 것이 아니라 높이 솟아있다는 뜻이다. 지구라트에 연속된 계단식 테라스로 된 노대(露臺)에 흙을 쌓고 나무를 심어 마치 삼림으로 뒤덮인 작은 산과 같았다고 한다. 유프라테스 강물을 끌어 올려 물을 댔다고 한다.

3. 올림피아의 제우스상(像)

신상은 높이 약 12m의 목조로 되어 있었으며 보석 · 상아 등으로 꾸민 금으로 된 의자에 앉아 있는 모습이었다. 어깨에는 황금 망토를 걸치고 오른손에는 승리의 여신 니케상을 받치고 있으며 왼손에는 금으로 장식한 왕홀을 쥐고 있었다. 두 다리는 금으로 된 디딤대 위에 올려져 있었으며 발은 신상을 예배하는 사람들의 눈높이에 맞추어 놓여져 있었다.

신전은 426년의 이교 신전 파괴령으로 파괴되었으며 6세기에 지진과 홍수가 일어나 땅속에 매몰되었다. 19세기 초에 들어와 발굴이 시작되었는데, 신전의 메도프 · 기둥 · 지붕들 일부가 발견되어 박물관에 보존되어 있다. 1950년 무렵에는 신전터에서 피디아스의 작업장 흔적이 발견되기도 하였다.

4. 에페소스이 아르테미스 신전(神殿)

BC 8세기경에 세워졌는데, 아르테미시온이라고 한다. 장대하고 화려한 이신전은 처음에 리디아 왕 크로이소스의 협조로 건조되었는데, 그후 BC 356년의 알렉산드로스대왕 탄생일에 헤로스트라토스의 방화로 소실된 후 재건되었다.

이오니아양식의 신전으로 바닥면이 55.10×115.14m, 기둥 수 127개의 거대한 규모이며, 원주(圓柱)의 기부(基部)에는 인물이 부조(浮彫)되어 있다.

5. 할리카르나소스의 마우솔로스 능묘(陵墓)

마우솔로스는 반란을 일으킨 사트라프들과 페르시아 왕과의 사이에서 교묘한 수완으로 세력을 확장하여, 이오니아 지방과 부근의 여러 섬에 있던 폴리스들에까지 지배력을 마쳤다고 한다. 사트라프는 아케메네스왕조 페르시아의 관직명이었으나 사실상 독립국의 군주와 같았다. 마우솔로스의 묘는 대묘묘(大墓廟)라 불리며 고대 세계 7대 불가사의로 불리고 있다.

6. 로도스의 크로이소스 대거상(大巨像)

크로이소스는 동방의 전제왕(專制王)중 그리스 문헌에 가장 자주 나타나는 사람 중의 한 사람이기도 하지만, 특히 부호로 알려져 있다. 부(富)에 대한 그의이야기는 헤로도토스의 『역사』 제1권에 기록되어 있다. 그런데 말기에 텔포이의 신탁을 잘못 믿고 페르시아의 키루스 2세와 싸우다가 패하였을 때, 그 가화형을 당하기 직전 아폴론의 도움으로 낙원으로 피했다는지, 키루스의 참모로 있으면서 크게 대우를 받았다는 전설이 있다.

7. 알렉산드라아에 있는 파로스 등대

높이 135m이고 안쪽으로는 나선 모양의 통로가 꼭대기 옥탑까지 나 있었고 옥탑 위에는 거대한 여신상이 솟아 있었다. 등대 꼭대기의 전망대에 오르면 수십km 이상 떨어져 있는 지중해가 보였으며 불빛이 40여 km 밖에서도 보였다고 한다. 등대는 1100년과 1307년의 지진으로 무너졌다고 알려져 왔는데, 1994년 바닷속에서 여신상을 비롯한 등대 잔해 수백 점이 인양되어 그 존재를 드러냈다.

新7대 불가사의

스위스의 영화제작자인 베르나르드 베버가 주도하는 민간단체 '신 7개불가사의 재단'은 인터넷과 전화를 통해 1억 명이 투표한 결과를 종합해 공개했다.

1. 중국 만리장성

기원전 4세기에서 서기 7세기에 건립된 총연장 6,700km의 세계에서 가장 긴 인간 건설 구조물이다. 진시황이 흉노족 침입에 대비해 본격적으로 구축했고, 이후 여러 시대를 거쳐 증축됐다. 흉노족, 몽골족 등 여러 유목 민족의 침략을 막는 방법으로 활용됐다.

2. 인도 타지마할

1632에서부터 1654년까지 지어진 타지마할은 우타르프라데시주 아그라에있는 궁전 형식의 묘역이다. 타지마할은 '마할의 왕관'이란 뜻으로, 무굴제국 황제 샤자한이 왕비 뭄타즈 마할의 죽음을 애도해 건립했다. 인도, 페르시아, 이슬람 건축양식이 혼재한다.

3. 멕시코 치첸이차 피라미드

멕시코 유카탄 반도에서 10~13세기에 번성했던 마야제국의 도시 치첸이차에 있는 계단식 피라미드다. 정상에 신전이 있다. 태양력의 원리에 따라 지어진 것으로 분석된다.

4. 페루 맞추피추

페루 남부 쿠스코시의 북서쪽 우루밤바 계곡에 있는 잉카유적지다. 15세기잉카왕국에 의해 건설됐다. 리마 남동쪽 500km에 있는 계곡을 굽어보는 안데스산맥 위 해발 2,430m에 있다.

궁전, 사원, 거주지 등으로 이뤄져 있는 이 유적지의 거대한 돌들을 어떻게 운반했는지가 불가사의로 남아있다.

5. 로마 콜로세움

서기 80년에 티투스 황제의 의해 완성된 거대한 원형극장으로 검투사들의 처참한 싸움이 벌어졌던 곳이다. 계단식 관람석에 수용할 수 있는 인원은 5만여 명.

현대 스포츠 경기장의 디자인에 많은 영향을 끼친 건축물이다.

6. 요르단의 페트라

요르단 남서쪽의 고대 산악도시로, 아랍 나바테아 왕국의 수도다. 교역로의 교차 지점에 있어 사막의 대상로를 지배하며 번영을 누렸다. 서기 106년 나바테아인이 로마 제국에 패한 뒤에도 번영을 지속했다. 신전, 극장, 장례사원들로 이뤄져 있는 이곳은 수로와 암석에 새겨진 수많은 조각들로 유명하다.

7. 브라질 거대 예수상

리우 데 자네이루 코르코바두 언덕 정상에 자리한 38m 높이의 거대 예수석상이다. 브라질인 에이토르 다 실바코스타가 설계하고 폴란드계 프랑스 건축가 폴란도프스키가 1931년 10월 12일 세웠다. 프랑스에서 만들어진 뒤 브라질로 옮겨져 조립된 이 구조물은 거대한 골조를 어떻게 지반도 거의 없는 언덕 정상까지 옮겼는지가 미스터리로 남아있다.

제5장

문학 CULTURE
예술 ART
교육 EDUCATION
스포츠 SPORTS
매체 MEDIA

3B주의

상업미술에서 삽화는 광고의 주제를 시각적으로 설명하고, 보는 사람으로 하여금 친근감을 가질 수 있도록 해야 한다. 그 까닭에 유아(baby), 미인(beauty), 동물(beast) 등이 효과적인 제재로써 이용되고 있는데 이를 상업미술에 응용하는 것을 3B주의라 한다.

특히 인간성이나 애정 등에 호소해야 할 상품의 경우에는 주목 율을 높이기 위해 3B주의의 비주얼이 강력히 권장되고 있다.

ABC 제도 Audit Bureau of Circulations

신문 · 잡지의 발행부수를 실제로 조사하여 공개하는 제도.

광고주 · 광고회사 · 신문사 · 잡지사 등을 회원으로 하며 비영리 적으로 운영된다. 광고주들에게는 광고전략 수립을 위한 기초자료를 제공하고, 매체의 발행 부수에 대한 알 권리를 충족시켜 주며, 광고회 사에게는 광고의 과학화 · 국제화에 도움을 주며, 광고회사와 매체사 간의 합리적 관계 정립에 기여한다. 또 발행사에게는 공신력 향상 · 경영 합리화 · 회사끼리의 선의의 경쟁에 도움을 준다. 1914년 미국 에서 처음 시작된 이후 세계 32개국이 채택하였고, 한국 ABC협회는 1989년 5월 세계에서 23번째로 창립되었다.

IPTV Interrne Protocol TV

초고속 인터넷망을 이용하여 정보 서비스, 동영상 콘텐츠, 방송 등을 TV로 제공 하는 양방향 서비스.

인터넷과 TV의 융합으로, TV 수상기와 셋톱박스, 그리고 인터넷 회선만 연결되어 있으면 이용할 수 있다. TV를 보면서 인터넷 검색은 물론, TV 홈쇼핑의 상품을 주문, 결제하고 메일 확인, 문자 메시지전 송, 금융 및 주식거래 등의 서비스를 이용할 수 있다.

SF Science Fiction 과학소설

과학에 바탕을 두고 과학적 논리로 쓴 소설.

『해저 2만 리』를 쓴 프랑스의 J. 베른이 창시자로 인정을 받고 있으 며, 영국의 H. G. 웰스의 『타임머신』, 『화성과의전쟁』, 『우주전쟁』 등 에 소설의 장르로 구축되었다. 헉슬리(A. Huxley)의 『아름다운 신세계』

는 대중문학의 장르를 구축한 것으로 평가된다. 영화로 만든 것을 SF 영화라고 한다.

UEFA 챔피언스리그 UEFA Champions League

유럽 각국의 프로축구 리그에서 활동하는 가장 우수한 클럽들을 대상으로 매년 열리는 클럽축구대회.

1955년 프랑스의 스포츠 일간신문 「레퀴프 L'Equipe」의 편집자 가브리엘 아노(Gabriel Hanot)의 제안에 따라 유럽 각국의 리그 우승팀들이 참가하는 대회로 창설되었으며, 유럽축구연맹이 주관한다.

가십 Gossip

어떤 사람의 사건에 대한 흥미 본위의 뜬소문. 신문 · 잡지 등의 내막기사.

유럽이나 미국에서는 원래 사교계 명사의 소문을 뜻하였으나, 매스커뮤니케이션의 발달에 따라 유명 인사나 배우 등에 관한 신문 지상의 소문이나 기사, 만필(漫筆)을 의미한다. 가전체 문학주변의 사물을 의인화하여 세상 사람들의 경계심을 일깨우려는 목적으로 하는 문학 양식. 고려말기에 형성되어, 구소설의 원형이 된 문학 형태의 하나. 우화적, 의인적 수법을 쓴 짧은 전기체(傳記體)의 설화로서, 술, 엽전, 거북, 대(竹), 종이, 지팡이 등의 사물을 의인화(擬人化)하고 있으며 계세징인(戒世懲人)을 목적으로 한다. 재래의 설화와는 달리 작자의 독창성이 발휘됨으로써 소설의 발생에 선구적인 구실을 한, 문학사상 특기할 만한 형태이다. 이러한 문학의 탄생 원인을 당시의 잦은 내우외환과 무신들의 집권에 의한 정치적 혼란에서 찾는 학자들이 많다. 대표적인 작품으로는 술을 의인화한 임춘의 『국순전』과 돈을 의인화한 『공방전』, 술과 누룩을 의인화한 이규보의 『국선생전』, 거북이를 의인화한 『청강사자현부전』, 대나무를 의인화한 이곡의 『죽부인전』 등이 있다.

가전체 문학

주변의 사물을 의인화하여 세상 사람들의 경계심을 일깨우려는 목적으로 하는 문학 양식.

고려말기에 형성되어, 구소설의 원형이 된 문학 형태의 하나. 우화적.의인적 수법을 쓴 짧은 전기체(傳記體)의 설화로서, 술, 엽전, 거북, 대(竹), 종이, 지팡이 등의 사물을 의인화(擬人化)하고 있으며 계세징인(戒世懲人)을 목적으로 한다. 재래의 설화와는 달리 작자의 독창성이 발휘됨으로써 소설의 발생에 선구적인 구실을 한, 문학사상 특기할 만한 형태이다. 이러한 문학의 탄생 원인을 당시의 잦은 내우외환과 무신들의 집권에 의한 정치적 혼란에서 찾는 학자들이 많다. 대표적인 작품으로는 술을 의인화한 임춘의 『국순전』과 돈을 의인화한 『공방전』, 술과 누룩을 의인화한 이규보의 『국선생전』, 거북이를 의인화한 『청강사자현부전』, 대나무를 의인화한 이곡의 『죽부인전』 등이 있다.

개벽 開闢

3 · 1운동 이후 천도교(天道教)를 배경으로 발행된 월간 종합지.

1920년 현진건, 이상화, 염상섭, 김동인, 박종화, 김기진 등에 의해 창간되었다. 당시의 문화주의적 · 사회주의적인 시대 조류를 반영시키기 위해 국민 지도에 앞장섰으며 한때 박영희, 김기진 등이 프롤레타리아 문학론을 발표하기도 했다. 천도교를 배경으로 한 잡지였으므로, 필연적으로 일제에 대한 항쟁을 기본노선으로 삼았다.

이 때문에 창간호에서부터 탄압을 받았다. 민중의 자주의식, 자유사상, 독립정신을 고취하는 데 크게 기여하였다. 발행기간 중 발매금지(압수) 34회, 정간1회, 벌금 1회의 수난을 당하고, 1926년 8월 1일에 발행된 72호를 끝으로 강제 폐간되었다.

경기체가 景幾體歌

고려 고종 때부터 조선 선조까지 약 350년간 계속 되었던 시가의 한 양식.

경기체가는 13세기 경부터 등장하기 시작하여 조선 초기까지도 명맥이 유지되었던 시가형식으로 신흥 사대부들이 자신들의 삶과 향락을 풍류적으로 표현하기 위해 만들었다. 경기체가의 대표적인 작품으로 알려져 있는 「한림별곡(翰林別曲)」은 여러 유학자들이 모여 함께 노래한 일종의 집단 창작 시가이다. 「죽계별곡(竹溪別曲)」과 「관동별곡(關東別曲)」을 쓴안축(安軸)과 같은 작가는 신흥사대부 층에 속한다. 경기체가의 형식적인 특징은 사물이나 경치를 묘사 · 서술하기 위해 한문 구절을 나열하고, 각 연의 중간과 끝 부분에 '위 경(景) 긔 엇더하니잇고'라는 감탄형 문장을 써서 앞에 나열한 한문 구절의 내용을 집약시켜 놓고 있는 점이다. 한문으로 된 싯구와 우리말로 된 감탄구를 함께 결합시켜 놓고 있는 이 같은 시 형식은 보기 드문 것으로서 고려시대의 시가 형식 가운데 특이한 존재가 되고 있다.

계관시인 桂冠詩人 Poet Laureate

본래 영국 왕실이 영국의 가장 명예로운 시인에게 내리는 칭호.

계관시인이라는 명칭은 고대 그리스와 로마시대에 명예의 상징으로 월계관을 씌워준 데서 유래한다. 영국의 경우 종신제이며, 지금은 총리의 추천으로 임명되며, 궁내관(宮內官)으로서 연봉을 받는다. 미국에서도 1985년부터 계관시인이라는 칭호를 만들어 사용했다. 미국의 계관시인은 매년 새로 임명된다. 주로 시를 1편씩 제출해야 하고 특정한 국가 행사에 참석하게 되어 있다.

고전주의 古典主義 Classicism

조화, 완성, 균형 등의 정형화된 형식을 중요시하는 문예사조.

넓은 의미로는 그리스·로마의 고전적 문예 작품을 모범으로 하여 그것을 계승하려는 모든 예술 경향을 말한다. 중세의 종교적·정치적 속박에서 벗어나 고전의 정신을 발견하고 거기에서 자유로운 인간성의 확립을 꾀하는 혁신 운동으로, 인문주의(Humanism)라고도 한다. 인간의 이성을 중시하고 조화와 균형, 완성된 형식미를 추구하였으며, 개성이나 독창성보다는 사회성과 보편성을 중시하였고, 모방, 명확한 언어와 장르 구분, 개연성의 원칙 등 전형적이고 통일적인 문예형식을 이론으로 삼았다. 희곡 문학의 대표 작가로는 코르네유, 몰리에르, 드라이든, 포프 등이 있고 미술에서는 앵그르, 음악에서는 하이든, 베토벤, 모차르트 등이 있다.

공영방송 公營放送

방송회사의 이윤 추구가 아닌 공공의 이익을 추구하는 방송.

방송의 목적을 영리에 두지 않고, 시청자로부터 징수하는 수신료 등을 주재원으로 하여 오직 공공의 복지를 위해서 행하는 방송을

경제·경영·무역·금융

정치·외교·국제

사회·노동·법률·환경

철학·역사·지리

문화·예술·교육·스포츠·매체

컴퓨터·과학·IT

찾아보기

말한다. 영국의 BBC, 일본의 NHK, 독일의 ARD, 오스트레일리아의 ABC, 우리나라의 KBS, EBS, MBC가 있다. 이에 대하여 기업체가 이윤을 목적으로 일정한 대가를 받고 행하는 방송을 상업방송이라 한다.

광고 총량제 廣告總量制

법으로 방송 광고의 전체 허용량을 제한하고, 시간과 횟수 또는 방법 등에 관한 사항은 방송사에서 자율로 정하는 제도이다.

현행 방송 광고 제도는 프로그램을 기반으로 종류와 시간, 횟수 등을 정하고 있다. 방송 프로그램 광고는 프로그램 전후에, 중간 광고는 프로그램 중간에, 토막 광고는 프로그램과 프로그램 사이에, 자막 광고는 방송 프로그램과 관계 없이 자막으로 나타내는 광고를 말한다. 시간도 프로그램 광고는 전체 방송 시간의 10/100만 허용하고 있고, 토막 광고는 횟수와 시간을 법으로 정하고 있다. 하지만 광고 총량제는 전체 시간 범위 내에서 방송사가 자율적으로 광고를 편성하는 제도이다.

교육행정정보시스템 NEIS; National Education Information System

교육행정 전반의 효율성을 높이고, 교원의 업무환경 개선을 위해 교육인적자원부가 구축한 전국 단위의 교육행정 정보체계.

영문 머리글자를 따서 NEIS로 약칭하며, '나이스'로 읽는다. 교육 관련 정보를 공동으로 이용하기 위해 전국 1만여 초·중등학교, 16개 시·도교육청 및 산하기관, 교육인적자원부를 인터넷으로 연결하는 전국 단위의 교육행정정보시스템이다.

교향곡 交響曲 Symphony

관현악 연주를 위해 작곡된 대규모의 다악장 형식의 기악곡을 말한다.

18세기 후반에 고전파 음악가들에 의해 완성된 음악 형식으로 형식상으로는 관현악을 위한 소나타이지만 피아노 소나타 등 많은 악곡이 3악장으로 구성된 데 대해 교향곡은 현악4중주곡과 마찬가지로 기본적으로는 4악장으로 이루어져 있다. 구성은 보통 제1악장(소나타 형식의 빠른 악장. 이 앞에 장중한 서곡이 오는 경우도 많다), 제2악장(리트 형식의 완만한 악장), 제3악장(미뉴엣 또는 스케르초), 제4악장(론도 또는 소나타 형식의 매우 빠른 악장)으로 되어 있다. 고전파의 대표적인 인물인 하이든(Haydn)이 교향곡의 형식을 수립하였으며, 모차르트, 베토벤에 이르러 절정을 이루었다. 세계 3대 교향곡으로는 베토벤의 〈운명〉, 슈베르트의 「미완성 교향곡」, 차이코프스키의 「비창」이 있다.

그래픽 디자인 Graphic Design

인쇄매체를 통하여 표현・제작되는 디자인.

신문・잡지의 광고, 책 표지, 카탈로그, 포스터, 포장 등의 디자인을 가리킨다. 광고와 선전의 기능을 하는 데서 '상업 디자인'과 같은 뜻으로 사용되는 경우도 많으나, 그래픽 디자인이라 말할 때에는 인쇄의 특성을 살린 표현에 중점을 둔다.

그랜드 슬램 Grand Slam

한 선수가 같은 해에 세계 4대 선수권대회에서 모두 우승하는 것.

테니스에서는 미국 오픈, 영국 윔블던 대회, 호주 오픈, 프랑스 오픈에서 우승한 것을 가리킨다. 야구에서는 1루, 2루, 3루에 주자가 있을 때 치는 만루홈런을 말한다. 골프에서는 영미의 양 오픈과 전 미국 프로, 마스터스의 4대 타이틀에서 우승한 것을 말한다.

금오신화 金鰲新話

조선 초기에 김시습(金時習)이 지은 한문 단편소설집.

일반적으로 우리 나라 최초의 소설로 인정되고 있다. 완본은 전하지 않으며, 현재 전하는 것으로는 「만복사저포기 萬福寺樗蒲記」, 「이생규장전 李生窺牆傳」, 「취유부벽정기醉遊浮碧亭記」, 「남염부주지南炎浮洲志」, 「용궁부연록龍宮赴宴錄」 등 5편이다. 다섯 작품의 공통적인 특징은 배경과 등장인물이 모두 우리나라와 우리나라 사람이고, 현실과 동떨어진 신비로운 내용을 담고 있으며, 소재와 주제 및 결말의 처리 방식 등이 특이하고, 문어체를 사용하여 사물을 극히 미화시키고 섬세하게 묘사했다.

낭만주의 浪漫主義 Romanticism

이성보다는 감성, 감정, 정서 등을 중요시하는 문예사조.

19세기 유럽의 문학적·철학적 사상으로 정의될 수 있지만 낭만주의 근원은 18세기 말 독일에서 시작한다. 시기적으로는 프랑스 혁명이 발발한 이후 1795년 경에 독일 고전주의와 낭만주의가 동시적으로 형성되는데 고전주의의 엄격한 규범으로 인한 예술 사상의 경직성을 비판하면서 나타났다. 낭만주의는 형식과 논리보다는 개인의 감성과 개성의 자유 등을 중시하였으며, 기존의 도덕이나 관습을 부정하고 이상적인 세계를 추구했다. 대표적인 문학가로는 괴테, 실러, 위고, 바이런 등이 있고, 음악가로는 슈베르트, 쇼팽, 바그너 등이 있으며, 미술가로는 들라크루아, 룽게 등이 있다.

내로남불
'내가 하면 로맨스 남이 하면 불륜'을 줄여 이르는 말이다.

사자성어라고 오해할 수 있는 이 단어는 1990년대 정치권에서 만들어져 현재까지 오프라인과 온라인에서 활발히 쓰이고 있는 말로, '내가 하면 로맨스 남이 하면 불륜'을 줄여 말하는 것이다. 똑같은 상황에 처했을 때 자신과 타인을 다른 시선으로 바라보는 이중 잣대를 가진 사람을 나타내는 말이다. 남은 비난하지만 자신에게는 너그러운 사람을 일컫는다. 비슷한 의미를 가진 사자성어에는 '나는 옳고 다른 이는 그르다'라는 뜻을 가진 '我是他非(아시타비)'가 있다.

논픽션 Nonfiction
픽션(fiction)의 반대말로 여행기, 전기, 일기, 사회, 인문, 자연과학 등 사실을 주제로 하여 쓴 책 또는 문장.

1912년 미국 잡지 『퍼블리셔즈 위클리』가 베스트셀러를 발표할 때 픽션과 논픽션으로 분류하여 발표한 데서 시작되었다. 영국의 수상이었던 처칠의 『제2차 세계대전 회고록』같은 기록적 작품이 이에 속한다.

누벨 바그 Nouvelle Vague
1957년경부터 프랑스 영화계에 일어난 새로운 물결.

'새로운 물결'이라는 뜻으로, 신선한 발상과 표현 양식을 내세워 1960년 이후 주류를 이루던 전통적인 영화계에 큰 영향을 끼쳤다. 대

경제·경영·무역·금융

정치·외교·국제

사회·노동·법률·환경

철학·역사·지리

문화·예술·교육·스포츠·매체

컴퓨터·과학·IT

찾아보기

표적인 작가로는 '어른들은 모른다'의 프랑수아 튀로포, '네 멋대로 해라'의 장뤼크 고다르, '사형대의 엘리베이터'의 루이 말 등이 있다.

누비아 유적 Nubian Monuments

이집트의 남쪽 끝, 수단과의 경계지역인 누비아 지역에 있는 고대 유적.

누비아(Nubia)는 아프리카 동북부의 옛 이름으로 현재의 이집트와 에티오피아의 중간에 위치한다. 누비아의 나일 강변에는 고대 이집트의 유적이 많은데, 람세스 2세가 세운 아부심벨 대신전과 소신전, 프톨레마이오스 왕조 시대에 세운 필레 신전이 대표적이다.

이집트의 아스완 댐 공사로 이 누비아 유적이 침몰할 위기에 처하자 누비아유적 보호에 관한 세계적인 운동을 벌여 1979년 유네스코에 세계문화유산으로 등록하였다.

뉴 에이지 음악 New Age Music

고전음악이나 포크 음악 등 여러 장르의 음악을 고루 융합시킨 연주음악.

광범위한 장르를 포괄하는 연주음악으로서, 예술적 품격을 갖추고 청소년 정서에 해가 되지 않는다는 점에서 무공해 음악이라고도 한다. 대표적인 연주자는 피아니스트 조지 윈스턴, 플루트 주자 폴 혼 등이 있으며, 1986년부터그래미상에 '뉴 에이지 뮤직'부문이 신설되어 독립성을 가진 하나의 음악장르로 정착되었다.

뉴스캐스터 Newscaster

방송에서 뉴스를 읽거나 전달하는 사람.

방송보도에서 연출자·편집자·기사작성자와 구별하여 최종 전달자에게 붙여진 이름이다. 한국에서는 뉴스만 전담하는 아나운서를 가리켰으나 기자도이 역할을 맡게 되었다. 텔레비전 뉴스 쇼에서 이 직분을 맡은 사람을 앵커맨이라고도 한다.

다다이즘 Dadaism

제1차 세계대전이 일어나면서 유럽과 미국을 중심으로 일어난 전통적인 권위를 부정하는 예술 운동.

사회민주주의 정당들까지 제국주의 전쟁에 야합, 굴복하게 된 유럽의 현실과 전쟁의 부조리에 환멸을 느낀 예술가들이 1916년 스위스 취리히에서 새로운 운동을 일으켰다. 모든 사회적 · 예술적 전통을 부정하고 반(反) 이성, 반(反) 도덕, 반(反) 예술을 표방했다. 브르통, 아라공, 엘뤼아르 등이 참가했는데, 전후 가라앉았으나 타락한 유럽 문명에 대한 반항정신은 쉬르리얼리즘 등에 계승되었다.

다문화사회 多文化社會

다문화사회란 우리나라에 우리나라 사람만 사는 게 아니고 국제결혼이나 외국근로자들의 유입, 세계 각국의 외국인들이 모여 하나의 공동체를 이루며 사는 사회를 말한다.

다문화사회의 특징으로는 ① 민족, 인종, 문화 등을 기반으로 한 다양한 특수성이 존재하는 사회로, 이는 다문화사회의 동질성 · 단일성 사회변화가 생기면서 나타나는 것으로 이민자의 유입으로 인한 다양한 민족, 인종, 문화가 존재한다는 것이다. ② 다양한 유형의 집단간 갈등이 존재하는 사회로, 민족, 인종, 문화, 종교, 계층을 가진 집단이 공존하는 다문화사회에서는 집단간 욕구 충돌로 인해 갈등이 생길 수 있다. ③ 유입집단에 대한 고정관념이 존재하는 사회로, 다문화사회를 구성하는 구성원들 즉 외국인 근로자, 이민자, 유학생, 결혼이민자 등이 기존의 내국인 또는 유입집단에 의해 새로운 유입집단에 의한 고정관념이 형성된다는 것이다. 이러한 고정관념은 유입집단, 또는 이주자 개인에 대한 의식적 · 제도적차별로 이어질 수 있다.

대한축구협회 KFA; Korea Football Association

대한체육회에 소속된 최대의 체육단체로 대한민국의 축구경기 및 관련 사업을 총괄하는 기구.

축구경기를 보급하고 우수선수 및 지도자를 양성하며 국제경기를 통한 국위선양을 하는 데 목적이 있다. 모태는 한국 최초의 축구인 조직이었던 조선심판협회를 계승해 1933년 9월 19일 출범한 조선축구협회다. 1938년 일제에의한 강제 해산과 1945년 복원의 과정을 거쳐 1948년 9월 4일 현재의 명칭으로 확정되었다. 2005년 11월 사단법인으로 전환해 공식 명칭은 사단법인 대한축구협회다.

데드라인 Deadline

마감 최종 시간. 은행에서는 준비금 한계선을 뜻하고, 방송에서는 기사마감 시간을 뜻한다.

방송에서 이 시간을 초과하면 그 날은 보도할 수 없기 때문에 신속한 보도를 위하여 치열한 취재 경쟁이 벌어지게 된다.

데카당스 Decadance

쇠미 · 퇴폐를 의미하는 말로 19세기 말경 프랑스에서 일어난 문학의 한 경향.

프랑스의 보들레르 · 랭보 · 베를레느, 영국의 오스카 와일드 등이 선구적인 역할을 했다. 이들은 지성보다는 관능에 치중하고, 도덕이나 고전적 질서에서의 탈출을 시도하며, 암흑과 문란 속에서 미(美)를 발견하는 등 현실부정의 전위적인 문학 활동을 하였다.

도핑 검사 Dope Check

운동선수가 경기 능력을 일시적으로 높이기 위해 호르몬제, 정신안정제, 흥분제 등의 금기 약물을 사용했는지 여부를 가리는 약물검사.

1960년의 로마올림픽에서 자전거 선수가 흥분제를 사용했다가 경기 중 사망한 것이 계기가 되어 1972년 겨울의 삿포로 대회부터 실시되었다. 약물 또는 유사한 약물이 경기 종료 직후의 소변에서 검출된 경우에 선수는 경기 성적을 박탈당하기도 하고 그 후의 출장 자격이 제한되기도 한다.

독립영화 獨立映畵 Independent Film

기존의 상업 자본에 의존하지 않고 창작자의 의도에 따라 제작한 영화를 말한다.

'인디영화'라고도 하며, 두 가지의 의미를 가지고 있다. 첫 번째는 헐리우드에 속하지 않는 제작자들에 의해 만들어지는 영화를 총칭하며, 적은 예산으로 제작되므로 기술이나 특수효과에 덜 의지하며 주제를 강조하는 특징이 있다. 제작비는 개인적으로 조달하거나 정부나 단체에서 지원을 받는 경우도 있다. 두 번째, 우리나라에서의 독립영화는 상업영화자본에 의지하지 않고 제작되는 영화의 총칭을 의미한다. 여기서 독립은 또 두 가지로 나뉜다.

첫째는 자본으로부터의 독립으로, 영화 흥행의 결과로 제작비를 상회하는 수익을 목표로 하는 영화자본과는 별도로 감독의 자체제작 혹은 비상업적 자본에 의해 제작되는 것을 말한다. 때로는 관객들로부터 직접 모금하거나 공익적 기금을 이용하기도 한다.

둘째는 상업영화로부터의 독립으로, 상업영화가 제작비 회수는 물론 초과이익을 실현하기 위해 필연적으로 마케팅 관점에서 유리한 영화 내용을 전개시키는 데 반해 독립영화는 제작자나 감독의 주제의식을 표출하기 위한 대안적인 내용과 형식을 담아내는 특성이 있다.

동반자 문학 同伴者文學

혁명 후의 소련 문학에서 공산주의자는 아니지만 소련 체제에 반대하지 않은 작가의 문학을 가리키던 말.

혁명과 반혁명의 중간지대에서 방황하던 지식인들이 점차 혁명의 동반자가 되어가면서, 이들이 쓴 문학을 동반자 문학이라 한 데서 유래한다. 우리나라에서는 유진오·이효석처럼 신경향파(新傾向派)에 동조하여 작품을 쓴 작가의 문학을 가리킨다. 중요한 작품으로는 유진오의 『여직공』, 이효석의 『도시와유령』 등을 들 수 있다.

디오라마 Diorama

풍경이나 그림을 배경으로 두고 축소 모형을 설치해 역사적 사건이나 자연 풍경, 도시 경관 등 특정한 장면을 만들거나 배치하는 것을 뜻한다.

모형을 이용해 역사적 사건, 자연 풍경, 도시 경관 등을 표현하며, 음향이나 조명을 함께 연출하여 생생함을 더하기도 한다. 디오라마 기법은 박물관이나 미술관, 과학관 등에서 많이 사용하며, 일반인들 사이에서도 디오라마 제작이 취미의 일종으로 인기를 끌고 있다.

디오라마는 근대 이후 유럽 귀족들이 테이블 위에 인형 등을 올려놓고 역사적인 전투 장면을 재현한 데서 유래했다고 알려져 있다. 이후 인형뿐 아니라 공룡, 전차, 자동차, 비행기 등 점차 종류가 다양해졌다. 1820년대 프랑스의 화가이자 사진발명가 다게르는 무대예술가로서의 경험을 활용해 1822년 파리에 세계 최초의 디오라마 극장을 설치하고 운영하기도 했다. 일본에서는 1932년 도쿄과학박물관에 전시된 디오라마가 최초로 기록된 전시용 디오라마였던 것으로 전해진다.

경제·경영·무역·금융

정치·외교·국제

사회·노동·법률·환경

철학·역사·지리

문화·예술·과학·스포츠·매체

컴퓨터·과학·IT

찾아보기

디지털 라이브러리 Digital Library

도서관에 소장되어 있는 도서나 자료의 제목 · 출판사 · 저자 · 출판 연도 · 면수 · 초록 등 서지사항과 본문(full-text)을 디지털화하여 인터넷이나 PC통신을 통해 제공하는 것을 말하며, 전자도서관(electronic library)이라고도 한다.

국외 디지털 라이브러리로는 미국의 6개 대학에서 추진하고 있는 DLI(Digital Libraries Initiative), 일본 정보기술촉진청(NDL)과 국립학술정보센터(NACSIS)전자도서관 시스템 등이 있고, 국내에서는 1996년 4월 개관한 최초의 디지털라이브러리인 LG상남도서관이 있다. 지난 1996년 11월 국가적 차원에서 국립중앙도서관, 국회도서관, 한국과학기술원 과학도서관, 연구개발정보센터, 한국학술진흥재단 등을 연결한 국가전자도서관이 운영되고 있다. 또한, 2003년부터는 전국의 공공도서관에 소장된 도서 및 자료에 대한 목차와 원문 등을 인터넷을 통해서 서비스한다는 목표를 세우고 추진 중에 있다.

디지털 멀티미디어 방송 Digital Multimedia Broadcasting

디지털 멀티미디어 방송은 DMB라고도 하며, 음성과 영상 등의 멀티미디어 신호를 디지털 방식으로 변형하는 기술 또는 그 기술을 이용해 휴대용 수신기와 차량용 수신기에 제공하는 방송 서비스를 뜻한다.

이동 중에도 개인휴대단말기나 차량용 단말기를 통해 CD · VD급의 고음질 · 고화질 방송을 즐길 수 있어 차세대 방송으로 주목받고 있다. DMB는 두 종류로 구분되어 있으며, 위성DMB는 위성DMB용 방송센터에서 프로그램을 위성으로 송출하면 위성은 이를 전파를 통해 전국의 DMB단말기에 뿌려주는 형식이다. 이에 반해 지상파DMB는 지상에서 주파수를 이용해 프로그램을 전송한다. 따라서 현재 비어있는 VHF 12번 채널과 군사용인 8번 채널을 이용한다. 위성DMB와 달리 지상의 기지국을 통해 방송신호가 송출된다.

랩 음악 Rap Music

말과 노래가 섞여 있는 상업 음악 장르의 하나.

랩이란 '내뱉 듯 말하다', '비난하다', '수다 떨다' 등의 의미를 지닌 속어다.

랩 뮤직은 1960년대 미국 뉴욕 할렘가의 흑인 젊은이들이 사회적 불만과 백인들에 대한 욕설을 노래에 담기 시작한 데서 시작되었다. 1970년대는 섹스와 마약·패륜 등을 소재로 흑인들 사이에 급속히 번져 나갔고, 1980년대는 랩으로 노래한 흑인 가수 음반이 히트하면서 상업 음악 장르의 하나로 자리 잡았다.

레게 음악 Reggae Music

카리브 해의 자메이카의 토속 음악과 미국의 리듬 앤 블루스 음악이 혼합된 대중 음악.

리듬이 강약의 변화를 이루면서 경쾌한 맛을 주는 것이 특징이다. 원래는 영국 지배 하의 자메이카에서 흑인의 단결을 호소하는 노래 운동에서 출발했으며, 1970년대 이후 댄스뮤직으로 인기를 끌었다.

레지스탕스 문학 Resistance Literature

제2차 세계대전 중 프랑스에서 일어난 반(反)나치스 저항문학.

전제에 대항하여 자유와 해방을 지향하는 입장에서 쓰인 문학으로, 주로 1940년 프랑스의 항복과 1944년 연합군에 의한 파리 해방까지의 4년 동안에 쓰인 작품들을 말한다. 대표적인 것으로는 아라공의 『단장』, 프랑스의 『기상나팔』, 엘뤼아르의 『시와 진실』, 베르코르의 『바다의 침묵』, 트리올레의 『아비뇽의 연인들』 등이 있다.

레토르트 식품 Retort Food

저장을 목적으로 한 가공식품.

알루미늄 특수 포장지로 만든 봉지에 조리 가공한 식품을 넣어 밀봉한 후, 고압 가열 살균 솥(retort)에서 120℃의 고온으로 가열 살균한 것으로, 그대로 끓는 물이나 전자레인지에 데우기만 하면 즉석에서 먹을 수 있다. 통조림과 똑같은 보존성을 지니면서도 무게가 가볍고 휴대가 간편하며 별도의 조리 과정이 필요 없이, 본래의 맛과 영양이 그대로 유지되는 장점을 지니고 있다.

로스트 제너레이션 Lost Generation

잃어버린 세대를 말하는 것으로 헤밍웨이의 『태양은 다시 떠오른다』에 서문을

경제·경영·무역·금융

정치·외교·국제

사회·노동·빈곤·환경

철학·역사·지리

문화·예술·교육·스포츠·미디어

컴퓨터·과학·IT

찾아보기

쓴 스타인이 명명한 말.

참혹한 전쟁 경험으로 종교, 도덕 등 사회의 모든 기성 개념에 대한 가치 의식을 상실하고 절망과 허무에 빠졌던 헤밍웨이, 포크너 등 일군의 작가들을 호칭한 데서 시작되었다. 이들에게 공통된 특색은 사회로부터의 절망적인 이탈과 그에 따르는 염세적인 향락주의다.

로코코 미술 Rococo Art

17세기의 바로크 미술과 18세기 후반의 신고전주의 미술 사이에 유행한 유럽의 미술양식.

'로코코'라는 말은 '자갈'을 뜻하는 프랑스어인 로카유(rocaille)에서 유래되었다. 본래 당시 귀족들의 치장을 위해 생겨난 장식품이나 공예품을 가리키는 말로 쓰이다가 나중에 그 시대의 프랑스 미술과 유럽 미술 전반의 양식을 이르는 말로 의미가 확대되었다.

로코코 미술은 프랑스를 중심으로 유행하다가 독일과 오스트리아 등지로 확대되었고, 17세기 중후반 바로크 미술에 영향을 받으면서도 지나치게 무거운 분위기에서 벗어나 우아하고 부드러운 형식을 탄생시켰다. 바로크 미술이 남성적이고 웅장한 스타일이라면, 로코코 미술은 여성적이고 장식적이며 섬세한 매력을 가지고 있어 경쾌하고 화려한 특징을 지니고 실내 장식과 회화뿐 아니라 도자기 따위의 공예 분야와 건축 등에서도 뛰어난 작품들이 많이 탄생되었다. 대표적인 작품으로는 회화에 와토의 '키테라섬의순례', '사랑의노래', 부세의 '목욕하는 다이에나', 샤르뎅의 '비누방울을 부는 사람' 등이 있다.

리허설 Rehearsal

연극, 무용, 음악, 방송 등에서 공개하기 전에 하는 총연습.

실제로 무대의상을 입고 행하는 것을 드레스 리허설, 텔레비전에서 카메라를 사용해 연습하는 것을 카메라 리허설이라 하며, 단순히 동작과 위치를 정하는 예행연습을 드라이 리허설이라 한다.

매너리즘 Mannerism

틀에 박힌 방법을 되풀이하여 독창성을 잃고 예술의 신선미와 생기를 잃는 표현

의 방법.

　문학·예술의 표현 수단이 일정하여 독창성이 없는 형태, 창작력이 없고 타성적인 표현 방법을 반복하는 좋지 않은 경향을 말한다.

매스 미디어 Mass Media

대중매체 또는 대량전달매체.

　미디어란 매체(媒體)·수단(手段)이란 뜻으로, 대중전달의 수단으로 쓰이는 TV·신문·방송·잡지·영화 등이 대표적이다.

매스 커뮤니케이션 Mass Communication

TV·신문·방송·잡지·영화 등의 매개체를 이용하여 대중에게 대량의 정보를 전달하는 것

　대중전달·대중통보(通報) 등으로 번역되나 매스컴으로 보통 쓰인다. 1946년 11월, 유네스코 헌장에서 '모든 매스 커뮤니케이션의 방법을 통해 전 인민의 상호의 지식과 이해를 증진시킴'이라고 규정한 데서 비롯되었다.

매체접근권 Right of access to mass media

국민이 자신의 사상이나 의견을 발표하기 위하여 언론매체에 자유로이 접근하여 이용할 수 있는 권리를 말한다.

　언론의 자유와 관련된 국민의 기본적 권리로, 액세스권이라고도 한다. 보도매체 접근이용권으로, 여론에 바탕을 둔 민주정치의 실현에는 언론·출판의 자유가 불가결하기 때문에 개인이 언론기관을 통하여 여론 형성에 참여하도록 하기 위하여 반론이나 이견 게재의 기회를 주기 위한 것이다. 이러한 매체접근권을 실현시키는 방법으로는 신문이나 방송에 대한 반론권, 의견 광고, 신문에 대한 투서, 방송의 시청자 참가 프로그램, 매스미디어에 대한 비판 등을 들 수 있다.

맨부커상 Man Booker Prize

영국 최고 권위를 자랑하는 문학상으로 노벨문학상, 프랑스 공쿠르문학상과 함께 세계 3대 문학상 중 하나로 꼽힌다.

　영국의 식품유통사인 부커사(Booker)가 제정한 문학상으로 매년 영국, 아일랜드 등 영국 연방국가 내에서 영어로 쓴 소설 중에서 수상작을 선정하는 맨부커상과 비영연방 작가와 번역자에게 상을 수여하는 맨부커상 인터내셔널 부문으로 나뉜다.

우리나라에서는 소설가 한강이 2016년 5월 16일(현지시간) 열린 맨부커상 시상식에서 '채식주의자(The Vegetarion)'로 아시아인 최초이자 최연소로 맨부커인터내셔널상을 수상했다.

메세나 Mecenat

프랑스어로 메세나는 문화, 예술, 스포츠 등에 대한 원조 및 사회적·인도적 입장에서 공익사업 등에 지원하는 기업들의 지원활동을 말한다.

고대 로마제국의 아우구스트 황제의 대신이자 정치가, 외교관, 시인이었던 가이우스 마에케나스(Gaius Cilnius Maecenas)가 시인 호러스(Horace), 버질(Virgil) 등 당대 예술가들과 친교를 두텁게 하면서 그들의 예술·창작 활동을 적극적으로 후원·비호해 예술부국을 이끈 데서 유래한 말이다. 그 후 1967년 미국에서 기업예술후원회가 발족하면서 이 용어를 처음 쓴 이후, 각국의 기업인들이 메세나협의회를 설립하면서 메세나는 기업인들의 각종 지원 및 후원 활동을 통틀어 일컫는 말로 쓰이게 되었다. 이렇게 미국에서 시작된 메세나 운동은 각국으로 확산되어 25개국에서 32개의 메세나 협의회가 조직되었다. 한국에선 1994년 4월 한국메세나협의회가 발족돼 현재 185개 기업이 운동에 참여 중이다.

메이저리그 Major League

내셔널리그와 아메리칸리그의 양 리그로 나누어져 있는 미국 프로야구의 최상위 리그.

빅 리그(Big League)라고도 한다. 내셔널리그와 아메리칸 리그의 양대 리그 모두 동·서로 나누어 시합을 갖고 동·서 지구의 승률 1위 팀이 시즌 종료 후 7회의 플레이오프전을 갖는데 여기서 우승한 팀이 리그 우승 구단이 되며 그 해의 최고 정상을 겨루는 월드 시리즈 대회를 치르게 된다.

멘토링 Mentoring

경험과 지식이 많은 사람이 스승 역할을 하며 지도와 조언으로 그 대상자의 실력과 잠재력을 향상시키는 것을 말한다.

영어에서 '스승'을 뜻하는 '멘토'는 그리스신화에 나오는 오디세우스의 친구 멘토르(Mentor)에서 유래했다. 스승 역할을 하는 사람을 '멘토(mentor)', 지도 또는 조언을 받는 사람을 '멘티(mentee)'라고 한다. 멘토와 멘티의 관계는 살아가는 과정에서 자연스럽게 형성되기도 하고, 기업내 조직, 학교, 학생 등을 돕는 데 활용되고 있는 용어이다.

멜로드라마 Melodrama

주로 연애를 주제로 한 통속적이고 감상적인 극.

그리스어의 멜로스(melos : 노래)와 드라마(drama : 극)가 결합된 말로 원래 음악을 반주로 사용한 오락적인 서민연극을 가리켰으나 오늘날에는 감상적인 애정극을 가리킨다. 사건의 현실적 가능성이나 인물의 성격 묘사보다도 줄거리 또는 장면의 변화와 화려함에 중점을 두는 극이다.

모놀로그 Monologue

연극에서 등장인물이 상대 없이 혼자서 늘어놓는 말.

연극에서 다이얼로그에 대응되는 용어로서, 독백(獨白) 또는 솔리로퀴(Soliloque)라고도 한다. 모놀로그는 자기 자신이나 특별히 어떤 개인을 향한 것이 아니고 관객을 상대로 하는 표현으로서, 의식(意識)의 흐름을 표현하기위해 쓰는 수법이다. 모놀로그의 반대는 다이얼로그(Dialogue)다.

모더니즘 Modernism

1920년대 일어난 근대적인 감각을 나타내는 예술상의 경향.

현대 문학과 예술의 자유 · 평등의 사상을 바탕으로 하여 기성도덕이나 전통적 권위에 대립하여 현대적 문화생활을 반영한 주관적이고 전위적이며 실험적인 경향을 총칭하며, 흔히 현대 문명에 대해 비판적이고 미래에 대해서는반(反) 유토피아적이다.

20세기 초 프랑스 문학에서 시작되었으며 미래파 · 표현파 · 다다이즘·주지파 등을 포괄적으로 총칭하기도 한다. 우리나라에서는 최재서·김기림 등에 의해 도입되었다.

문명의 충돌 The Clash of Civilizations

1996년 미국의 정치학자 새뮤얼 헌팅턴(Samuel Huntington)의 저서로, 문명의 조화에 바탕을 둔 국제질서이다.

제1부 문명들의 세계, 제2부 변화하는 문명의 균형, 제3부 문명의 새로운 질서, 제4부 문명의 충돌, 제5부 문명들의 미래로 이루어져 있으며, 향후 국제관계에서의 대립은 국가간에 이데올로기나 경제를 둘러싸고 일어나는 것이아니라 여러 문명(civilizations)간에 문화적(cultural)인 문제를 둘러싸고 일어난다는 것이다. 즉, 냉전 이후 전 세계에서 일어나는 분쟁은 이데올로기를 둘러싼 투쟁이 아닌 문명 충돌, 특히 종교에서 비롯될 것이란 게 헌팅턴 주장의 핵심이다.

문화상대주의 文化相對主義

세계 문화의 다양성을 인정하고 이해하는 견해.

1930년대 미국의 인류학자인 루스 베네딕트(Ruth Benedict)와 멜빌 허스코비츠(Melville J. Herskovits)가 제창한 것으로, 사회마다 다양하고 독특하게 나타나고 있는 문화는 오랜 세월에 걸쳐 학습되고 축적되어 온 삶의 결과이며, 그 사회의 구성원들에게는 무한한 가치와 의미를 담고 있다. 따라서 어느 사회의 문화가 더 우월하고 어느 사회의 문화가 더 열등한가를 비교하는 것은 무의미하며, 어떤 특정 사회의 문화를 다른 사회의 기준에 입각해서 평가하는것은 바람직하지 못하다. 이와 같이 문화의 다양성과 상대성을 인정하고, 어떤 문화를 그 사회의 특수한 자연 환경과 역사적, 사회적 맥락 속에서 이해하고 판단하려는 태도를 문화상대주의라고 한다.

바로크 미술 Baroque Art

1600~1750년 사이의 유럽의 여러 가톨릭 국가에서 발전한 유럽 미술양식.

포르투갈어의 '비뚤어진 진주'라는 뜻으로 르네상스의 단정하고 우아한 고전양식에 비해 17세기 유럽의 시대정신과 발맞추어 장식이 지나치고 외향적이고 격동적이며, 과장된 건축과 조각에 대한 경멸의 뜻으로 사용되었다. 바로크 회화의 창시자로는 17세기 초 이탈리아의 카라바조가 있었고 그의 영향은 곧 스페인과 북유럽으로 퍼져 그 추종자를 '카라바 제스키'라 불렀다. 바로크 미술은 16세기 르네상스의 조화와 균형, 완결성에 대해 양감, 광채, 역동성에 호소하였으며 과격한 운동감과 극적인 효과를 특징으로 한다. 바로크건축에서는 거대한 양식, 곡선의 활용, 자유롭고 유연한 접합 부분 등이 부각된다. 조각에서는 비상(飛翔)하는 듯한 동적인 자세와 다양한 의복의 표현 등이 돋보인다. 대표적인 바로크 조각가는 이탈리아의 베르니니(Bernini Gianlorenzo)로 그는 동적이고 환각적인 표현이 돋보이는 성 베드로 성당의 내부 장식을 완성했다. 한편 바로크 회화는 대각선 구도와 원근법, 격렬한 명암대비, 단축법, 눈속임 기법의 사용 등을 특징으로 한다.

발라드 Ballade

자유스러운 형식의 소서사시, 또는 담시(譚詩).

'춤추다'는 뜻의 라틴어 'Ballare'에서 유래하였다. 발라드는 본래 자유로운 형식의 짧은 서사시를 말했으나, 점차 그것을 바탕으로 작곡된 기악곡을 뜻하는 것으로 그 의미가 바뀌었다. 브람스와 쇼팽은 이런 경향의 명곡을 많이 작곡하였다.

방송통신위원회 放送通信委員會

2008년 2월 29일 「방송통신위원회의 설치 및 운영에 관한 법률」에 의거해 방송통신 정책수립 및 관리를 위해 설립되었다.

디지털기술 등의 발전으로 급속히 진행되고 있는 방송과 통신의 융합화 추세에 능동적으로 대응하는 한편 국민들이 보다 나은 방송통신융합의 혜택을 누릴 수 있도록 하기 위해 설립된 대통령 직속 합의제 행정기구이다. 방송통신위원회는 2010년 7월 현재 기획조정실, 방송통신융합정책실, 방송정책국, 통신정책국, 이용자보호국, 네트워크정책국 등의 2실 4국으로 조직되어 있고, 소속기관으로 전파연구소와 중앙전파관리소가 있다.

경제·경영·무역·금융

정치·외교·국제

사회·노동·법률·환경

철학·역사·지리

문학·예술·교육·스포츠·매체

컴퓨터·과학·IT

찾아보기

백화운동 白話運動

1917년 이후 중국의 호적(胡適) 등이 일으킨 문체개혁운동.

모든 사상과 감정을 표현하는 데 어려운 문어를 쓰지 말고 일상생활에 사용하는 구어문인 백화문으로 새로운 문학을 창조하려던 운동이다. 중국의 신문화 건설에 크게 이바지 하였다. 루쉰〔魯迅〕의 『광인일기(狂人日記)』, 『아큐정전』은 백화문학의 대표작이다.

번안소설 飜案小說 Adaptation

외국 문학작품의 줄거리나 사건은 그대로 두고, 인물·장소·풍속·인정(人情) 등을 자국(自國)의 것으로 바꾸어 개작하는 일.

신문학 운동이 시작됨과 함께 크게 유행한 것으로, 이해조의 『철세계(1908)』, 구연학의 『설중매(1908)』, 조중환의 『장한몽(1913)』, 이상협의 『해왕성(1917)』 등이 이에 속한다.

벨리댄스 Belly Dance

서아시아에서 아프리카 북안에 걸쳐 있는 이슬람 문화권 여성들이 추는 춤. 오리엔탈 댄스라고도 한다.

허리를 재빨리 흔드는 동작이 특징이다. 전통적인 악기의 조화에 의한 반주음악과 함께 두 손에 소형의 심벌즈를 들고 치거나, 지팡이를 자유자재로 다루면서 객석을 돌아다니며 추는데, 카이로나 이스탄불과 같은 대도시의 밤을 수놓는 오락의 꽃으로 관광 프로그램의 하나다.

부산국제영화제 釜山國際映畵祭 BIFF; Busan International Film Festival

지방자치단체와 기업체의 후원으로 부산광역시에서 해마다 가을에 열리는 우리나라 최초의 국제영화제.

한국 영화의 발상지인 부산을, 영상문화의 중앙집중에서 벗어나 지방자치시대에 걸맞은 문화예술의 고장으로 발전시키고자 기획된 영화제이다. 1996년 제1회를 시작으로 2012년 제17회를 맞이한 부산국제영화제는 17년이라는 짧은 역사에도 불구하고 서구에 억눌려 있던 아시아 영화인의 연대를 실현했다는 평가를 받고 있다. 사상 부문은 뉴 커런츠상, 플래시 포워드상, 비프메세나상, 선재상, 국제영화

평론가협회상, 넷팩 아시아영화진흥기구상, KNN관객상, 한국영화감독조합상, 무비꼴라쥬상, 시민평론가상, 부산시네필상, 올해의 아시아영화인상, 한국영화공로상 등이 있다.

블랭킷 에어리어 Blanket Area

'담요로 둘러싸인 지역'이라는 뜻으로 난시청 지역을 뜻하는 방송 용어.

2개의 방송국에서 보내는 전파가 겹쳐 어느 쪽의 방송도 시청할 수 없는 지역을 가리키거나, 한 방송국의 송신 안테나에 너무 가까이 있어서 다른 방송은 잘 들리지 않는 지역을 말한다.

블록버스터 Blockbuster

영화계에서 막대한 흥행수입을 올린 영화를 일컫는 말.

원래의 뜻은 '대형 고성능 폭탄'으로서, 매스컴 용어로는 계획적으로 만들어지는 거대 베스트셀러를 의미한다. 특정 시즌을 겨냥해서 대규모 흥행을 목적으로 막대한 자본을 들여 제작한 영화가 이에 속한다. 보통 SF영화나 특수효과가 뛰어난 액션영화 등, 특수효과에 의한 자극적이고 움직임이 많은 볼거리를 통해 환상적인 느낌을 유지하며, 개봉관을 가능한 한 많이 확보하고 광고비를 순식간에 뿌려대는 마케팅 전략이 필수적이다.

블루 존 Blue Zone

청소년들이 안심하고 활동할 수 있도록 설정한 안전지대.

이곳에서는 청소년들이 건전한 생활을 위한 여건을 골고루 갖추어, 초등학교주변에 설정된 스쿨 존(School Zone)과 유사한 개념이다.

비엔날레 Biennale

2년마다 열리는 국제 미술전.

베니스 비엔날레, 파리 비엔날레, 상파울로 비엔날레, 광주 비엔날레 등이 있다. 베니스 비엔날레전은 1895년 창립, 세계 최고 · 최대의 국제 미술전으로 베네치아에서 2년마다 열리며, 회화 및 조각, 판화, 데생 등의 부문을 시상한다. 1993년 제45회 베니스 비엔날레전에서 백남준 씨가 한국인으로서는 최초로 대상을 수상, 최고 전시관 부문에서 황금사자상을 받아 한국 미술을 세계 정상으로 끌어올리는 계기가 되었다.

➜ 트리엔날레 Triennale

3년마다 열리는 국제 미술전. 트리엔날레는 이탈리아어로 '3년마다'라는 의미의 형용사다. 밀라노, 인도 등이 유명하다.

➜ 콰드리날레 Quadriennale

4년마다 열리는 미술 행사.

비트 제너레이션 Beat Generation

패배의 세대라는 뜻으로 로스트 제너레이션의 뒷 세대를 이르는 말.

모든 기성세대의 질서와 도덕 및 문학에서 탈피하고, 인간 고유 성격의 밑바탕에서 몸부림치는 것이 특징이다. 케루악(J. Kerouac)·긴스버그(A. Ginsberg) 등이 대표적 문학가다.

사물 四物 놀이

북·장구·징·꽹과리 등 4가지 민속 타악기로 연주되는 음악, 또는 그 음악에 의한 놀이.

사물놀이는 1978년 '사물놀이'라는 이름으로 결성된 농악연주단체에 의하여 처음으로 소개되었는데, 그 후 점차 보급되어 지금은 국내는 물론 국제적으로도 널리 알려지게 되었으며 1991년에는 세계 종합예술제에 초빙되어 연주,세계적으로 갈채를 받았다.

사서 四書, 삼경 三經, 오경 伍經

유교 도덕 입문의 기본서로 꼽히는 책.

사서(四書)로는 『대학(大學)』, 『중용(中庸)』, 『논어(論語)』, 『맹자(孟子)』를 꼽고, 삼경(三經)으로는 『시경(詩經)』, 『서경(書經)』, 『역경(易經)』을 꼽는다. 오경(伍經)은 『시경(詩經)』, 『서경(書經)』, 『역경(易經)』, 『예기(禮記)』, 『춘추(春秋)』를 이른다. 사서삼경은 우리나라에서는 중국의 고전 및 문화의 상징으로 사용된다.

사소설 私小說

자신의 경험을 허구화하지 않고 그대로의 모습으로 써나가는 소설.

본래는 1인칭으로 쓰인 소설을 말한다. 대개 작가의 경험, 신변잡기를 주로한 소설로 고백적인 체험담이 많은 것이 특색이다. 우리나라에서는 3인칭으로 써도 사소설이라 부르는 경우가 있다.

사실주의 寫實主義 Realism

객관적 사물을 있는 그대로 정확하게 재현하려는 태도.

19세기 프랑스 소설에서 현저하게 나타나며, 낭만주의가 정서적·공상적·주관적인 데 비해 사실주의는 이지적·현실적·객관적이다. 스탕달·발자크를 거쳐 플로베르에서 정점을 이루었고, 졸라·모파상에 이르러 인간과 사회생활을 자연과학적 방법으로 해부하려는 자연주의에까지 미쳤다. 영국의 엘리엇·디킨스·하디, 미국의 스타인벡, 러시아의 도스토예프스키·톨스토이 등을 거쳐 사회주의 리얼리즘에 이르게 되었다.

사이코드라마 Psychodrama

루마니아 태생인 정신과 의사 J. L. 모레노가 창시한 심리요법.

정신병 치료를 위해 비슷한 증세의 환자를 모아 연극에 출연시켜 그 속에서 자연스럽게 환자의 심리가 표현되도록 유도하는 것이다. 의사도 이 심리극에 참가하여 환자를 분석하면서 지도한다.

설화문학 說話文學

설화를 소재로 하여 문학적인 내용과 형태를 갖춘 것의 총칭.

신화·전설·우화 등 일정한 이야기의 줄거리를 가진 서사적 형태의 구전문학(口傳文學)이다. 우리나라의 고대의 설화가 문자로 정착된 것은 고려시대 이후로, 고려 문종 때 박인량의 『수이전』이 최초의 설화집으로 파악된다. 이인로의 『파한집』, 이규보의 『백운소설』 등이 대표적이며, 일연의 『삼국유사』는 설화문학의 보고로 꼽힌다.

세계 4대 통신사

AP, UPI, AFP, Reuters AP.

AP(Associated Press) : 1848년 신문사와 방송사의 협동조합 형태로 서립된 미국의 연합통신사.

UPI(United Press International) : AP통신사와 함께 미국의 제2대 통신사로 1907년 설립된 UP통신사와 1909년 설립된 INS 통신사가 합병되면서 정식으로 설립되었다.

AFP(Agence France Presse) : 프랑스 통신사로 1944년 아바스 통신사가 주축이 되어 여러 통신사를 병합하여 재건하였으며, 세계에서 가장 오래된 언론사다.

Reuters AP(Associated Press of America) : 독일인 로이터가 1851년 영국의 런던에 설립한 통신사이며, 초기에는 금융권 정보 제공이 주 업무였으나 점차 일반 기사로 확대되었고 경제, 외교 분야에 권위를 가지고 있다.

세계문화유산목록 世界文化遺産目錄

유네스코가 보존활동을 벌이는 문화유산과 자연유산 목록.

문화유산은 국제기념물협의회(ICMOS), 자연 유산은 국제자연 및 자연자원보존연맹(IUCN)의 현지 조사를 받는다. 유네스코는 이란의 페르세 폴리스, 멕시코의 테오티후안, 페루의 FLAK · 쿠즈코 · 찬찬, 이집트의 카이로, 일본의교토, 이란의 에스파한, 바티칸 등 포괄적 문화유산 보존을 중시한다.

수용소군도 收容所群島 Arkhipelag Gulag

구소련의 망명 작가 솔제니친(A. I. Solzhenitsyn)의 작품.

스탈린 치하에 소련의 강제수용소에서 자행됐던 인권 탄압을 고발한 자서전적 다큐멘터리다. 이 작품은 1973년 2월에 저자가 소련에서 국외 추방되는 직접적인 계기가 되었다.

스냅사진 Snapshot

캔디드 포토(candid photograph)라고도 하며, 재빠르게 순간적인 장면을 촬영하는 것으로 자연스런 동작이나 표정을 잡을 수 있는 사진을 말한다.

1920년 말 독일의 사진가 E. 잘로몬이 당시 처음 시판된 35mm 카메라를 모자에 숨겨서 법정이나 국제연맹회의에 드나들며 남몰래 찍은 것이 그 효시이며, 그때까지 플래시 촬영에 의한 기념사진적인 보도사진에 비해 더 선명했기 때문에 캔디드라는 이름으로 불리게 되었다. 흔히 피사체가 눈치 채지 못하게 촬영한 사진을 말한다. 라이카와 같은 35mm 카메라의 출현으로 캔디드 수법은 기동성으로 인해 보도사진에 일대 혁신을 가져왔다. 또 동적인 장면도 순간포착으로 잡아낼 수 있고, 사진공간에 시간표현의 가능성을 개척하였으며, 사진미학에도 획기적인 계기를 가져왔다.

스크린쿼터 Screen Quota

국산영화 의무상영제.

기본적으로 외국영화의 지나친 시장잠식을 방지하는 한편 자국영화의 보호와 육성을 유도하기 위한 제도다. 영국에서 처음 실시되었다. 영화법에 근거하고 있는 스크린쿼터제의 목적은 외국영화의 국내 영화시장 잠식을 방지하고 한국영화의 기업화와 활성화를 법적·제도적으로 유도하겠다는 것으로, 한국영화진흥을 위한 실천적 방법 중의 하나라고 할 수 있다. 그러나 한국의스크린쿼터제는 선의적인 취지에도 불구하고 제작편수의 감소, 흥행적 가치의 하락 등을 이유로 극장업계에서는 이의 축소나 폐지를 주장하는 등 제작업계와 흥행업계가 서로 반발하는 요소가 되고 있기도 한다.

스크린플레이 Screen Play

수비자에게 접근해서 동료 공격자가 방해받지 않는 상태에서 공격할 수있도록 도와주는 플레이를 말한다.

농구에서는 자기편 선수를 방어하는 수비수를 몸으로 막아서 노마크 슛 찬스를 만들어주는 플레이를 말하며, 축구에서는 상대방을 가로막으면서 행하는 공격법을 의미하고, 핸드볼에서는 공격 선수가 서로 엇갈리면서 이동해 마크하고 있던 수비의 진로를 차단하거나 어지럽히는 방법으로, 맨투맨디펜스(대인방어)에 비해 효과적인 공격법이다.

스탠더드 넘버 Standard Number

어느 시대에나 관계없이 오랫동안 애호되어 늘 연주는 곡.

한때 유행했다가 곧 잊혀지는 곡에 상대되는 말이다. 엘비스 프레슬리(Elvis Aron Presley)의 'Love Me Tender', 비틀즈(Beatles)의

'Yesterday', 빙 크로스비(Bing Crosby)의 'White Christmas' 등이 대표적이다.

스턴트 맨 Stunt Man

영화·텔레비전에서 위험한 장면에만 전문으로 출연하는 특수한 훈련을 받은 단역배우.

스턴트란 곡예, 아슬아슬한 재주를 뜻한다. 자동차 사고 장면의 운전사나 승객 역할, 지붕 위에서 추락하는 역할 등 여러 가지가 있으며, 때로는 주연배우를 대신해 위험한 역할을 맡는다.

스트라디바리 Stradivari

이탈리아의 바이올린 제작자.

현재의 표준형 바이올린의 창시자이며 평생 동안 약 1,100여 개의 악기를 제작하였다. 그의 악기는 큰 음량과 빛나고 예리한 음색이 특징이며 비오티가 파리 연주에서 사용하면서부터 더욱 유명해졌다. 또 스트라디바리우스(Stradivarius)는 스트라디바리(A. Stradivari)와 그의 아들 프란체스코의 이름이자 그들이 만든 현악기를 가리키는 라틴어이기도 하다. 재료, 이니셜, 보관 상태, 음질 등에 따라 10~30억 원에 이르는 고가품이다. 현재 전 세계에 600여 개(비올라 12개, 첼로 약 50개, 바이올린 약 540개)가 있으며, 실제 연주에 사용되고 있는 것은 50여 개에 불과하다.

시나위

서민들 사이에서 불린 '민속악'의 한 종류.

남도지방의 무악에서 유래했던 것으로 본다. 무당이 부르는 무가에 맞춰 즉흥적으로 연주되었으므로 고도의 음악성과 연주기술이 요구된다. 요즘은 굿과 관계없이 그 같은 스타일의 기악 합주 음악을 모두 시나위라 칭한다.

시즐 Sizzle

광고효과를 위해 그 제품의 포인트가 될 만한 소리를 활용하는 광고기법이다.

시즐(sizzle)이라는 단어는 '고기가 구워질 때 나는 지글거리는 소리'라는 뜻을 가지고 있다. 이때 나는 지글거리는 소리에 고기가 먹고 싶어지는 것처럼, 콜라나 사이다 광고의 병 따는 소리, 라면이나 조미료 광고의 뽀글뽀글 하는 소리, 과자를 씹는 소리 등으로 관능을 자극해서 매력을 느끼게 하는 것이라고 할 수 있다. 이러한 자극을 가해 잠재적 고객을 확보하려는 광고를 시즐광고라고 하며, 시즐에 의해 판매하려는 것이 시즐세일이다.

시지푸스 Sisyphus

그리스 신화에 등장하는 바위를 산꼭대기로 밀어 올리는 형벌을 받은 코린토스의 왕.

교활하고 못된 짓을 많이 하여 커다란 바위를 산꼭대기로 밀어 올려야 하는 형벌을 제우스로부터 받았다. 산꼭대기에 이르면 바위는 다시 아래로 굴러 떨어지곤 해서 이런 고역을 영원히 되풀이하고 있다고 한다.

신경향파 문학 新傾向派文學

1924년 이후 등장한 사회주의 경향의 새로운 문학유파.

사회운동을 배경으로 문단에서 백조파(白潮派)와 창조파(創造派)의 낭만주의 및 자연주의 경향에 대한 비판·반동으로서 제창되었다.

신소설 新小說

19세기 말~20세기 초에 걸쳐, 개화기를 시대적인 배경으로 하여 창작된 일련의 소설.

고대소설과 현대소설 사이의 과도기적 성격을 띠는 소설로, 봉건적 사회제도의 타파와 개화, 새 문화생활의 지향, 애국정신의 고취 등을 주제로 하였다.

이인직의 『혈의 누』·『은세계』, 이해조의 『자유종』, 최찬식의 『추월색』 등이 대표적인 작품들이다.

신체시 新體詩

한국의 신문학 초창기에 쓰인 새로운 형태의 시가(詩歌).

과거의 창가(唱歌)와 현대의 자유시(自由詩) 사이에 나타난 중간 단계의 시가 형태로, 서양의 근대시와 일본 신체시의 영향을 받아 전근대의 시조(時調)나 가사(歌辭)의 형태에서 벗어난 근대시의 초기 형태라고 할 수 있다. 일반적으로 최남선이 잡지『소년(少年)』에 발표한 '해(海)에게서 소년에게'라는 시를 신체시의 효시로 본다.

실낙원 失樂園 Paradise Lost

영국의 시인 밀턴(J. Milton)이 1667년 출간한 장편 서사시.

인간의 타락과 신(神)의 구원을 그린 고전(古典)이다. 이것은 지옥에 떨어진 사탄이 에덴동산에 가서 아담과 이브를 유혹한다는 이야기를『성서(聖書)』속의「창세기(創世記)」에서 인용했다.

아르누보 Art Nouveau

'새로운 예술'이란 뜻으로, 19세기 말에서 20세기 초에 걸쳐서 유럽 및 미국에서 유행한 장식 양식.

유럽의 전통적 예술에 반발, 새 양식의 창조를 지향하여 자연주의 · 자발성 · 단순성 · 기술적인 완전을 이상으로 하였다. 종래의 건축 · 공예가 그 전형을 그리스 · 로마 혹은 고딕에서 구한 데 비해 덩굴풀이나 담쟁이 등 자연 형태 가운데서 모티브를 빌려 새로운 표현을 얻고자 했다. 반투명의 다채로운 색의 조화가 아로새겨진 유리공예 분야에서 가장 강하게 그 특징을 찾을 수 있는데 대표적인 작가로 에밀 갈레와 돔 등을 들 수 있다.

아방가르드 Avant Garde

20세기 초 프랑스와 독일을 중심으로 자연주의와 의고전주의(擬古典主義)에 대항하여 등장한 예술운동.

문학에 있어서 특정 주의나 형식이 아니라 새 시대의 급진적 예술운동 전반(미래파, 입체파, 초현실파 등)에 대한 것을 총칭한다. 기성 예술 관념이나 형식을 부정하고 혁신적 예술을 주장하며, 다다이즘을 출발로 초현실주의와 실존주의 문학 운동까지 포함 · 계승되어진다.

아스팔트 문학 Asphalt Literature

나치 정권이 반 나치적 문학에 대해 붙인 명칭.

경제 · 경영 · 무역 · 금융

정치 · 외교 · 국제

사회 · 노동 · 법률 · 환경

철학 · 역사 · 지리

문학 · 예술 · 교육 · 스포츠 · 매체

컴퓨터 · 과학 · IT

찾아보기

당시의 사회주의적 내지 세계주의적 경향의 문학에 대해 향토감·국가관이 결여되었다고 규정하여 금지시키고 민족정신과 국가관이 부족한 문학이라고 매도하였다.

아 카펠라 A Cappella

'교회 양식으로'라는 뜻으로 반주가 따르지 않는 합창곡.

교회 합창 음악에만 적용되었으나 1960년대 이후 미국을 중심으로 흑인 영가·블루스 컨트리 뮤직에서 종종 이용되었다. 아 카펠라 형식의 대중가요는 악기를 사용하지 않고 목소리, 입, 손장단 등으로만 표현, 화음이 강조되는 특징을 보이고 있다.

아킬레스건 Achilles Tendon

발뒤꿈치 위에 있는 힘줄.

고대 그리스의 전설적인 영웅 아킬레스의 고사에서 유래된 말이다. 아킬레스는 발뒤꿈치를 빼고는 불사신이었으나 적장 파리스의 화살을 발뒤꿈치에 맞고 죽었다는 트로이 전쟁의 전설에서 이 말은 '치명적인 약점'이라는 뜻을 가지게 되었다.

아포리즘 Aphorism

'정의'를 의미하는 그리스어에서 유래된 말로, 깊은 체험적 진리를 간결하고 압축된 형식으로 나타낸 짧은 글.

문장이 단정적이며 짧고, 내용이 독창적이며 기지가 풍부한 것이 특징이다. 17세기의 모럴리스트들이 애용한 뒤로 문학에서도 하나의 장르를 이루었으며, 노발리스·니체·와이드 등이 뛰어나다.

알레고리 Allegory

우의(寓意)·풍유(諷喩).

연극의 형식을 빌려 윤리(도덕적 알레고리에 해당)나 정치, 역사적 사건(역사적 알레고리에 해당) 등의 추상적 개념을 인물, 배경, 극 행동 등을 통해서 재현시키는 것을 말한다. 특히 역사적 알레고리는 주로 동시대의 문제점을 취급하는 데 직접적인 방법이 아니라 유사한 상황의 역사적 사건을 재현하는 방법을 사용한다.

경제·경영·무역·금융

정치·외교·국제

사회·노동·법률·환경

철학·역사·지리

문화·예술·교육·스포츠·매체

컴퓨터·과학·IT

찾아보기

안티로망 Anti-Roman

전통적 소설의 개념을 부정하고 새로운 수법의 소설양식을 추구하는 소설.

1950년대 프랑스에 등장하였다. 어떤 효과를 목적으로 전통적인 소설의 방법과 형식을 파괴하고 성격, 줄거리, 객관적인 묘사, 심리분석 등을 무시하고 순수한 상태에서의 소설 형태를 모색하려는 것으로 비소설 또는 반소설이라 고도 한다. 제2차 세계대전 후 사르트르의 실존주의 문학의 뒤를 이어 프랑스의 신진작가들에 의해 시도되었다. 대표작으로는 로브그리예의 『질투』, 베케트의 『고도를 기다리며』 등이 있다. 보통 누보로망과 같은 의미로 쓰인다.

애드 리브 Ad Lib

라틴어 '임의로(ad libitum)'의 준말로, 재즈의 즉흥적인 독주, 영화, 연극등에서 배우가 대본에 없는 대사를 즉흥적으로 하는 것.

현행 공연법은 공연신고 내용과 상이한 공연을 할 때는 처벌받도록 되어 있어, 이런 경우 심의 대본과 다르다는 이유로 공연 정지 처분이 내려진 적이있다.

앵그리 영 맨 문학 Angry Young Man literature

제2차 세계대전 후 영국의 젊은 세대들이 일으킨 문학 운동.

기존 세력의 모든 허식적이고 보수적인 경향, 전쟁이 인류에게 준 쓰라린 체험에 의한 반인류적인 파괴와 절망에 대한 반감을 가지는 공통적인 성격을 띠었다. 이러한 젊은이들의 저항과 반발을 작품에 반영시킨 것을 특색으로 하는 작가 군을 말하며 오즈번의 희곡 『성난 얼굴로 돌아보라』에서 붙여진 명칭이다.

야상곡 夜想曲 Nocturne

낭만파 시대에 주로 피아노를 위하여 작곡된 소곡.

조용한 밤의 기분을 나타내는 서정적인 피아노곡이다. 박자나 형식은 따로 없고, 3부분 형식 또는 론도(rondo) 형식을 따른다. 쇼팽의 녹턴 19곡이 가장 유명하다.

야수주의 野獸主義 Fauvisme

20세기 초반 강렬한 색채로 대상을 표현하던 미술 사조.

'야수주의'라는 명칭은 1905년 '가을 살롱전 Salon d'Automne'에 출품된 마르케의 15세기 풍 청동조각에 대해 비평가 복셀 Louis Vauxcelles이 '야수의 우리 속에 갇힌 도나텔로 Donatello(1382~1466) 같다'라고 말한 것에서 비롯되었다. 독립된 색채의 사용, 강렬한 붓질, 원색을 사용한 과감한 표현, 대상에 대한 단순화, 강렬한 색채대비를 사용한 입체감 표현 등이 특징이다. 특히 야수주의는 어둡고 두터운 윤곽선에 의한 형태의 단순화, 색채가 한정하는 대상이 불분명할 정도로 빨강과 녹색의 지배적인 사용 등을 특징으로 하였다. 색채에 대한 이들의 정열은 자연적 재현으로부터 색채를 독립시킨 것이었다. 대표적인 화가로는 마르케, 드랭, 마티스, 카무엥 등이 있다.

어그로꾼 aggro

인터넷 게시판에 주제에 맞지 않은 글이나 악의적인 글을 올리는 사람 또는 공공장소에서 튀는 행동을 하는 사람을 말한다.

다중접속 온라인 롤플레잉게임(MMORPG) 내 시스템을 가리키는 「어그로」와 어떤 행동을 즐겨 하는 사람이란 뜻의 「꾼」을 합쳐 만든 신조어이다. MMORPG에 등장하는 몬스터는 자신에게 가장 위협이 되는 캐릭터를 우선적으로 공격하는데, 보통 전사 캐릭터가 몬스터를 공격하기 때문에 몬스터도 전사와의 전투에 집중한다. 그러나 다른 캐릭터가 갑자기 몬스터를 공격하면 몬스터는 공격 대상을 그 캐릭터로 바꾼다. 이처럼 몬스터가 가장 위협을 주는 캐릭터를 우선적으로 공격하는 시스템을 어그로라고 부른다. 또 전사 외의 다른 캐릭터가 몬스터의 관심을 돌리기 위해 공격하는 것을 어그로를 끈다고 표현한다. 이 게임 용어가 인터넷으로 퍼지면서 인터넷상에서 사람들의 관심을 끌기 위한 목적으로 거슬리는 글이나 사진을 올리는 사람, 공공장소에서 주목을 받기 위해 튀는 행동을 하는 사람을 어그로꾼이라고 부르게 됐다.

어드밴티지 Advantage

반칙이 일어난 상황이 반칙을 당한 쪽에 유리할 때, 심판이 경기를 계속 진행시키

는 규칙을 말한다.

축구, 하키, 핸드볼, 농구 등에서 반칙이 발생했을 때 그 반칙을 벌함으로써 오히려 반칙을 범한 쪽이 유리하게 될 수 있다고 판단될 때가 있는데, 이때 주심이 반칙을 선언하지 않고 경기를 속행시킬 수 있는 규칙이다.

에스페란토 Esperanto

실용에 사용되고 있는 국제 보조어.

1887년 폴란드의 자멘호프가 처음 만들었다. 어휘의 대부분은 게르만이나라틴계 단어에서 채용하고 문법도 유럽계이지만 히브리어도 참고로 하고 있으며 한국인도 쉽게 터득할 수 있다. 자연어에 가까운 문법 구조를 가지고 있어 국제어 중 널리 보급되어 있다.

에필로그 Epilogue

시나 소설 등의 맺음 부분.

연극에서는 극의 종말에 추가한 끝 대사 또는 보충한 마지막 장면을 말한다. 고대 그리스 연극에서 작자가 그 일반적 구상과 희곡의 성격을 설명하는 관객에 대한 종결 인사를 말한다. 흔히 결론이나 결장을 말한다.

➔ **프롤로그** Prologue

연극을 개막의 서두에 하는 작품의 내용이나 작자의 의도 등에 관한 해설.

프롤로그는 에필로그와 상대되는 개념으로서, 일반적으로 서사(序詞) 또는 서곡·서막을 뜻한다.

엔트리 Entry

'등록', '참가자'라는 뜻으로, 대회에 참가하기 위해 정해진 절차에 따라 정식으로 이름을 등록 신청하는 것

선수 개인이 신청하는 방법과 선수의 소속 팀이나 클럽이 단체로 신청하는 방법이 있다.

옐로 저널리즘 Yellow Journalism

인간의 불건전한 감정을 자극하는 범죄 · 괴기사건(怪奇事件) · 성적 추문 등을 과대하게 취재 · 보도하는 신문의 경향.

이런 현상은 신문이 일부 지식계층만을 상대로 하던 시대로부터 널리 일반대중을 독자로 삼는 현재의 신문으로 발전하는 과정에서 때때로 나타났다. 1830년대 미국에서 시작된 것으로, 노골적인 사진과 흥미 있는 기사 등을 게재해서 독자들의 감각을 자극하여 발행부수 확장 등을 노린다. 옐로 페이퍼, 황색 신문이라고도 한다.

➡ **블랙 저널리즘 Black Journalism**

감추어진 이면적 사실을 드러내는 정보활동의 영역. 개인이나 집단 · 조직의 약점을 이용해 이를 발표 · 보도하겠다고 위협하거나 특정한 이익을 위하여 보도해서 이득을 얻으려 한다.

옐로 페이퍼 Yellow Paper

커다란 사진과 커다란 제목을 이용하여 흥미 본위의 선정적인 보도를 위주로 하는 신문.

이는 1889년부터 미국의 『New York Herald』지가 일요판에 누런 종이를 쓴데서 나온 말이다.

오디션 Audition

오페라 · 뮤지컬 · 방송 프로그램 등에서 흥행을 위해 인재를 선발하려는 채용 시험.

라틴어의 '경청하다, 청력'을 뜻하는 '아우디레(audire)'에서 유래되었다. 출자자나 라디오 · TV프로그램의 스폰서가 계약에 앞서 작품을 시청하는 것을 가리키기도 한다.

오라토리오 Oratorio

17~18세기에 성행했던 대규모의 종교적 극음악.

성담곡(聖譚曲), 성가극(聖歌劇). 세속적인 음악인 오페라와 더불어 성악곡 중최대의 형식을 갖추고 관현악 또는 오르간을 반주로 하는 합창, 중창, 독창으로 이루어진다. 제재(題材)를 성서에서 취한 것이 대부분인데, 극적 요소도 지니는 장엄한 곡으로서, 헨델의 '메시아'

경제 · 경영 · 무역 · 금융

정치 · 외교 · 국제

사회 · 노동 · 법률 · 환경

철학 · 역사 · 지리

문화 · 예술 · 교육 · 스포츠 · 매체

컴퓨터 · 과학 · IT

찾아보기

'이집트의 이스라엘', 하이든의 '천지창조' 등이 유명하다.

오페라 Opera

음악을 중심으로 문학, 연극, 미술적 요소 등이 복합적으로 이루어진 종합무대 예술.

opera는 원래 라틴어 opus(작품이라는 뜻)의 복수형, 오페라의 요람 기에서는 dramma in musica 또는 dramma per musica라고 했으나, 후에 opera in musica로 되었으며, 줄여서 단순히 opera라고 하게 되었다. 오페라는 대사에 음악을 붙인 것으로, 음악은 독창자와 합창, 관현악으로 구성된다. 독창자는 등장인물을 맡아 행하고, 배역에 따라 소프라노, 메조 소프라노, 알토, 테너, 바리톤, 베이스 등으로 나뉜다. 전통적인 오페라에서 부르는 노래는 각각 완결된 독창곡이 많고, 극 중의 차례를 따라 번호를 붙인 것이 많다. 이 독창자들이 부르는 것은 대개 아리아와 레치타티보로 나뉘고, 그 결합으로 이루어지는데, 그 밖에 극 중에서 노래하는 장면에서는 카바티나, 로망스, 세레나데 등이 불려진다. 합창은 오페라 속의 군중역으로 등장한다. 오페라는 음악뿐만 아니라 이야기의 흐름, 곡이 붙여진 시적인 대사, 가수의 연기, 아름답고 웅장한 무대의상과 무대장치를 감상할 수 있기 때문에 종합무대예술이라고 부른다. 최초의 오페라는 1957년 이탈리아 피렌체에서 시인 리눗치니와 작곡가 페리에 의해 만들어진「다프네」이며, 대표적인 오페라 작품에는 베르디의「라트라비아타」, 모차르트의「마술피리」, 푸치니의「라보엠」등이 있다.

오프 더 레코드 Off the Record

기록에 남기지 않는 비공식 발언이라는 뜻.

소규모 집회나 인터뷰에서 인터뷰 대상자가 오프 더 레코드로 발언했을 경우, 기자는 그의 이야기를 정보로서 참고할 뿐 기사화해서는 안 된다는 것을 뜻한다.

용비어천가 龍飛御天歌

1445년(세종 27) 4월에 편찬되어 1447년(세종 29) 5월에 간행된 조선왕조의 창업을 송영한 노래책.

모두 125장에 달하는 서사시로서, 한글로 엮은 책으로는 최초이다. 왕명에 따라 당시 새로이 제정된 훈민정음을 처음으로 사용하여 정인지, 안지, 권제 등이 짓고, 성삼문, 박팽년, 이개 등이 주석(註釋)하였으며, 정인지가 서문(序文)을 쓰고 최항이 발문(跋文)을 썼다. 태조 이성계의 고조부인 목조에서 그의 아들 태종에 이르기까지 6대에 걸친 역사적인 사건들이 중국의 옛 역사에 비유되어 기록되어 있으며, 조선의 영원한 발전과 후대 왕에게 왕업의 수호에 관해 충고하는 내용이 담겨 있다.

유니버시아드 Universiad

국제대학스포츠연맹(FISU)이 주최하여 2년에 1번씩 열리는 세계 학생스포츠 대회.

유니버시티(university)와 올림피아드(olympiad)의 합성어다. 1957년 파리에서 제1회 대회가 열린 이후 2년마다 한 번씩 개최되고 있는데, 1959년 토리노 대회부터 '유니버시아드'라는 명칭이 사용되었다. 참가 자격은 대학 재학생과 대학을 졸업한 지 2년 이내의 사람으로 대회의 해를 기준으로 17~28세까지다.

유니섹스 Unisex

복장(服裝)의 남녀 차가 없어지는 현상, 또는 남녀를 구별하지 않는 패션.

섹스(性)에 '단일'을 의미하는 uni를 붙여 만든 합성어다. 1960년대 미국에서 사용되기 시작했는데, 그 무렵 고도로 문명화된 사회를 혐오하는 자연 지향적인 히피족이 나타나 유니섹스의 선구 격이 되었다. 우리나라에 유니섹스현상이 나타난 것은 1980년대다. 모노섹스(monosex)라고도 한다.

이두 吏讀

한자의 음과 훈(訓: 새김)을 빌려 우리말을 적던 표기법.

한문을 국어의 어순으로 배열하기 위해 주로 조사 · 접미사 · 부사 · 동사 등에 사용했다. 신라 신문왕 때 설총(薛聰)이 총정리했다.

일러스트레이션 Illustration

시각전달에서의 해설도 · 삽화 · 사진.

디자인에서는 '일러스트'라 줄여 부른다. 광고에서의 일러스트레이션은 본래 상세한 내용을 전달하기보다 제3자의 주의를 끈다든가 시각을 유도하기위해 사용되므로 시각전달의 보조적 수단이라 할 수 있다. 즉 문안 이외의 부분에서 제3자의 시각을 문안으로 유도하고 내용의 이미지를 전달하는 수단으로 사용하는데, 표현성으로 본 일러스트레이션의 범위는 넓다.

입체주의 立體主義

20세기 초반 기하학적 형태로 그림을 표현하던 미술 사조.

20세기에 가장 중요한 예술 운동의 하나로 유럽 회화를 르네상스 이래의 사실주의적 전통에서 해방시킨 회화 혁명으로 지칭되고 있다. 입체주의는 원근법과 명암법을 이용하여 3차원을 표현하는 전통적 회화 기법에서 탈피하여 입체적 형태를 구형, 원통형, 원추형 등의 조각으로 분해하여 평면적으로 표현하였다. 또한 시점을 고정시키지 않아 한 화면에 다방면의 시점이 여러 개 존재하면서도 조화를 이루고 있는 것이 특징이다. 피카소, 브라크, 존 그리, 폴 세잔 등이 이 운동의 중심이었고, 그 밖에 몽파르나스에서 화면에 밝은 색채와 다이내믹한 율동을 도입했던 레제 Fernand Leger(1881~1955)와 들로네 Robert Delaunay(1885~1941)가 있다. 입체주의는 제1차 세계대전의 발발로 종말을 맞았으나, 그 성과는 그 후의 미술, 디자인, 건축등에 많은 영향을 끼쳤다.

저널리즘 Journalism

활자나 전파를 매체로 하는 보도나 그 밖의 전달 활동, 또는 그 사업. 신문이나 잡지 또는 방송 등과 같은 매스 미디어를 통해 세계에서 일어나고 있는 최신의 사건들을 신속하고 공정하며 정확하게 보도해 주고, 그에 대한 해설이나 논평을 제공해 주는 활동을 말한다.

전원문학 田園文學 Pastoral Literature

전원의 소박한 정경과 생활을 제재로 삼은 문학.

복잡한 도시에서 벗어나 평화스러운 농촌의 따뜻하고 인간미가 풍부한 세계를 그리워하는 경향을 띤다. 일제의 압박을 받고 있던 시대의 문인들에게는 도피적인 경향이 높아져 전원문학이 한때 크게 융성하였다. 이러한 경향은 이광수의 『흙』에서 비롯하여, 1935년을 전후해서 더욱 강해졌다.

전위극 前衛劇

기존의 고정화된 연극 양식을 부정하고 새로운 미학 원리와 형태를 시도하는 연극.

반자연주의적 경향을 띠며 1920년대에 그 세력이 절정에 이르렀으며 연출가 중심설, 사실주의에 대한 새로운 양식, 연극 고유의 예술 언어의 재발견 등을 주장하였다. 1960년대 프랑스를 중심으로 일어난 부조리 연극도 일종의 전위극이다. 부조리 연극은 인간 존재의 부조리성, 일반적 논리성의 폐기 등을 중요한 특징으로 하며 파리뿐만 아니라 전 세계 연극계를 크게 변화시켰다.

전후파 戰後派Apres-guerre

전후(戰後)를 의미하는 프랑스어.

제1차 세계대전 직후에 프랑스를 중심으로 전통적인 가치체계를 부정하면서 일어난 예술상의 새로운 경향이나 그 경향을 따르는 사람들.

정읍사 井邑詞

백제시대 때 지어진 작자 미상의 가요.

현존하는 유일한 백제 가요이며, 한글로 기록되어 전하는 가요 중 가장 오래된 것이다. 형식은 3연 6행이며, 조선시대에 궁중음악으로 쓰였다. 음악적 형식은 전강(前腔), 소엽(小葉), 후강(後腔), 과편(過篇), 금선조(金善調)로 구성되어 있다. 내용은 정읍에 사는 어느 행상의 아내가 남편이 돌아오지 않으므로, 높은산에 올라 먼 곳을 바라보며 남편이 혹시 밤길에 위해(危害)를 입지 않을까 하는 마음을 나타낸 노래이다. 배경 설화를 보면, 아내가 남편을 기다리던 언덕에는 망부석이 남아 있다고 전해진다.

처용가 處容歌

용왕의 아들로 알려진 신라시대 처용이 부른 8구체 향가.

신라 제49대 헌강왕 때, 처용이 자신의 아내를 범한 역신에게 노하지 않고 이노래를 지어 부름으로써 역신을 감복시켰다고 『삼국유사』에 전한다. 현재 전하는 신라 최후의 향가라는 문학사적 의의가 있다. 고려와 조선시대에 처용을 소재로 한 노래가 불렸다.

철인3종경기 鐵人三種競技 Triathlon

인간 체력의 한계에 도전하는 경기.

1978년 하와이 주둔 미국 해군 J. 콜린스 중령이 당시 하와이에서 성행하던 와이키키 바다수영(3.9km), 하와이 도로 사이클(180.2km), 호놀룰루 국제마라톤(42.195km)의 3개 대회를 한 사람이 쉬지 않고 경기하도록 구성한 데서 유래하였다. 그해 2월 하와이에서 첫 국제대회를 치렀다. 대회 제한 시간인 17시간 이내에 완주하면 철인(iron man)의 칭호를 받는다.

청록파 靑鹿派

조지훈(趙芝薰), 박목월(朴木月), 박두진(朴斗鎭) 3시인.

이들은 1946년에 공동시집 『청록집(靑鹿集)』 출간 이후 청록파로 불렸다.

청산별곡 靑山別曲

『악장가사(樂章歌詞)』에 실려 전하는 작자·연대 미상의 고려가요.

속세를 떠나 청산과 바닷가를 헤매면서 자신의 비애를 노래한 것으로서, 당시의 생활 감정이 잘 나타나있다. 「가시리」, 「서경별곡」과 함께 고려가요 중 우수한 작품으로 꼽힌다. 'ㄹ'음이 연속되어 가락이 아름다운 것도 이 노래의 특징이다.

초현실주의 超現實主義 Surrealisme

프로이트의 정신분석의 영향을 받아, 무의식의 세계 내지는 꿈의 세계의 표현을 지향하는 20세기의 문학·예술사조.

제1차 세계대전 후 다다이즘에 뒤이어 태동한 전위적 예술운동으

로서, 기성관념에 오염되지 않은 순수한 이미지를 드러내고 형상화
하고자 했다.

카피라이터 Copy Writer

캐치프레이즈 · 슬로건 · 설명 문장 등 광고 문안을 만드는 사람.

광고의 입안, 계획, 문안 작성 등 여러 가지 일을 하며, 상품 선전
등에 광고의 역할이 매우 중요시되는 PR 시대에 그 필요성이 특히 강
조되는 직업이다.

칼럼니스트 Columnist

**신문지상에 사설 이외의 특정 란을 담당하여 정기적 · 계속적으로 집필하는 기자
또는 평론가.**

신문의 경우 대개 논설위원들이 돌려가며 쓰고 있으나 칼럼만을
전문적으로 쓰는 사람도 있다.

커밍아웃 Coming out

**영어로는 'come out of closet'에서 유래된 말로, 동성애자들이 자신의성(性)
지향성을 공개적으로 드러내는 것을 뜻하는 말이다.**

동성애자 스스로가 동성애자임을 인정하고 긍정적으로 받아들이
거나, 동성애자 집단에서 자신의 성 취향을 드러내는 것도 넓은 의미
에서는 커밍아웃의 범주에 넣기도 한다. 그러나 일반적으로는 가족
이나 직장, 학교 또는 일반 사회에서 자신이 동성애자임을 공개적으
로 밝히는 것을 의미하는 경우가 많다.

커밍아웃은 동성애자들이 자신들에 대한 사회적 편견을 극복하고
자아 정체성을 확립하기 위해 공개적으로 자신을 드러내는 의도를 지
닌 행위이기 때문에 타인에 의해 이루어지는 아우팅(outing)과는 다르
다. 국내의 경우 연예인 홍석천이 커밍아웃을 한 대표적 인물이다.

컬트 무비 Cult Movie

소수의 집단에 의해 광적으로 숭배 받는 영화.

컬트 필름(cult film)이라고도 한다. 정공법적인 영화 형식이나 보편
적인 영화이론에 구애받지 않으며, 영화가 발표된 후 특정계층 관객

의 반응에 의해 컬트 무비로 규정되는 특징이 있다. 국내에 소개된 외국 컬트 무비로는 데이비드린치감독의 '블루벨벳', '광란의사랑', 노도로브스키 감독의 '성스러운피', 타란티노 감독의 '펄프 픽션'을 들 수 있다. 국내 영화로는 박철수 감독의 '301, 302'가 컬트 무비를 시도한 작품으로 평가되고 있다.

콜라주 Collage

'풀로 붙인다'는 뜻으로, 근대미술에서 볼 수 있는 특수한 기법.

브라크와 피카소 등의 입체파들이 유화의 한 부분에 신문지나 벽지 · 악보 · 사진 · 무늬가 있는 천 등을 풀로 붙였는데 이것을 '파피에 콜레'라 불렀다. 이 수법은 화면의 구도나 채색 효과 · 구체감을 강조하기 위한 수단이었고 제1차 세계대전 이후의 다다이즘 시대에는 이것을 확대하여 실밥 · 머리카락 · 깡통 등 캔버스와는 전혀 이질적인 재료를 붙여, 보는 사람으로 하여금 이미지의 연쇄반응을 일으키게 하는 것을 의도했다. 여기서 부조리와 냉소적 충동을 겨냥하는 사회 풍자적 포토몽타주가 생겨났다.

퀄리티 페이퍼 Quality Paper

발행부수는 적지만 독자가 사회의 지식층이므로 객관적인 정보와 논평에주안을 두는 사회적 영향력이 강한 고급지의 신문을 말하며, 프레스티지 페이퍼(prestige paper), 엘리트 페이퍼(elite paper)라고도 한다.

대중지와 대조되며, 중요한 사안에 대한 상세한 기록, 고도의 논평을 이루고 센세이셔널리즘을 피한다. 또 국제적인 명성을 얻고 있다는 의미에서 세계 신문이라고도 부른다. 국제적으로 유명한 미국의 〈뉴욕타임스〉, 〈월스트리트저널〉, 〈워싱턴포스트〉와 영국의 〈타임스〉 등이 대표적인 퀄리티페이퍼로 평가받고 있다.

트렌디 드라마 Trendy Drama

젊은이들의 라이프 스타일 묘사에 비중을 두는 감각적이고 즉흥적인 내용의 TV 드라마.

'트렌디'는 일본식 방송용어로 '유행에 따르는'이라는 뜻이다. 1990년대 X세대의 자유롭고 가볍게 즐길 수 있는 경향을 반영하여 주로 단편적이고 순간적인 즐거움을 주는 데 더 집중한다.

파이어족 Financial Independence, Retire Early

30대 말이나 늦어도 40대 초반까지는 조기 은퇴하겠다는 목표로, 회사 생활을 하는 20대부터 소비를 극단적으로 줄이며 은퇴 자금을 마련하는 이들을 가리킨다.

이들은 일반적인 은퇴 연령인 50~60대가 아닌 30대 말이나 늦어도 40대 초반까지는 조기 은퇴하겠다는 목표로, 회사 생활을 하는 20대부터 소비를 줄이고 수입의 70~80% 이상을 저축하는 등 극단적 절약을 선택한다. 파이어족들은 원하는 목표액을 달성해 부자가 되겠다는 것이 아니라, 조금 덜 쓰고 덜 먹더라도 자신이 하고 싶은 일을 하면서 사는 것을 목표로 한다. 파이어족은 생활비 절약을 위해 주택 규모를 줄이고, 오래된 차를 타고, 외식과 여행을 줄이는 것은 물론 먹거리를 스스로 재배하기도 한다.

판소리

민속악의 하나로, 광대의 소리[唱調]와 그 대사[唱詞]의 총칭.

창악(唱樂) 또는 창극조(唱劇調)라고도 하는데, 이야기를 노래로 부르는 형식을 취하므로 구비(口碑) 서사시(敍事詩)라 할 수 있다. 춘향가 · 심청가와 같은 극적인 긴 이야기를 말(白)과 발림(科)과 소리(唱)로 엮어 부르는 극가(劇歌)다. 소리는 반드시 서서 부르고 반주는 북 하나로 앉아서 장단을 맞춘다.

➜ **서편제** 西便制

주로 전라도 서쪽 지방인 광주, 나주, 보성, 장흥, 해남, 강진 등지에서 전통이 이어져 온 판소리 창법상의 유파. 조선시대 정조 · 순조 무렵 여덟 명창 중의 한 사람인 박유전의 법제를 받았는데, 유연 애절(부드러우면서 구성지고 애절함)하고 소리의 끝이 꼬리를 길게 달고 있다.

➜ **동편제** 東便制

전라도 동쪽지방에서 형성, 전수되어 온 판소리 유파. 웅장하면서 활달하여 서편제와 대조가 된다. 통성을 쓰며 소리 끝을 짧게 끊는 등 대마디 대장단의 특징이 있다.

경제·경영·무역·금융

정치·외교·국제

사회·노동·법률·환경

철학·역사·지리

문화·예술·교육·스포츠·매체

컴퓨터·과학·IT

찾아보기

팝페라 Popera

오페라를 팝처럼 부르거나 팝과 오페라를 넘나드는 음악 스타일 또는 대중화한 오페라.

팝(pop)과 오페라(opera)의 합성어로, 1997년 미국의 〈워싱턴 포스트〉지에서 처음 사용한 말이다. 흔히 유명한 오페라에 대중적인 팝 스타일을 가미해 부름으로써 누구나 편안하게 들을 수 있는 노래들을 일컫는다. 팝페라의 대표 주자에 사라 브라이트만, 엠마 샤플린, 안드레아 보첼리 등이 있으며, 한국에서는 임형주를 꼽을 수 있다.

팜므 파탈 Femme Fatale

'치명적인 여자', 또는 '운명적인 여자'.

팜므(femme)는 프랑스어(語)로 '여인'을 뜻하고, 파탈(fatale)은 '치명적인, 운명적인'이라는 뜻이다. 이 단어는 영화 속에서 자신의 욕망을 실현시키기 위해 남자를 유혹한 뒤 파멸시키는 악녀(惡女)역의 여자 주인공을 가리키기도 한다. 19세기 낭만주의 작가들에 의해 문학작품에 나타나기 시작한 이후 미술·연극·영화 등 다양한 장르로 확산되어, 남성을 죽음이나 고통 등 치명적 상황으로 몰고 가는 '악녀', '요부'를 뜻하는 말로까지 확대·변용되어 사용되고 있다. 1950년대 후반 프랑스의 영화 평론지 『까이에 뒤 시네마(Cahiers du Cinema)』의 평론가들이 1940년대 초에서 1960년대 초까지 미국에서 만들어지던 일련의 B급 범죄·드릴러 영화들을 필름 느와르(film noir)라는 용어로 인위적으로 분류하면서, 그 영화들이 가지고 있던 일관된 경향과 특징을 분석하면서 사용하기도 했다. '운명적'이라는 말은 피할 수 없는 필연적인 굴레 즉, 팜므 파탈은 자신이 원하든 원하지 않든 그런 삶을 살지 않으면 안 될 숙명을 타고난 여성이다. 따라서 팜므 파탈과 관계를 맺고 있는 남성 역시 팜므 파탈의 손아귀에서 결코 벗어날 수 없다. 팜므 파탈의 예로는, 뱀의 꾐에 빠져 금단(禁斷)의 열매를 먹고 에덴동산에서 쫓겨나는 하와(이브), 헤로데스를 춤으로 유혹해 그로 하여금 세례 요한을 죽게 하는 『신약성서』의 살로메 등을 들 수 있다.

패관문학 稗官文學

임금의 정사를 돕기 위하여 가설항담(街說巷談)을 모아 엮은 설화문학(說話文學).

본래 패관은 중국 한(漢)나라 때에, 정치를 하는 데 참고로 삼기 위해 항간에 떠도는 이야기를 모아 기록하던 벼슬아치를 가리키는 말이다. 항간에 떠돌던 이야기에 채록자의 견해가 가미되어 문학의 형태로 등장하게 된 것이 패관문학이다. 우리나라에서는 고려 때 박인량의 『수이전』, 이규보의 『백운소설』, 이인로의 『파한집』, 최자의 『보한집』, 이제현의 『역옹패설』 등이 대표적이다. 이들은 근대 소설문학의 기원이 되었다.

패러디 Parody

특정 작품을 흉내 내어 희화하는 문학작품의 한 형식.

기존 작품을 단순히 흉내 내는 데 그치지 않고 패러디의 대상이 된 작품과 패러디를 한 작품이 모두 새로운 의미를 갖는다는 점에서 표절과 다르다.

패스트 패션 Fast Fashion

비교적 저렴한 가격대에 최신 유행을 반영한 상품을 빠르게 공급해 상품회전율로 승부하는 패션사업을 뜻하는 말이다.

패스트 패션은 트렌드를 재빨리 파악해서 제품을 제작, 판매하고 1~2주일 단위로 신제품을 다품종 소량 생산한 후 남은 것은 폐기처분하는 전략을 쓰기 때문에 상품의 희소성도 있다. 패스트패션의 대표주자는 '자라', '망고', '유니클로', '갭' 등이 있다. 그러나 패스트패션 의류들은 유행이지나면 한시즌도 채 사용되지 못하고 버려지는 경우가 많아 소각될 때 이산화탄소와 다이옥신 등 각종 유해물질을 발생시켜 지구온난화를 유발한다는 환경론자들의 비판을 받고 있다.

퍼펙트 게임 Perfect Game

야구에서 선발 등판한 투수가 한 명의 타자도 진루시키지 않고 끝낸 게임을 가리키는 용어.

페미니즘 Feminism

남성 중심의 이데올로기에 대항하며, 사회 각 분야에서 여성 권리와 주체성을 확장하고 강화해야 한다는 이론 및 운동을 가리킨다.

페미니즘은 '여성의 특징을 갖추고 있는 것'이라는 뜻의 라틴어 '페미나(femina)'에서 유래한 말로 오래전부터 이어져 왔던 남성 중심의 이데올로기에 대항하며, 사회 각 분야에서 여성의 권리와 주체성을 확장하고 강화해야 한다는 이론 및 운동을 가리킨다. 즉, 남성 중심적인 사회에서 차별적인 대우를 받아온 여성들이 사회가 정해놓은 여성에 대한 고정관념을 탈피하는 등 '성(sex, gender, Sexuality)에서 기인하는 차별과 억압으로부터의 해방'을 주장한다.

풀리처상 Pulitzer Prizes

미국에서 가장 권위 있는 보도 · 문학 · 음악상.

헝가리 태생의 미국 신문왕 풀리처의 유지에 따라 1917년 제정되었는데, 1918년 이후 매년 시 · 극 · 소설 · 저널리즘 · 역사 등의 부분에 걸쳐 시상한다. 수상자는 원칙적으로 미국인에 한정되나 부문에 따라서는 예외도 있다.

프레타포르테 Pret-a-Porter

오트쿠튀르와 함께 세계적인 양대 의상 박람회의 하나인 기성복 박람회.

값싼 제품이 기성복의 주류를 이루고 있던 당시 현대적인 패션 감각을 살린 새로운 의복이 점차 보급되기 시작했다. 파리에 본거지를 두고 오트쿠튀르(haute couture, 고급 의상실)를 운영하는 디자이너들이 속속 이 분야에 진출해서 이제는 패션의 주류로 정착되었다.

프로메테우스 Prometheus

그리스 신화에 나오는 티탄족(族)의 이아페토스의 아들.

프로메테우스는 '먼저 생각하는 사람'을 뜻하며, 주신(主神) 제우스가 감추어둔 불을 훔쳐 인간에게 내줌으로써 인간에게 맨 처음 문명을 가르친 것으로 알려져 있다. 또한 그는 제우스의 장래에 관한 비밀을 제우스에게 밝혀 주지 않았기 때문에 코카서스의 바위에 쇠사슬로 묶여, 날마다 낮에는 독수리에게 간을 쪼여 먹히고, 밤이 되면 간은 다시 회복되어 영원한 고통을 겪게 되었다. 그러다가 마침내 영웅 헤라클레스가 독수리를 죽여 고통에서 해방되었다고 한다.

픽션 Fiction

상상에 의한 창작, 허구. 꾸며낸 이야기 또는 소설을 말한다.

이에 대하여 꾸며내지 않고 진실을 전하는 르포르타주(Reportage : 보고서 또는 보고문학), 기록 문학, 수기(手記) 등을 논픽션(Nonfiction)이라 한다.

핑크택스 pink tax

같은 상품이라도 여성용이라는 타이틀이 붙으면 좀 더 비싸지는 현상을 지칭하는 용어로 기업들이 여성용 제품에 분홍색을 주로 사용해 붙여진 명칭이다.

실제로 뉴욕시 소비자보호원이 2015년 24개의 온·오프라인 소매점에서 판매되는 800개 제품의 남녀용 가격 차이를 조사한 결과, 여성용이 비싼 제품은 42%로 나타난 반면 남성용이 비싼 제품은 18%에 불과했다. 또 여성용 또는 소녀용 제품은 유사한 남성용, 소년용 제품보다 평균 7% 비싼 것으로 조사됐다.

하드보일드 Hardboiled

1930년을 전후하여 미국문학에 등장한 새로운 사실주의 수법.

폭력적인 테마나 사건을 감정이 없는 냉혹한 시선으로 또는 도덕적인 판단을 배제한 관점에서 묘사한 문학을 말한다. 이 수법은 특히 추리소설에서 추리보다는 행동에 중점을 두는 하나의 유형으로 확립되었다. 헤밍웨이(E. M. Hemingway), 파소스(D. Passos) 등의 영향에서 태어나 해밋(S. D. Hammett), 가드너(E. S. Gardner) 등의 추리소설 작가를 낳았다.

한글학회

한글의 연구, 통일, 발전을 목적으로 하는 민간 학술단체.

국어운동의 선구자인 주시경의 제자들이 1921년 12월 3일 조직한 '조선어연구회'를 1931년 1월 '조선어학회'로 고쳤다가 1949년 9월 현재의 '한글학회'로 개칭한 학회다. 이 학회에서 1933년 확정 발표한 '한글맞춤법통일안'은 오늘날까지 국어표기의 준거가 된다. 한글맞춤법통일안, 외래어표기법통일안작성, 『우리말큰사전』편찬, 『한글』간행 등 그 업적이 크다.

경제·경영·무역·금융

정치·외교·국제

사회·노동·법률·환경

철학·역사·지리

문학·예술·교육·스포츠·매체

컴퓨터·과학·IT

찾아보기

한림별곡 翰林別曲

고려의 고종(高宗) 때 한림학사(翰林學士)들이 합작해 지은 최초의 경기체가(景幾體歌) 작품. 당시의 현실 도피적 풍류적인 생활 감정이 그대로 잘 나타나 있다.

한성순보 漢城旬報

1883년(고종 20)에 서울 저동(을지로 2가)의 통리아문 박문국에서 발행한 우리나라 최초의 근대신문.

한성순보는 관보형식의 신문으로 10일에 1회 발행되는 순보이며, 내용은 모두 한자로 되어 있다. 1882년 박영효(朴泳孝) 일행이 수신사(조선 말 고종 때 일본에 보내던 사신)의 자격으로 일본에 가 머무르면서 국민 대중의 계몽을 위한 신문발간의 필요성을 왕에게 건의하여 박문국을 설치하고 1883년 9월 20일 창간호를 발간했다. 1884년 개화파였던 개화당의 김옥균, 박영효 등이 일으킨 갑신정변으로 박문국의 인쇄시설이 모두 불타 발간이 중단되었다가 1886년 1월 주간신문인 '한성주보'로 이름이 바뀌어 다시 발간되었다.

행동주의 문학 行動主義文學

1930년대 제1차 세계대전 후의 사회불안과 현대인의 절망감에서 싹튼 프랑스 문학경향으로, 초현실주의에 내재하는 니힐리즘(nihilism:허무주의)에 대한 비판의식으로 일어난 문학사조이다.

당시의 프랑스는 전쟁의 여파로 허무주의적 인간의 내면세계를 표현하는 문학이 성행했는데, 행동주의 문학은 이를 비판하며 시대의 위기를 정확하게 인식하고 행동과 모험에 가치를 둘 뿐만 아니라 마학의 표현 방식에 있어서도 혁명적이고 모험적이어야 한다고 주장했다. 행동주의 문학 속에 등장하는 인물들은 인간의 행동과 모험에 가치를 두며 주인공의 행동이 격렬하고 상황이 위험하다는 공통점이 있다. 또 행동주의 작가들은 적극적인 사회참여를 주장했다. 대표적인 작품으로는 앙드레 말로의 『정복자』, 『인간의 조건』, 생텍쥐페리의 『야간비행』, 『인간의 대지』, 헤밍웨이의 『무기여 잘 있거라』 등이 있다.

행위예술 行爲藝術 Performance

개념 미술의 관념 등을 보다 구체적으로 육체 그 자체를 통하여 실행하는 예술 행위.

1970년대 개념 미술의 연장선상에 놓이며, 거슬러 올라가면 다다이즘, 미래파, 러시아 아방가르드의 행위예술에서 그 기원을 찾을 수 있다. 반 예술, 예술의 기성(既成) 관념에 대한 도전과 파괴, 전위적인 제스처, 반 대중적 데몬스트레이션, 정치적 강령 등이 수많은 행위예술가들에 의해서 실천되어 왔다. 관객의 참여와 매체의 다양한 결합, 테크놀로지의 활용, 즉흥성과 우연성 등 퍼포먼스만이 가진 장점은 예술을 늘 새로운 행태로 바꿔놓고 있다.

회심곡 回心曲

조선시대 선조(宣祖) 때의 고승(高僧) 서산대사(西山大師) 휴정(休靜)이 지은 불교포교 가사(歌辭).

회심가(回心歌)라고도 하는데, 부모에게 효도하고 탐욕을 버리며 착한 일을 많이 하고, 염불하여 본심을 바르게 닦아 극락에 가서 태평가를 부르자는 권념 불송의 가사다.

훈몽자회 訓蒙字會

1527년(중종 22) 최세진(崔世珍)이 지은 한자 학습서.

옥편류(玉篇類)에 속하는 이 책은 아이들에게 한문을 가르치기 위해 3,360자의 한자의 음과 뜻을 한글로 달아 놓은 어학서(語學書)로서 고어 연구에도 귀중한 자료가 된다.

훌리건 Hooligan

축구장에서 난동을 부리는 무리들을 일컫는 말.

19세기말 영국 런던의 한 뮤직홀에서 난동을 일으킨 아일랜드의 훌리건 집안에서 유래한다. 경기를 통해 스트레스를 풀지 못한 훌리건들의 난동은 유혈참사는 물론 전쟁으로 이어지기도 한다.

힙합 Hiphop

1980년대 미국에서부터 유행하기 시작한 다이내믹한 춤과 음악의 총칭.

미국 사회의 보수성에 반기를 든 흑인 빈민들의 거리음악에서 유래했다. 같은 곡조를 반복해서 연주하는 것이 특징이며, 폭발음, 음반의 스크래치 등 인간의 흥을 유발하는 모든 수단이 동원된다.

창덕궁

창덕궁은 1610년 광해군 때 정궁으로 사용한 후부터 1868년 고종이 경복궁을 중건할 때까지 258년 동안 역대 제왕이 정사를 보살펴 온 법궁이었다. 창덕궁 안에는 가장 오래된 궁월 정문인 돈화문, 신하들의 하례식이나 외국 사신의 접견장소로 쓰이던 인정전, 국가의 정사를 논하던 선정전 등의 치조공간이 있으며, 왕과 왕후 및 왕가 일족이 거처하는 희정당, 대조전 등의 침전공간 외에 연회, 산책, 학문을 할 수 있는 매우 넓은 공간을 후원으로 조성하였다.

창덕궁은 사적 제122호로 지정 관리되고 있으며 돈화문(보물 제283호), 인정문(보물 제813호), 인정전(국보 제225호), 대조전(보물 제816호), 구선원전(보물 제817호), 선정전(보물 제814호), 희정당(보물 제815호), 향나무(천연기념물 제194호), 다래나무(천연기념물 제251호)등이 지정되었다. 창덕궁은 1997년 12월 유네스코 세계문화유산으로 등록되었다.

석굴암과 불국사

석굴암은 서기 751년 신라 경덕왕 때 재상이었던 김대성이 창건하기 시작하여 774년인 신라 혜공왕 때 완공하였으며, 건립 당시의 명칭은 석불사로 칭하였다.

8세기 중엽 통일신라 문화의 황금기에 건립된 석굴암은 불교사상과 매우 발달한 수리적 원리를 바탕으로 한 고도의 건축기술, 뛰어난 조형감각으로 완성되었다.

불국사는 석굴암과 같은 서기 751년 신라 경덕광때 김대성이 창건하여 서기774년 신라 혜공왕 때 완공하였다. 불국사는 사적·명승 제1호로 지정 관리되고 운교와 백운교(국보 제23호), 연화교와 질보교(국보 제22호), 금동아미타 여래좌상(국보 제27호), 비로자나불(국보 제26호)등이 있으며, 불국사는 1995년 12월 석굴암과 함께 세계문화유산으로 공동 등록되었다.

종묘

종묘는 조선왕조 역대 황과 왕비 및 추존된 왕과 왕비의 신주를 모신 유교사당으로서 가장 정제되고 장엄한 건축물 중의 하나이다.

종묘는 사적 제125호로 지정 보존되고 있으며 소장 문화재로 정전(국보 제227호), 영녕전(보물 제821호), 종묘제례악(중요무형문화재 제1호), 종묘제례(중요무형문화재제56호)가 있으며, 1995년 12월 유네스코 세계문화유산으로 등록되었다.

고인돌유적

우리나라에는 전국적으로 약 3만여 기에 가까운 고인돌이 분포하고 있는 것으로 알려져 있는데 그중 세계유산으로 등록된 고창 · 화순 · 강화 고인돌 유적(Gochang, Hwasun and Ganghwa DolmenSites)은 밀집 분포도, 형식의 다양성으로 고인돌의 형성과 발전과정을 규명하는 중요한 유족이며 유럽, 중국, 일본과도 비교할 수 없는 독특한 특색을 가지고 있다. 고인돌 유적은 2000년 12월 세계문화유산으로 등록되었다.

수원화성

수원화성은 중국, 일본 등지에서 찾아볼 수 없는 평산성의 형태로 군사적 방어기능과 상업적 기능을 함께 보유하고 있으며 시설의 기능이 가장 과학적이고 합리적이며, 실용적인 구조로 되어 있는 동양 성곽의 백미라 할 수 있다.

수원화성은 사적 제3호로 지정 관리되고 있으며 소장 문화재로 팔달문(보물제40호), 화서문(보물 제 403호), 장안문, 공심돈 등이 있다. 수원화성은 1997년12월 유네스코 세계문화유산으로 등재되었다.

해인사 장경판전

해인사 장경판전은 13세기에 만들어진 세계적 문화유산인 고려대장경판 8만여 장을 보존하는 보고로서 해인사의 현존 건물 중 가장 오래된 건물이다.

해인사 장경판전은 국보 제52호로 지정 관리되고 있으며, 소장 문화재로서는 대장경판 81,258판(국보 제32호), 고려각판 2,725판(국보 제206호), 고려각판 110판(보물 제734호)이 있다. 이 중 해인사 장경판전은 1995년 12월 유네스코 세계문화유산으로 등록되었다.

경제 · 경영 · 무역 · 금융

정치 · 외교 · 국제

사회 · 노동 · 법률 · 환경

철학 · 역사 · 지리

문화 · 예술 · 교육 · 스포츠 · 매체

컴퓨터 · 과학 · IT

찾아보기

경주 역사유적지구

2000년 12월 세계유산으로 등록된 경주 역사 유적 지구는 신라의 역사와 문화를 한눈에 파악할 수 있을 만큼 다양한 유산이 산재해 있는 종합역사지구로서 유적의 성격에 따라 모두 5개 지구로 나누어져 있는데 불교미술의 보고인 남산지구, 천년왕조의 궁궐터인 월성지구, 신라왕을 비롯한 고분군 분포지역인 대능원지구, 신라 불교의 정수인 황룡사지구, 왕경 방어시설의 핵심인 산성지구로 구분 되어 있으며 52개의 지정문화재가 세계유산지역에 포함되어있다.

한국의 세계유산 잠정목록

삼년산성

삼년산성은 지형의 특징을 고려해서 축조한 삼국시대의 대표적인 포곡(包谷)형 산성으로 삼국시대 이후 조선시대에 이르기까지 오랜 기간 동안 사용되어왔다.

강진 도요지

사적 제68호로 지정되어 있는 강진 도요지는 다른 지역에서는 그 유례를 찾아볼 수 없는 특징과 한국도 자사연구에 있어서 중요한 위치를 차지하고 있다.

안동 하회마을

안동 하회마을은 마을구조, 가옥배치 등이 조선 중기 이후의 모습을 간직하고, 우리나라의 전통생활문화와 건축양식을 잘 보여주는 뛰어난 문화유산이다.

남해안일대 공룡화석지

남해안일대 공룡화석지는 보존상태가 완벽한 공룡알 화석산지이며, 세계최대규모의 익룡 발자국 화석과 가장 오래된 물갈퀴 발자국 등이 특징적이다.

또한 이곳은 중생대 백악기 세계 최대 규모의 공룡 발자국 화석산지이며 매우 다양한 공룡화석이 산출되고 있어 학술적·역사적 가치가 매우 크다.

공주 무령왕릉

무령왕릉은 발견된 지석의 기록을 통해 삼국시대 왕릉 중 피장자와 축조연대를 파악할 수 있는 최초의 고분이며, 무덤 축조 이후 전혀 손상되지 않은 처녀분이라는 점에서 우리나라 삼국시대 고분 연구의 중요한 자료로 평가되고 있다.

설악산 천연보호구역

이 지역은 1965년 천연보호구역으로, 1970년에는 국립공원관리법에 의거 국립공원으로 정정되었으며, 이후 두 차례에 걸쳐 그 면적이 확대되었다.

월성 양동마을

양동마을은 수많은 전통건조물과 양반가문의 예법, 혼례, 장례, 제사 등의 생활문화전통이 그대로 보존 계승되고 있으며, 우리나라 민속마을 중 원형이 가장 잘 보존되어 있어 중요한 가치가 있는 전통마을로 평가받고 있다.

조선왕릉

조선시대의 능원은 600여 년이나 되는 오랜 기간 동안 통치한 왕조의 능원제도의 특징을 갖고 있으며, 시대적 흐름에 따른 통치철학과 정치상황을 바탕으로 능원 공간 조영 형식의 변화, 관리공간 영역의 변화, 조형물 특성의 변화 등을 잘 반영하고 있는 독특한 문화유산이다.

경제·경영·무역·금융

정치·외교·국제

사회·노동·법률·환경

철학·역사·지리

문화·예술·교육·스포츠·매체

컴퓨터·과학·IT

찾아보기

훈민정음

세종 28년(1446)에 정인지 등이 세종의 명을 받아 설명한 한문해설서를 전권 33장 1책으로 발간하였는데 책의 이름을 훈민정음이라고 하였다. 해례가 붙어있어서 훈민정음 해례본 또는 훈민정음 원본이라고도 한다. 현존본은 1940년 경 경북 안동 어느 고가에서 발견된 것으로서 국내에서 유일한 귀중본이다. 훈민정음은 국보 제70호로 지정되어 있으며 1997년 10월 유네스코 세계기록유산으로 등재되었다.

조선왕조실록

조선왕조실록은 조선왕조의 시조인 태조로부터 철종까지 25대 472년간(1392~1863)의 역사를 연월일 순서에 따라 편년체로 기록한 책으로 총 1,893권 888책으로 되어 있는 가장 오래되고 방대한 양의 역사서이다.

조선왕조실록은 정족산본 1,181책, 태백산본 848책, 오대산본 27책, 기타 산엽본 21책을 포함해서 총 2,077책이 일괄적으로 국보 제151호로 지정되어 있으며, 1997년 10월에 유네스코 세계기록유산으로 등재되었다.

직지심체요절

이 책은 금속활자를 이용하여 인쇄하였는데, 인쇄술을 보다 편리하고 경제적이며 교정을 쉽게 하여 주었고 이 모든 것은 책의 신속한 생산에 공헌하였다.

또한 활자 인쇄술에 적합한 먹, 즉 기름먹을 발명하는 계기가 되었으며, 한국이 혁신한 실용적인 활판 인쇄술은 동양 인쇄사에 지대한 영향을 끼쳤고, 유럽 등지로 전파된 것으로 보인다. 이 책은 이러한 가치를 인정받아 2001년 9월 유네스코 세계기록유산으로 등재되었다.

승정원일기

「승정원일기」는 조선왕조 최대의 기밀 기록인 동시에 사료적 가치에 있어서 조선왕조실록, 일성록, 비변사등재과 같이 우리의 역사와 문화를 세계에 자랑할 만한 자료이며, 또한 세계기록유산으로 등재된 「조선왕조실록」을 편찬할 때 기본 자료로 이용하였기 때문에 실록보다 오히려 가치있는 자료로 평가되고 있음은 물론, 원본 1부밖에 없는 귀중한 자료로 국보 제303호(1999.4.9.)로 지정되어 있다. 이는 세계 최대 및 1차 사료로서의 가치를 인정받아 2001년 9월 유네스코 세계기록유산으로 등재되었다.

한국의 세계무형유산

종묘제례 및 종묘제례악

종묘제례와 종묘제례악은 중요무형문화재 제56호와 제1호로 지정되어 보존 · 전승되고 있으며, 2001년 5월 18일 유네스코 세계무형유산걸작으로 선정되었다.

판소리

판소리는 우리 역사와 희노애락을 함께해온 우리문화의 정수로 그 독창성과 우수성을 세계적으로 인정받아 2003년 11월 7일 유네스코 제2차 「인류구전및 무형유산 걸작」으로 선정되었다.

강릉 단오제

한국축제의 문화적 원형이 살아있는 강릉 단오제는 중요무형문화재 제13호로 지정되어 보존되고 있으며 그 문화적 독창성과 뛰어난 예술성을 인정받아 2005년 11월 25일 유네스코 인류구전 및 무형유산걸작으로 선정되었다.

제6장

컴퓨터 COMPUTER
과학 SCIENCE
IT INFORMATION TECHNOLOGY

ASMR Autonomous Sensory Meridian Response

특정 자극을 통해 심리적 안정감이나 쾌감 등을 느끼게 되는 현상.

시각·청각·후각·촉각 등의 자극을 통해 느껴지는 정서적 안정 감이나 삼각적 경험을 의미하는 신조어다. 스트레스를 줄이고 심리적·신체적 만족감을 얻을 수 있다고 알려졌으나, 과학적 근거는 확인되지 않았다. ASMR은 부드러운 자극인 'ASMR 트리거'(Triggers)에 의해 발생한다. 대표적인 ASMR 트리거로는 속삭임이나 책을 넘기는 소리, 편안한 손의 움직임, 머리카락을 손으로 넘길 때의 감각, 종이가 구겨지는 소리, 바스락거리는 소리, 일상에서의 반복적인 움직임 등이 있다. 청각적 자극의 경우 귀에 쉽게 익숙해지고 안정감을 준다는 점에서 백색소음과도 유사하다.

CAD Computer Aided Design

컴퓨터를 이용하여 설계하는 기술.

1960년대 초 미국의 자동차·항공기 제작회사 등에 의해 개발되었으며, 한국에는 1970년대 중반 이후 도입되었다.

CAM Computer Aided Manufacturing

제품 제조공정을 컴퓨터로 관리하는 기술.

CAD에 의하여 설계된 내용이 바로 CAM으로 연결되어 정교하고 품질 좋은 제품 생산이 가능하도록 하는 제작 시스템이다.

CCTV Close Circuit Television

폐쇄회로 텔레비전. 특정 수신자에게 화상을 전송하는 텔레비전 방식.

화상 정보를 특정의 목적으로 특정의 사용자에게만 전달하는 시스템이다. 산업용, 교육용, 의료용, 교통관제용 감시, 방재용 및 사내의 화상정보 전달용 등으로 그 용도가 다양하다.

DNA Deoxyribo Nucleic Acid

디옥시리보오스를 가지고 있는 핵산으로 유전자의 본체를 이루며 디옥시리보핵산이라고도 함.

인간에서 식물, 미생물에 이르기까지 모든 생물의 생명현상을 지배하는 유전자의 본체라고 할 수 있다. 생물의 세포 속에 있으며 생명 활동을 유지하는 데 불가결한 효소 등 각종 단백질의 생산을 지령, 제어하는 역할을 한다.

HTTP Hyper Transfer Protocol

인터넷에서, 웹 서버와 사용자의 인터넷 브라우저 사이에 문서를 전송하기 위해 사용되는 통신규약을 말한다.

마우스 클릭만으로 필요한 정보로 직접 이동할 수 있는 방식을 하이퍼텍스트라고 하는데, http는 이 방식의 정보를 교환하기 위한 하나의 규칙이다. HTTP는 메시지의 구조를 정의하고, 클라이언트와 서버가 어떻게 메시지를 교환하는지를 정해놓은 프로토콜로 클라이언트 프로그램과 서버 프로그램은 HTTP 메시지를 교환함으로써 서로 대화한다. 웹사이트 중 http로 시작되는 주소는 이런 규칙으로 하이퍼텍스트를 제공한다는 의미를 담고 있다.

IC Integrated Circuit

많은 회로 소자가 하나의 기판 위나 기판 내에 분리 불가능한 상태로 결합되어 있는 초소형 집적회로.

➡ 스마트카드 Smart Card

IC(integrated circuit : 집적회로) 기억소자를 장착하여 대용량의 정보를 담을 수 있는 전자식 신용카드. 위조가 불가능하며 기존의 자기카드(마그네틱 카드)에 비하여 매우 큰 기억용량과 고도의 기능 및 안정성을 지니고 있다. 프랑스에서 개발되어 금융기관, 의료보험증, 교통카드, 신용카드 등에 이용된다.

ISBN International Standard Book Number 국제표준도서번호

국제적으로 표준화된 방법에 따라 전 세계에서 생산되는 도서에 부여하는 고유 번호.

세계적으로 도서 발행 양의 급증에 따라 원활한 도서 유통과 재고 파악 등을 컴퓨터로 처리하기 위해 도서마다 부여하는 고유한 번호다. 출판된 서적의 국별 기호, 출판사 기호, 타이틀 기호, 기호가 정확한가를 컴퓨터로 체크할 수 있는 확인 숫자의 순서로 구성되어 있다.

LAN Local Area Network

근거리 통신망.

사무실이나 공장처럼 범위가 그리 넓지 않은 일정 지역 내에서, 다수의 컴퓨터나 OA 기기 등을 속도가 빠른 통신선로로 연결하여 통신이 가능하도록 하는 시스템이다. 고속 통신이 가능하며 확장이 간편하며, 통신 오류율이 낮다.

LED Light Emitting Diode

발광다이오드(LED)라 하며 이는 갈륨비소 등의 화합물에 전류를 흘려 빛을 발산하는 반도체소자를 말한다.

LED는 아래 위에 전극을 붙인 전도물질에 전류가 통과하면 전자와 정공이라고 불리는 플러스 전하입자가 이 전극 중앙에서 결합해 빛의 광자를 발산하는 구조로 돼 있다. 이 물질의 특성에 따라 빛의 색깔이 달라진다. 또한 전기에너지를 광 에너지로 직접 변환하므로 효율적이고 전력 소비가 적으며, 신뢰성이 높고 고속 응답을 하는 등의 특징이 있다. 따라서 가전제품이나 자동차 계기류의 표시 소자로, 광통신용 광원의 일부로 사용되고 있다.

LNG 液化天然가스 Liquefied Natural Gas

천연가스를 정제해 얻은 메탄을 주성분으로 하는 가스를 냉각시켜 액화한 것

석유 계통 연료와는 달리 아황산가스 따위의 공해가 없다.

LPG 液化石油가스 Liquefied Petroleum Gas

석유 성분 중 프로판 및 부탄가스 등 끓는점이 낮은 탄화수소를 주성분으로 가스를 상온에서 가압하여 액화한 것

프로판가스로 통칭된다. 부탄, 프로판, 프로필렌, 부틸렌 등이 이에 속하며, 가정이나 업무용으로 연료, 도시가스의 성분, 택시 연료 등에 쓰이고 있다.

LTE long term evolution

3세대 이동통신(3G)을 장기적으로 진화'시킨 기술이라는 뜻에서 붙어진 명칭으

로 HSDPA(고속하향패킷접속)보다 12배 이상 빠른 고속 무선데이터 패킷통신 규격을 가리킨다.

3세대 이동통신과 4세대 이동통신(4G)의 중간에 해당하는 기술이라 하여 3.9세대 이동통신(3.9G)이라고도 하며, 와이브로 에볼루션과 더불어 4세대 이동통신 기술의 유력한 후보 가운데 하나로 꼽는다. 이 기술은 3세대 이동통신에서 진화한 것이기 때문에 기존의 네트워크망과 연동할 수 있어 기지국 설치 등의 투자비와 운용비를 크게 줄일 수 있는 장점이 있다. 2008년 12월 LG전자가 세계 최초로 단말기용 LTE칩을 개발했고, 2009년 12월 북유럽 최대의 통신사 텔리아소네라(TeliaSonera)가 한국의 삼성전자에서 제작한 LTE 단말기를 통해 세계 최초로 상용 서비스를 시작했다.

NASA National Aeronautics and Space Administration 미항공우주국
미국의 비군사적 우주개발 활동의 주체가 되는 정부기관.

1958년 10월, 유사한 임무를 띤 여러 기관을 하나로 통합하여 발족하였으며 대통령 직속기관으로 워싱턴에 본부가 있다.

부속기관으로 유인 우주선 센터 · 케네디 우주센터 · 마샬 우주센터 · 고더드 우주비행센터 등이 각지에 산재해 있다. 인간의 달 정복 꿈을 실현한 '아폴로 계획'을 주관했다.

N스크린 N-screen
하나의 콘텐츠를 스마트폰, PC, 스마트TV, 태블릿PC, 자동차 등 다양한 디지털 정보기기에서 공유할 수 있는 네트워크 서비스를 말한다.

N스크린은 국내외 이동통신사들이 미래 핵심 서비스로 인식해 선점을 하기 위해 서로 경쟁하고 있으며, 시간, 장소 디지털기기에 구애 없이 언제 어디서나 하나의 콘텐츠를 이어서 볼 수 있고, 컴퓨터로 다운받은 영화를 TV, 스마트폰, 태블릿PC로 이어서 볼 수 있는 서비스다. SK텔레콤은 2009년부터 삼성전자를 비롯한 외부 협력사들과 함께 1조 원 규모의 비용과 인력을 투입한 N스크린 서비스 개발 프로젝트를 진행, 2011년 1월 25일 '호핀(Hoppin)'이라는 N스크린 서비스를 출시했다. 삼성전자 갤럭시S 호핀 스마트폰이 호핀 전용 스마트폰으로 이 서비스를 지원한다. 그리고 KT는 2011년 5월 '올레TV Now'라

는 N스크린 서비스를 출시했다.

OTT Over The Top

인터넷을 통해 TV, 영화, 교육 등 각종 미디어 콘텐츠를 제공하는 서비스를 말한다.

OTT(Over The Top)에서 Top은 TV에 연결되는 셋톱박스를 말하며, 초기에는 셋톱박스와 같은 단말기를 통해 TV 수상기로 볼 수 있는 인터넷 기반의 동영상 서비스를 의미했으나, TV 수상기뿐만 아니라 PC나 태블릿, 스마트폰 등 다양한 단말기들이 동영상을 소비하는 매개체가 되면서, 지금은 셋톱박스의 유무를 떠나 모든 인터넷 기반의 동영상 서비스를 포괄하는 의미로 쓰이고 있다.

PPM Parts Per Million

백만분율(百萬分率).

100만 분의 1을 뜻한다. 환경오염과 같이 극히 적은 물질의 양을 표시할 때 주로 사용된다. 수질오염을 나타낼 경우 물 1 *l* (무게 1㎏)에 오염 물질 100만분의 1㎏(1,000분의 1g)이 들어있는 오염 정도를 1ppm으로 표시한다. 대기오염의 경우 공기 1㎥에 대기오염물질이 1㎝ 들어있는 오염 정도를 1ppm이라 한다.

QR코드 QR code

바코드보다 훨씬 많은 정보를 담을 수 있는 격자무늬의 2차원 코드로 스마트폰으로 QR코드를 스캔하면 각종 정보를 제공받을 수 있다.

1994년 일본 덴소웨이브사(社)가 개발하였으며, 사각형의 가로세로 격자무늬에 다양한 정보를 담고 있는 2차원(매트릭스)형식의 코드로, 'QR'이란 'Quick Response'의 머리글자이다. 기존 바코드를 읽을 수 있는 전용단말기는 상품판매자만 소유할 수 있어 소비자들이 바코드를 이용하여 정보를 파악하는 것이 불가능했지만, QR코드의 경우 스마트폰만 있으면 소비자들이 직접 상품정보를 파악할 수 있다. QR코드는 스마트폰이 보급되면서 활용도가 높아졌다. 스마트폰 사용자들은 무료로 제공되는 QR코드 스캔 애플리케이션을 다운받은 후, 스마트폰으로 광고판, 홍보지, 포스터, 잡지, 인터넷 등에 게재된

QR코드를 스캔하기만 하면 각종 정보를 손쉽게 얻을 수 있다.

Rh인자 Rh Factor

사람의 혈액형을 결정하는 인자로 혈액 속에 있는 Rh식 혈액형의 항원.

적혈구 속에 포함되어 있으며, Rh인자가 있는 혈액을 Rh+, 없는 혈액을 Rh-라 한다. 대부분의 동양인과 유럽인의 85%가 Rh+형을 가지고 있다고 한다. Rh-인 사람이 Rh+인 사람으로부터 수혈을 받으면 거부 반응을 일으키고, 또 Rh-의 여자가 Rh+인 태아를 가지면 그 태아가 위험하다.

SA Store Automation

사회생활과 관련된 모든 일들을 컴퓨터를 이용하여 자동화하는 시스템.

판매시점 정보시스템을 이용해 상품정보 서비스를 합리적이고 효율적으로 관리하며, 도난·화재 시스템 도입으로 화재나 도난을 예방할 수도 있다.

VDSL Very high-bit-rate-Digital Subscriber Line

일반 가정의 기존 전화선을 이용하여 빠른 속도의 양방향 통신이 가능하도록 설계된 통신망.

초고속 디지털 가입자 회선이라고도 한다. ADSL에서 발전된 기술로서 이론상 전송 속도는 ADSL보다 3~5배 빠르다. ADSL의 실제 속도가 이론상의 속도에 훨씬 미치지 못한다는 점을 감안하면 실제로는 10배 가까이 빠르다고 전문가들은 말한다.

VDT 증후군 Video Display Terminal Syndrome

컴퓨터의 스크린에서 방사되는 X선·전리방사선 등의 해로운 전자기파가 유발하는 두통·시각장애 등의 증세.

VDT는 비디오 표시 단말장치 또는 컴퓨터나 TV 등의 화면장치를 말한다. 일반적으로 컴퓨터를 오래 사용하는 사람들이 겪는 신체적인 장애를 일컫는다. 시각장애, 관찰 이상, 두통, 심리적 장애 등이 나타나고 임신장애까지 거론되고 있으나 정확하지는 않다.

경제·경영·무역·금융

정치·외교·국제

사회·노동·법률·환경

철학·역사·지리

문화·예술·교육·스포츠·매체

컴퓨터·과학·IT

찾아보기

VOD Video On Demand

주문형 비디오 시스템.

통신망으로 연결된 컴퓨터 또는 텔레비전(TV)을 통해 사용자가 원하는 프로그램을 원하는 시간에 빌려볼 수 있는 영상 서비스이다.

WAN Wide Area Network

광역통신망.

도시와 국가, 대륙 등 지역적으로 넓은 영역에 걸쳐 구축하는 다양하고 포괄적인 컴퓨터 통신망을 말한다. LAN은 좁은 지역, 또는 구내 통신망과 같이 통신 영역이 좁은 데 비해 WAN은 한 도시보다도 넓은 지역의 광역 통신망 을 말한다. 이것이 발전해서 전국적으로 확대된 것이 ISDN, 즉 종합디지털서비스망이고, 인터넷은 세계적 규모의 WAN이라 할 수 있다.

5세대 이동통신 5G Fifth Generation Mobile Communications

최대 속도가 20Gbps에 달하는 이동통신 기술로, 4세대 이동통신인 LTE에 비해 속도가 20배가량 빠르고, 처리 용량은 100배 많다.

강점인 초저지연성과 초연결성을 통해 4차 산업혁명의 핵심 기술인 가상현실, 자율주행, 사물인터넷 기술 등을 구현할 수 있다. 5G의 정식 명칭은 'IMT-2020'으로 이는 국제전기통신연합(ITU)에서 정의한 5세대 통신규약이다. ITU가 정의한 5G는 최대 다운로드 속도가 20Gbps, 최저 다운로드 속도가 100Mbps인 이동통신 기술이다

가상현실 假想現實 Virtual Reality

어떤 특정한 환경이나 상황을 컴퓨터로 만들어서, 그것을 사용하는 사람이 마치 실제 주변 상황·환경과 상호작용을 하고 있는 것처럼 만들어 주는 최첨단 기술.

가상현실은 실제와 똑같은 조건과 상황을 만들어 사람의 대응에 따라 서로 다른 다양한 결과를 진행해서, 실제 위험이나 실수에 따른 나쁜 결과는 피하면서 그 상황에 대한 훈련이 가능하다. 예컨대, 의학 분야에서는 수술 및 해부를 실제 상황처럼 훈련할 수 있으며, 항공이나 군사 분야에서는 비행조종훈련 시뮬레이션을 실제 상황처럼 연습할 수 있다.

경제·경영·무역·금융

정치·외교·국제

사회·노동·법률·환경

철학·역사·지리

문학·예술·교육·스포츠·매체

컴퓨터·과학·IT

찾아보기

가시광선 可視光線 Visible Rays

전자기파(電磁氣波) 중에서 사람의 눈에 보이는 범위의 파장을 가지는 것

빨강·주황·노랑·초록·파랑·남색·보라 일곱 가지가 있다. 이보다 파장이 긴 것을 적외선(赤外線), 짧은 것을 자외선(紫外線)이라 한다.

가이아 이론 Gaia theory

지구를 환경과 생물로 구성된 하나의 유기체, 즉 스스로 조절되는 하나의 생명체로 소개한 이론으로 1978년 영국의 과학자 제임스 러브록이 『지구상의 생명을 보는 새로운 관점』이라는 저서를 통해 주장하였다.

그리스 신화에 등장하는 대지의 여신 가이아(gaia)로부터 이름을 따왔으며 지구가 생물과 무생물이 상호작용하는 생명체이고, 생물은 지구를 생물이 살기에 적합한 환경으로 바꾸어 가고 있으므로 지구는 살아 있다고 주장하였다.

즉 지구를 생물과 무생물이 서로에게 영향을 미치는 생명체로 바라보면서 지구가 생물에 의해 조절되는 하나의 유기체임을 강조한다. 이 이론은 지구온난화현상 등과 같은 지구의 환경문제가 심각해지면서 부각되고 있는 이론이다.

거식증 拒食症

신경성 식욕부진증.

살이 찌는 것에 대한 극단적인 두려움 때문에 나타나는 정신질환의 하나다. 날씬해지는 것이 소원인 여성에게 많이 나타난다. 체중 증가에 대한 혐오증에서 식사 양을 무리하게 줄이고 식후에 무리하게 토해 내거나 하여 영양실조로 죽음에 이르는 경우도 있다. 여성의 경우 표준 체중에서 20% 이상 살이빠지거나 월경이 나타나지 않는다는 등의 진단 기준이 있다.

게놈 Genome

유전자(gene)와 염색체(chromosome)의 합성어로, 염색체에 담긴 유전자 정보를 총칭하는 말.

1920년 H. 윙클러에 의해 처음 사용된 용어다. 인간의 신체는 약 65조 개의 세포로 이루어져 있으며, 각 세포 안에는 핵이 있고, 여기에 유전 정보를 담은 46개 염색체가 있다. 46개의 염색체 안에 담겨 있는 염색체군의 정보를 통틀어서 게놈이라고 부른다.

게놈 프로젝트 Genome Project

게놈을 해독해 유전자 지도를 작성하고 유전자 배열을 분석하는 연구작업.

1990년부터 미국, 영국 등 18개국에서 이 연구에 참여하였다.

인간의 생명현상을 규명하고 암을 비롯하여 에이즈 등 각종 질병의 예방과 그 치료제를 개발하는 데 기초를 다지는 프로젝트로서, 생명산업 분야에서 새로운 장을 열게 된 것이다.

고밀도집적회로 高密度集積回路 LSI; Large Scale Integrated Circuit

IC(집적회로)의 집적도를 더욱 높인 반도체 집적회로.

보통 하나의 기판에 포함되는 소자 수가 1,000개 이상인 것을 말한다. 이를 사용함으로써 생산공정을 간략화하고 기기를 더욱 소형화할 수 있다. 최근에는 컴퓨터를 비롯한 디지털기기의 대부분이 LSI 또는 초(超) LSI로 구성되어 있다.

고화질 텔레비전 HDTV; High Definition Television

기존 텔레비전보다 2배 이상 많은 1,050~1,250선의 주사선을 가져 화면의 선명도가 월등히 향상된 텔레비전과 그 기술.

소리를 거의 원음에 가깝게 재생시킬 수 있고, 화면도 마치 현장에 있는 것같은 사실감을 느낄 수 있다.

광메모리 Optoelectronic Memory

광디스크를 컴퓨터 등의 데이터나 프로그램의 기억에 응용한 메모리.

CD-ROM, 광디스크, 광카드 등 레이저를 사용하여 디지털 정보의 기록·읽기를 행하는 것을 총칭한다. 주로 자기디스크나 자기테이프를 대신하여 외부메모리로 사용하고 있다. 광메모리는 다른 메모리에 비해 정보 기억용량이월등히 크고 비접촉형이기 때문에 수명이 길다.

경제·경영·무역·금융

정치·외교·국제

사회·노동·법률·환경

철학·역사·지리

문화·예술·교육·스포츠·매체

컴퓨터·과학·IT

찾아보기

광섬유 Optical Fiber

통신의 전송로로 쓰이는 지름 0.1mm 정도의 가느다란 유리섬유.

빛의 굴절률이 다른 심선 부분과 피복 부분으로 나뉘어 이들의 굴절률이 서로 달라 빛의 신호가 외부로 새지 않고 먼 곳으로 보낼 수 있다. 에너지 손실이 매우 적어 송수신하는 데이터의 손실률이 낮으므로 보낼 수 있는 정보량이 많다. 전기적 잡음을 받지 않는 등 외부의 영향을 거의 받지 않는다는 장점이 있다.

광컴퓨터 Optical Computer

컴퓨터의 연산회로에 빛의 특성을 이용한 광집적 회로(Optical IC)를 사용한 컴퓨터.

광컴퓨터는 1초에 30만 km를 달리는 빛을 신호로 하여 초고속 처리를 실현하려는 것이다. 전기통신회선보다 1,000배나 스위치 작용이 빠르고 여러 광선을 보존할 수 있어 병렬 처리가 가능하다.

그린 컨슈머 Green Consumer

환경이나 건강에 대한 영향을 가장 중요한 기준으로 삼는 소비자.

지금까지의 편리함이나 쾌적함 등과 같은 가치와는 전혀 다른 관점에서 상품을 선택한다는 점에서 결과적으로 경제성을 최우선시켜 온 기업의 생산 시스템이 환경과 건강을 배려하는 방향으로 전환되어 가고 있다.

나노 기술 Nano-Technology

10억분의 1 수준의 정밀도를 요구하는 극미세가공 과학기술.

나노란 '난쟁이'란 뜻의 그리스어이며, 1나노미터(nm)는 10억 분의 1미터로 전자 현미경으로나 볼 수 있는 수준이다. 조립된 새로운 화학물질을 기본 골격으로 하는 신물질 개발, 원자·분자 크기의 모터를 이용한 동력개발, 기본 생명체의 합성 및 의학에의 응용, 전자소자를 대체하는 원자 크기의 기본소자 개발 및 이를 이용한 컴퓨터 개발, 생물체와 무기물 소자와의 접속장치 개발 등 응용분야가 다양하다. 개발된 소재나 재료들은 초소형 컴퓨터나 로봇 등을 만드는 데 이용된다.

네트워크 Network

각 지역에 흩어져 있는 방송국이 그물처럼 연결되어 전국적으로 같은 방송을 전달할 수 있게 만들어진 방송망.

보통 중앙의 방송국을 핵심으로 하여 몇 개의 지방 방송국이 특정 순서에 따라 전국 방송을 하는 조직을 말한다.

➜ 컴퓨터 네트워크 Computer Network

여러 컴퓨터나 단말기 사이를 통신회선으로 연결한 컴퓨터의 이용 형태. 다수의 컴퓨터를 통신망으로 연결하여 소프트웨어나 데이터베이스를 공유하거나, 대형 컴퓨터를 원격지에서 이용하는 것 등이다.

농축 우라늄 Enriched Uranium

핵분열을 일으키는 우라늄 235의 함유율을 천연 우라늄보다 인위적으로 높인 우라늄.

주로 원자력발전의 연료로 사용하기 위해 제조한다. 우라늄 235의 함유율이 20% 이하이면 저농축 우라늄, 90% 이상이면 고농축 우라늄이라고 한다. 원자 폭탄에는 99.999%까지 농축한 우라늄을 사용한다.

뇌사 腦死 Brain Death

뇌기능이 완전히 정지되어 회복불능한 상태가 되는 것

원래 호흡과 심장도 함께 정지하지만 인공호흡기의 출현으로 뇌사 후에도 심장은 계속 뛰게 할 수 있다. 뇌사로 판정된 환자가 회생하는 일은 없다. 최근 뇌사를 법적으로 인정하자는 의견이 강하게 대두되고 있어 논란이 심화되고 있다.

➜ 식물인간 植物人間 Vegetative State

의식이 없고 전신이 경직(硬直)된 채로 대사(代謝)라는 식물적 기능만을 하는 인간. 교통사고·뇌졸중·일산화탄소 중독 등이 주원인이다. '식물인간'이란 동물성 기능은 발휘하지 못하게 되었지만 식물성 기능은 유지되고 있다는 뜻으로 인공호흡기를 사용치 않으면 살 수 없는 뇌사상태의 환자와는 다르다.

뉴로 컴퓨터 Neuro Computer
생물의 신경세포 구조를 응용한 회로소자를 이용하여 만든 컴퓨터.

신경회로를 뜻하는 뉴런(neuron)에서 이름을 붙였다. 뉴럴 컴퓨터(neural computer)라고도 한다. 랜덤(무작위 추출) 문제에 강하고 새로운 정보 시스템을 설계한 컴퓨터다.

다운사이징 Downsizing
중앙 컴퓨터에 집중되어 있는 정보처리 능력을 사용자에게 분배해서 정보처리 효율을 높이는 것.

소규모의 컴퓨터를 여러 대 병렬로 연결해 업무를 분산시킴으로써 중앙 컴퓨터가 고장 나면 모든 업무가 정지되는 단점을 극복할 수 있고 대형 컴퓨터를 설치, 유지하는 비용을 절감할 수 있으며 정보처리 권한이 하부로 이양됨에 따라 조직 자체의 권한 분산도 가능해진다. 이와 관련하여 사물의 소형화(小型化), 기업의 감량경영을 통칭하는 일반 개념으로도 사용되는 용어다.

다위니즘 Darwinism
자연계에서 생물은 그 생활 조건에 적응해야만 살아있을 수 있다는 이론을 중심으로 한, 다윈의 진화요인론.

다윈(C. Darwin)이 『종의 기원』에서 발표한 자연도태설은 생물에는 변이가 일어나며, 그것이 생활에 안성맞춤이면 그 생물로 하여금 생존경쟁에 이길 수 있도록 해 적자로서 생존하게 하고, 그 변이는 자손에게 전해져 점차 변화한다는 것이다. 자연선택설이라고도 하며 가장 유력한 진화요인설로 간주되고 있다.

데이터베이스 Data Base
여러 사람에게 사용될 목적으로 통합하여 관리되는 데이터의 집합.

데이터 뱅크보다는 소규모로서, 특정한 요구나 불특정한 다수의 요구에 응할 수 있도록 필요 정보를 축적, 정리 보관, 정비해 두고 요구에 따라 정보를 제공하는 시스템이다.

데이터 스모그 Data smog

1997년 미국의 데이비드 솅크가 출간한『데이터 스모그』라는 저서에서 유래된 용어로 불필요한 정보들이 지나치게 많이 유포되는 현상을 말한다.

인터넷의 발달로 정보의 유통속도가 빨라지긴 했지만 한편으로는 쓰레기 정보나 허위 정보들이 마치 대기오염의 주범인 스모그처럼 가상공간을 어지럽힌다는 뜻이다. 솅크는 저서에서 데이터 스모그를 비판적인 시각으로 분석했다. 저서에 따르면 정보화의 홍수 속에 살아가는 현대인들은 정보기술의 발달 속도에 발맞추어야 한다는 '업그레이드 강박증'에 시달리고 있으며, 잠시라도 인터넷에서 벗어나 있으면 정보에 뒤처진다는 정보 불안의식이 잠재해 있다. 따라서 현대인들은 이러한 정보 과다로 인해 극심한 정보피로증후군에 시달리고 있으며, 정보범람시대에서 생존하려면 유용한 정보를 선별하는 능력이 필수적이라는 것이다.

도메인 Domain

인터넷에서 같은 부류의 호스트 이름을 구분하기 위해 사용하는 이름.

인터넷상의 컴퓨터 주소를 알기 쉬운 영문으로 표현한 것으로 도메인은 네트워크를 관리하기 위한 영역이다. 예전에는 숫자로 된 IP주소가 사용되었지만 지금은 시스템, 조직, 조직의 종류, 국가의 이름 순으로 구분되어 있다. 중요 도메인에는 .com, .net, .biz, .org, .info 등이 있으며, 우리나라를 뜻하는 '.kr'도메인은 한국인터넷진흥원에서 할당하고 있다.

동위원소 同位元素 Isotope

원자번호(양성자의 수)는 같으나 질량수(양성자의 수+중성자의 수)가 다른 원소.

1906년 방사성 원소의 붕괴 과정에서 처음 발견되었는데 현재는 1,200종 이상이나 있다. 일반적인 화학반응에서 화학적 성질은 같지만 물리적 성질은 다른 경우가 많다.

드론 Drone

사람이 타지 않고 무선전파의 유도에 의해서 비행하는 비행기나 헬리콥터 모양

의 비행체를 말한다.

처음에는 공군기나 고사포, 미사일의 연습사격에 적기 대신 표적 구실로 사용되었으나, 점차 무선기술의 발달과 함께 정찰기 개발되어 적의 내륙 깊숙히 침투하여 정찰 · 감시의 용도로도 운용되었다.

최근에는 언론사는 이른바 '드론 저널리즘'을 표방하며 스포츠 중계부터 재해현장촬영, 탐사보도까지 드론을 활발히 쓰고 있다. 카메라를 탑재한 드론은 지리적인 한계나 안전상의 이유로 가지 못했던 장소를 생생하게 렌즈에 담을 수 있고, 과거에 활용하던 항공촬영보다 촬영 비용이 더 저렴하다는 장점이 있다. 또한 개인을 겨냥한 드론도 나오고 있다. 주로 RC마니아나 키덜트족을 공략한 제품으로, 스마트폰으로 조종할 수 있는 게 특징이다. 셀카를 찍을 수 있는 드론도 나왔다. 앞으로 일반소비자를 공략한 드론은 꾸준히 늘어날 전망이다.

드림캐처 Dreamcatcher
아메리카 원주민들이 악몽을 걸러주고 좋은 꿈만 꾸게 해준다는 의미로 만들었던 토속 장신구로, 고리 모양의 수제 장식품이다.

아메리카 원주민들이 악몽을 걸러주고 좋은 꿈만 꾸게 해준다고 믿었던 토속 장신구로, 고리 모양의 수제 장식품이다. 버드나무로 만든 고리의 동그란 틀에 끈을 거미줄처럼 엮은 뒤, 고리 아래에는 깃털, 각종 구슬 등으로 장식한다. 여기서 깃털은 좋은 꿈을 꾸게 하고, 거미줄은 악몽을 잡아준다는 뜻을 담고 있다. 드림캐처는 현대에 들어서면서 인테리어 용품으로 활발히 사용되고 있다.

디버깅 Debugging
프로그램의 개발 마지막 단계에서, 프로그램의 오류를 발견하고 그 원인을 밝히는 작업 또는 그 프로그램.

프로그램 속에 있는 에러를 가리켜 버그(bug, 벌레)라 하며, 버그를 제거하는 것을 디버깅이라 한다. 크게 디버거와 같은 보조 프로그램을 이용하는 경우와 검사용 데이터를 입력하여 수행시켜 봄으로써 오류를 찾아내는 경우로 나눌 수 있다.

디제라티 Digerati

디지털 시대의 새로운 파워 엘리트로 부상하고 있는 신지식인.

디지털(digital)과 지식계급(literati)의 합성어다. 인터넷 비즈니스로 성공한 기업인들을 가리키기도 한다. 이들은 학연, 지연에 얽매이지 않는 수평적인 네트워크를 추구하고 인문과학과 자연과학의 경계를 아우르면서 제3의 문화를 창조하는 새로운 권력층으로 부상하고 있다. 마이크로소프트사의 빌 게이츠(W. H. Gates Ⅲ), 소프트뱅크의 손정의(孫正義), 야후를 만든 제리 양(J. Yang), 아마존의 제프 베이조스(J. Bezos) 등이 대표적이다.

디지털 아카이빙 Digital Archiving

디지털 아카이빙은 디지털 문헌을 안전하게 보존할 수 있는 활동을 말하며, 시간이 지나도 접근할 수 있고 진본을 유지할 수 있도록 하는 모든 행위를 말한다.

디지털 아카이빙이 부각된 배경은 정보기술의 발전으로 인하여 디지털 정보의 생산과 유통이 급격하게 증가했기 때문이다. 또한 디지털 아카이빙의 목표는 적어도 인류가 현재와 유사한 언어와 문자 커뮤니케이션 시스템을 사용하는 한 보존의 대상이 되는 디지털 객체를 읽고 이해할 수 있는 상태로 관리하는 것이다.

디지털 워터마킹 Digital Watermarking

텍스트, 그래픽, 비디오, 오디오 등 멀티미디어 저작물의 불법 복제를 막고 저작권자 보호를 위한 디지털 콘텐츠 저작권 보호기술이다.

디지털 콘텐츠 식별자(DOI: Digital Objective Identifier)가 디지털 콘텐츠에 부여하는 국제표준도서번호(ISBN)나 일종의 바코드와 같다면, 디지털 워터마킹은 디지털 콘텐츠에 저작권자의 고유마크(fingerprint)를 집어넣는 기술이다. 한번 워터마킹된 데이터에 어떤 조작이나 변형을 가할 경우 워터마킹된 부분이 훼손되게 해서 식별이 가능하도록 하는 등의 기술을 적용할 수 있으며, 차후 소유권 분쟁시 소유권을 주장할 수 있는 근거를 제시해준다. 이외에도 복사 횟수를 제한하거나 아예 복사를 할 수 없게 할 수도 있고, 저작권자 몰래 불법 복제된 콘텐츠에 대해서는 그 원본의 출처는 물론, 불법 복제된 경로까지 찾아낼 수 있는 다양한 기술들이 있다.

디지털 통신 Digital Communication

전화 · 팩시밀리 · 텔레비전 등의 모든 정보를 디지털 신호로 변환하고, 디지털 통신망을 통해 전송하는 통신.

팩시밀리나 음성, 컴퓨터의 데이터까지도 신호 구별 없이 교환할 수 있다. 통신의 질과 양에서 아날로그 통신에 비하여 훨씬 우수한 통신방식이다.

라식 수술 LASIK; Laser Associated Stromal Insitu Keratomileusis Operation

각막의 표면을 얇게 벗겨낸 후 레이저로 시력 교정을 한 다음 벗겨두었던 각막을 원래의 상태로 덮어 접합시키는 수술.

근시 교정을 위해 기존의 엑시머레이저 수술(PRK)과 미세 각막 절제술(keratomileusis)을 혼합한 수술 방법으로서 1990년 그리스의 펠리카리스(Pallikaris) 박사가 처음으로 고안했다. 교정 효과가 탁월하며 수술 후 통증이 없고 회복이 빠르다는 장점이 있다.

➜ 엑시머 레이저 수술 Eximer Laser Operation

엑시머 레이저를 이용해서 각막을 연마하여 각막의 굴절률을 변화시키는 근시 교정술. 국내에는 1989년에 도입되었고, 영구적인 시력교정이 가능하고 10분이면 수술이 끝나 간편하기 때문에 인기를 끌고 있다. 그러나 -4디옵터 이하의 심하지 않은 근시만 가능하고, 수술 후 각막의 혼탁이나 눈부심 현상이 올 수 있다.

로밍 Roming

서로 다른 통신 사업자의 서비스 지역 안에서도 통신이 가능하게 연결해주는 서비스.

통신업체끼리 서로 제휴하여 서비스의 품질과 영역을 넓히는 서비스로, 예를 들어 국내와 국외의 전화사업자들끼리 망을 연결하면 국제 로밍이 된다.

리얼 타임 처리 Real Time Processing

'실시간 처리'를 뜻하는 컴퓨터 용어.

데이터가 발생하자마자 입력해서 처리, 즉각 결과를 얻을 수 있는 방식이다. 데이터를 한데 모아두었다가 처리하는 '배치 처리(batch processing)'에 대응되는 말이다. 리얼 타임 처리는 시시각각 변하는 업무를 관리하는 데 효율적이다. 좌석을 예약하거나 현금 자동인출 등의 업무에 활용된다.

머신러닝 Machine Learning

인공지능의 한 분야로 컴퓨터가 빅데이터를 분석해 스스로 성능을 개선하고 미래를 예측하는 기술을 말한다.

머신 러닝은 경험적 데이터를 기반으로 학습과 예측을 수행하고 스스로의 성능을 향상시키는 시스템과 이를 위한 알고리즘을 연구하고 구축하는 기술이라 할 수 있다. 머신 러닝의 알고리즘들은 입력한 데이터를 기반으로 예측이나 결정을 이끌어내기 위해 특정한 모델을 구축하는 방식을 취한다. 머신러닝은 문자 인식, 물체 인식, 얼굴 인식, 자동 번역, 음성 인식 및 필기인식, 정보 검색 및 검색 엔진, 컴퓨터 그래픽 및 게임 등의 분야에서 응용되고 있다.

멀티미디어 메시징 서비스 MMS; Multimedia Messaging Service

휴대폰을 통해 문자, 그래픽, 음악, 사진, 비디오 클립 등의 데이터를 주고받을 수 있게 하는 서비스.

멀티즌 Multizen

문자·음성·동영상 등이 복합된 멀티미디어 컨텐트를 동시에 활용하는 인터넷 이용자.

멀티미디어(multimedia)와 시민(citizen)의 합성어다. PC카메라로 화상 채팅을 하고 자신의 모습이 담긴 동영상 메일을 보내는 등 멀티미디어 콘텐츠를 직접 만들어 낸다.

메커트로닉스 Mechatronics

기계공학과 전자공학을 통합한 학문 분야.

기계공학(mechanism)과 전자공학(electronics)의 합성어. 기계제어 등에 전자 기술을 응용하여 고성능화·자동화를 꾀한 것으로, 전자식

탁상형 계산기, 전자식 재봉틀, 수치제어기계, 산업용 로봇 등이 메커 트로닉스화된 제품이다.

메트칼프의 법칙 Metcalfe's Law

로버트 메트칼프가 1981년에 새운 법칙으로서 네트워크의 가치는 그 네트워크를 사용하는 사람의 제곱에서 비례한다는 법칙.

사용자 환경이 PC에서 네트워크 중심으로 이동되었고 네트워크 성장속도와 이를 전달하는 인터넷의 중요성을 설명하고 있는 법칙으로, 네트워크가 확장되어 갈수록 비용절감 효과는 등 비급수적으로 늘어난다.

멘델의 법칙 Mendel's Law

멘델(Mendel)이 완두콩을 이용한 교배 실험을 통해서 밝혀낸 유전법칙.

생물의 형질은 유전자에 의해 어떤 규칙성에 의해 자손에게 전해질 때 나타나는 우열의 법칙, 분리의 법칙, 독립의 법칙 등 3가지 법칙을 말한다. 저서『식물 잡종의 연구』에 발표했으나 빛을 보지 못하다가 사후 16년 뒤, 드 브리스(De Vries), 코렌스(Correns), 체르마크(Tschermak) 등에 의해 재발견되었다.

모듈 Module

건축, 기계 또는 시스템의 구성단위.

여러 전자 부품이나 기계 부품 등으로 조립된 특정 기능을 가진 조그만 장치를 말한다. 컴퓨터, 전자기기 등이 복잡해짐에 따라 부품과 제품으로 나누면개발이나 정보 교환에 불편하기 때문에 부품과 제품의 중간적 존재로서 모듈이라는 개념을 사용한다. 컴퓨터 시스템에서 중앙연산처리장치(CPU), 주기억장치, 입출력장치 등을 모듈이라할 수 있다.

모바일 비즈니스 Mobile Business

모바일을 기반으로 한 산업.

모바일이란 휴대폰이나 PDA(개인휴대단말기)처럼 정보통신에서 이동성을 가진 모든 것을 총칭하는 말이다. 모바일을 활용하여 각종 서비스를 제공하는 새로운 산업으로, 단말기 한 대로 언제 어디서나 뭐든지 할 수 있다는 특징 때문에 시장이 급성장하고 있다. 대표적인 분야가 금융으로서 이미 이동통신업체들은 휴대폰을 이용해 거래대금을 결제하는 '지불결제사업'을 시작했고, 휴내단말기를 이용한 모바일 전자상거래도 진전되고 있으며, 디지털화가 진행 중인 방송도 그 중 하나다.

모바일 카드 Mobile Card

휴대전화에 스마트 카드의 칩을 넣어 신용카드처럼 사용할 수 있는 카드.

기존 신용카드의 뒷면 마그네틱 띠 대신 손톱만한 집적회로(IC) 칩을 넣어 신용·직불·교통·의료정보·전자화폐·신분증 등 다양한 기능을 할 수 있는 카드를 스마트카드라고 한다. 모바일 카드는 이 스마트카드의 칩을 휴대전화 속에 넣어 신용카드처럼 물건을 살 수도 있고, 교통카드로 사용할 수도 있으며, 온라인 결제수단으로 이용할 수도 있다.

모세혈관 毛細血管 Capillary Vessel

동맥과 정맥 사이를 연결하며 주변 조직과 산소, 영양분 및 물질교환을 담당하는 혈관.

동맥에서 갈라지는 모세혈관전세동맥과 모세혈관후세정맥 사이에 모세혈관망을 형성하고, 모세혈관 단위에서 주변 조직과 산소, 영양분 및 다른 물질교환이 이루어진다. 모세혈관은 육안으로 볼 수 없는 미세구조이므로 현미경적 조직검사에서만 확인이 가능하며, 확산에 의해 혈액과 조직 사이에서 산소, 이산화탄소, 영양분 및 기타 물질교환이 이루어진다.

모티즌 Motizen

무선 인터넷을 즐겨 사용하는 사람들을 일컫는 용어.

모빌과 네티즌의 합성어로, 무선 인터넷 이용자가 크게 늘어나면서 생겨났다. 일반적인 인터넷 이용자를 지칭하는 네티즌보다 더욱 인터넷에 심취했거나 이용률이 높다. 이동통신업체들이 서비스 개발에 가장 주력하는 분야도 모티즌들을 대상으로 한다.

경제·경영·무역·금융

정치·외교·국제

사회·노동·법률·환경

철학·역사·지리

문화·예술·교육·스포츠·매체

컴퓨터·과학·IT

찾아보기

무궁화 위성 無窮花衛星 KOREASAT

1995년 발사된 한국 최초의 상용 통신·방송 위성.

난시청지역을 해소하고 통신 이용 수준을 높일 예정으로 미국 플로리다주 케이프 커내버럴 공군기지에서 발사되었다. 1996년 무궁화 2호가 발사되었고, 1999년 9월 무궁화 3호가 발사되었다. 특히 무궁화 위성 3호는 지역위성으로서 한반도뿐만 아니라 동아시아 일대를 커버할 수 있는 대용량의 통신, 방송위성이다.

미나마타병 水正病 Minamata Disease

일본 구마모토현(熊本縣) 미나마타 시에서 발생한 수은에 의한 공해병.

미나마타 만에서 잡힌 어패류를 먹은 사람의 신경이 손상되어 사지마비나 언어장애가 일어나고 눈과 귀의 기능이 상실되어, 1984년 말까지 2,723명의 환자가 발생, 799명이 사망했다. 구마모토시에 있는 신일본질소 미나마타 공장의 폐수에 함유된 유기 수은이 어류를 매개로 해서 인체에 들어온 것이 원인이라고 결론이 났다.

바이오 Bio

생물학(biology) 또는 생물공학(biotechnology).

일반적으로 천연물에서 추출한 효소 또는 미생물을 이용하여 생명현상과 어느 정도 직접적으로 연결됐을 때 이 용어를 사용한다. 최근 섬유 제품·세제·운동화·화장품 등에서 살균·항생·노화 방지 목적으로 바이오 상품이 활발하게 개발되고 있다.

바이오 디젤 Bio-Diesel

식물성 기름을 원료로 해서 만든 바이오 연료.

바이오 에탄올과 함께 가장 널리 사용되는 바이오 연료(bio-fuel)다. 콩기름·유채기름·폐식물기름·해조유(海藻油) 따위의 식물성 기름을 원료로 해서 만든 무공해 연료를 통틀어 일컫는다.

바이오 인포매틱스 Bioinformatics

컴퓨터를 이용해 각종 생명정보를 처리하는 기술이나 학문.

생명공학(bio)과 정보학(informatics)의 합성어로 생물학적 데이터를 수집하고 분석, 관리하는 기술을 말한다. 유전자산업의 핵심 요소이며, 제약사와 바이오 업계에서 없어서는 안 되는 중요한 분야다. 바이오 인포매틱스를 이용하면 신약을 싱품화하는 데 드는 비용·시간을 획기적으로 줄일 수 있다. 다른 분야와 접목하는 융합기술로 발전하고 있어 향후 추이가 주목된다.

바이오 일렉트로닉스 Bioelectronics

생명공학(biotechnology)과 전자공학(electronics)을 융합한 첨단공학 분야를 말하여, 생명과학, 즉 단백질의 생체 물질과 생명이 갖추고 있는 교묘한 구조를 이용하는 기술이다.

기존의 전자공학 기술과는 다른 새로운 세계를 여는, 고도 성장이 예상되는 첨단산업이다. 현재 바이오일렉트로닉스 분야에는 바이오센서, 광스위치소자 등 생체 관련물질과 일렉트로닉스를 조합, 생체 신경계와 같은 생체 정보처리계의 해명, 신경세포의 성장 제어를 다루는 생물의 일렉트로닉스에 의한 제어, 단백질에 의한 패턴 인식과 같은 생체 재료의 일렉트로닉스 응용, 신경회로망과 같은 생체 정보처리의 모델화 등 넓은 범위에 걸쳐 있다. 이는 모두 인공지능을 지향하는 제6세대 컴퓨터의 핵심적인 기술이 될 것이다.

바이오 컴퓨터 Biocomputer

인간의 뇌에서 이루어지는 인식·학습·기억·추리·판단 등 고도의 정보처리 시스템을 모방하여 만든 컴퓨터.

컴퓨터 자체에 기능을 가지게 하여 패턴 인식, 판단, 유추 등의 작용을 하게 함으로써 최종적으로는 인간의 뇌에 버금가는 기능을 갖는 컴퓨터를 만드는 것이다.

반도체 半導體 Semiconductor

전기를 전달하는 성질이 도체와 부도체의 중간 정도 되는 물체.

보통 저온 상태에서는 전류가 통하지 않으나 고온에서는 전류가 통하기 쉽다. 실리콘·게르마늄 등 많은 금속 산화물에 이와 같은 성질이 있다. 우리주변의 대부분의 전자제품에 들어있어 생활에 편리를 가져다주기 때문에 반도체를 '마법의 돌'이라 부르기도 한다.

방사성동위원소 放射性同位元素 Radioisotope

방사능을 지니고 있는 동위원소(同位元素).

보통 동위원소 또는 아이소토프(isotope)라고 부른다. 1934년 미국의 로렌스(E. O. Lawrence)가 사이클로트론(Cyclotron)으로 방사성 동위원소를 만든 것이 시초다. 1942년 페르미(E. Fermi)가 연쇄 반응 실험에 성공한 후 원자로(原子爐)에서 동위원소를 만들게 되었다. 공업, 의학, 농·축산업 등 여러 분야에 이용되고 있다.

방화벽 防火壁 Firewall

컴퓨터망 보안 시스템 소프트웨어의 일종.

기업이나 조직의 모든 정보가 컴퓨터에 저장되면서, 컴퓨터의 정보 보안을 위해 외부에서 내부, 내부에서 외부의 정보통신망에 불법으로 접근하는 것을 차단하는 시스템이다.

배너 Banner

웹페이지 한쪽에 특정 웹사이트의 이름이나 내용을 홍보하는 그래픽 이미지를 말한다.

마치 현수막처럼 생겨 배너(banner)란 명칭으로 불린다. 미리 정해진 규격에 동영상 파일 등을 이용해 광고를 내고 소정의 광고료를 지불하는 형태이다.

광고효과를 분석하기 위해 배너가 사용자들에게 보여진 횟수나 일정 기간 동안 배너 그래픽이 다운로드된 횟수를 세어 광고주에게 알려주기도 한다.

백야 白夜 White Night

위도 약 48   이상의 고위도 지방에서 한여름에 태양이 지평선 아래로 내려가지 않는 현상.

남극과 북극 지역에서 밤낮의 구별 없이 24시간 태양이 빛나고 있는 현상이다. 북극지방에서는 하지(夏至), 남극지방에서는 동지(冬至) 경에 일어나는데, 가장 긴 곳은 6개월이나 계속된다.

경제·경영·무역·금융

정치·외교·국제

사회·노동·법률·환경

철학·역사·지리

문화·예술·교육·스포츠·매체

컴퓨터·과학·IT

찾아보기

버퍼링 Buffering

정보의 송수신을 원활하게 하기 위해 정보를 일시적으로 저장해서 처리속도의 차이를 흡수하는 방법.

원래 버퍼(buffer)란 한 장치에서 다른 장치로 데이터를 송신할 때 일어나는 시간 차이나 데이터 흐름 속도의 차이를 맞추기 위해 사용하는 저장장치다. 버퍼링은 스트리밍(streaming)과 함께 인터넷 방송용어로 많이 사용한다.

→ 스트리밍 Streaming

인터넷에서 음성이나 영상, 애니메이션 등을 끊김 현상 없이 전송 받아서 실시간으로 재생하는 기법. 비디오나 오디오 자료를 사용자의 PC에 파일형태로 받지 않고도 실시간을 보고 들을 수 있는 송출기술로, 다운로드와 성격이 달라 저작권 분쟁에서 자유롭고 PC의 하드용량에 전혀 영향을 주지 않는다. 버퍼링은 스트리밍을 하는 순간 또는 스트리밍 직후 잠시 뜸을 들이는 순간을 말한다.

블랙박스 Black Box = 비행기록장치 飛行記錄裝置 flight data recorder

항공기 사고를 해명하기 위하여 탑재하는 장치.

항공기가 이륙할 때부터 착륙할 때까지의 무선 교신 내용 · 고도 · 속도 · 방위각 · 풍속 및 기관 상태 등 일체의 운행 상황이 자동적으로 기록되는 장치다. 특히 항공기의 사고 원인을 규명하는 열쇠가 되고 있다.

빅 데이터 Big Data

데이터의 생성 양, 주기, 형식 등이 방대한 데이터를 말한다.

기존 빅 데이터의 개념은 단순히 데이터의 양이 많은 것을 의미했다면, 최근의 일반적인 빅 데이터의 개념은 기존 데이터에 비해 너무 방대해 일반적으로 사용하는 방법이나 도구로 수집, 저장, 검색, 분석, 시각화 등을 하기 어려운 정형 또는 비정형 데이터세트를 의미한다.

빅 데이터는 각종 센서와 인터넷의 발달로 데이터가 늘어나면서 나타났고 빅데이터를 통해 인류가 유사 이래 처음으로 인간 행동을

360

미리 예측할 수 있는 세상이 열리고 있다고 주장하기도 하며, 이를 주장하는 대표적인 학자로는 토머스 멀론(Thomas Malone) 미국 매사추세츠공과대학 집합지능연구소장이 있다.

빅뱅 이론 大爆發說 Big Bang Theory

우주가 점과 같은 상태에서 약 150억~200억 년 전에 대폭발이 일어나 팽창하여 현재에 이르고 있다는 이론.

미 항공우주국(NASA) 탐사 위성 코브에 의해 이 이론을 뒷받침할 150억 년 전의 창세기 빛이 관측되었다. 미국 천체 물리학자 스무트 박사는 150억 년 전의 화광(火光: 태초의 빛이 우주에 남긴 자국)에서 태초의 빛 명암이 관측되어 빅뱅(대폭발) 이후 우주 진화 과정을 밝히는 단서가 되었다고 밝혔다.

사바나 Savanna

남북 양반구의 열대우림과 사막 중간에 분포하는 열대초원.

여름철 우기(雨期) 후 건기(乾期) 전까지 단기간에 목초가 자라 병충해 등으로 불리한 점도 있으나, 육우(肉牛) 등의 목축업에 이용되고 있다.

사이버네틱스 cybernetics

인간과 기계 사이에서 이루어지는 의사소통을 종합적으로 연구하는 학문.

1947년 미국 수학자 노버트 위너(Norbert Wiener)가 처음 사용하였고 어원은 키잡이[舵手]를 뜻하는 그리스어 kybernetes이다. 위너의 정의에 따르면 사이버네틱스란 과학이 발달하여 많은 기계장치를 이용하게 되면서 인간과 기계와의 관계를 새로운 방향으로 검토하고 체계를 세워 만든 학문으로 '인공두뇌학'이라고 불리기도 한다. 현재 사이버네틱스를 응용할 수 있는 분야에는 생물체의 신경계를 연구하여 기계의 제어시스템에 도입하기 위한 학문으로서 정보이론, 자동제어 이론, 자동 컴퓨터 이론 등에서 사용한다. 인공두뇌를 위해 뉴런(neuron)이라는 신경세포를 사용하거나 인조인간인 사이보그를 연구하는 학문으로 발전하고 있다.

경제·경영·무역·금융

정치·외교·국제

사회·노동·법률·환경

철학·역사·지리

문화·예술·교육·스포츠·매체

컴퓨터·과학·IT

찾아보기

사이버 스페이스 Cyberspace

컴퓨터와 통신망을 연결해서 형성되는 가상공간.

기존 공간이나 지역 개념을 벗어난 완전히 새로운 영역을 인간사회에 제공하며 정보 고속도로를 비롯하여 전 세계의 인구가 소유하는 정보 능력을 한 곳에 모을 수 있다.

상대성이론 相對性理論 Theory of Relativity

독일의 물리학자 아인슈타인(A. Einstein)이 만든 물리학 이론.

일반적으로 자연 현상은 좌표계에 의해 다르게 관측되지만 물리법칙은 모든 좌표계에 있어서 같은 형식으로 표현되어야 한다는 이론이다. 1905년 뉴턴역학에 의해 알려졌던 상대성이론을 시간 · 공간의 개념을 근본적으로 변경하여 물리학의 여러 법칙에 적용한 것이 특수상대성이론이며, 1915년 상대성이론을 확장하여 뉴턴의 만유인력 대신 일반상대성이론을 완성했다. 아인슈타인은 모든 물질의 질량은 속도가 증가함에 따라 증가한다는 질량과 에너지의 동시성과 세계의 4차원성 등을 밝혔다.

생물학적 산소요구량 BOD; Biochemical Oxygen Demand

호기성 미생물이 일정 기간 동안 물 속에 있는 유기물을 분해할 때 사용하는 산소의 양.

물의 오염도를 나타내는 지표로, 박테리아가 일정한 시간 내에 유기물을 산화 · 분해하는 데 소비되는 산소량을 ppm으로 나타낸 것이다. 이 BOD가 높을수록 오염이 심한 것이다.

➡ **용존산소** 溶存酸素量 DO; Dissolved Oxygen

물의 오염 상태를 나타내는 지표의 하나로, 물 또는 용액 속에 녹아 있는 분자상태의 산소. DO가 높을수록 깨끗한 물이다. 물 속에서 생활하는 어패류(魚貝類) · 호기성(好氣性) 미생물은 용존산소를 호흡한다. 또 유기물 자체가 소비 용존산소에 의해 산화 분해 되기도 한다. 따라서 용존산소의 부족은 어패류의 생존을 위협할 뿐만 아니라 유기물이 잔류하게 함으로써 물의 오탁을 불러온다.

경제·경영·무역·금융

정치·외교·국제

사회·노동·법률·환경

철학·역사·지리

문화·예술·교육·스포츠·매체

컴퓨터·과학·IT

찾아보기

셋톱박스 Set Top Box

대화식 제어가 가능하게 설계된 쌍방향 TV시스템에 사용되는 핵심 단말기.

보고 싶은 프로그램을 원하는 시간에 시청할 수 있는 주문형 서비스를 가능하게 한다. 또한 시청자들이 일반 전화선을 통해 다른 사람과 비디오 게임을 하거나 홈쇼핑을 할 수 있다.

셧다운 제도 Shutdown

게임접속제한. 과도한 게임 중독으로부터 청소년을 보호하기 위해 온라인게임 서비스 이용시간을 일부 제한하는 제도다.

셧다운(shutdown)제도는 2011년 5월 19일 도입된 청소년보호법 개정안에 따라 신설된 조항으로, 2011년 11월 20일부터 시행되었다. 계도 기간을 거쳐 2012년부터 단속을 실시하게 된다. '16세 미만의 청소년에게 오전 0시부터 오전 6시까지 심야 6시간 동안 인터넷 게임 제공을 제한한다'는 것이다. 인터넷게임을 서비스하는 업체들은 이 시간대에 연령과 본인 인증을 통해 청소년 게임 이용을 강제로 원천차단 해야 한다.

소립자 素粒子 Elementary Particle

우주의 모든 물질을 이루는 가장 기본적인 요소.

현재는 약 300여 종의 많은 소립자가 알려져 있으며 가장 먼저 발견된 소립자는 전자다. 소립자는 일정한 질량·전하(電荷)·스핀(spin)을 가지고 있다. 중요한 소립자는 양자·전자·중성자다.

소셜 3.0 Social 3.0

페이스북과 트위터 등 SNS(social network service)를 세대별로 구분한 용어.

소셜 1.0은 1980년대 동호회 수준의 PC통신 게시판·다음 카페 세대, 소셜2.0은 2000년대 초반 아이러브스쿨·싸이월드 등 인간관계를 중시하는 소셜네트워크서비스(SNS) 세대, 이어 나타난 소셜 3.0은 온라인에서 사람과 사람을 연결해 주는 네트워크 서비스로, 2007년 스마트폰 보급과 맞물려 1인 미디어로서의 기능도 지닌다.

소셜네트워크서비스 Social Network Service

웹상에서 이용자들이 인적 네트워크를 형성할 수 있게 해주는 서비스로 트위터, 싸이월드, 페이스북 등이 대표적이다.

즉 인터넷상에서 다른 사람들과 친구 또는 사회적 관계를 맺는 서비스이다. 간단히 'SNS'라 부르기도 한다. 인터넷에서 개인의 정보를 공유할 수 있게 하고, 의사소통을 도와주는 1인 미디어, 1인 커뮤니티라 할 수 있다. 한국의 대표적인 소셜네트워크서비스로는 싸이월드를 들 수 있다. 1999년 시작된 미니홈피 싸이월드는 이용자들이 개인의 일상사와 삶을 표현하고 일촌이라는 관계를 통해 서로 엮이면서 확장되어지는 서비스이다. 그밖에 트위터, 페이스북, 마이스페이스, 링크드인, 비보, H15, XING 등의 소셜네트워크서비스가 있다.

소셜 애널리틱스 Social Analytics

트위터, 페이스북 등 소셜네트워크서비스(SNS)에 올라온 방대한 메시지를 신속하게 분석하는 기술을 말한다.

예를 들어, 이러한 분석은 우선 필요한 정보들만 추출해내는 데이터 마이닝(data mining) 기술을 이용해서 소셜 미디어에 특정기업명, 브랜드명이 얼마나 언급되었는지 시기별로 통계를 나타내는 것으로 분석해 자료를 수집한다. 또한 각 미디어 별로 분석도 가능해 어떤 미디어에서 어떻게 마케팅이 진행되고 있는지 파악도 가능하다. 기업은 제품이 출시된 초기부터 성공 가능 여부를 면밀하게 파악해 비용을 최소화하고 판매량을 극대화할 수 있으며, 이에 따라 최근 마케팅 및 위기관리 수단으로 급부상하고 있다.

소셜 커머스 Social commerce

소셜네트워크서비스(SNS)를 통해 이루어지는 전자상거래를 가리키는 말이다.

페이스북, 트위터 등의 소셜네트워크서비스(SNS)를 활용해 이루어지는 전자거래의 일종으로, 일정 수 이상의 구매자가 모일 경우 파격적인 할인가로 상품을 제공하는 판매 방식이다. 소셜 커머스라는 용어는 2005년 야후의 장바구니 공유서비스인 쇼퍼스피어(Shoposphere) 같은 사이트를 통해 처음 소개되었으며, 2008년 미국 시카고에서 설립된 온라인 할인쿠폰업체 그루폰(Groupon)이 공동구매형 소셜 커머

경제·경영·무역·금융

정치·외교·국제

사회·노동·법률·환경

철학·역사·지리

문화·예술·교육·스포츠·매체

컴퓨터·과학·IT

찾아보기

스의 비즈니스 모델을 처음 만들어 성공을 거둔 이후 본격적으로 알려지기 시작했다. 특히, 스마트폰 이용과 소셜네트워크서비스 이용이 대중화되면서 새로운 소비시장으로 주목받고 있다.

소셜 큐레이션 Social Curation

인터넷상에서 쏟아지는 정보 가운데 이용자 개인에게 필요한 검증된 콘텐츠를 골라주는 서비스.

'큐레이션'은 주로 미술계에서 사용된 용어로 미술관 박물관 등 소장 작품의 컬렉션 목록 관리, 전시 등을 통칭하는 의미로 사용돼 왔지만 최근 들어 『큐레이션의 시대』의 저자인 사사키 도시나오는 '이미 존재하는 막대한 정보를 분류하고 유용한 정보를 골라내 수집하고 다른 사람에게 배포하는 행위'라고 지칭한다. 즉, 소셜 큐레이션은 지인들에 의해 걸러진 정보들에 대한 검색·분류를 편리하게 해주는 기능을 제공하면서 기존 SNS 단점을 보완하고 있는 것이다. 예를 들어, 핀터레스트(Pinterest)의 경우 웹이나 모바일상에서 접하게 되는 마음에 드는 이미지 또는 다른 사람들의 핀터레스트 계정에 올려진 이미지들을 클릭 한 번으로 자신의 핀터레스트 계정의 특정 주제 폴더에 코멘트와 함께 저장할 수 있다.

소프트웨어 Software

일반적으로 컴퓨터를 움직이는 프로그램으로, 기계 장치부를 말하는 하드웨어(hardware)에 대응하는 개념.

간단히 프로그램이라 부르지만 우리들의 눈에 띄는 프로그램은 응용 프로그램이다. 이외에 컴퓨터를 작동시키기 위한 오퍼레이팅(operating) 시스템 등이 있으며, 이들을 모두 소프트웨어라 한다.

스위칭 허브 Switching Hub

근거리통신망 구축시 단말기의 집선장치로 이용하는 스위칭 기능을 가진 통신장비로 통신 효율을 향상시키며, 데이터 프레임의 동시교환접속 기능을 가진 허브이다.

대역폭이 커서 여러 개의 포트 입력을 동시에 받을 수 있으며 수신 단말기의 주소 번지를 파악해서 특정 포트로만 데이터를 보낼 수 있다. 통신망 관리에서 서버 간의 통신량이 많고 서버들이 동일 허브에 접속되어 있는 경우, 보통의 중계기 허브 대신 스위칭 허브로 대체하면 성능을 개선할 수 있다.

스파이웨어 Spyware

사용자의 컴퓨터에 몰래 숨어 들어와 개인정보를 빼가는 악성 컴퓨터 프로그램으로 첩자라는 뜻의 'spy'와 소프트웨어의 'ware'가 합쳐져 생긴 단어이다.

사용자가 특정한 사이트를 방문했을 때 또는 무료 샘플 프로그램인 쉐어웨어나 프리웨어를 다운 받았을 때 자기도 모르는 사이에 자동으로 프로그램을 설치하거나 윈도우의 설정정보를 담고 있는 레지스트리에 특정 사이트 주소를 넣어 두었다가 해당 사이트로 이동하도록 하는 프로그램을 스파이웨어라고 한다. 이에 따라 정보통신부가 2005년 8월 '스파이웨어 기준'을 발표했다. 이 '스파이웨어 기준'에 해당하는 프로그램을 유포한 사람은 정보통신망 이용촉진 및 정보보호 등에 관한 법률에 따라 5년 이하의 징역이나 5천만 원 이하의 벌금에 처해진다.

스팸 메일 Spam mail

스팸 메일은 무작위적으로 추출한 E-mail 주소 목록을 이용해서 네트워크를 통해 불특정 다수에게 유포된 광고성 메일을 가리키는 용어이며, 정크메일(Junk Mail) 또는 벌크 메일(Bulk Mail)이라고도 한다.

스팸의 유래는 제2차 세계대전 미군에 보급됐던 호멜사의 통조림 상호명으로 통조림처럼 미리 만들어져 대량 살포되기 때문이란 설명도 있고, 이 회사가 신문에 광고 전단을 넣어 무차별 배포했던 판촉 형태에서 유래되었다고한다. '정보통신망 이용촉진 및 정보보호 등에 관한 법률'에 의해 영리목적의 광고성 전자우편(스팸 메일)을 전송하는 경우, 전송목적과 주요내용, 전송자의 명칭및 연락처, 수신거부 의사표시 등에 관한 사항을 명시하도록 하는 조항을 추가했으며, 수신자가 거부의사를 전달했음에도 불구하고 계속해서 보낼 경우 3,000만 원 이하의 과태료를 부과토록 하고 있다.

스페이스 클럽 Space Clup

자국의 영토에서 자국의 기술로 자체제작한 로켓으로 인공위성을 우주에 쏘아

올린 '**위성 자력발사 국가**'를 의미한다.

최초의 스페이스 클럽 국가는 러시아(구 소련)로 1957년 10월 위성 '스푸트니크'발사에 성공했으며, 그 후 4개월 뒤인 1958년 2월에는 미국에서 '익스플로러'발사에 성공해서 스페이스 클럽에 합류했다. 1965년에는 프랑스 'A-1'이 1970년에는 일본 '오수미'와 중국의 'DFH-1'이 발사에 성공해 위성자력발사 국가가 되었다. 그 후 영국, 인도, 이스라엘, 이란 등이 자체적으로 위성발사에 성공함으로써 스페이스 클럽에 이름을 올렸다.

시퀀서 Sequencer

미리 정해진 순서에 따라 기계 동작 순서를 제어하는 장치.

반도체 기술의 집적도가 높아져 복잡한 동작을 제어하는 마이크로 컴퓨터를 사용하는 경우가 많아지고 있으며, 이것이 발전되면 로봇이 된다. 시퀀서는 로봇에 가까운 생산 자동제어장치다. 이전에는 복잡한 기계 동작을 필요로 하지 않는 대량생산 분야에서만 사용되었으나 마이크로 컴퓨터의 발달로 인쇄기계, 식품기계 등에 널리 쓰이게 되었다.

쌍방향 멀티미디어 Interactive Multimedia

영화와 비디오 등의 음성, 애니메이션 데이터, 신문과 잡지의 문서, 이미지데이터 등으로 구성되는 모든 정보를 쌍방 대화형으로 주고받는 통신수단.

현재의 컴퓨터 통신은 제한된 형태의 정보만을 교환할 수 있는데 반해, 멀티미디어 통신은 재택 의료 서비스 · 홈쇼핑 · 교육 서비스 등 거의 무제한의 응용 범위를 갖고 있다.

아바타 Avatar

가상 사회(virtual community)에서 자신의 분신을 의미하는 시각 이미지.

네티즌들이 채팅이나 게임 또는 메일을 보낼 때 자신을 표현하는 이미지로 사용하는 캐릭터를 말한다. 신이 인간 세상에 내려올 때 드러내는 모습을 의미하는 산스크리트어 '아바따라(avataara)'에서 유래되었다. 사이버 공간의 익명성에 매료 되었던 네티즌들이 반대로 자신을 표현하고자 하는 욕구를 느끼게 되면서 일반화되었다.

경제 · 경영 · 무역 · 금융

정치 · 외교 · 국제

사회 · 노동 · 법률 · 환경

철학 · 역사 · 지리

문화 · 예술 · 교육 · 스포츠 · 매체

컴퓨터 · 과학 · IT

찾아보기

안드로이드 Android

PC 운영체제인 '윈도우'처럼 스마트폰에서 프로그램을 실행하도록 하는 구글이 만든 모바일 전용 운영체제다.

세계적 검색엔진 업체인 구글(Google)사가 작은 회사인 안드로이드사를 인수해 개발했으며, 스마트폰에 '안드로이드 마켓'이 있어서 누구나 원하는 게임, 뉴스, 음악 등 콘텐츠를 내려 받을 수 있으며 구글 검색도 초기화면에서 쉽게할수 있다. 안드로이드가 기존의 휴대폰 운영체제인 마이크로소프트의 '윈도우 모바일'이나 노키아의 '심비안'과 차별화되는 것은 완전개방형 플랫폼이라는 점이다. 종전에는 휴대폰 제조업체와 서비스업체마다 운영체제가 달라 개별적으로 응용프로그램을 만들어야 했지만 애플이 폐쇄적으로 운영중인 아이폰 체제와 달리 운영체제를 공개하고 있어 휴대폰 제조업체는 물론 이동통신사도 채택할 수 있는 것이 가장 큰 특징이다.

알츠하이머병 Alzheimer's Disease

퇴행성 뇌질환.

나이가 들면서 정신 기능이 점점 쇠퇴해지는 노인성 치매를 일으키는 병이다. 이 병은 기억과 정서면에서 심각한 장애를 일으키고 있지만 아직 뚜렷한 예방법이나 치료 방법이 개발되어 있지 않다. 흔히 알츠하이머병과 치매를 동일한 것으로 인식하는 경우가 많은데, 치매는 알츠하이머병에 의해서만 생기는 것이 아니라 고혈압이나 당뇨병·심장질환 등과 같은 성인병에 의해서도 발생한다.

➔ 치매 Dementia

지능·의지·기억 등 정신적인 능력이 현저하게 감퇴한 것. 뇌가 여러 가지 원인에 의해 기능의 손상을 받아 장애를 일으키는 상태를 말한다. 주된증상은 기억력 장애다. 처음에는 가장 최근의 상황을 기억하지 못하다가 점점 진행되면서 과거의 일도 잊어버리는 것이다. 가벼운 경우에는 일상생활에 별로 지장이 없지만 더 진행되면 기억력이나 판단력, 이해력 등 모든 정신기능이 4세 이하 수준으로 떨어져 사회생활에 큰 지장을 준다.

애플리케이션 Application

애플리케이션은 컴퓨터장비의 시스템을 이용해 목적한 업무를 수행하기 위한 전용프로그램을 말하며, 응용프로그램이라고도 한다.

예를 들면, 워드프로세서, 데이터베이스 프로그램, 웹브라우저, 개발도구, 페인트 브러시, 이미지 편집 프로그램, 통신 프로그램 등이 포함된다.

액세스 타임 Access Time

기억장치에서 데이터를 꺼내거나, 주변기기에서 데이터를 읽기 위해 소요되는 시간.

데이터를 요구하는 명령을 내린 순간부터 데이터가 지정된 장소에 넣어지는 순간까지의 시간을 말한다. 액세스 타임이 짧을수록 빨리 처리할 수 있으며 이 시간은 기억매체에 따라 다르다. IC 메모리의 RAM이나 ROM 등의 전자메모리는 빠르나, 플로피 디스크나 자기 테이프식 메모리 등의 기계 부분이 관련되는 것은 느려진다.

액정 디스플레이 LCD; Liquid Crystal Display

2개의 유리판 사이에 액정(고체와 액체의 중간물질)을 주입, 배열한 후 전기압력을 가해 각 액정 분자의 배열을 변화시켜 이때 일어나는 광학적 굴절 변화를 사용해 문자나 영상을 나타내는 장치.

자기발광성이 없어 후광이 필요하지만 소비전력이 적고, 휴대용으로 편리해 널리 쓰이는 평판 디스플레이의 일종이다.

앱 스토어 App store

스마트폰에 탑재할 수 있는 다양한 애플리케이션(응용프로그램)을 판매하는 온라인상의 모바일 콘텐츠 장터이다.

'애플리케이션 스토어(Application Store)'의 준말로, 모바일 애플리케이션(휴대폰에 탑재되는 일정관리, 주소록, 알람, 계산기, 게임, 동영상, 인터넷접속, 음악재생, 내비게이션, 워드, 액셀 등의 콘텐츠 응용프로그램)을 자유롭게 사고 팔 수 있는 온라인상의 '모바일 콘텐츠(소프트웨어) 장터'를 의미한다.

경제·경영·무역·금융

정치·외교·국제

사회·노동·법률·환경

철학·역사·지리

문화·예술·교육·스포츠·매체

컴퓨터·과학·IT

찾아보기

에볼라 바이러스 Ebola Virus

괴질 바이러스의 일종.

1967년 독일의 미생물학자 마르부르크 박사가 자이르의 에볼라강
(江)에서 발견한 데서 유래한 명칭이다. 이 바이러스에 감염되면 유행
성 출혈열과 비슷한 증상을 나타내기 때문에 '아프리카 유행성 출혈
열'이라고도 불린다. 1995년 봄 아프리카 자이르의 한 시에서 단기간
에 80여 명의 사망자를 내는 등 감염자의 50~90%가 단시일에 사망
하는 높은 치사율을 가지고 있다. 에이즈처럼 혈액이나 분비물을 통
해 감염되며, 전염성은 그리 높지 않은 것으로 밝혀져있다.

에이즈 AIDS; Acquired Immunio Deficiency Syndrome
후천성 면역 결핍증

**인간 면역결핍 바이러스(HIV)에 의해 발생하며 체내의 세포면역 기능이 뚜렷하게
떨어져서 보통 사람에게서는 볼 수 없는 희귀한 각종 감염증이 발생하고, 이것이 전
신에 퍼지는 질환.**

신체의 면역력이 극도로 저하되어 무해한 세균이나 곰팡이에도 생
명을 빼앗기게 된다. 감염력은 강하지 않으나 유효적절한 치료법이
없어 치사율이 높다. '현대의 페스트'라고 불릴 만큼 심각한 양상을
드러내고 있다.

에코 마크 Eco-Mark

친환경이고 품질이 우수한 제품에 대해 국가가 친환경상품임을 공인하는 마크.

'ecological mark'의 합성어로 'eco-label'이라고도 한다. 생산, 사
용, 폐기과정에서 환경오염을 축소 또는 제거하거나, 에너지와 자원
을 절약하게 하는 제품을 공인기관에서 감정하여 '환경 상품'으로 인
정해 주는 제도다. 이렇게 인정된 상품에 이 에코 마크를 부착하도록
하여, 소비자들의 구입을 촉진하는데, 일본, 독일, 캐나다 등에서 성
과를 거두고 있다.

엔도르핀 Endorphin

**동물의 뇌 등에서 추출되는 것으로 모르핀과 같은 진통효과를 가지는 물질의
총칭.**

엔도르핀이란 '내인성(內因性) 모르핀'이라는 뜻이다. 근래 경혈을 침으로 자극하여 통증을 잊게 하는 메커니즘의 하나가 엔도르핀에 있음이 증명되어 화제를 모으기도 하였다.

영츠하이머 Youngzheimer

'젊은(Young)'과 '알츠하이머(Alzheimer)'를 결합한 용어로, 스마트폰 등 디지털 기기의 과도한 사용 등으로 젊은 나이에 겪는 심각한 건망증을 뜻한다.

스마트폰의 경우 우리 생활 전반적인 영역을 지배하면서 이에 대한 의존도가 심화되고, 이에 따라 뇌기능 둔화에 영향을 미친다. 이를 디지털치매(Digital dementia)라고도 하는데, 이는 디지털 기기에 지나치게 의존해 일상생활에 필요한 기억을 잊어버리는 증상을 말한다. 이는 생활에 심각한 위협이 따르는 것은 아니어서 병으로 분류되지는 않지만 스트레스를 유발해 공황장애, 정서장애 등이 발생할 수 있으며 치매로 발전할 가능성도 있어 주의가 필요하다.

오그 보비스 Ogg Vorbis

무료 음악 파일 소프트웨어.

미국 MIT 출신의 컴퓨터 프로그래머인 몽고메리(C. Montgomery)가 중심이 되어 MP3를 대체할 목적으로 개발한 무료 음악 파일로서, 누구나 인터넷(www.vorbis.com)에서 무료로 내려 받을 수 있다. MP3보다 음질이 더 뛰어나면서도 용량은 38%나 더 작게 차지한다. 또한 MP3 포맷이 인간이 집중적으로 듣는 음역대의 음만을 살린 반면 오그 보비스는 거의 전 영역을 재생하여 원본 음악의 질에 필적한다.

오존층 Ozon Layer

성층권 내에서도 많은 양의 오존이 있는, 높이 20~30km 사이에 해당하는 부분.

O2 → 자외선 → O + O2 → O3

└, O

오존(O3)은 산소(O2)분자가 태양의 자외선에 의해 분해된 산소원자(O)가 다시 다른 산소분자(O2)와 결합하여 만들어진다. 식물의 광합성으로 대기 중에 늘어난 산소가 성층권으로 올라가 오늘날 오존층의 주요성분이 되었다. 생물에 해를 끼치는 자외선의 대부분이 이 오존층에서 흡수됨으로써 지구상의 동식물들이 생명을 유지할 수 있다. 산업 용도로 광범위하게 사용되는 프레온가스가 성층권까지 올라가면 오존층을 파괴하며 최고 300년까지 머무를 수 있다. 프레온가스(CFCs)에서 방출되는 염소 원자 하나가 10만 개의 오존분자를 파괴하는 것으로 알려져 있다.

와이브로 Wireless Broadband Internet

이동 중에도 초고속인터넷을 이용할 수 있는 무선휴대인터넷으로, 휴대형 무선단말기를 이용해 정지, 보행, 60km로 이동하는 상태에서도 고속전송속도로 인터넷에 접속, 다양한 정보와 콘텐츠를 이용할 수 있는 기술.

와이브로 사업은 지난 2002년 10월 정통부가 당초 무선가입자용(N-WLL)으로 사용하던 2.3GHz 대역을 휴대인터넷용 주파수로 재분배하면서 본격화됐으며, 정부는 4세대 이동통신으로 일컬어지는 휴대인터넷 명칭을 '와이브로(WiBro)'로 정하고, 삼성전자와 한국전자통신연구원에서 고안한 휴대인터넷기술표준 'HPi'를 국내 휴대인터넷 기술표준 초안으로 확정했다. 그리고 2006년 6월, 와이브로 사업자인 KT와 SK텔레콤은 서울 일부 지역에서 세계 최초로 와이브로 상용서비스를 시작했다.

와이파이 Wi-Fi; Wireless Fidelity

와이파이(WI-FI)란 하이파이(Hi-Fi, High Fidelity)에 무선기술을 접목한 것으로, 고성능 무선통신을 가능하게 하는 무선랜 기술.

1999년 9월 미국 무선랜협회인 WECA(Wireless Ethernet Capability Alliance; 2002년 Wi-Fi로 변경)가 표준으로 정한 IEEE802.11b와 호환되는 제품에 와이파이 인증을 부여한 뒤 급속하게 성장하기 시작했다. 와이파이는 전용선이나 전화선 없이 근거리통신망을 가동시킬 수 있어 가정과 사업장의 네트워크 시스템으로 선택되었다. 또한 노트북이나 휴대전화, 개인용 휴대정보단말기(PDA), 전자게임기 등 다양한 장치에 인터넷 접속을 가능하게 해준다. 와이파이 접속가능 지역인 핫스팟(hot spots)이 공항, 호텔, 서점, 커피숍 등으로 계속 확대되고 있다.

용불용설 用不用說 Use and Disuse Theory

생물에게는 환경 적응력이 있어서, 자주 사용하는 기관은 발달하고 사용하지 않는 기관은 퇴화해 없어지게 된다는 라마르크(J. Lamarck)의 진화설.

라마르키슴(Lamarckism)이라고도 한다. 일종의 생기론(生氣論)으로 다윈의 자연도태설과 대조가 되는 학설이다.

우리별 1호 KITSAT-1

우리나라 최초의 소형 실험위성.

크기 $50 \times 50 \times 8cm$, 무게 $50kg$의 과학 실험 위성이다. 1989년부터 한국과학기술원 인공위성 연구센터가 영국 서레이 대학팀과 공동으로 설계·제작했으며, 1992년 발사되었다. 지구 상공 $1,325km$에서 적도면과 66도 기울어져 110분에 지구를 한 바퀴씩 돈다. 또한 1993년 순수 국내 기술로 설계된 우리별 2호가, 1999년 우리별 3호가, 2003년 9월 우리별 4호(과학기술위성)가 각각 발사되었다. 우리별 4호의 정식명칭은 과학위성 1호다.

원적외선 遠赤外線 Far Infrared Ray

적외선 중에서도 파장이 $25\mu m$ 이상인, 가장 긴 파장의 빛.

가시광선보다 파장이 길어서 눈에 보이지 않고 열작용이 크며 투과력이 강하다. 또, 유기화합물 분자에 대한 공진 및 공명 작용이 강하다. 이러한 특성을 살려서 다양한 산업, 의료 분야에 응용되고 있다.

웨바홀리즘 Webaholism

일상생활에 지장을 느낄 정도로 지나치게 인터넷에 몰두하고, 인터넷에 접속하지 않으면 불안감을 느끼는 등의 인터넷 중독증을 뜻한다.

웹(web)과 알코올중독증(alcoholism)의 합성어로 일상생활에 지장을 느낄 정도로 지나치게 인터넷에 몰두하고, 인터넷에 접속하지 않으면 불안감을 느끼는 인터넷 중독증이다. 또 마음이 복잡하거나 허전할 때 자신도 모르게 인터넷에 접속해 시간을 보내면서 마음의 위안을 얻고 이에 따라 웹에 매달려 있는 시간이 길어지며, 급기야 작업 효율이 떨어지는 내성 현상, 금단 증상까지 나타나기도 한다. 이는 현대사회의 신종 질병으로 사회문제로까지 대두되고 있다.

웹 2.0 Web 2.0

누구나 손쉽게 데이터를 생산하고 인터넷에서 공유할 수 있도록 한 사용자 참여 중심의 플랫폼으로서의 웹 환경을 말한다.

기존 웹에서는 포털 사이트처럼 서비스 업자가 제공하는 정보와 서비스를 일방적으로 수신만 하는 형태였으나, 웹 2.0 환경에서는 제공되는 응용프로그램과 데이터를 이용해 사용자 스스로 다양한 신규 서비스를 창출할 수 있도록 하고 있다. 예를 들어, 구글이 제공하는 구글맵 응용프로그램 인터페이스(API)를 개인의 홈페이지에 연결해 부동산이나 여행 안내사업을 하는 것을 들을 수 있다.

웹하드 Webhard

일정한 용량의 저장공간인 스토리지를 확보해 디스켓이 없이도 어느 곳에서나 인터넷 환경과 함께 자신이 작업한 문서나 파일을 저장·열람·편집하고, 다수의 사람과 파일을 공유할 수 있는 인터넷 파일관리 시스템이다.

과거처럼 휴대용 디스켓이나 외장 하드 등을 가지고 다닐 필요가 없고, 웹상의 저장공간에 파일들을 저장해 놓았다가 언제 어디서든 다운받아 사용할 수 있다. 분실 혹은 도난의 위험이 적어 최근 들어 사용자들이 증가하고 있는 추세다. 얼마나 많은 양을 사용하는가에 따라 비용이 결정되며 대체적으로 저렴한 편이다.

웹하드 카르텔 Webhard Cartel

웹하드 사이트에 다양한 동영상을 올리는 업로더, 유통과 공유가 이뤄지는 웹하드, 불법 검색 목록을 차단하는 필터링 업체, 불법 자료를 삭제하는 디지털 장의사 간의 유착관계를 말한다.

웹하드는 인터넷상에서 파일을 관리하는 서비스로, 업로더는 파일을 올리고 사용자들은 파일을 내려받는 대신 소규모 이용료를 지불한다. 그런데 음란물이나 성범죄 동영상 등 불법 영상물과 관련, 관련 업체들이 유착 관계를 맺어 부당 이득을 취하는 것을 웹하드 카르텔이라고 한다. 즉, 웹하드에 불법 콘텐츠를 대량으로 올려 유통시키는 불법 헤비 업로더와 불법 콘텐츠를 검색해 차단시켜야 하는 필터링 업체가 모두 웹하드 업체와 유착 관계를 맺고 있다는 것이다.

웹 호스팅 Web Hosting

대형통신업체나 전문회사가 자신들의 웹서버를 개인 또는 개별업체에 제공하거나 임대해주는 것을 말하며, 주로 인터넷 홈페이지를 대신 운영해주는 서비스를 말한다.

대용량의 고속 인터넷 접속전용회선을 가진 호스팅 서비스업체들은 전용회선을 직접 설치·운영하기 어려운 개인이나 개별 업체가 필요로 하는 홈페이지 공간을 주고 자체 도메인을 쓸 수 있도록 하는 역할을 담당한다. 그리고 홈페이지 운영자는 웹 호스팅 업체에 매월 일정액을 내고 서버의 일부 공간을 빌려 사용하게 된다. 이는 사용자 입장에서는 저렴한 가격에 홈페이지를 관리할 수 있고 게시판, 방명록 등 어려운 기능을 쉽게 쓸 수 있으며 서버 제공업체의 홈페이지를 통해 방문객을 늘릴 수 있다는 장점을 가지고 있다.

위젯 Widget

위젯(widget)의 사전적 의미는 '소형장치'또는 '부품'이라는 뜻으로 PC, 휴대폰, 블로그, 카페 등에서 웹브라우저를 통하지 않고 날씨, 달력, 계산기 등의 기능과 뉴스, 게임, 주식정보 등을 바로 이용할 수 있도록 만든 미니응용프로그램을 말한다.

날씨, 계산기, 시계와 같은 유용한 기능과 각종 정보를 담고 있는 작은 크기의 애플리케이션으로, 바로가기(단축) 아이콘 형태로 만들어 PC 또는 모바일(휴대폰)이나 블로그, 카페, 개인 홈페이지 등으로 퍼가거나 다운로드할 수 있게 만듦으로써 웹브라우저를 통하지 않고도 클릭만 하면 해당 서비스를 바로이용할 수 있게 만든 것이다

유기농법 有機農法 Organic Farming

화학비료, 유기합성 농약, 생장조정제, 제초제, 가축사료 첨가제 등 일체의 합성 화학 물질을 사용하지 않고 유기물과 자연광석, 미생물 등 자연적인 자재만을 사용하는 농업.

인체에 대한 악영향 등 여러 가지 피해에 대한 반성으로 등장했는데, 병해에 대한 저항력과 수확량 감소 등이 지적되고 값도 비싸지만, 농약 피해에 대한 일반인들의 인지도가 높아 유기농법으로 재배된 농작물의 수요가 늘어나고 있다.

유비쿼터스 통신 Ubiquitous Communication

장소에 상관없이 자유롭게 네트워크에 접속할 수 있는 정보통신 환경.

유비쿼터스란 '언제 어디서나', '동시에 존재한다'라는 뜻의 라틴어에서 유래한 것이다. 즉, 물이나 공기처럼 도처에 편재(遍在)한 자연상태를 의미한다. 소형 컴퓨팅 장치를 일상생활 환경에 내장해서 원활하고 투명하게 운영하는 기술을 의미하는 신조어다.

블루투스(blue tooth), IRDA 등 최첨단 무선통신 기능을 탑재한 지능형 제품들은 일상생활에서 필요할 때 정보에 반응하고 정보를 방출할 수 있도록 능동적으로 주변 환경을 인식한다. 생활 속에서 찾아볼 수 있는 유비쿼터스의 예로는 자동문을 작동시키거나 사용자의 위치 정보를 제공하는 액티브 배지(active badge) 등이 있다.

유전자변형 농산물 GMO; Genetically Modified Organism

생산량의 증대 또는 유통, 가공 상의 편의를 위해 유전공학을 이용하여, 기존의 육종방법으로는 나타날 수 없는 형질이나 유전자를 지니도록 개발된농산물.

몇 가지 이점에도 불구하고 인체에 대한 유해성 논란이 끊이지 않고 있다.

➔ GMO 표시제

유전자 조작 농산물을 표시하는 제도. GMO(Genetically Modified Organism : 유전자변형 농산물)는 유전자를 조작하여 생산성을 강화한 농산물로, 식품에 생명공학을 응용하여 병충해에 강하고 수확량을 늘리는 이점이 있지만, 과학적으로 안전성이 검증되지 않아 해당 농수산물에 GMO를 표시하는 제도가 생겼다. GMO 표시제는 유럽연합 · 한국 · 일본 · 뉴질랜드에서 실시하고 있다.

➔ 유전자 변형 생물체 遺傳子變形生物體

유전자의 일부 기능을 강화하거나 생물체에서 유전자를 빼내 다른 생물에게 옮겨 탄생한 생물체. 병충해에 강하고 수확량이 많은 품종을 개발하는 것이 목적이다. 미국 몬산토사가 1995년 유전자 변형 콩을 상품화하면서 알려졌다. 유럽연합은 최종 판매 제품에 유전자 조작 여부를 표시하도록 하며, 일부 국가에서는 유전자 변형 농작물의 판매를 금지하고 있다.

유전공학 遺傳工學 Genetic Engineering

생물의 유전자를 인공적으로 가공하여, 인간에게 필요한 물질을 대량으로 값싸게 얻는 기술에 관한 학문.

유전자 구조의 개조가 주된 방법이다. 대장균에 인간의 인슐린을 만드는 유전자를 이식해 대장균이 이종(異種) 유전자의 지령에 따라 자신에게는 불필요한 인슐린을 만들어 내도록 하는 것이 유전공학을 이용한 대표적 사례다.

이글루 Igloo

눈으로 만든 에스키모의 집.

에스키모인은 시베리아의 북부로부터 그린란드에 걸친 고원 또는 얼음 벌판에서 생활한다. 이들은 보통 가죽으로 된 텐트에서 생활을 하나 때로는 눈덩이에 물을 뿌려 단단하게 굳힌 블록을 쌓아서 만든 이글루에서 생활하기도 한다.

인공 강우 人工降雨 Artificial Rainfall

구름에 인공적인 영향을 주어 비가 내리게 하는 방법 또는 그러한 비.

인공 강우의 과학적인 기초는 베르제론(T. Bergeron) 등이 제창한 빙정설(氷晶說)이다. 1946년 미국의 랭뮤어(I. Langmuir)가 최초로 인공 강우에 성공했다.

인공지능 人工知能 Artificial Intelligence

인간의 학습능력과 추론능력, 지각능력, 자연언어의 이해능력 등을 컴퓨터 프로그램으로 실현한 기술.

1950년대 중반에 연구가 시작되었으며, 현재는 게임, 수학적 증명, 컴퓨터비전, 음성 인식, 자연어 인식, 전문가 시스템, 로봇공학, 생산 자동화 등의 분야에서 널리 연구, 활용되고 있다. 인간의 지적 능력을 모방해서 대체하거나 인간의 작업의 지원 목적으로 산업 분야에서도 도입이 활발하다.

경제·경영·무역·금융

정치·외교·국제

사회·노동·법률·환경

철학·역사·지리

문학·예술·교육·스포츠·매체

컴퓨터·과학·IT

찾아보기

인슐린 Insulin
이자의 랑게르한스섬의 β세포에서 분비되는 호르몬.

섬이란 뜻의 라틴어인 insula에서 유래했다. 포도당을 글리코겐으로 바꿔 간장에 저장하는 작용을 한다. 부족하면 혈액 중 당 농도가 지나치게 높아져 소변에 섞여 나오는데 이것이 당뇨병이다. 당뇨병 치료제로서의 인슐린은 호르몬 제제 가운데 수요가 가장 많다. 1978년 미국에서 유전자 공학 기술로 대장균에 '위탁생산'하는 실험에 성공해서 실용화되었다.

인스타그래머블 Instagrammable
'인스타그램에 올릴 만한'이라는 뜻의 조어다.

인스타그래머블이 젊은 층의 새로운 소비 기준이 되면서 외식, 여행, 쇼핑, 전시 등 다양한 업계에서도 이를 마케팅의 중요 키워드로 삼고 있다. 사진 공유 소셜네트워크서비스(SNS)인 인스타그램(instagram)과 '할 수 있는'이라는 뜻의 영단어 'able'을 합쳐 만든 조어로, '인스타그램에 올릴 만한'이라는 뜻이다. SNS에 보여주기를 즐기는 젊은이들의 문화에 맞춰 인스타그램에 올릴 만한지 여부가 소비의 기준이 되고 있다. 예를 들어 인스타그램에서 인기를 끄는 맛집들은 단순히 음식의 맛뿐만 아니라 독특하거나 먹음직스러운 음식 외관, 사진에 잘 찍힐 만한 가게 분위기까지 갖춰야 인정을 받는다.

인터페이스 Interface
2개 이상의 장치 사이에 정보나 신호를 주고받는 경우, 그 접점이나 경계면을 이르는 말.

연결장치 자체를 가리키기도 한다. 또 소프트웨어끼리 연결하는 경우의 경계부분도 인터페이스라 한다. 일반적으로 이용자가 프로그램을 개발하는 데 필요한 인터페이스는 메이커로부터 제공되는 매뉴얼 등에 기재되어 있는데, 거기에는 데이터의 양식이나 명령어 등의 정보가 포함된다.

경제·경영·무역·금융

정치·외교·국제

사회·노동·법률·환경

철학·역사·지리

문학·예술·교육·스포츠·매체

컴퓨터·과학·IT

찾아보기

인트라넷 Intranet

인터넷 기술과 통신 규약을 이용하여 조직 내의 업무를 통합하는 정보 시스템.

인터넷 속의 작은 인터넷이다. 사회의 인프라로 정착해 가는 인터넷 기술을 기업, 공공기관, 연구소 등 단위 조직에 적용해서 통합된 네트워크 안에서 모든 업무를 수행할 수 있게 하는 차세대 그룹웨어 환경이다. 인트라넷은 기업체 '내부'의 정보 교환에 응용하는 이른바 인터넷 상의 LAN(근거리 통신망)이라 할 수 있다.

자기부상열차 磁氣浮上列車 Magnetic Levitation Train

자력을 이용해 차량을 선로 위에 부상시켜 움직이는 열차.

차륜이 없기 때문에 주행 중의 저항은 공기 저항뿐이고 고속운전이 가능해소음이나 진동 등 주변 환경에 미치는 영향도 훨씬 적게 된다. 단점은 바퀴식보다 에너지 효율이 약간 낮고, 자기장의 인체효과가 아직 밝혀지지 않은 점이다.

자바 Java

1995년에 선마이크로시스템스(Sunmicrosystems)가 개발한 차세대 프로그래밍 언어.

이 언어로 짠 프로그램은 컴퓨터의 운영체계에 상관없이 작동하는 것이 가장 큰 특징이다. 애초 가전제품을 제어하기 위한 목적으로 개발되었으나, 인터넷이 등장하면서 인터넷용 소프트웨어 개발에 가장 적합한 언어의 하나로 각광받고 있다. 자바란 이름은 개발자 고슬링(J. Gosling) 등 4명의 이름에서 첫 글자를 따 만든 것이다.

자연생태계 보전지역 自然生態界保全地域

환경부장관이 자연환경 보전지구에서 자연생태계의 보전이 특별히 필요한 지역에 대하여 설치한 자연생태계 보호구역(자연환경보전법 15조).

녹지 보전지역·자연생태계 보호지역·특정 야생동식물 보호지역·해양 생태계 보호지역으로 나뉜다. 이 지구가 설정되면 환경부장관이 자연생태계의 보호를 위하여 필요한 조치를 관계기관의 장에게 요청할 수 있고, 이 경우 관계기관의 장은 특별한 사유가 없는 한 이에 응하여야 한다.

자연휴식년제 自然休息年制

자연의 생태계를 보존하기 위해 훼손의 우려가 있는 지역을 지정하여 일정 기간 출입을 통제하는 제도.

일정 기간 출입을 통제함으로써 자연환경을 보호하고 파괴된 생태계를 복원하기 위함이다. 1991년 1월부터 1993년 12월까지 3년간 14개 공원 30개소에서 등산로를 대상으로 처음 시행되었는데, 자연휴식년제 실시 후 대부분의 구간에서 토양이 부드러워져 지피식물이 자라고 식생이 회복되는 등 시행효과가 높게 나타났다. 이밖에도 서울특별시에서는 1992년 하천휴식년제를 도입하여 3급이던 우이천 수질을 2급으로 개선시켰다. 바다에서도 휴식년제가 실시되고 있다. 해양수산부가 어장을 보호하기 위해 1999년부터 오염이 심한 어장에 대해 휴식년제를 실시하여 1~3년간 양식업을 금지하는 조치를 내렸다.

적조 赤潮 Red Tide

식물성 플랑크톤이 이상 증식하면서 바다나 강이 검붉게 변하는 현상.

우리나라에서 적조를 일으키는 생물은 43종으로 이 중 유해성 적조생물은 3종이다. 물속의 용존산소를 급격히 감소시키고 유해물질을 발생시켜 부근 수역의 어패류는 떼죽음을 당하게 된다.

➔ **녹조** 綠藻 Green Tide

부영양화된 호소 또는 유속이 느린 하천이나 호수에서 녹조류가 크게 늘어나 물빛이 녹색이 되는 현상. 발생 메커니즘이 적조와 유사하지만 유발 생물이 이끼류인 조류와 남조류여서 녹색을 띠게 된다. 물속의 용존산소를 급격히 감소시키고 유해물질을 발생시켜 수중생태계를 교란시킨다. 녹조는 조류농도 등에 따라 주의보→경보→대발생 등 3단계의 예보가 발령된다.

전략정보 시스템 戰略情報시스템 SIS; Strategic Information System

기업의 전략을 실현하여 경쟁우위를 확보하기 위한 목적으로 사용되는 정보 시스템.

전략 정보를 신속하고 정확하게 수집함은 물론, 이를 가공, 분석,

전달한다. 데이터 베이스나 정보 네트워크 구축이 SIS의 위력을 더욱 높여준다.

전자책 Electronic Book

e북이라고도 하며, 도서로 간행되었거나 간행될 수 있는 저작물의 내용이 디지털 데이터를 이용해 전자기록매체 저장장치에 수록된 뒤, 유무선 정보통신망을 통해 컴퓨터나 휴대단말기로 그 내용을 읽고 보고 들을 수 있도록 한 디지털 도서를 총칭한다.

기존의 종이책 대신 인터넷의 표준 언어인 HTML과 XML을 응용해 만든 디지털화된 책을 자신의 PC나 전용단말기에서 뷰어(Viewer)를 이용해 습득하는 것으로, 최첨단 정보통신기술이 낳은 디지털 콘텐츠 서비스의 한 형태이다. 전자책은 출판사 입장에서 볼 때 제작비와 유통비를 절약할 수 있고, 재고에 대한 부담이 적으며 품절된 책도 언제든지 구할 수 있다는 장점이 있다. 또한 책의 손상 위험이 적으며 책 내용에 대한 업데이트도 용이하다. 최근 단말기의 보급과 함께 전자책 시장의 규모는 초고속인터넷의 확산과 더불어 갈수록 매출이 상승되고 있으며, 오프라인서점에서 도서를 구입하는 것은 감소 추세를 보이고 있다.

전자 카탈로그

EC전자상거래 환경에서 상품의 제반 정보를 주고받을 수 있도록 표준 규격으로 집적한 디지털정보.

상품의 식별이나 분류체계는 물론 포장, 속성, 취급주의, 상업 데이터, 규격, 날짜, 거래처 등 공급망 상의 모든 정보가 담겨 있다는 점에서 EC관련 정보의 요체다.

전자투표 電子投票 Electric Vote

컴퓨터를 활용한 투표.

세계 최초는 2002년 4월 프랑스의 대통령 1차 선거이고, 일본에서는 2002년 6월 오카야마 니미시의 시장·시의원 선거에서 처음 실시되어 성공한 바 있다. 일본에서 이뤄진 전자투표에서 투표 결과의 집계 시간은 25분, 집계 요원은 2명(종전은 85명)으로서, 시장 선거는 1시간, 시의원 선거는 2시간 반만에 개표가 끝나고, 무효 · 의문표는 제로였다.

전자파 電磁波 Electron Wave

전기의 사용으로 발생하는 에너지의 형태를 말하며 전계(電界)와 자계(磁界)의 합성파.

우리 주변에 사용 중인 전기기계 · 기구로부터 방출된다. 주파수에 따라 가정용 전원주파수 60Hz, 극저주파, 저주파, 통신주파, 마이크로웨이브로 분류되고 적외선, 가시광선, 자외선, X선, 감마선 순으로 주파수가 높아진다. 이 중 극저주파와 저주파는 전계와 자계가 발생되어 인체가 장시간 노출되면 체온변화 생체리듬이 깨져 질병으로 발전될 가능성이 큰 것으로 나타났으며, 남성들은 정자수가 줄어들고 여성들은 생리불순 및 기형아 출산의 원인이 될 수 있다는 연구결과가 발표되기도 했다. 또한 심한 경우 뇌종양을 일으킬 수 있어 세계보건기구(WHO)가 조사에 나서는 등 전자파에 의한 유해성 논란이 끊이지 않고 있다.

전자화폐 電子貨幣 Electronic Cash

IC카드 또는 네트워크에 연결된 컴퓨터에 은행예금이나 돈 등이 전자적 방법으로 저장된, 현금을 대신할 새로운 개념의 화폐.

개인 컴퓨터나 전자지갑에 연결되어 국내 및 국가 간의 계좌이체가 가능할 뿐만 아니라, 휴대가 가능하고 인출 사용이 간편하다. 사용 후 기록이 남지 않는다는 익명성과 개인 사이의 현금거래가 가능하다는 장점이 있는 반면, 통화량을 조절하는 금융정책 기능이 마비될 가능성이 높고, 탈세를 막기 어려우며 해커에 의한 대량 도난의 위험이 크다는 등의 단점도 있다.

절대전쟁 絶對戰爭

적과 아군의 상호 반응으로부터 극단적으로 격렬해지는 이론상의 철저한 전쟁 형태.

무제한 전쟁, 열전(熱戰)이라고도 한다. 원 · 수폭(原水爆) 사용이 예상되는 세계적 열전을 전면전쟁(全面戰爭)이라 한다.

경제 · 경영 · 무역 · 금융

정치 · 외교 · 국제

사회 · 노동 · 법률 · 환경

철학 · 역사 · 지리

문화 · 예술 · 교육 · 스포츠 · 매체

컴퓨터 · 과학 · IT

찾아보기

제5세대 컴퓨터 Fifth Generation Computer

처리능력을 비약적으로 높이고 어떤 데이터가 들어왔는지를 스스로 판단하여 그에 적합한 처리를 스스로 생각하여 실행하도록 하는 컴퓨터.

인공지능(AI)이라고도 한다. 프로그램 순서대로 데이터를 처리하는 노이만형과 달리 추측 · 판단까지 가능한 비 노이만형 컴퓨터로 신세대 컴퓨터라고도 한다.

제6세대 컴퓨터 Sixth Generation Computer

직감적인 판단과 상반되는 정보까지 종합 판단하여 답을 내려주는 인간에 가까운 컴퓨터.

인간의 두뇌에 가까운 판단 및 적응 능력과 함께 다수의 데이터를 병렬 처리하는 기능까지 갖게 된다. 물체의 형태나 상황을 스스로 판단해서 거기에 알맞은 적응과 행동을 하고 리얼타임으로 변화하는 다수의 데이터를 동시에 병렬 처리하여 결론을 도출해 내게 된다.

제한 전쟁 制限戰爭 Limited War

한정된 정치목적에 합치되도록, 전쟁지역 · 전쟁수단 · 사용무기 · 병력

전쟁의 규모 등에 어떠한 제한을 가하면서 수행하는 무력전. 한국전쟁 당시 미국에서 채택하였으나 베트남전도 비슷한 경우다. 국지전쟁(局地戰爭)이라고도 하며 전면 전쟁에 대립되는 개념이다.

조건반사 條件反射 Conditioned Reflex

동물이 학습에 의해서 익히는 후천적인 반응 방식.

1900년경 소련의 생리학자 파블로프(I. P. Pavlov)의 연구에 의해 만들어진 개념이다. 특정한 자극에 대해서 무의식적으로 반응하는 반사현상 중에서, 선천적으로 자극과 반응이 관계가 없음에도 불구하고 이를 학습을 통해 이어주는 것으로 반사작용이 일어나는 경우를 조건반사라고 한다. 자동차의 운전, 여러 가지 운동, 악기의 연주, 귤을 생각하면 침이 괴는 것 등은 일상생활의 습관과 경험에 의해 자연적으로 조건반사가 일어나는 경우다.

➡ **무조건반사** 無條件反射 Autonomic Reflex

383

동물이 가지고 있는 자극에 대한 선천적인 반응 방식. 특정한 자극에 대해서 무의식적으로 반응하는 것을 가리킨다. 무조건 반사는 동물이 처음부터 가지고 태어나는 능력이지만 일반적으로 척추동물 수준에서만 인정하는 경우가 많다. 무조건반사는 대뇌가 관여하지 않기 때문에 의식적으로 제어할 수 없다. 단 그만큼 빠른 속도로 작용할 수 있기 때문에 무조건반사는 주로 생물의 생존에 직결되어 있는 반응을 담당하는 경우가 많다.

줄기세포 Stem Cell

여러 종류의 신체 조직으로 분화할 수 있는 능력을 가진 세포.

줄기세포는 신체 내에 있는 모든 조직을 만들어 내는 기본적인 구성요소로 뼈, 뇌, 근육, 피부 등 모든 신체기관으로 전환될 수 있는 미분화 단계의 만능세포다. 이러한 미분화 상태에서 적절한 조건을 맞춰주면 다양한 조직세포로 분화할 수 있으므로 이러한 분화능력을 이용하여, 손상된 조직을 재생하는 등의 치료에 응용하기 위한 연구가 진행되고 있다.

질량불변의 법칙 質量不變法則 Law of Conservation of Mass

화학반응의 전후에서 반응물질의 전질량(全質量)과 생성물질의 전질량은 같다고 하는 법칙.

질량보존의 법칙이라고도 하며, 프랑스의 화학자 라브와지에가 발견한 법칙이다. 에너지와 질량을 동등시하는 질량 결손의 이론에 비하면 수정의 여지가 있다.

체르노빌 원자력발전 사고

1986년 4월 26일 우크라이나의 키예프 남쪽 130km에 있는 체르노빌원자력발전소 제4호 원자로에서 방사능이 누출되었던 세계 최대의 참사.

이 사고로 2명의 작업원이 즉사하고, 소화작업에 나선 사람의 대부분이 심각한 방사선 상해를 입었으며, 7월 말까지 29명이 사망하고, 원자로 주변 30km이내에 사는 주민 9만 2,000명은 모두 강제 이주되었다. 그 후 발전소 해체 작업에 동원된 노동자 5,722명과 민간인 2,510명이 사망하였고, 43만 명이 각종 후유증을 앓고 있다.

초전도 超傳導 Superconduction

어떤 종류의 금속이나 합금을 절대영도 가까이까지 냉각하였을 때, 전기저항이 갑자기 소멸하여 전류가 아무런 장애 없이 흐르는 현상.

초전기전도·초전도(超電導)라고도 한다. 초전도체는 전기 저항이 없어 저항에 의한 손실을 막을 수 있고, 강한 전류를 흘려서 강한 자기장을 만들 수 있기 때문에 초전도체를 이용한 전자석의 실용화가 연구되고 있다.

컬럼비아 호 Columbia

미국이 개발한 스페이스 셔틀(유인 우주왕복선) 제1호기.

1981년 처음으로 우주궤도를 비행하고 귀환했다. 2003년 1월의 비행은 28번째 마지막 우주비행으로서 텍사스주 상공에서 공중 폭발하여 7명의 승무원과 함께 그 운명을 같이 하였다. 컬럼비아라는 이름은 미국 건국 초기, 미국 선박으로는 처음으로 세계 일주를 한 탐험선 컬럼비아호에서 따왔다.

컴덱스 Comdex; Computer Dealer's Exposition 컴퓨터 판매업체 전시회

세계 최대 규모의 컴퓨터 하드웨어 및 소프트웨어 관련제품 전시회.

컴덱스는 지난 1979년 처음 열렸으며, 현재 미국 라스베이거스와 시카고, 서울, 도쿄, 몬트리올 등 세계 17개 지역에서 개최되고 있다. 이 중에서 컴덱스 주최사인 '키 3미디어'가 매년 11월 라스베이거스에서 여는 가을 컴덱스가 가장 큰 규모를 자랑한다.

컴퓨터 단층촬영 CT; Computer Tomography

X선과 컴퓨터를 결합한 기계로 체내의 모든 부분을 관찰할 수 있는 진단장치.

장기나 조직이 있는 곳뿐만 아니라 공기나 뼈 등 거의 모든 조직에서 정확한 정보를 알 수 있다. 따라서 염증성 질환의 여부와 감별, 증세의 정도, 치료 후 결과, 암의 진행 상태 등을 진단할 수 있다. 그러나 소량이기는 하지만 방사선에 노출된다는 점과 대개는 횡단면만 볼 수 있다는 것이 MRI에 비해 단점이다.

경제·경영·무역·금융

정치·외교·국제

사회·노동·법률·환경

철학·역사·지리

문화·예술·교육·스포츠·매체

컴퓨터·과학·IT

찾아보기

컴퓨토피아 Computopia

컴퓨터(computer)와 유토피아(utopia)를 합성어.

컴퓨터를 중심으로 하는 정보혁명으로 이루어질 수 있는 이상적인 문화생활을 표현하는 용어다. 컴퓨터의 개발이 급속하게 이루어짐에 따라 모든 것을 기계로 해결할 수 있다는 이상사회론(理想社會論)이다.

쿠키 Cookie

웹 서버가 웹 브라우저에 보내 저장했다가 서버의 부가적인 요청이 있을 때 다시 서버로 보내주는 문자열 정보를 말한다.

어떤 사용자가 특정 웹사이트에 접속한 후 그 사이트 내에서 어떤 정보를 보았는지 등에 관한 기록을 남겨 놓았다가 다음에 접속했을 때 그것을 읽어 이전의 상태를 유지하면서 검색할 수 있게 하는 역할을 한다. 쿠키는 사용하는 웹브라우저가 자동으로 만들기도 하고 갱신하기도 하며 웹사이트로 기록을 전달하기도 한다. 따라서 개인의 사생활을 침해할 소지가 있다. 이용자가 인터넷에서 어떤 내용을 봤는지, 어떤 상품을 샀는지 등 모든 정보가 기록되기 때문이다. 온라인 광고업체들은 쿠키를 이용해서 인터넷 사용자의 기호 등을 수집·분석해 광고 전략을 짜는 데 유용하게 활용해왔다.

쿼크 Quark

물질을 구성하는 가장 기본적인 입자로, 업, 다운, 스트레인지, 참, 보텀, 톱의 6종류가 있다.

이 중에서 해명되지 않았던 마지막 입자 톱 쿼크(top quark)가 1994년에 발견됨으로써 물질의 구조를 설명하는 표준모형이론을 확증할 수 있고, 우주의 초기상태를 규명하는 데도 큰 진전이 있을 것으로 기대되고 있다. 즉, 물질을 구성하는 3종류의 소립자, 중양자, 중성자의 구성요소가 쿼크이다.

크라우드 펀딩 Crowd Funding

'대중으로부터 자금을 모은다'는 뜻으로 소셜미디어나 인터넷 등의 매체를 활용해 자금을 모으는 투자방식.

크라우드 펀딩은 보통 자금이 없는 소규모 창업자나 예술가가 자신의 아이디어를 실행하는 과정이나 사회활동가의 사회공헌 프로젝트가 많다. 크라우드펀딩의 특징은 적은 금액을 다수의 대중들로부터 모금한다는 것이다. 투자자입장에서는 적은 돈으로 참여할 수 있기 때문에 부담이 없고 투자에 참여한 많은 사람들은 프로젝트를 실현시키는 원동력이 되기도 한다. 세계 최초의 크라우드 펀딩 사이트는 2008년 1월 시작한 인디고이며, 가장 유명한 크라우드 펀드는 2009년 4월 출범한 미국의 킥스타터다. 미국과 유럽 등지를 중심으로 확산되고 있으며, 국내에서는 텀블벅(www.tumblbug.com) 등 5~6개의 크라우드 펀딩 업체가 운영되고 있다.

클라우딩 컴퓨팅 Clouding Computing

인터넷상의 서버를 통하여 데이터저장, 네트워크, 콘텐츠 사용 등 IT관련 서비스를 한번에 사용할 수 있는 컴퓨팅을 말한다.

컴퓨팅의 무게중심이 인터넷으로 이동하면서 PC에 대한 제약이 없어지고 있으며, 웹이 진화하면서 응용프로그램들을 데스크톱이나 서버가 아닌 외부 데이터 센터에 저장해 놓고 사용하는 것이 가능해졌다. 이러한 기술을 클라우딩 컴퓨팅이라고 한다.

클라우딩 컴퓨팅은 pc에 소프트웨어를 내장해 놓지 않아도 인터넷에서 프로그램을 이용할 수 있으며, 개인 저장매체에는 기록이 남지 않기 때문에 보안성이 뛰어나며 비용을 절감할 수 있어 많은 기업들이 클라우딩 컴퓨팅에 관심을 보이고 있다. 현제 구글 닥스나, 야후, 마이크로소프트가 제공하는 웹기반의 이메일 서비스 등이 대표적이 예라고 할 수 있다.

키메라 식물 Chimera

하나의 식물에 형이 다른 유전자 조직이 서로 접촉하여 존재하는 현상.

키메라는 그리스 신화에 나오는 사자 머리에 염소 몸과 뱀 꼬리를 가진 괴물의 이름에서 유래한다.

탄저균 炭疽菌

간균(桿菌)의 일종.

주로 초식을 하는 가축이 감염되어 탄저병에 걸리게 된다. 열에 강한 포자로 둘러싸여 있고, 사람에게도 감염되며 치사율이 높아 강력한 생물 무기가 될 수 있다. 미국 의회의사당, 백악관, 연방법원 등 국가 주요 기관에 테러 목적으로 보이는 탄저균 우편물이 우송되어 탄저균에 감염된 환자가 잇달아 발생된 적이 있다.

태블릿 PC Tablet PC

필체 인식 기능을 갖추어 펜 입력을 통해 문자나 그림을 워드 파일이나 오피스에 입력할 수 있으며, 무선랜을 통해 어느 곳에서나 인터넷 접속이 가능한 새로운 플랫폼의 모바일 PC.

태블릿 PC는 노트북 PC의 휴대성과 PDA(개인정보단말기)의 편의성을 겸비한 제품이다. 크기는 A4 용지 정도로 펜 입력을 기본으로 하고 있기 때문에 스타일러스 펜이 기본으로 제공되며 LCD는 펜 입력이 가능하도록 터치패널이 장착된다. 기존 PC처럼 사무실 책상 위에서 마우스나 키보드에 연결하면 완벽한 PC기능을 수행할 수 있다.

태풍 Typhoon

남지나해에서 발생하여 동부 아시아 일대로 불며 중심 최대 풍속이 17m/s 이상의 폭풍우를 동반하는 열대저기압.

➔ **사이클론 Cyclone**
인도양, 아라비아해, 벵골만에서 발생하는 열대 저기압. 1년에 평균 5~7회 발생하며 태풍과 허리케인에 비하여 규모도 작은 편이다. 그러나 벵골만을 북상하여 방글라데시 방향으로 사이클론이 나아갈 경우에는 큰 피해가 발생한다.

➔ **허리케인 Hurricane**
대서양 서부 카리브해에서 발생하여 북미대륙으로 부는 열대 저기압.

테라토마 Teratoma

여러 종류의 세포와 조직들로 이루어진 종양의 일종으로 피부세포, 근육세포, 신경세포 등 다양한 세포와 조직들로 이루어져 있다.

배아줄기세포의 분화능력을 검증할 때 사용되며, 생식세포에 생기

경제·경영·무역·금융

정치·외교·국제

사회·노동·법률·환경

철학·역사·지리

문화·예술·교육·스포츠·매체

컴퓨터·과학·IT

찾아보기

는 경우가 많아서 여성의 경우 난소에서, 남성의 경우 정소에서 주로 나타난다. 난소에 생기는 테라토마의 경우, 털이나 이가 자라기도 할 만큼 다양한 조직을 형성한다. 또한 배아줄기세포를 만드는 마지막 단계에서 만들어진 배아줄기세포가 테라토마를 형성하는지 관찰함으로써 배아줄기세포의 분화능력을 판단 및 검증할 수 있다.

테크 파탈 Tech Fatal

최신 전자 제품에 관심을 갖고 구매 영향력을 행사하는 여성.

기술을 의미하는 '테크(Tech)'와 치명적 영향력을 가진 여자 '팜므 파탈(Femme Fatale)'을 합친 말로, IT 제품에 관심을 가지고 적극적으로 소비하는 1980년생 이후 여성을 뜻한다. 이들은 최신 기술과 성능을 중요시하는 남성IT 사용자들과 달리, 디자인이나 브랜드 같은 감성적인 부분을 중요하게 여긴다. 이에 IT 업계는 테크 파탈이 주요 소비계층으로 급부상하면서 디자인과 색상을 강조하고 있다.

텔넷 Telnet

멀리 떨어져 있는 다른 사람의 컴퓨터에 접속하여 자신의 컴퓨터처럼 사용할 수 있도록 해주는 원격제어 서비스.

텔넷은 일반적으로는 Telnet 서비스를 제공하는 서버에 접속하여 해당 서버를 이용하는 목적으로 개발된 것이지만 이 서비스에 특별한 프로그램을 얹어서 사용자가 복잡한 명령어를 입력하지 않고도 번호를 선택하고 단축키를 활용하여 서버의 다양한 정보를 활용할 수 있도록 하는 것도 포함된다. 현재는 월드와이드웹(WWW)에 밀려 그 위상이 많이 내려갔으나 아직도 서버에 접속하여 관리하기 위한 서비스로 많이 이용되고 있다.

텔레매틱스 Telematics

자동차와 무선통신을 결합한 새로운 개념의 차량 무선인터넷 서비스.

원격통신(Telecommunication)과 정보과학(Informatics)이 결합된 용어이다. 운전자가 통신 및 방송망을 이용해 자동차 안에서 위치추적, 인터넷 접속, 원격차량진단, 사고감지, 교통정보 및 홈네트워크와 사무자동화 등이 연계되어있으며, 각종 정보도 검색할 수 있는 무선모뎀을 장착한 오토(auto) PC를 이용한다는 점에서 '오토모티브 텔레매틱스'라고도 한다.

트위터 Twitter

블로그의 인터페이스와 미니홈페이지의 '친구맺기' 기능, 메신저 기능을 한데 모아놓은 소셜 네트워크 서비스.

2006년 미국의 잭 도시(Jack Dorsey) · 에번 윌리엄스(Evan Williams) · 비즈 스톤(Biz Stone) 등이 공동으로 개발한 '마이크로 블로그' 또는 '미니 블로그'로서 샌프란시스코의 벤처기업 오비어스(Obvious Corp.)가 처음 개설하였다. 트위터란 '지저귀다'라는 뜻으로, 재잘거리듯이 하고 싶은 말을 그때그때 짧게 올릴 수 있는 공간이다. 한 번에 쓸 수 있는 글자 수도 최대 140자로 제한되어 있다.

파밍 Pharming

합법적으로 소유하고 있던 사용자의 도메인을 탈취하거나 도메인 네임시스템(DNS) 또는 프락시 서버의 주소를 변조함으로써 사용자들로 하여금 진짜사이트로 오인하여 접속하도록 유도한 뒤 개인정보를 훔치는 새로운 컴퓨터범죄 수법이다.

해당 사이트가 공식적으로 운영하고 있던 도메인 자체를 중간에서 탈취하는 수법으로 '피싱(phishing)에 이어 등장한 새로운 인터넷 사기 수법이다. 사용자가 아무리 도메인 또는 URL 주소를 주의 깊게 살피더라도 늘 이용하는 사이트로만 알고 아무런 의심 없이 접속해 개인 아이디(ID)와 암호(password), 금융정보 등을 쉽게 노출시키게 된다.

펌웨어 firmware

소프트웨어와 하드웨어의 중간에 해당하는 것으로 소프트웨어를 하드웨어화한 것이라고 할 수 있다.

소프트웨어이지만 하드웨어적으로 구성되어 하드웨어의 일부분으로도 볼 수 있는 제품으로 주로 ROM에 반영구적으로 저장되어 하드웨어를 제어·관리하는 역할을 수행한다. 최근에는 읽기, 쓰기가 가능한 플래시 롬(flash ROM)에 저장되기 때문에 내용을 쉽게 변경하거나 추가, 삭제할 수 있다.

경제 · 경영 · 무역 · 금융

정치 · 외교 · 국제

사회 · 노동 · 법률 · 환경

철학 · 역사 · 지리

문화 · 예술 · 교육 · 스포츠 · 매체

컴퓨터 · 과학 · IT

찾아보기

페놀 Phenol

방향족 고리에 히드록시기 - OH가 결합한 화합물의 총칭.

석탄산이라고도 하며, 유독한 냄새를 지닌 무색의 물질인데, 합성수지, 합성섬유, 살충제, 방부제, 염료, 소독제 등의 원료로 사용된다. 체내에서는 소화와 신경계통에 장애를 주며, 발암물질이기 때문에 특정 유해물질로 분류되어있다. 살균제로 쓰이는 염소와 결합하여 발암물질인 클로로페놀을 형성한다.

페로몬 Pheromone

같은 종(種) 동물의 개체 사이의 커뮤니케이션에 사용하기 위해 체외로 소량 분비하는 유기화합물.

동료에게 위험을 알리는 경보 페로몬, 이성을 부르는 성 페로몬 등이 있다.

표면장력 表面張力 Surface Tension

액체의 표면이 스스로 수축해서 가능한 작은 면적을 취하려는 힘으로, 계면장력의 일종이다.

액면 부근의 분자가 액체 속의 분자보다 위치에너지가 크기 때문에 액체는 표면적에 비례하는 표면 에너지를 가지고, 이로 인해 표면장력이 생긴다. 따라서 표면장력은 단순히 액체의 자유표면뿐만 아니라 섞이지 않는 액체의 경계면, 고체와 기체, 고체와 고체의 접촉면 등 표면의 변화에 대한 에너지가 존재할 때 보편적으로 생기는 현상이다. 이 때문에 계면장력(界面張力)이라고도 한다. 소금쟁이와 같은 곤충이 물 위에 걸을 수 있게 도와주는 것도 이 속성 때문이다.

프레온 가스 Freon Gas

미국 뒤퐁사가 개발한 상품명으로, 메탄, 에탄과 같은 가장 기본적인 탄화수소 화합물에서 수소 부분을 플루오르(불소)나 다른 할로겐 원소로 치환한 물질.

무색 · 무취의 가스로 금속을 부식하지 않아 냉장고, 에어컨 등의 냉매, 쿠션 등의 발포제, 스프레이의 분무제, 소화제 등으로 쓰이며, 아주 미세한 부분까지 먼지를 씻어주어 반도체 등 전자 부품의 세척에 광범위하게 사용되었다. 태양의 자외선에 의해 염소 원자로 분해

되어 오존층을 파괴한다는 사실이 드러나 몬트리올 의정서에서 사용을 규제하고 있다.

플래시 메모리 Flash Memory

전원이 끊겨도 저장된 정보가 지워지지 않는 기억장치.

정보의 입출력도 자유로워 디지털 TV, 디지털캠코더, 휴대전화, 디지털카메라, 개인휴대단말기(PDA), 게임기, MP3 플레이어 등에 널리 이용된다.

플루토늄 Plutonium

주기율표 제3A족에 속하는 악티늄 원소.

원자 번호 94, 기호는 Pu, 인공 방사성 동위 원소로, 원자로 내에서 우라늄농축 연료를 분열시키거나 우라늄 239에 중성자를 조사(照射)하여 대량 생산한다. 플루토늄 238은 고속 중성자 증식로의 연료로 사용되고, 중금속인 플루토늄은 원자폭탄의 제조에 쓰인다.

피오르드 Fiord

빙식곡이 침수하여 생긴 좁고 깊은 후미.

빙식곡은 횡단면이 U자형을 이루고 있으므로 양쪽 곡벽(谷壁)은 급한 절벽을 이루며, 후미는 그 너비보다도 만의 길이가 지나치게 길어 후미의 안쪽은 수심이 깊다. 노르웨이 · 알래스카 · 그린란드 · 칠레 등의 해안에 널리 발달되어 있다.

피톤치드 Phytoncide

숲 속의 식물들이 만들어 내는 살균성을 가진 모든 물질을 통틀어 지칭하는 말이다.

식물을 의미하는 피톤(Phyton)과 살균력을 의미하는 치드(Cide)가 합성된 말로, 숲 속의 식물들이 만들어 내는 살균성을 가진 모든 물질을 통틀어 지칭하는 말이다. 피톤치드의 주성분은 테르펜이라는 물질이며, 바로 이 물질이 숲 속의 향긋한 냄새를 만들어 낸다.

삼림욕을 통해 피톤치드를 마시면 스트레스가 해소되고 장과 심폐 기능이 강화되며 살균작용도 이루어진다. 이에 여러 상품들에 피톤치드의 효능을 이용하려는 움직임이 있다. 방향제에 피톤치드 성분을 추출해 넣거나 음식물에 식물의 꽃이나 잎을 이용하기도 한다. 또한 식물의 고유한 피톤치드 향기는 식품을 오랫동안 보관할 수 있도록 해준다.

필로폰 Philopon

염산에페드린 등 10여 종의 화학물질을 합성시켜 만든 각성제.

냄새가 없는 무색 결정 또는 백색 결정성 분말이다. 아편, 대마초에 이어 제3의 마약이라고도 한다. 소량을 복용하더라도 잠이 오지 않으며 피로를 느끼지 않는다. 상용할 경우 강박관념, 환시(幻視), 환청(幻聽), 피해망상증, 위장경련 등의 정신적·신체적 피해를 초래한다.

필수아미노산 Essential Amino Acid

단백질의 기본 구성단위로 체내에서 합성할 수 없는 아미노산이다.

단백질은 체내에서 아미노산으로 분해되고 나서 흡수, 이용된다. 따라서 단백질의 영양가는 그 속에 함유되어 있는 아미노산의 종류와 양에 의해 정해지며, 아미노산은 동물의 체내에서 다른 아미노산으로부터 만들어지는 것과, 체내에서는 합성되지 않고 음식으로 섭취되어야 하는 것이 있다. 이렇게 체내에서 합성할 수 없는 아미노산을 필수아미노산이라고 한다. 필수아미노산의 종류는 동물의 종류나 성장시기에 따라 다르지만 성인의 경우 이소류신, 류신, 리신, 페닐알라닌, 메티오닌, 트레오닌, 트립토판, 발린등 8종이며 어린아이의 경우는 히스티딘이 더해진다.

하이브리드 카 Hybrid Car

내연엔진과 전기 자동차의 배터리 엔진을 동시에 장착하는 등 기존의 일반 차량에 비해 연비 및 유해가스 배출량을 획기적으로 줄인 차세대 자동차를 말한다.

하이브리드(hybrid)는 '잡종, 혼혈' 등을 의미하는 단어로, 하이브리드 카는 두 가지의 동력원을 함께 사용하는 차를 의미한다. 일반적으로 기존 자동차에 사용되던 내연기관 엔진에 전기 모터를 결합한 형태를 말한다. 전기 모터는 차량 내부에 장착된 고전압 배터리로부터 전원을 공급받고, 배터리는 자동차가 움직일 때 다시 충전되는 시스

경제 · 경영 · 무역 · 금융

정치 · 외교 · 국제

사회 · 노동 · 법률 · 환경

철학 · 역사 · 지리

문화 · 예술 · 교육 · 스포츠 · 매체

컴퓨터 · 과학 · IT

찾아보기

템이다. 세계 최초의 양산 하이브리드카는 1997년 도쿄 모터쇼에서 선보인 일본 도요타자동차의 '프리우스(PRIUS)'이다. 이후 도요타, 혼다 등 일본 자동차업계가 개발을 주도해 왔으며, 최근 제너럴모터스(GM) 등 세계 주요 자동차업체들이 시장 진출을 준비하고 있다. 우리나라에서는 현대차가 2009년 국내 첫 하이브리드 카를 출시했다.

하이브리드 컴퓨터 Hybrid Computer

아날로그 컴퓨터와 디지털 컴퓨터를 하나의 시스템으로 조합한 컴퓨터.

속도가 빠르고 가격이 싸며 직관적으로 판단할 수 있는 아날로그형의 장점과, 정밀도가 높고 융통성이 크며 처리 능력이 방대한 디지털형의 장점을 혼합한 컴퓨터를 말한다.

한국항공우주연구원 KARI; Korea Aerospace Research Institute

교육과학기술부 산하 항공우주과학기술 관련 전문 연구기관이며, 항공우주과학기술 영역의 새로운 탐구, 기술 선도, 개발 및 보급을 목적으로 설립된 기관이다.

주요 기능은 첫째, 항공기, 인공위성, 우주발사체의 종합시스템 및 핵심기술연구 개발과 실용화, 둘째, 항공우주 안전성 및 품질 확보를 위한 기술 개발, 항공우주 생산품의 법적 인증 및 국가 간 상호인증, 셋째, 국가 항공우주개발정책 수립 지원, 항공우주기술 정보의 유통 및 보급과 확산, 넷째, 시험평가시설의 산학연 공동 활용, 연구개발 성과의 기술이전 및 기업화 지원, 기술협력 및 교육 훈련 등이다.

항산화물질 抗酸化物質 Antioxidant

산화(酸化)를 방지하는 물질.

질병의 발병이나 노화를 억제하는 기능이 있는 것으로 알려져 있다. 그러나 과다 섭취된 항산화물질은 그 종류에 따라서는 인체에 유해무익한 것이 될 수 도 있으므로, 신중한 검토가 필요하다.

해커 Hacker

컴퓨터와 프로그래밍에 뛰어난 기술자로 네트워크의 보안을 지키는 사람.

일반적으로 해커라고 하면, 다른 컴퓨터에 불법으로 침입하여 자료의 불법열람 · 변조 · 파괴 따위의 행위를 하는 침입자 · 파괴자를 통칭하는 부정적인 의미로 더 많이 쓰인다.

핵분열 核分裂 Nuclear Fission

우라늄 235나 우라늄 234, 플루토늄 234와 같은 무거운 원소의 원자핵이 거의 같은 크기의 원자핵 2개로 나뉘는 현상.

이때 막대한 에너지가 방출되므로 원자 폭탄이나 원자로 등의 열원(熱源)으로 이용된다.

핵융합 核融合 Nuclear Fusion

1억℃ 이상의 고온에서 가벼운 원자핵이 융합하여 보다 무거운 원자핵이 되는 과정에서 에너지를 창출해내는 방법.

핵융합에는 막대한 열이 발생하는데, 이것은 아인슈타인의 질량과 에너지의 등가성(等價性)의 원리(E=mc2)에 의해 정확히 계산된다. 이 핵 연료는 무한하며, 방사성 낙진도 생기지 않고 유해한 방사능도 적다.

핵 재처리 核再處理

핵분열 후의 잔류하는 방사선물질을 처리하는 기술.

사용한 핵연료에는 자연계에 존재하는 천연 우라늄의 2배에 달하는 농도 1.4%의 핵분열 물질이 남아 있으므로, 같은 분량의 천연 우라늄을 처리해 쓰는 것보다 이론상 66배의 효율을 올릴 수 있다.

핵티비즘 hacktivism

해커(hacker)와 행동주의(activism)의 합성어로, 정치·사회적인 목적을 위해 자신과 노선을 달리하는 정부나 기업·단체 등의 인터넷 웹사이트를 해킹하는 행위를 말한다.

인터넷이 일반화되면서 기존의 정치·사회 운동가들이 인터넷 공간으로 활동영역을 넓히면서 나타나기 시작했는데 자신의 정치적 목적을 달성하기 위해 특정 정부, 기관, 기업, 단체 등의 웹사이트를 해킹해 서버를 무력화시키는 활동 방식을 말한다.

2002년 9월 포르투갈의 해커들이 인도네시아 정부의 컴퓨터망에 침입해 40대의 서버를 무력화시킨 뒤 '동티모르를 독립시켜라'는 구호를 내걸었고, 같은 해 10월에는 인도 정부의 카슈미르 지역 정보제공 웹사이트에 해커들이 침입해 초기 화면에 '카슈미르를 구하라'는 슬로건을 띄운 뒤 인도 군인들이 살해한 카슈미르인(人)들의 사진을 올렸는데, 이러한 정치적인 행위들이 모두 핵티비즘에 해당한다.

히포크라테스 선서 Oath of Hippocrates

히포크라테스(Hippocrates, BC 460~377)는 '의학의 아버지' 혹은 '의성(醫聖)'이라고 불리는 고대 그리스의 의사이다. 히포크라테스 선서는 히포크라테스가 말한 의료의 윤리적 지침으로, 현대의 의사들이 의사가 될 때 하는 선서로 잘 알려져 있다.

히포크라테스 선서는 고대 그리스의 의사였던 히포크라테스가 말한 의료의 윤리적 지침으로, 현대의 의사들이 의사가 될 때 하는 선서로 잘 알려져 있다. 히포크라테스 선서의 내용은 다음과 같다.

이제 의업에 종사하는 일원으로서 인정받는 이 순간, 나의 생애를 인류 봉사에 바칠 것을 엄숙히 서약하노라.

- 나의 은사에 대하여 존경과 감사를 드리겠노라.
- 나의 양심과 위엄으로서 의술을 베풀겠노라.
- 나의 환자의 건강과 생명을 첫째로 생각하겠노라.
- 나는 환자가 알려준 모든 내정의 비밀을 지키겠노라.
- 나의 위업의 고귀한 전통과 명예를 유지하겠노라.
- 나는 동업자를 형제처럼 생각하겠노라.
- 나는 인종, 종교, 국적, 정당정파 또는 사회적 지위 여하를 초월하여 오직 환자에게 대한 나의 의무를 지키겠노라.
- 나는 인간의 생명을 수태된 때로부터 지상의 것으로 존중히 여기겠노라.
- 비록 위협을 당할지라도 나의 지식을 인도에 어긋나게 쓰지 않겠노라.
  이상의 서약을 나의 자유 의사로 나의 명예를 받들어 하노라.

찾아보기

숫자

3·1운동 226
3B주의 282
3권 분립 85
4·19 혁명 144
4·27 판문점 선언 85
4차 산업혁명 10
5·4 운동 226
5세대 이동통신 344
6·10 만세 운동 226
6·29 민주화선언 86
6월 항쟁 86
6진 226
8조 금법 227

영문

ABC 제도 282
ASMR 338
B2B 8
B2C 8
BIS 자기자본비율 8
CAD 338
CAM 338
CCTV 338
CVIG 84
DNA 338
EPS 9
e-마켓플레이스 8
FIT족 144
G7 84
GMO 표시제 376
GNP 디플레이터 9
HTTP 339
IC 339
IPTV 282
ISBN 339
LAN 340
LED 340
LNG 340
LPG 340
LTE 340
M&A 9

NASA 341
N스크린 341
OTT 342
PPM 342
QR코드 342
Rh인자 343
SA 343
SF 282
UEFA 283
VDSL 343
VDT 증후군 343
VOD 344
WAN 344
X이론·Y이론 10

ㄱ

가산금리 10
가상현실 344
가시광선 345
가십 283
가이아 이론 345
가전체 문학 283
가정법원 144
간다라 미술 227
간접민주정치 87
간접세 67
감사원 87
갑신정변 227
갑오경장 228
갑종 근로소득세 144
강화도조약 228
개벽 284
개인연금 144
개인 워크아웃 145
개인파산 145
개인회생 145
개헌 87
갤로핑 인플레이션 23
거미집이론 11
거식증 345
거품현상 12
건원중보 228
건전재정 13
건폐율 146
게놈 345
게놈 프로젝트 346

게티즈버그 연설 88
견제와 균형의 원칙 146
경국대전 229
경기동향지수 11
경기변동 13
경기체가 284
경상수지 13
경성헌법 146
경쟁라운드 109
경제4단체 14
경제객체 14
경제민주화 13
경제재 12
경제주체 14
경제협력개발기구 15
경험론 229
계관시인 285
계몽주의 229
계유정난 229
계절적 실업 48
고려삼은 229
고령화 사회 147
고밀도집적회로 346
고발 147
고소 147
고시가격 15
고용보험제 148
고용허가제 148
고전주의 285
고화질 텔레비전 346
골드만 삭스 15
골품제도 230
공급의 법칙 16
공기업 148
공동화 현상 149
공리주의 230
공법 149
공사 89
공산주의 230
공상적 사회주의 231
공상허언증 151
공소증후군 150
공수처 설치법 132
공시지가 150
공안 231
공영방송 285
공유경제 16
공정거래법 151

경제·경영·무역·금융

정치·외교·국제

사회·노동·법률·환경

철학·역사·지리

문화·예술·교육·스포츠·매체

컴퓨터·과학·IT

찾아보기

공직선거법 개정안 132
공직자 윤리법 151
공탁 152
공황 16
과밀 부담금 168
과전법 231
관념론 231
관성효과 16
관세자유지역 17
관세장벽 17
관습법 152
광고 총량제 286
광메모리 346
광섬유 347
광역의회 88
광컴퓨터 347
교부철학 232
교섭단체 89
교육행정정보시스템 286
교정도감 232
교조주의 232
교향곡 286
구류 201
구속영장 실질심사제도 153
구속적부심사제도 153
구조적 실업 48
국가보안법 153
국가 신용도 89
국권수호운동 232
국무위원 89
국무총리 90
국무회의 90
국민건강보험 154
국민고충처리위원회 154
국민기초생활보장제도 154
국민소득 17
국민소환제 90
국민연금제 155
국민투표제 90
국자감 233
국적 91
국정감사 91
국제개발은행 17
국제결제은행 8
국제노동기구 155
국제사면위원회 92
국제사법재판소 92
국제 엠네스티 93

국제연합 93
국제연합군의 평화유지활동 134
국제연합평화유지군 94
국제원자력기구 94
국제통화기금 18
국체 94
국회선진화법 95
국회의 권한 95
국회의원 95
군국주의 233
군사안보지원사령부 96
군함도 233
귀납법 234
규장각 234
규칙 205
균역법 234
균형재정 13
그래픽 디자인 287
그랜드 슬램 287
그레셤의 법칙 18
그레이 마켓 34
그린라운드 109
그린 마케팅 18
그린벨트 156
그린 컨슈머 347
그린피스 156
근로자파견제도 156
글로컬리즘 157
금고 201
금오신화 287
금욕주의 235
금융소득종합과세 20
금융자산 19
금융통화위원회 19
금치산자 157
기간산업 20
기술라운드 109
기술적 실업 47
기준시가 150
기초노령연금제도 158
기초의회 88
기회비용 20
김영란법 86
김치본드 20

ㄴ

나나랜드 158
나노 기술 347
낙천주의 260
난민의 지위에 관한 조약 94
난사군도 분쟁 97
난징조약 235
남북미 정상 판문점 회동 97
남북전쟁 235
남한사회주의 노동자동맹 사건 158
낭만주의 287
내로남불 288
내부자거래 20
내셔널 미니멈 159
내셔널 트러스트 159
네거티브 시스템 21
네오마르크시즘 236
네트워크 348
노동 3권 160
노동 3법 160
노동쟁의 161
노동쟁의 조정제도 161
노모포비아 증후군 161
노사정위원회 161
녹다운 방식 21
녹색기후기금 180
녹색성장 98
녹조 380
논 칼라 세대 162
논픽션 288
농축 우라늄 348
뇌사 348
누벨 바그 288
누비아 유적 289
뉴딜정책 21
뉴라운드 109
뉴로 컴퓨터 349
뉴 리치 현상 162
뉴스캐스터 289
뉴 에이지 음악 289
니힐리즘 236
님비현상 163

ㄷ

다국적 평화유지군 133
다다이즘 289
다라니경 236

경제·경영·무역·금융

정치·외교·국제

사회·노동·법률·환경

철학·역사·지리

문화·예술·교육·스포츠·문제

컴퓨터·과학·IT

찾아보기

다문화사회 290
다수대표제 163
다운사이징 349
다위니즘 349
단체교섭권 164
담합행위 22
당백전 237
대공황 16
대동법 237
대법원장 164
대사 98
대선거구제 99
대인 고권 194
대중민주주의 99
대차대조표 61
대체재 12
대통령제 99
대한축구협회 290
더블딥 22
데드라인 291
데이터베이스 349
데이터 스모그 350
데카당스 291
도가사상 237
도메인 350
도산서원 237
도첩제 237
도핑 검사 291
독과점법 22
독립신문 238
독립영화 291
독립채산제 23
독서삼품과 238
독점가격 23
동반자 문학 292
동방견문록 238
동북공정 100
동위원소 350
동편제 322
동학 238
동학혁명 239
두바이유 108
드론 350
드림캐처 351
디노미네이션 23
디마케팅 24
디버깅 351
디스인플레이션 58

디오라마 292
디제라티 352
디지털 라이브러리 293
디지털 멀티미디어 방송 293
디지털 아카이빙 352
디지털 워터마킹 352
디지털 치매 165
디지털 통신 353
디폴트 24
디플레이션 58
딩크족 165

ㄹ

라마단 239
라식 수술 353
랩 음악 293
러다이트 운동 239
레게 음악 294
레드오션 36
레드 존 165
레임 덕 100
레지스탕스 239
레지스탕스 문학 294
레토르트 식품 294
로고스 240
로그롤링 101
로밍 353
로비스트 166
로 스쿨 166
로스트 제너레이션 294
로열티 25
로코코 미술 295
로펌 166
르네상스 240
리아스식 해안 240
리얼 타임 처리 353
리플레이션 58
리허설 295

ㅁ

마빈스 25
마찰적 실업 47
마케팅 믹스 26
마키아벨리즘 101

만권당 241
만민공동회 241
만적의 난 241
매너리즘 295
매니페스토 운동 102
매라비언의 법칙 167
매스 미디어 296
매스 커뮤니케이션 296
매스티지 26
매일신문 167
매체접근권 296
매카시즘 102
맨부커상 296
머신러닝 354
멀티미디어 메시징 서비스 354
멀티즌 354
메세나 297
메이저리그 297
메이지유신 241
메이플라워의 맹약 242
메커트로닉스 354
메트로폴리스 167
메트칼프의 법칙 355
멘델의 법칙 355
멘셰비키 246
멘토링 298
멜로드라마 298
면죄부 242
면책특권 102
명예 퇴직제 167
명예혁명 242
모놀로그 298
모더니즘 298
모듈 355
모라토리엄 26
모바일 비즈니스 355
모바일 카드 356
모세혈관 356
모티즌 356
목민심서 242
목적세 26
몰링 족 27
몽골제국 242
몽타주 168
묘청의 난 242
무과실 책임 168
무구정광대다라니경 243
무궁화 위성 357

무노동무임금 168
무디스 사 27
무신의 난 243
무역수지 28
무역외 수지 28
무역자유화 28
무저항주의 103
무조건반사 383
무죄추정의 원칙 169
묵비권 169
문명의 충돌 299
문화상대주의 299
문화지체 169
물가연동제 28
물가지수 28
물권 170
뮤추얼 펀드 29
미나마타병 357
미란다 170
미필적 고의 170
민법의 3대 기본원칙 171
민족 자결주의 103
민족주의 104
밀라노 칙령 244
밀레니엄 라운드 110

ㅂ

바나나 신드롬 187
바로크 미술 299
바이마르 헌법 171
바이오 357
바이오 디젤 357
바이오 인포매틱스 357
바이오 일렉트로닉스 358
바이오 컴퓨터 358
반덤핑 관세 29
반도체 358
발라드 300
발트 3국 104
방사성동위원소 359
방송통신위원회 300
방카슈랑스 29
방화벽 359
배너 359
배심제도 172
배타적 경제수역 104

백년전쟁 172
백색국가 105
백색 스모그 172
백야 359
백운동서원 244
백의종군 244
백화운동 301
밴드왜건 효과 30
버즈 마케팅 30
버퍼링 360
번아웃 신드롬 172
번안소설 301
벌링 101
벌처 펀드 30
범신론 244
법률불소급의 원칙 173
법정관리 30
베드 타운 173
베르사이유 조약 245
베버리지 보고서 162
베블렌 효과 31
베세토 벨트 105
벤처 인큐베이팅 31
벤치마킹 31
벨리댄스 301
변동 환율제 32
변증법 245
변증법적 유물론 245
병인사옥 246
병인양요 246
보고타 선언 106
보금자리주택 173
보완재 12
보이지 않는 손 32
보통선거 106
복지국가 107
볼셰비키 246
봉정사 극락전 247
부가가치세 32
부동산 실명제 174
부산국제영화제 301
부영양화 174
부조리 247
부총리 90
북대서양조약기구 107
북방한계선 107
분석철학 247
분식회계 33

분양가상한제 174
불고지죄 175
불문헌법 182
불체포특권 103
브레인스토밍 176
브렌트유 107
브렉시트 33
브릭스 108
블라인드 채용법 176
블랙 마켓 33
블랙 먼데이 34
블랙박스 360
블랙 스완 34
블랙 저널리즘 314
블랙 컨슈머 176
블랭킷 에어리어 302
블록 경제 35
블록버스터 302
블록체인 35
블루라운드 108
블루 벨트 177
블루오션 전략 36
블루 존 302
블루 칩 36
비관세장벽 36
비례대표제 110
비례세 37
비변사 248
비엔날레 302
비자발적 실업 47
비정부기구 177
비준 110
비트 제너레이션 303
비폭력주의 103
빅 데이터 360
빅뱅 이론 361
빈곤선 177
빈곤의 악순환 37

ㅅ

사급삼심제 177
사대사화 248
사드 111
사막화 방지 협약 178
사면 178
사모펀드 38

사물놀이 303
사바나 361
사법 149
사법권의 독립 178
사서 303
사소설 303
사실주의 304
사심관 248
사액서원 244
사육신 249
사이버네틱스 361
사이버 스페이스 361
사이코드라마 304
사이클론 388
사전형량조정제도 179
사회간접자본 179
사회계약설 111
사회법 180
사회봉사명령제 180
사회적 기업 38
살수대첩 251
살찐 고양이법 180
삼강오륜 249
삼경 303
삼단논법 249
삼민주의 249
삼별초 250
삼전도비 250
삼정의 문란 250
삼청교육대 181
삼포왜란 250
상고 181
상대성이론 362
상소 181
상수리제도 251
상장 주식 38
상평창 251
상평통보 251
상형문자 252
생물학적 산소요구량 362
생육신 249
생의 철학 273
서부텍사스중질유 108
서브프라임 모기지론 39
서편제 322
서포만필 252
석유수출국기구 39
선거공영제 111

선거의 4원칙 112
선고유예 209
설형문자 252
설화문학 304
성균관 253
성리학 253
성문헌법 182
성선설 254
성악설 254
세계 4대 통신사 304
세계무역기구 112
세계문화유산 182
세계문화유산목록 305
세계인권선언 182
세속오계 254
세이의 법칙 40
셋톱박스 363
셧다운 제도 363
셰르파 183
솅겐조약 112
소득주도성장 40
소립자 363
소멸시효 183
소비자금융 40
소비자 파산 41
소선거구제 99
소셜 363
소셜네트워크서비스 364
소셜 애널리틱스 364
소셜 커머스 364
소셜 큐레이션 365
소셜테이너 183
소수대표제 182
소액주주운동 41
소프트웨어 365
소피스트 254
소호 184
속인주의 91
속지주의 91
손익계산서 61
손해배상 청구권 184
솔로산업 185
쇼비니즘 113
쇼핑 호스트 185
수요 공급의 법칙 41
수요의 법칙 42
수용소군도 305
수확체감의 법칙 48

슈바베의 법칙 42
슈퍼우먼 신드롬 188
스냅사진 305
스마드족 185
스마트카드 339
스모그 현상 185
스와라지 운동 186
스위칭 허브 365
스윙 보터 113
스케이프 고트 113
스콜라 철학 255
스크루플레이션 42
스크린쿼터 306
스크린플레이 306
스태그플레이션 59
스탠더드 넘버 306
스턴트 맨 307
스토아 학파 255
스톡옵션 42
스톡홀릭 43
스트라디바리 307
스트리밍 360
스파게티볼 효과 43
스파르타주의 255
스파이웨어 366
스팸 메일 366
스페이스 클럽 366
스프롤 현상 186
스핀 오프 44
스필오버 효과 44
슬럼프플레이션 59
습지보전법 186
승수이론 45
시나위 307
시너지 효과 45
시드 머니 종자돈 45
시아파 114
시즐 307
시지푸스 308
시퀀서 367
식물인간 348
신간회 255
신경향파 문학 308
신데렐라 신드롬 188
신드롬 187
신문고 256
신미양요 256
신민회 256

신소설 308
신용 창조 45
신용 화폐 46
신종 인플루엔자A 188
신체시 308
신해사옥 256
신해혁명 257
실낙원 309
실리콘 밸리 46
실물자산 19
실버 마켓 46
실버 산업 47
실버타운 189
실손의료보험 189
실업 47
실용주의 257
실존주의 257
실증주의 257
실질 경제성장률 48
실천이성 258
실학 258
십자군 258
쌍방향 멀티미디어 367

ㅇ

아노미 190
아담 스미스의 조세론 190
아르누보 309
아바타 367
아방가르드 309
아스팔트 문학 309
아시아개발은행 48
아시아유럽정상회의 114
아시아태평양평화재단 190
아시아인프라투자은행 49
아웃소싱 49
아 카펠라 310
아킬레스건 310
아편전쟁 259
아포리즘 310
아프리카 돼지열병 191
악성 인플레이션 59
악어의 눈물 191
악학궤범 259
안드로이드 368
안정 공황 49

알 권리 191
알레고리 310
알자지라 115
알 카에다 114
알츠하이머병 368
앙티로망 311
애그플레이션 49
애드 리브 311
애플리케이션 369
액세스 타임 369
액정 디스플레이 369
앱 스토어 369
앵그리 영 맨 문학 311
야경 국가 116
야상곡 311
야수주의 312
야스쿠니신사 192
양당제 116
양도성 정기예금증서 50
어그로꾼 312
어드밴티지 312
어메니티 192
언더그라운드 영화 339
에게 문명 193
에너지 하베스팅 193
에듀파인 193
에볼라 바이러스 370
에스페란토 313
에이전트 50
에이즈 370
에코 마크 370
에코붐 세대 194
에필로그 313
엑시머 레이저 수술 353
엔도르핀 370
엔젤 캐피털 50
엔트리 313
엥겔의 법칙 51
역분식 33
역설 259
연동형 비례대표제 192
연립내각 116
연성헌법 163
연역법 234
염세주의 259
영사 98
영장제도 194
영츠하이머 371

영토 고권 194
옐로 저널리즘 314
옐로 칩 53
옐로 페이퍼 314
오경 303
오그 보비스 371
오디션 314
오라토리오 314
오리엔트 문명 195
오일 달러 51
오존 구멍 195
오존층 371
오팔족 195
오페라 315
오프 더 레코드 315
오픈 뱅킹 51
온달 신드롬 188
온디맨드 51
온실 효과 196
온정적 보수주의 116
옴부즈맨 제도 196
와이브로 372
와이파이 372
왕도정치 260
왕오천축국전 260
외국인 직접투자 60
외규장각 261
외부경제 52
요구불예금 32
용불용설 373
용비어천가 315
용적률 146
용존산소 362
우량주 53
우루과이라운드 109
우리별 1호 373
우상론 261
우선협상대상국 117
우회생산 53
욱일기 117
운요호 사건 261
워크아웃 54
워킹홀리데이 196
원각사 262
원적외선 373
원천과세 54
원천징수 54
웨바홀리즘 373

웰빙 197
웹 2.0 374
웹하드 374
웹하드 카르텔 374
웹 호스팅 375
위미노믹스 54
위정척사론 262
위젯 375
유권해석 197
유기농법 375
유네스코 117
유니버시아드 316
유니섹스 316
유니언 숍 212
유동성 선호설 55
유럽공동체 118
유럽연합 118
유럽재정안정기금 118
유물론 262
유비쿼터스 통신 376
유수 정책 55
유심론 262
유전공학 377
유전자 변형 농산물 376
유전자 변형 생물체 376
유추해석 198
유치원 3법 197
유토피아 263
유한계급 198
유효수요 55
윤리라운드 119
윤창호법 198
을미사변 263
을사 5적 263
을사조약 263
의결정족수 119
의원내각제 99
의존효과 55
의창 264
이글루 377
이노베이션 기술혁신 56
이데아 264
이데올로기 264
이두 316
이머징 마켓 56
이상주의 264
이슬람 199
이원집정부제 120

이율배반 265
이전 소득 56
이중 가격제 57
이터테인먼트 57
인간개발지수 57
인격권 210
인공 강우 377
인공지능 377
인도주의 265
인사청문회 135
인슐린 378
인스타그레머블 378
인터페이스 378
인터폴 199
인터넷 전문은행 57
인턴 사원제도 200
인트라넷 379
인플레이션 58
일러스트레이션 316
일물일가의 법칙 59
일반특혜관세 60
일사부재리 200
일사부재의 200
임금피크제 60
임오군란 265
임피 신드롬 187
입체주의 317

ㅈ

자기부상열차 379
자바 379
자발적 실업 47
자본주의 120
자연법 200
자연생태계 보전지역 379
자연휴식년제 380
자원 민족주의 120
자유권 201
자유무역협정 121
자유방임주의 121
자유재 12
자유형 201
잠재적 실업 47
잡 셰어링 202
장미전쟁 266
장생고 266

장원제도 266
재무제표 60
재산분할 청구권 202
재정의 3대 원칙 61
재징질벽 61
저널리즘 317
저축성 예금 52
저항권 202
적조 380
전략정보 시스템 380
전방위 외교 121
전시효과 62
전원문학 317
전위극 318
전자민주주의 130
전자정부 121
전자책 381
전자 카탈로그 381
전자투표 381
전자파 382
전자화폐 382
전체주의 122
전환사채 62
전후파 318
절대전쟁 382
절대주의 122
정기국회 122
정당명부제 122
정당방위 202
정리해고 203
정보민주주의 123
정읍사 318
정체 94
정크 본드 62
제2의 탄생 266
제3세계 123
제3의 길 124
제4세계 124
제5세대 컴퓨터 383
제6세대 컴퓨터 383
제국주의 124
제네바 합의 125
제노비스 신드롬 203
제물포 조약 266
제자백가 267
제한 전쟁 383
젠더 203
조건반사 383

조두순법 204
조례 204
조류독감 205
조선책략 267
조세 법률주의 205
조세피난처 62
조용한 혁명 206
조현병 206
종교개혁 267
종교재판 267
종량세 63
종업원 지주제 63
종합소득세 64
죄형 법정주의 207
주민투표제 125
주변인 207
주식회사 64
준예산 65
줄기세포 384
중동 199
중앙선거관리위원회 126
증권선물거래소 65
지구 온난화 207
지급준비율 65
지급준비제도 65
지불준비율정책 66
지적 소유권 207
지주회사 66
지카 바이러스 208
지하경제 66
지하드 126
직권중재 208
직능대표제 126
직접민주정치 87
직접세 67
진단학회 267
진대 268
질량불변의 법칙 384
집단소송제 209
집행유예 209
집현전 268
징역 201

ㅊ

차티스트 운동 127
창조경제 67

채권 170
처용가 319
척화비 268
천부인권사상 268
철인3종경기 319
청교도 혁명 269
청년구직지원활동금 211
청년 우대형 청약저축 211
청록파 319
청산리전투 269
청산별곡 319
청와대 국민청원 126
청일전쟁 269
체르노빌 원자력발전 사고 384
초과이익공유제 67
초상권 210
초전도 385
초현실주의 319
총부채상환비율 68
총액임금제 68
최고인민회의 127
추가경정예산 69
출구전략 69
출구조사 127
출자전환 69
출자총액제한제도 70
치매 368
치외법권 128
치킨게임 128
친고죄 210
친권 210

ㅋ

카르텔 70
카스트 269
카이로 선언 128
카피라이터 320
칼럼니스트 320
캐스팅 보트 128
커밍아웃 320
컨소시엄 71
컬럼비아 호 385
컬트 무비 320
컴덱스 385
컴퓨터 네트워크 348
컴퓨터 단층촬영 385

컴퓨토피아 386
케인스 혁명 71
코스트 인플레이션 59
코페르니쿠스적 전환 270
콘체른 71
콜 금리 71
콜라주 321
콜로세움 270
콰드리날레 303
쾌락주의 270
쿠데타 129
쿠키 386
쿼크 386
쿼터리즘 212
퀄리티 페이퍼 321
크라우드소싱 72
크라우드 펀딩 386
크리핑 인플레이션 59
크림전쟁 271
클라우딩 컴퓨팅 387
클로즈드 숍 212
키메라 식물 387
킬러 애플리케이션 213

ㅌ

타임오프제 213
탄력관세 72
탄소 포인트제 213
탄저균 387
탄핵소추 129
탄핵심판 129
탈레반 129
탈리오의 법칙 213
탕평책 271
태블릿 PC 388
태평천국운동 271
태풍 388
태학 272
턴 어라운드 72
테라토마 388
테러방지법 214
테일러 시스템 73
테크노크라시 214
테크놀로지라운드 73
테크 파탈 389
텔넷 389

텔레데모크라시 130
텔레매틱스 389
토지 공개념 214
토크니즘 215
토테미즘 272
통화량 73
트라이펙터 73
트러스트 70
트렌디 드라마 321
트리엔날레 303
트리플 약세 74
트릴레마 74
트위터 390
트윈슈머 75
특별 검사제 215
특별소비세 75

ㅍ

파랑새 신드롬 188
파레토의 법칙 216
파르테논 신전 272
파밍 390
파시즘 131
파이어족 322
파킨슨의 법칙 216
판소리 322
팔레스타인 해방기구 131
팜므 파탈 323
팝페라 323
패관문학 323
패권주의 131
패러디 324
패스트트랙 지정 4개 법안 132
패스트 패션 324
퍼펙트 게임 324
퍼플 오션 75
퍼플 칼라 76
펌웨어 390
페놀 391
페로몬 391
페미니즘 324
페이비어니즘 132
펭귄효과 76
평가절상 76
평가절하 77
평화유지군 133

포괄수가제 134
포괄적 핵실험금지조약 135
포이즌 필 77
포지티브 시스템 21
푸츠담 선언 135
포츠머스 조약 272
포퓰리즘 135
폴리테이너 136
표면장력 391
푸드뱅크 216
풀뿌리 민주주의 151
풀리처상 325
프라이빗뱅킹 77
프라임 레이트 77
프랑스 혁명 136
프레온 가스 391
프레타포르테 325
프로메테우스 325
프로보노 136
프로슈머 마케팅 78
프롤로그 313
프리보드 78
프리코노믹스 78
프리터족 217
플래시 메모리 392
플렉스 타임 217
플루토늄 392
피오르드 392
피의사실공표죄 215
피터팬 신드롬 188
피톤치드 392
픽션 326
핀테크 78
필로폰 393
필리버스터 137
필수아미노산 393
필승코리아 펀드 79
핌비 신드롬 187
핑크택스 326

ㅎ

하드보일드 326
하마스 137
하우스 푸어 79
하이브리드 카 393
하이브리드 컴퓨터 394

하이퍼컬처 217
학생인권조례 218
한계상황 272
한계효용 79
한계효용 균등의 법칙 80
한계효용 체감의 법칙 80
한국항공우주연구원 394
한글학회 326
한림별곡 327
한미상호방위조약 138
한민족공동체통일방안 138
한성순보 327
한일군사정보보호협정 138
한정치산자 157
함무라비 법전 273
합리주의 273
합명회사 64
합영법 139
합자회사 64
핫 머니 80
항고 181
항산화물질 394
항소 181
해커 394
핵분열 395
핵융합 395
핵 재처리 395
핵티비즘 395
핵확산금지조약 139
햇볕정책 140
행동주의 문학 327
행위예술 328
행정소송 219
향약 273
허리케인 388
허브 140
헌법불합치 219
헌법소원 219
헌법재판소 220
헤드 헌팅 80
헤브라이즘 273
헤이그 밀사사건 274
헤일로 효과 220
헤즈볼라 140
헤지 펀드 81
헬레니즘 274
현대통화이론 81
현실주의 264

형벌 불소급의 원칙 220
형사 보상 청구권 220
형이상학 274
형이하학 275
호르무즈 해협 140
호모 모빌리쿠스 221
호민관 275
호스피스 221
혼합민주정치 87
홍범 14조 275
홍위병 141
홍익인간 276
화랑제도 276
화백제도 276
환경 호르몬 222
환경개선비용부담법 221
환경마크제도 222
환경영향평가제 222
환차손 81
환투기 81
황견계약 223
회기불계속의 원칙 141
회심곡 328
훈몽자회 328
훌리건 328
휘슬블로어 82
희소성의 원칙 82
히포크라테스 선서 396
힙합 328